Alfred Sturminger

Die Korruption in der Weltgeschichte

Alfred Sturminger

Die Korruption in der Weltgeschichte

Langen Müller

Umschlaggestaltung: Christel Aumann, München
Satz: VerlagsSatz Kort, München
Druck und Binden:
Mohndruck Graphische Betriebe GmbH, Gütersloh
Printed in Germany 1982
ISBN 3-7844-1885-6

Meinen Kindern
Harald und Eva Maria
zugeeignet

Vorwort

Gewiß gibt es eine Reihe von Motivationen, welche den Gang der Weltgeschichte seit jeher beeinflußt haben. Da der Ablauf der Historie im großen und ganzen von den Menschen bestimmt wird und die menschliche Natur sich im wesentlichen seit Jahrtausenden nicht verändert hat, so mag es nicht wunder nehmen, wenn man immer wieder die etwas simple Feststellung hört: »nichts Neues unter der Sonne.« Diese Phrase kann einen schon dazu reizen, einer Behauptung solcher Art in bestimmter Richtung nachzuforschen. Wie wir immer wieder sehen, vergeht fast kein Tag, an welchem nicht da oder dort ein Korruptionsskandal auffliegt. Oft scheint die Welt geradezu von einem Netz »Gleichgesinnter« umspannt zu sein; da gibt es plötzlich keinen Unterschied zwischen Weißen, Gelben, Schwarzen oder Braunen, zwischen Christen, Moslems, Hindus oder Buddhisten, sogar ob Mann oder Frau bleibt irrelevant.

Wie in meinem Buch »3000 Jahre politische Propaganda« wollte ich ergründen, ob es mit der politischen Korruption anders stünde oder ob auch diese schon seit dem Bestand menschlicher Gemeinwesen existiert hat und wie sie bis heute wirkt.

Natürlich kann ich trotz jahrelanger, eingehender Studien nur Beispiele vorlegen, die ich für besonders charakteristisch halte. Und ungern gebe ich zu: Dieser Arbeit haftet ein Mangel an; es ist einfach unmöglich, sich von den immer wieder vorkommenden Geldbeträgen eine richtige Vorstellung zu machen. Die sogenannten Umrechnungen sind »Hausnummern« und nicht mehr; geschweige denn, daß es möglich wäre, Rückschlüsse auf die jeweilige Kaufkraft zu ziehen.

Durch die Jahrtausende ergaben sich derartige Mengen von Währungseinheiten, von den Drachmen über Talente, von Sonnengulden, Thalern, Kronen etc., etc. bis zu den ausgefallensten Zahlungsmitteln – das Gebiet ist unabsehbar. Es wird den Leser kaum interessieren, welche Versuche und Wege unternommen, welche Institutionen im In- und Ausland in Anspruch genommen wurden, um an die Dinge einigermaßen heranzukommen.

Alle wissenschaftlichen Stellen, die dazu in Frage kommen, insbesondere wirtschaftswissenschaftliche Universitäten, viele namhafte Gelehrte, besonders der Nationalökonomie, die Fachleute einiger National-Banken wurden befragt – es gab letzten Endes immer nur dieselbe Antwort: Alle krampfhaften Versuche dieser Art sind Scharlatanerie, unseriös und daher wissenschaftlich unvertretbar. Auch nur andeutungsweise Vergleiche müssen irreführend und daher abzulehnen sein.

Wenn ich die Ergebnisse dieser Nachforschungen hiermit einem hoffentlich geneigten Publikum präsentiere, bekenne ich offen, bei dem enormen Umfang des Materials und der im Thema liegenden Schwierigkeit der oft sehr heiklen Nachforschungen auf die Hilfe und Unterstützung folgender Damen und Herren sowie einer Reihe von Institutionen angewiesen gewesen zu sein. Mein Dank gilt: dem Herrn Präsidenten der Österreichischen Akademie der Wissenschaften: Herrn Univ. Prof. Dr. Herbert Hunger, dem Presse- und Informationsdienst der Präsidentschaftskanzlei, Min. Rat Dr. Kurt Skalnik, der Universität Wien und deren Instituten: Universitätsbibliothek, Dir. Hofrat Dr. Friedrich Rennhofer i.R., Herrn Otto Hoschek, Rev., Institut für Alte Geschichte und Klassische Archäologie: O. Prof. Dr. Ernst Kirsten, emer. O. Prof. Dr. Hedwig Kenner, Institut für Byzantinistik und Neogräzistik: O. Prof. Dr. Herbert Hunger, Professor Dr. Otto Kresten, Institut für Publizistik und Kommunikationswissenschaft: O. Prof. Dr. Kurt Paupié, Univ. Ass. Dr. Maximilian Gottschlich, Institut für Römisches Recht und Antike Rechtsgeschichte: Oberass. Dr. Peter E. Pieler, Institut für Numismatik: Dozent Dr. Wolfgang Hahn, Ass. Dr. Wolfgang Szaivert, Institut für Kunstgeschichte: Bibliothek: Rat Dr. Gertraut Schikola, Institut für Theaterwissenschaften: O. Prof. Dr. Margret Dietrich, Wirtschaftsuniversität Wien, Institut für

Wirtschafts- und Sozialgeschichte: O. Prof. Dr. Herbert Matis, Univ. Ass. Dr. Peter R. Berger, der Karl Franzens Universität Graz, Institut für Geschichte, Abtlg. für österreichische Geschichte: O. Prof. Dr. Hermann Wiesflecker, Wissenschaftl. Oberrat Dr. Inge Friedhuber, Universitätsbibliothek Graz: Hofrat Dr. Franz Kroller, Kunsthistorisches Museum Wien, Sammlung von Medaillen, Münzen und Geldzeichen: Dr. Günther Dembski, Dr. Karl Schulz, Österreichische Nationalbibliothek, Wien: Gen. Dir. Dr. Josef Zessner-Spitzenberg, Leihstellrat Dr. Hermann Frodl, Herrn Rudolf Steuer, Frau Ingrid Schmutzenhofer, Portraitsammlung und Bildarchiv der österr. Nationalbibliothek: Hofrat Dr. Wieser, Frau Dr. Brigitta Zessner-Spitzenberg, Graphische Sammlung Albertina, Wien: Dir. Hofrat Prof. Dr. Walter Koschatzky, Frau Dr. Alice Strobl, Heeresgeschichtliches Museum, Wien: Direktor Hofrat Dr. Johann Christoph Allmayer-Beck, Oberrat Dr. Erich Gabriel, Frau Rat Dr. Brigitte Holl, Hochschule für Angewandte Kunst, Wien: Bibliothek: Frau Dr. Rosa Maria Steinbauer, Haus-, Hof- und Staatsarchiv, Wien: Dr. Leopold Auer, Museum und Archiv der Stadt Wien: Meine Arbeit unterstützten außerdem das Geheime Staatsarchiv, Preußische Staatsbibliothek, Preußischer Kulturbesitz, Berlin, Potsdamer Str.: Bibl.-Oberamtsrätin I. Ritter, Herr Karoly, International Communication Agency, Frau Marianne Spitzer, die Direktion der Library of Congress, Washington, die Direktion des Louvre, Paris, die Direktion des British Museum, die Soprintendenza alle Antichita, Rom und Neapel, die Agora Excavations, American School of Class. Studies, Athen.
Für ihre wiederholten Hinweise und ihre Hilfe danke ich Frau Dr. Christa Höller, für hilfreiche Unterstützung außerdem Dr. Iriniz-Casas, Professor Eugen Kogon, Hermann Langbein, Prof. Dr. Robert Nöll von der Nahmer, Prof. Albert Speer.
Für ihre wertvolle und tatkräftige Hilfe beim Zustandekommen dieses Buches danke ich ganz besonders Frau Dr. Elisabeth Trautmann, für die Aufnahme meines Buches in die Ver-

lagsgruppe Langen-Müller/Herbig deren Inhaber Herrn Dr. Herbert Fleissner ganz besonders.

Wien, im März 1982

Wesen und Methoden der Korruption

Es gibt eine Reihe von Begriffen, von denen jedermann glaubt, er wisse, was darunter zu verstehen sei. Um eine Definition gebeten, stellt sich dann schnell heraus, daß dem nicht so ist. So auch anläßlich einer Diskussions-Runde, wo ich feststellen mußte, daß jeder ihrer Teilnehmer eine andere Auffassung vom Begriff *Korruption* hatte. Schlagen wir dann in einem der Konversations-Lexika nach, finden wir unter diesem Schlagwort: Sittliche Verderbnis, moralische Fäulnis und auch Bestechung.

Was soll man damit anfangen? Demnach wäre eine Dirne korrupt, ebenso wie ein Teilnehmer beim Gruppensex; außerdem alle Gesetzesbrecher, ja jeder, der gegen die momentan gültigen moralischen Vorstellungen seiner Umgebung mehrfach verstößt.

Eine derartige Begriffsbestimmung kann nicht akzeptiert werden. Bezeichnend die Tatsache, daß ich auch in hervorragendsten Bibliotheken in Europa und in den USA keine wirklichen Aufschlüsse über Korruption oder Bestechung erhalten konnte. An dieser Stelle müssen wir einige Überlegungen über die menschliche Natur als solche anstellen: In der Welt hat sich im Laufe der Jahrtausende vieles und manches grundlegend geändert. Gerade in den letzten Jahrzehnten hat die Forschung derartige Großleistungen erbracht, daß man gar nicht mehr überrascht wäre, manches noch vor kurzem für unmöglich Gehaltene möglich gemacht zu sehen. Manche Mahner weisen darauf hin, daß der Mensch vor allem mit der technischen Entwicklung nicht Schritt halten könne. Vor allem wird es den rein materialistisch eingestellten Menschen wenig sagen, wenn gewarnt wird: verfallt nicht in Hybris, dem frevelhaften Übermut zu glauben, der Mensch würde die Natur beherrschen können. Hat sich die menschliche Natur geändert? Mehr Wissen, mehr Bildung, mancherlei neue Erkenntnisse und Einsichten – gewiß, das ist richtig; aber die menschliche Natur als solche – nein, sie hat sich nicht geändert!

Tief im Inneren liegt in uns Menschen die »Ur-Hoffnung« und die »Ur-Angst«. Die Hoffnung wird oft durch besondere Zukunftsbilder, vor allem durch Versprechungen, belebt. Die Angst ist eine wahre Geißel der Menschheit! Man will nicht zugeben, daß man Angst hat, womöglich nicht einmal sich selbst gegenüber. Man will sie verdrängen, dieses dämonische Ungeheuer läßt sich jedoch nicht abschieben. Es wäre reizvoll, diesem Phänomen nachzugehen: wie oft mag zum Beispiel die Angst vor einem anderen Land zum Krieg geführt haben?

Von ganz großer Bedeutung werden ohne Zweifel immer die persönlichen Interessen sein. Mag sich das, was wir Egoismus nennen, wie immer äußern, mögen Selbsterhaltungstrieb, Geltungsbedürfnis, Eitelkeit, die Sucht nach Macht oder Gewinn oder andere Beweggründe Komponenten hierzu bilden; mag all dies noch so sehr bewußt oder unbewußt sein, verhüllt oder offen in Erscheinung treten: Egoismus ist eine den Menschen angeborene Eigenschaft. Es ist daher nicht verwunderlich, daß Verlockungen und Versprechungen auf den überwiegenden Teil der Menschheit nicht ohne Eindruck bleiben. Daß dem gegenüber das altruistische Element steht, ja daß gerade durch das Abverlangen von Opfern Menschen gewonnen werden können, ist ein versöhnliches Moment; tragisch allerdings, wenn es mißbraucht wird.

Einen außerordentlich breiten Raum nimmt bei unserem Thema der »Markt der Eitelkeiten« ein: Sichtbare Auszeichnungen, Titel etc., kurz alles, was imstande ist, einen Menschen aus der Masse herauszuheben, ist sehr oft Gegenstand heißer Wünsche. Es hat keinen Sinn, sich darüber zu mokieren oder es zu belächeln. Es ist nun einmal eine Tatsache, daß die meisten Menschen diesbezüglich anfällig sind, wenn es auch bei dem einen oder anderen verschiedene Formen annehmen kann. Wenn man jemals einen Einblick gewinnen konnte, wie solche Verleihungen vor sich gehen, respektive was alles aufgeführt wird, um sie zu bekommen, dann wird man beurteilen können, welche Macht die Verfügung über derartige Möglichkeiten bedeutet.

Man sagt den Österreichern nach, daß sie mit Titeln einen wahren Kult treiben. Dies soll nicht geleugnet werden, wobei es ein großer Unfug ist, die Frauen mit den Titeln ihrer Männer anzusprechen: die Frau Kommerzialrat, die Frau Oberst etc.; um so mehr als sich heutzutage ja viele Frauen selbst Titel erwerben. Wenn wir jedoch wissen, daß Eitelkeit niemals je auf bestimmte Zeiten oder Länder beschränkt ist, so werden wir uns nicht wundern, daß dieselbe Sache – nur in anderer Verbrämung – mehr oder weniger überall anzutreffen ist.

Am groteskesten ist wohl, daß viele Menschen wünschen, daß noch über ihren Tod hinaus den Friedhofsbesuchern vor Augen geführt wird, von welcher Bedeutung der Verschiedene war. Was man auf Grabsteinen, übrigens auch auf Traueranzeigen, diesbezüglich sehen kann, ist abenteuerlich. Allerdings wird man den Verdacht nicht ganz los, daß es sich dabei oft weniger um eine Ehrung der Verstorbenen, sondern mehr um die der Hinterbliebenen handelt. Und was ist da sonst noch auf dem Markt der Eitelkeiten zur Schau gestellt, verlockend und verführerisch: Doktorate honoris causa, Konsul-Titel, niedrige Autonummern etc., etc. Die Verleihung von Orden, besonders ins Ausland, hat nicht direkt mit unserem Thema zu tun; es mag höchstens sein, daß der Empfänger dem verleihenden Land dadurch freundlich oder noch freundlicher gegenübersteht. Daß in vielen Ländern der Empfänger einer ausländischen Auszeichnung bei seiner Regierung anfragen muß, ob er diese annehmen darf, mag auch seinen Grund haben. Dieses Kapitel habe ich deshalb etwas ausführlicher beschrieben, weil es sich um tief verwurzelte menschliche Eigenschaften handelt, welche ihren Niederschlag sehr oft in korrupten Methoden finden.

Zwei grundsätzliche Feststellungen zum Wesen der Bestechung: Bestochen wurde und wird, damit etwas geschieht, aber

sehr oft auch, damit etwas nicht geschieht. Beispielsweise könnte es jemandem viel bedeuten, daß eine Nachricht nicht oder zu einem anderen Zeitpunkt oder in frisierter Form gebracht wird; daß sie bagatellisiert oder hochgespielt, daß ein unangenehmes Faktum womöglich »totgeschwiegen«, zumindest nicht breitgetreten wird.
Bestochen wurde seit jeher nicht nur mit Geld. Breit ist die Palette der Mittel, die man bei Bestechungen zum Einsatz bringen kann! Über eine besondere Form der Bestechung beklagt sich Marcus Tullius Cicero vor rund 2000 Jahren: Daß man neuerdings die Richter nicht nur mit Geld, sondern auch durch »Bereitstellung von Mädchen und Jünglingen« gewonnen hat. Das Anbieten von Mädchen und Frauen ist im Laufe aller Zeiten immer üblich gewesen, galt sogar vielfach als eine Selbstverständlichkeit dem Gastfreund gegenüber. Heutzutage und in gemäßigteren Zonen kann man jedoch nicht mehr von einem Usus sprechen; es ist dagegen in den letzten Jahrzehnten zur Gewohnheit geworden, wichtigen Geschäftsfreunden oder Politikern, vor allem aus dem Ausland, Call-Girls zuzuführen. Diese schöne »Sitte der Gastfreundschaft« scheint auch in unseren Breiten einen gewissen Umfang angenommen zu haben. Das zeigt sich darin, daß in einigen Ländern Auseinandersetzungen darüber stattfanden und finden, ob und in welchem Ausmaß ein derartiger »Dienst am Kunden« steuerlich als Spesen absetzbar ist!
Bei Ciceros Lamento über die Bestechlichkeit der Richter ist für uns das Stichwort gefallen: Staatsbeamte. Meist wird doch ein großer Unterschied gemacht – sowohl bei aktiver wie passiver Bestechung –, ob es sich um Staatsbeamte handelt oder um Privatpersonen. Ersteres wird strenger beurteilt und geahndet, da sich der Beamte in einem besonderen Treueverhältnis zum Staat befindet; er ist vereidigt und genießt auch in manchen Staaten Privilegien (Amts-Ehrenbeleidigung, Amts-Eid), so daß die schärfere Beurteilung durchaus gerechtfertigt erscheint. Es hat jedoch auch jederzeit Länder gegeben, in denen

es zum Usus gehörte, daß Staatsbeamte bestochen werden – Kopfzerbrechen verursachte lediglich die Höhe der Summe. Ja, es gab und gibt wohl auch noch Länder, in denen Beamtenposten, speziell bei der Polizei, erkauft werden, weil der Interessent darin eine gute Möglichkeit sieht, durch Annahme von Bestechungsgeldern sich hohe Einkünfte zu sichern; sind doch in manchen Ländern die Beamten derart miserabel bezahlt, daß man offenbar damit rechnet, daß sie sich »selbst versorgen«.

Der Begriff Korruption beinhaltet, daß der Bestochene seine Pflicht verletzt; eine Pflicht dem oder denjenigen gegenüber, zu denen er in einem Pflicht- oder Treueverhältnis steht; in erster Linie wiederum der Beamte dem Staat gegenüber, aber auch der Arbeitnehmer dem Unternehmen, die Sekretärin ihrem Chef. Ein andermal kann es sich um eine Organisation handeln, eine Gruppe von Menschen, wobei ein Vereinsfunktionär ebenfalls eine Treuepflicht hat etc., etc. Der Notar, der Anwalt beispielsweise, steht auch in einem besonderen Verhältnis zu seinem Klienten, ebenso der Arzt zu seinem Patienten.

Wir wenden uns jetzt einem klassischen Tätigkeitsfeld der Korruption zu: der Wahlbestechung. Es kommt vor, daß der Wähler seine Stimme verkauft. Er kann natürlich sagen, er könne mit seiner Stimme machen, was er wolle, es ginge niemanden etwas an. Ein Rückgriff: Als die Korrumpierung im letzten Jahrhundert vor Christus in Rom schon ins Chaotische ging, überstürzten sich die Gesetze, welche nicht den Verkauf, sondern den Kauf verboten! Übrigens waren diese Gesetze total unwirksam. Die Massen in Rom sahen im Verkauf der Stimmen ein legitimes Mittel, ihre Einkünfte aufzubessern. Die Beschenkung potentieller Wähler mit kleinen praktischen Dingen durch die Parteien ist dagegen keine Bestechung, das gehört in das Gebiet der Propaganda sowie auch der große Komplex »panem et circenses«.

Es sei jetzt von einem Fall berichtet, der Beachtung verdient, da er – zumindest in einer solchen Form – ohne Präzedenz ist. Es handelt sich um einen einschlägigen Korruptionsskandal in Bonn. Ein gewisser Herr Steiner, seines Zeichens CDU-Mitglied des Bundestags, hatte gegen seine Partei gestimmt und dadurch die Regierung des Kanzlers Brandt gerettet. Bald war das Gerücht im Umlauf, Steiner habe sich von der SPD bestechen lassen. Die SPD leugnete, während Steiner – ein wahres Curiosum! – eifrig bemüht war, die Tatsache seiner Korrumpierung zu beweisen! Er habe am Tag nach dem Empfang des »Sündenlohnes« die 50000 Mark bei seiner Bank eingezahlt und wies den Beleg vor. Ferner stand sehr schnell außer Streit, daß am Tag vorher aus dem Geheimfonds des Bundeskanzlers 50000 Mark abgehoben wurden, wobei allerdings nicht behauptet wurde, daß der Kanzler davon etwas gewußt hätte.

Seither ist es merkwürdig still geworden um diesen Fall. Begreiflich: Würde nämlich offiziell festgestellt werden, daß diese entscheidende Stimme erkauft worden ist, wäre der Großteil aller Verfügungen dieser Regierung von zweifelhafter Legalität, inklusive ihrer Ostverträge!

Ein Blick auf Watergate: Wir müssen zwei Phasen unterscheiden. Es war ein von maßgebenden Männern der Republikanischen Partei veranlaßter Einbruch in die Demokratische Parteizentrale. Das war ohne Zweifel Hausfriedensbruch und Einbruchsdiebstahl etc., jedenfalls alle möglichen Delikte, aber keine Korruption. In der zweiten Phase, bei den Versuchen, die Sache zu vertuschen, sieht es anders aus; man muß annehmen, daß dabei viel Geld eine Rolle spielte, um Aussagen zu manipulieren, und daß Schweigegelder gezahlt wurden.

An dieser Stelle ein Wort zu den Subsidiengeldern. Die echten Subsidien- oder Hilfsgelder haben an sich mit Korruption nichts zu tun. England zog es z.B. seit jeher vor, nicht selbst zu kämpfen, solange es nur irgendwie zu vermeiden war, hingegen war es bereit, jeweils diejenigen Mächte zu unterstützen, welche sich im Gegensatz zur jeweiligen stärksten Kontinentalmacht befanden (man nannte dies »balance of power« oder »Europäisches Gleichgewicht«). In dieser Partnerschaft stellten eben die einen ihre Kampfkraft und England die Moneten zur Verfügung.

Ein paar tausend Jahre zurück: Prinzipiell wären z.B. die Gelder, welche von Philipp von Makedonien und von den Persern nach Griechenland hineingepumpt wurden, auch nur Subsidien gewesen. Allerdings ist gerade in diesen Fällen überliefert, daß die beiden Parteiführer, Demosthenes und Aischines, sich dabei persönlich bereicherten. Das war natürlich Korruption!

Zu unserem Thema gehört auch der Begriff Verrat. Allerdings nur dann, wenn dieser mit Korruption gekoppelt ist. Ein klassisches Beispiel findet sich in der Person des Judas Ischariot. Schalom Asch schreibt in seinem bekannten Buch »Der Nazarener«, Judas habe gewußt, daß Christus den Opfertod erleiden wollte, und suchte daher, ihm dazu zu verhelfen. Das zeigt nur wieder einmal, wie man etwas darstellen kann, wenn man will. Schon beim letzten Abendmahl äußerte Christus, daß einer seiner Apostel ihn verraten werde, wie wir in den Evangelien lesen. Im Markus-Evangelium steht: »Judas Ischariot aber, einer von den Zwölfen, ging hin zu den Hohenpriestern, um ihn an sie zu verraten. Als sie es hörten, freuten sie sich und versprachen, ihm Geld zu geben; und er suchte, wie er bei günstiger Gelegenheit ihn verrate.« Judas verriet bekanntlich Jesus mit einem Kuß (Judaskuß) für die Summe von 30 Sekel = 30 Silberlinge an das jüdische Synedrion, den Hohen Rat.

Während des größten Teiles der Geschichte wurden im diplomatisch-politischen Schachspiel auch Prinzessinnen eingesetzt. Uns dauern natürlich diese jungen Damen, die man hin und her schob, bis sie dann bei dem Mann landeten, welcher der meistbietende Freier war; man kann nur hoffen, daß diese Mädchen, von klein auf darauf gedrillt, das Wohl ihrer Eltern und vor allem auch das ihres Vaterlandes höher einzuschätzen als ihr persönliches Glück, es daher nicht so schwernahmen. Das Mittelalter zeigt uns eine Fülle von Beispielen, denken wir doch nur an die Kaiserinnen Theophano oder Konstanze, die Mutter Kaiser Friedrichs II.

Aber wie lange oder wie kurz ist es denn her, daß solche Mariagen in Adelskreisen und bald auch im Bürgertum »gehandhabt« wurden? Sollte es das etwa heute auch noch geben? Ich denke, es ginge zu weit, solche Heiraten generell in das Feld der Korruption miteinzubeziehen, sie waren eben ein Mittel der Politik, oft ein sehr erfolgreiches. Denken wir nur an den Spruch »Bella gerant alii – tu felix austria nube«, »Kriege mögen andere führen – Du glückliches Österreich heirate«! Interessant sind in diesem Zusammenhang die Berichte über eine Sitzung des Napoleonischen Kronrates, als zur Debatte stand, mit welchem Land sich Napoleon verheiraten solle. Zuerst wurde die Schwester des Zaren favorisiert, dann eine deutsche Prinzessin, bis sich zuletzt Talleyrand mit der österreichischen Erzherzogin Marie-Luise durchsetzte. Natürlich gab es auch dabei korrupte Machenschaften, speziell bei den Mittelsmännern, die solche Verbindungen allenfalls zustande bringen oder torpedieren konnten. Im Kapitel »Das Reich, in dem die Sonne nicht unterging« wird der Kampf der beiden Häuser Habsburg und Valois beschrieben; es waren geradezu ungeheure Korruptionsfeldzüge, und der Leser wird sich des Eindrucks nicht erwehren können, daß in diesem Fall Prinzessinnen direkte Mittel der Korrumpierung waren.
Eine andere Variante ist die Kombination: Bestechung und Erpressung. Ich nehme als Beispiel die Geheimdienste, obgleich diese widerliche Kombination auch sonst öfter und nicht selten im Wirtschaftsleben angewandt wird. Zum Einmaleins jedes Geheimdienstes gehört vor allem eine detaillierte Kenntnis der Personen, auf die es ankommt. Wer jemals ein solches Dossier in der Hand gehabt hat, wird erstaunt, ja bestürzt wahrgenommen haben, was da alles zusammengetragen wird; natürlich gilt das Hauptinteresse den »schwachen Punkten«: Spielleidenschaft, Verschuldung, kostspielige Amouren, ein geheimer Makel in der Familie usw. Hat sich etwas »Passendes« gefunden, kommt die Methode zum Zug: Zuckerbrot oder Peitsche, drastischer ausgedrückt: Friß Vogel oder stirb!

Ein Fall, der seinerzeit weit über die Grenzen Österreichs hinaus eine Sensation darstellte, der immer wieder »aufgewärmt« wird und auch heutzutage wiederum auf der Bühne, im Film und in den Illustrierten herumspukt, ist der Verrat des Oberst Redl. Es ist meines Wissens der einzige Fall innerhalb der k.u.k. Armee. Der effektive Schaden war gering und nur auf bestimmte Festungspläne beschränkt, welche Redl als Generalstabs-Chef des Prager Corps verraten konnte. Man stand vor einem Rätsel: Redl war ein hochqualifizierter Offizier mit glänzenden Zukunftsaussichten. Die Beträge, welche ihm von russischer Seite zuflossen, waren bescheiden, gemessen an dem Risiko. Aber dann wurde das Motiv geklärt: Der russische Spionage-Dienst hatte die »schwache Stelle« Redls herausgefunden: Dessen homosexuelle Neigungen. Redl sah sich vor die Wahl gestellt, entweder sich bestechen zu lassen oder einem Skandal ausgeliefert zu werden.
Einen ungeheuer weiten Raum nimmt die Korruption im täglichen Leben ein. Sofern es einem noch auffällt, sehen wir auf Schritt und Tritt Korrumpierung und »Freunderl-Wirtschaft«. Es fängt schon beim Trinkgeld-Geben und -Nehmen an; es mag schon sein, daß es manchmal nur als Dank für aufmerksame Bedienung gelten soll, aber speziell bei Stammkunden nimmt es oft schon freundschaftlich verschwörerischen Charakter an: Plötzlich ist ein guter Tisch nicht mehr »reserviert«, bei Theatervorstellungen, die längst ausverkauft sind, öffnen sich wie durch Zauberhand freie Plätze. Wenn irgendeine Ware zur Mangelware wird – ganz gleich worum es sich handelt –, rollen ganze Sturmfluten von korrupten Angeboten auf die Hüter solcher »Schätze« zu. Es gibt Tausende von Beispielen aus dem täglichen Leben, welche dem nüchternen, lebenserfahrenen Satz leider seine Richtigkeit geben: Wer gut schmiert – der fährt gut! Das Trinkgeld oder der Schmattes oder der Bakschisch – sie durchziehen alle Länder unserer Erde.
Je mehr auch im Sport kommerzielle Erwägungen überhandnehmen, desto anfälliger wird er auch gewissen Manipulatio-

nen gegenüber. In diesem Zusammenhang sei nur auf den Fußball und seine verschiedenen Skandale verwiesen!
Das »absichtliche Verlieren« ist auch bei Heerführern vorgekommen. Ich gestehe, daß ich dies seinerzeit für unmöglich gehalten habe; die Studien der letzten Jahre haben mich jedoch eines »Schlechteren« belehrt. Das Kapitel »Perikles vor den Schranken des Gerichts« spricht Bände.
Ein Fall für sich sind die Söldnerführer des Mittelalters mit ihren Mannen. Aber das hatte selten mit Korruption zu tun. Mir ist nur ein Fall bekannt, daß eine Söldnertruppe, bereits im Kampf, durch ein höheres Angebot verlockt, im wahrsten Sinne des Wortes »den Spieß umdrehte« und nun auf der Gegenseite weiterkämpfte. Das war im Jahre 1525 in der Schlacht von Pavia, als Franz I. von Frankreich Karl V. von Spanien unterlag.
Aus der neueren Zeit ist zu berichten, daß sich im Kampf Tsiang Kai-schek gegen Mao Tse-tung Generale des ersteren bestechen ließen, um mit ihren Soldaten entweder direkt überzugehen oder keinen wirklichen Widerstand zu leisten; andere wiederum verkauften Kriegsmaterial – eben aus den USA angekommen – an den Feind. Diese korrupten Generale haben Weltgeschichte gemacht!
Ich wende mich abschließend einem sehr ärgerlichen Problem zu, das noch immer keine wirkliche Lösung fand: Die Spenden für die Wahlfonds der Parteien. Es ist hinlänglich bekannt, daß Wahlkämpfe Geld kosten, und zwar sehr viel Geld. Es ist kaum möglich, daß dies eine Partei aus sich heraus aufbringen kann. Von Einzelpersonen abgesehen, wird daher das »große« Geld von Vereinigungen, Organisationen etc. aufgebracht, die den jeweiligen Parteien nahestehen. Man nennt dies »Wahlspenden«. Immer wieder wird daran Anstoß genommen, doch konnte bis jetzt hierfür keine andere Lösung gefunden werden. Der Ausweg, daß der Staat die nötigen Gelder limitiert zur Verfügung stellen solle, hat sich bis heute nicht durchsetzen können. Natürlich besteht die Gefahr, daß die Spender mit einer

Gegenleistung rechnen. Es ist auch verständlich, daß sich die Sieger ihren Helfern verbunden, bis zu einem gewissen Grad sogar verpflichtet fühlen. Das kann sich jeder vorstellen! Man hat Nixon z.B. vorgeworfen, er hätte von der Milchwirtschaft und den Ölkonzernen Wahlgelder erhalten, daher sei nachher der Milchpreis erhöht worden; auch rührte seine Schwäche gegen die Ölkonzerne aus dieser Situation her. Dazu kann man nur sagen: »Wer sich ohne Schuld fühlt, der werfe den ersten Stein.«

Es hieße offene Türen einrennen, versuchte man nachzuweisen, daß die moralischen und sittlichen Vorstellungen – und mit ihnen ihre Tabus – verschieden seien nach Zeit, geographischer Lage, nach Religion und Rasse, nach Gepflogenheit, Tradition etc. Das gilt im speziellen Fall auch für die Beurteilung der Korruption. Um den Umfang des Buches nicht zu sprengen, mußte ich mich mit einer starken Einschränkung des Themas abfinden und daher ausschließlich von politischer Korruption berichten. Ich war bemüht, aus den unendlich vielen Korruptionsfakten – von der Antike bis in die Jetztzeit – mir charakteristisch erscheinende Fälle auszuwählen und damit das Interesse des potentiellen Lesers zu finden.

1

DER ERSTE ANGRIFF AUS DEM OSTEN

»Eine Festungsmauer...«

Der Begriff Griechenland ist nur im geographischen und kulturellen Bereich anwendbar, keineswegs im politisch-staatlichen. Das Land – etwa so groß wie Bayern – ist durch viele Gebirgszüge in kleine und kleinste Landschaften zerklüftet, welche im Altertum ein abgeschlossenes und selbständiges Eigenleben führten. Die wichtigsten: Epirus mit der Orakelstätte Dodona, Thessalien, Boeotien mit der Stadt Theben, Phokis mit Delphi, Attika mit Athen, in der Peloponnes Korinth, Lakonien (Lakedaemonien) mit Sparta usw.
Bei aller Zerrissenheit gab es doch auf kulturellem Gebiet das eine oder andere Verbindende: Die Sprache; die Epen Homers, die Ilias und Odyssee, welche seit dem 5. Jhdt. Schulbuch waren; die Olympischen Spiele, an denen ausschließlich Hellenen teilnehmen durften; manche heiligen Stätten wie Delos, Olympia und vor allem das Orakel von Delphi; die griechischen Hauptgötter; die Religion als solche war weder organisiert noch dogmatisch. Die einzelnen Städte und Orte hatten nicht einmal eine gemeinsame Zeitrechnung.
Ein freies geeintes Griechenland hat es zum erstenmal im 19. Jahrhundert nach Chr. gegeben. Wir können daher nur von Stämmen, respektive Stadt-Staaten sprechen, welche stets eine geringe Neigung zum Zusammenhalt gezeigt haben.
Der Begriff Griechenland = Hellas als der eines geschlossenen Staatsgebietes datiert tragischerweise erst von dem Zeitpunkt an, als die Griechen ihre Freiheit verloren hatten. Zuerst an die Makedonier-Könige Philipp II. und dessen Sohn Alexander den Großen. Daß es Philipp gelang, all die griechischen Stadt-Staaten in den Griff zu bekommen, verdankt er seinen militärischen Fähigkeiten und einem gigantischen Korrumpierungs-Feldzug; daß die Griechen ihn dann sogar zum Oberbefehlshaber des Rachefeldzuges gegen die Perser wählten, war der Lohn für seine Milde als Sieger, für sein diplomatisches Geschick und nicht zuletzt für seine wahre Meisterschaft in der

Korrumpierung; von ihm stammt der erste uns bekannte »einschlägige« Ausspruch:

> »Eine Festungsmauer kann nicht hoch genug sein, daß ein mit Gold beladener Esel sie nicht besteigen könnte.«

Nach Philipps Ermordung, welche er fast sicher seiner Frau Olympia »verdankt«, folgte ihm sein Sohn Alexander – auch im Oberkommando. Aber selbst nach Zerschmetterung des persischen Weltreiches gab es Aktionen gegen die Makedonier im griechischen Raum. Erst die eiserne Faust der Römer schweißte die Hellenen zusammen als Bestandteile, Provinzen des Imperium Romanum.

Solon fälscht die Ilias

Bereits sehr früh – Anfang des 6. Jhdt. v.Chr. – stoßen wir auf einen ganz krassen Fall einer Fälschung und Manipulation zu politischen Zwecken, begangen erstaunlicherweise von einem der »7 Weisen« Griechenlands, dem späteren großen Gesetzgeber Athens, Solon. Anlaß bot der andauernde Streit um die Insel Salamis. Als junger Mann wagte Solon es tatsächlich, den »göttlichen« Homer zu fälschen. Er ließ in die »Ilias« einen fiktiven Vers einschieben, um den Anspruch Athens auf Salamis zu »erhärten«. Was er dem Schreiber dafür unter der Hand zukommen ließ, ist unbekannt. Wenn man bedenkt, welche Bedeutung und Autorität Homer für die Hellenen hatte, so kann man diese Unverschämtheit beinahe mit dem Sakrileg vergleichen, aus höchst irdischen Gründen die Bibel zu fälschen, was übrigens auch geschehen ist.
Als eine weitere Agitation zum Angriff auf Salamis streng verboten wurde, war es wieder Solon, der auf einen Schwindel verfiel: Er stellte sich verrückt, tanzte mit einer Narrenkappe am Marktplatz herum und feuerte durch ein Kampfgedicht seine Mitbürger an, Salamis zu erobern – was ihm tatsächlich auch gelang.

Vorgetäuschter Schwachsinn oder Wahnsinn zum Zweck unauffälliger und ungestrafter Betätigung gab es dann und wann in der Geschichte; so erhielt z.B. Lucius Junius, der seinen Onkel König Tarquinius stürzte, den Beinamen »Brutus« = Dummkopf; Auf diese Weise entzog er sich durch seine Verstellung der Verfolgung. Oder etwa der spätere Kaiser Claudius, der sich auf ähnliche Weise vor Tiberius schützen wollte. Eine andere Art der Täuschung und des Schwindels aus politischem Eigennutz war immer und ist es auch heute noch, den Gegnern mörderische Absichten und Mordanschläge zu unterschieben. Auf eine solche Manipulation stoßen wir bei Herodots Schilderung über die Machtergreifung des Peisistratos.
In Attika war ein Streit ausgebrochen zwischen den Bewohnern, die an der Küste (ihr Führer war Megakles), und denen, die in der Stadt (ihr Führer war Lykurgos) lebten. Peisistratos gründete nun eine dritte Partei. Unter dem Vorwand, die Leute von den Bergen, die ärmere Landbevölkerung, zu schützen, brachte er sich und den Mauleseln Wunden bei, fuhr mit seinem Wagen auf den Marktplatz, tat so, als ob er gerade seinen Feinden entronnen sei, und forderte zu seinem persönlichen Schutz eine Leibwache. Da er ein angesehener Bürger war, der unter anderem Nisaia von den Megarern erobert hatte, erlaubten ihm die Athener, sich eine Anzahl von Bürgern auszusuchen, die mit Keulen statt mit Speeren bewaffnet sein sollten. Mit deren Unterstützung bemächtigte er sich dann der Akropolis und der Regierung.
Kurz darauf wurde Peisistratos von seinen adligen Rivalen Megakles und Lykurgos vertrieben, die sich aber dann zerstritten. Megakles bot nun Peisistratos, der im Exil weilte, seine Hilfe an, wenn er seine Tochter heiraten würde. Aber wie sollten sie nun diesmal seine Rückkehr motivieren, in Szene setzen? Herodot erzählt uns, daß man eine zwei Meter große Frau, von schönem Wuchs, auswählte, sie in eine vollständige Kriegsrüstung steckte und prächtig schmückte. Als man sie in die Stadt brachte, liefen Herolde voraus und verkündeten:

»Athener! Lasset Peisistratos willig und freudig ein, denn Athena liebt ihn mehr als andere Menschen und führt ihn selbst in ihre Burg zurück.«

Schnell verbreitete sich das Gerücht, die Göttin Athena höchstpersönlich führe den Peisistratos in ihre Stadt zurück. Alle glaubten, die Frau sei die Göttin selbst, bewunderten die Sterbliche, beteten sie an und so kam Peisistratos auf die Akropolis, die Macht war wieder in seinen Händen.

In diesem Zusammenhang sei auf Vorgänge in Asien verwiesen, die Griechenland stark berühren sollten.

Im Jahre 560 erhielt das Königreich Lydien in der westlichen Hälfte Kleinasiens einen Monarchen, den sagenumwobenen Kroisos. Ihm gelang es, die griechischen Städte Ioniens zu unterwerfen. Zu ungefähr derselben Zeit bestieg ein Perser den Thron des Königreichs Medien. Es war Kyros der Große.

Bevor beide in dem zu erwartenden Krieg aufeinandertrafen, befragte Kroisos das Orakel von Delphi, vor dem er die höchste Achtung hegte, und erhielt den Bescheid, daß er, wenn er den Halys-Fluß, der die Grenze zwischen ihm und Kyros bildete, überschreite, ein mächtiges Reich zerstören würde. Er überschritt den Halys und zerstörte tatsächlich ein mächtiges Reich. Leider war es sein eigenes. Der törichte Mann hatte vergessen zu fragen, welches Reich er zerstören werde. Dieses Ereignis brachte die persische Macht im Jahre 548 v.Chr. bis an das Ägäische Meer. Die Vermutung, daß das Orakel von Delphi die politische Absicht verfolgte, Kroisos im Interesse Griechenlands in einen für ihn Verderben bringenden Krieg mit Kyros zu verwickeln, steht außer Zweifel.

Nach dem Sturz der Tyrannis (510 v.Chr.) war es Kleistenes, welcher die Demokratie festigte und ausbaute. Unter anderem schuf er das Scherbengericht – den Ostrakismos. Darüber ein paar Worte: wieder zeigte es sich, wie leider so oft, daß Maßnahmen – ursprünglich gut gemeint und segensreich – mißbraucht und in korrupter Weise manipuliert werden.

Ursprünglich dazu geschaffen, um Politiker auszuschalten, welche sich des Strebens nach der Tyrannis mit Recht verdächtig machten, wurde es immer mehr zu einem Gewaltmittel hemmungsloser Leidenschaften gegen politische und persönliche Feinde, ein Werkzeug niedrigster Spekulation auf Neid und Bosheit. Immer wieder wurde das Volk durch demagogische Agitation verhetzt und beraubte sich selbst durch das Scherbengericht oft urteilslos eines hervorragenden Mitbürgers.
Der Vorgang war folgender: Jedes Jahr im Frühling wurde der Volksversammlung die Frage vorgelegt, ob es einen Mitbürger gäbe, welcher die Freiheit gefährde; bejahendenfalls schrieb in einer zweiten Versammlung jeder Anwesende auf eine Tonscherbe den Namen des »Verdächtigen«. Wenn 6000 oder mehr Stimmen für einen einzelnen Mann abgegeben wurden, mußte dieser auf 10 Jahre in die Verbannung gehen.
Man mußte annehmen, daß interessierte Drahtzieher das Volk bei solchen Gelegenheiten manipulierten und korrumpierten. Aber erst vor relativ kurzer Zeit ergab sich bei Ausgrabungen eine handfeste Bestätigung: Gefunden wurden eine Reihe ungebrauchter Tonscherben (das waren meist Untersätze von Töpfen und Vasen), in welche der Name des Themistokles bereits eingeritzt erscheint; diese Tonscherben waren wohl übriggeblieben; man hatte sichtlich solche Scherben vorpräpariert, um sie den Leuten, die vielfach nicht lesen und schreiben konnten, »in die Hand zu drücken«. Dieser Vorgang könnte auf unsere Zeit übertragen damit verglichen werden, wenn man den Wählern schon für eine bestimmte Partei angekreuzte Wahlzettel unterschieben würde.

Wanderer, kommst du nach Sparta...

Die unter persische Herrschaft geratenen griechischen Städte Kleinasiens und gewisse Inseln in der Ägäis versuchten einen Aufstand, wobei Athen eine wenn auch geringe Hilfe leistete.

Nach Herodot wurde Aristagoras, der Tyrann von Milet, auch bei Kleomenes, dem König von Sparta, vorstellig, um seine Hilfe zu erbitten. Als dieser ablehnte, bot ihnen Aristagoras 10 Talente, wenn er ihnen spartanische Hilfe zusagen würde, dann 20, 30, schließlich 50 Talente. In diesem Moment soll Gorgo, die Tochter des spartanischen Königs, die dem Gespräch beiwohnte, gerufen haben:

> »Vater, paß auf! Wenn Du jetzt nicht aufstehst und gehst, dann wird Dich dieser Fremde noch bestechen.« Er ließ sich nicht, und die Ionier erhielten keine spartanische Hilfe.

Nach blutiger Niederschlagung dieser Erhebung der ionischen Griechen und der völligen Zerstörung Milets rüstete der persische Großkönig Dareios zur Bestrafung Athens. Unter Führung des Miltiades siegten die Athener bei Marathon (490 v.Chr.). Sie mußten jedoch mit einem neuerlichen Angriff der Perser rechnen.

Themistokles, jetzt der führende Mann in Athen, sah in einer Verstärkung der Flotte die einzige Chance, den Persern Paroli bieten zu können, und setzte sich damit auch gegen seinen großen konservativen Gegner Aristides durch. Der Kriegsplan des Themistokles war sicher richtig, aber denkbar unpopulär: die Preisgabe Athens und die Evakuierung der Zivilbevölkerung. Um seine widerstrebenden Mitbürger dazu zu bewegen, bediente er sich eines »göttlichen Omens«:

Angeblich sei in Athen die kultische Schlange aus dem Heiligtum der Athena verschwunden, und die Priester hätten die Nahrung, die ihr täglich vorgesetzt wurde, unberührt vorgefunden. Das wurde dem Volk verkündet. Wenn Themistokles nicht selbst der Urheber dieses »Zwischenfalls« war, so zögerte er jedenfalls nicht, ihn in seinem Sinne zu manipulieren: Er erklärte, »die Göttin habe ihre Stadt verlassen und sei ihnen nach dem Meere vorausgezogen«! (Plutarch)

Der zweite Coup betrifft das Orakel von Delphi: Der erste Orakelspruch, den Delphi den Abgesandten Athens gab, war niederschmetternd. Themistokles hatte jedoch verboten, mit einem negativen Spruch heimzukehren. Wieso und mit welchen Mitteln es gelang, einen zweiten Spruch zu erhalten, entzieht sich unserer Kenntnis, wenn auch nicht unserer Vermutung. Es war der jedem Mittelschüler bekannte Spruch:

»Als einzige Möglichkeit bleibt Flucht und Vertrauen auf hölzerne Mauern.«

Das war für die Absichten des Themistokles tatsächlich ein »Orakel nach Maß«: Die Flucht: aus Athen; die »hölzernen Mauern«: die Schiffe. Wie in einem späteren Kapitel (»Der Blick in die Zukunft und seine Manipulation«) ausgeführt wird, war das Delphische Orakel seit langem von den Persern bestochen und bemühte sich, die griechischen Staaten durch furchtbar drohende Sprüche vom Kampf abzuhalten – teilweise mit Erfolg.

Der zweite Angriff der Perser erfolgte im Jahre 480, also 10 Jahre später. Eine Revolution in Ägypten und der Tod des Dareios I. hatten sie von einem früheren Angriffstermin absehen lassen müssen:

Immerhin konnte in der Zwischenzeit Themistokles seine bekannten Gegenmaßnahmen treffen. Zu Lande entschloß man sich, bei den Thermopylen den ersten Widerstand zu organisieren, da dort weder die Übermacht noch die Reiterei oder die Kampfwagen der Perser zur Geltung kommen konnten. Den Kern der Verteidigung übernahmen 300 Spartaner unter Führung ihres Königs Leonidas. Andere hellenische Stämme entsandten nur an die 7000 Krieger, da ihnen die eben stattfindenden Olympischen Spiele wichtiger waren. Als Themistokles sah, daß die Perser hier aufgrund ihrer überwältigenden Übermacht nur einige Tage aufzuhalten waren, entließ er außer seinen Spartanern die übrigen Truppen, um sie für die weiteren Kämpfe zu schonen und zu erhalten.

Mit seinen 300 Spartanern und 700 Thespiern, die unbedingt bei ihm ausharren wollten, gelang es Leonidas tatsächlich, das riesige Perserheer eine Zeitlang aufzuhalten, bis eines Tages

Ephialtes, ein Melier, der natürlich damit rechnen konnte, eine große Summe von König Xerxes zu erhalten, den für den Griechen so entscheidenden Verrat beging. Er zeigte den Persern einen Fußpfad über das Gebirge und ermöglichte ihnen auf diese Weise, die Verteidiger des Passes im Rücken anzugreifen. Leonidas, die tödliche Gefahr erkennend, entließ alle anderen Verteidiger, mit Ausnahme seiner Spartaner, da es für spartanische Begriffe unfaßbar war, nicht bis zum Tod zu kämpfen.

Dieser Verrat des Ephialtes ermöglichte es den Persern, den Einbruch nach Mittel-Griechenland zu vollziehen und des weiteren den Vorstoß auf Athen. Ephialtes floh aus Furcht vor den Lakedaemoniern nach Thessalien. Die Amphiktyonie von Delphi belegte ihn mit Acht und Bann und setzte einen Preis auf seinen Kopf. Bald darauf wurde er erschlagen. Mit Hilfe der »hölzernen Mauern« gelang es Themistokles dann in der Seeschlacht bei Salamis die Perser zu besiegen, während Athen in Rauch und Flammen aufging.

Die Beurteilung dieser gewiß schillernden Persönlichkeit hängt u.a. von zwei Briefen ab, die er an den Perserkönig Xerxes, den Sohn des verstorbenen Königs Dareios I., geschrieben hat.

Im ersten Brief ließ er ihm sagen:

»Greif rasch an, denn die Griechen wollen fliehen.«

Xerxes folgte dem Rat, und es gelang dem Athener, die persische Flotte nach Salamis zu locken, wo sie sich nicht entfalten konnte und vernichtet wurde. Später schrieb Themistokles einen zweiten Brief an Xerxes und ließ ihn die Absicht seiner Griechen wissen, die von den Persern errichteten Hellespontbrücken zu zerstören. Der Perserkönig zog sich daraufhin mit dem größten Teil seines Landheeres zurück, damit ihm der Rückweg nicht abgeschnitten würde. Allerdings war man schon damals der Meinung, die auch heute noch zu hören ist, Themistokles wollte sich mit diesem höchst ungewöhnlichen Vorgehen nach beiden Seiten hin absichern.

Kurz nach dem großartigen Sieg bei Salamis wurde Themistokles mit größten Ehren überhäuft, später jedoch tauchten

Zweifel an der Lauterkeit seiner Absichten auf; außerdem bezichtigte man ihn zu Recht der Korruption und des Amtsmißbrauchs; zwei solche Fälle seien angeführt:
Die Euböer, besorgt, sie würden von Athen im Stich gelassen werden, ließen sich mit Themistokles persönlich in Geheimverhandlungen ein. Sie bestachen ihn dabei mit einer enormen Summe. Herodot und Plutarch sprechen von 22 Talenten, die Themistokles in seine eigene Tasche fließen ließ.
Themistokles machte sich übrigens auch bei den Bundesgenossen verhaßt, weil er von ihnen für sich persönlich Geld verlangte; von den Auriern z.B. erpreßte er große Summen mit dem Hinweis, er bringe zwei mächtige Gottheiten mit: die Überredung und die Gewalt! (Herodot)
Im Jahre 474 wurde Themistokles durch das Scherbengericht gezwungen, ins Exil zu gehen. Daß er ausgerechnet nach Persien ging, dort mit allen Ehren aufgenommen wurde, und man ihn sogar zum Fürsten mehrerer Städte machte, hat natürlich den seinerzeitigen Verdacht fast zur Gewißheit werden lassen. Er berief sich angeblich in seinem persischen Exil auf die geschilderten Warnungen an Xerxes, und es wird auch überliefert, daß der Großkönig dies anerkannte. Um seine Position in Persien zu festigen, soll er auch mit einer maßgeblichen Dame des Harems konspiriert haben. (Plutarch)
Seinen Freunden in Athen gelang es noch, einen großen Teil seines Vermögens beiseitezuschaffen und es ihm heimlich nach Persien nachzuschicken. Die übrigen Güter, die der Staat beschlagnahmte, beliefen sich immerhin noch auf 100 Talente, bevor er zu Staatsämtern kam, soll er kaum 3 Talente besessen haben! Wenn man die Kürze seiner Amtszeit bedenkt, eine beachtliche »Leistung«. (Plutarch)
Themistokles kehrte nie mehr in seine Heimat zurück. Er starb im persischen Exil.

Als dann Aristides zum Schatzmeister von Athen gewählt worden war, bewies er, daß nicht nur die Beamtenschaft, sondern

auch seine Vorgänger korrupt gewesen waren; vor allem Themistokles, von dem er sagte, er sei wohl ein weiser Mann gewesen, jedoch nicht »Herr seiner Hände«. (Plutarch)
Und dann passierte, daß ausgerechnet der Ankläger Aristides selbst der Korruption überführt wurde. Bei der Eintreibung der Bündnisbeiträge war er von den Ioniern bestochen worden! Er wurde zu einer Geldstrafe von 50 Minen verurteilt. Da er sie nicht zahlen konnte oder wollte, mußte er Athen verlassen und starb kurz darauf in Ionien.

Perikles vor den Schranken des Gerichts

Mit Perikles ist Athens Größe und Untergang untrennbar verbunden. Die persische Gefahr war abgewendet worden, in der attischen Innenpolitik die Übermacht der Aristokraten gebrochen. Perikles, selbst Aristokrat, hatte sich der Demokratie verschrieben und ihr zum siegreichen Durchbruch verholfen. Er hat den Bürgern nach Platons Wort »den Becher der Freiheit voll und berauschend eingeschenkt«.
Das Zeitalter des Perikles brachte Athen auf den Höhepunkt von Macht und Ansehen in politischer und kultureller Beziehung; allerdings auch den Keim der politischen Entmachtung. Perikles' Reformen waren für die damalige Zeit sensationell, darauf einzugehen, wäre zu weitgehend. Perikles hatte – für griechische Verhältnisse – lange Zeit unangefochten den Staat geführt, doch begann sich die Opposition immer mehr zu regen.
In erster Linie hatten es die Komödiendichter auf ihn abgesehen, vor allem Kratinos und Lysippos – Aristophanes erst nach Perikles' Tod. Man muß sich vorstellen, daß es für einen Politiker schon von großer Bedeutung war, wenn er bei solchen Komödien angegriffen wurde; man muß bedenken, daß meistens gegen 30000 Zuschauer im Theater waren, fast ausschließlich Männer; nur Ausländerinnen und Hetären durften

Theatervorführungen, wie übrigens auch Gastmähler, besuchen; den athenischen Mädchen und Frauen war es verboten. Die Komödie griff Perikles und seine Freundin Aspasia in schonungsloser Weise an. Ein Dorn im Auge war ihre Freundschaft zu den freisinnigen Philosophen und seine Art der Beziehung zu Aspasia. Daß vorgenannte Komödien-Dichter von den politischen Gegnern dafür bezahlt wurden, muß angenommen werden.

Die sonstigen Vorwürfe waren im wesentlichen: Das Volk sei erst durch ihn verschwenderisch und zügellos geworden, und er führe seine Verwaltung nur vom Standpunkt der Popularitätshascherei. Man sagte ihm nach, daß er die Staatsgelder verschleudere und daß es geradezu eine Schande sei, wie er mit den Geldern der Bundesgenossen wirtschafte (in der Tat hat er diese für den Kriegsfall gedachten Summen »zweckentfremdet«):

> »Er vergoldet die Stadt mit seinen erpreßten Kriegssteuern und staffiert sie aus gleich einem eitlen Weibe – rings hat er Athen behängt mit kostbaren Steinen, mit kunstvollen Bildern und Tempeln im Werte von Tausenden Talenten.« (Plutarch)

Viel ernster waren dann die Versuche, ihn vorerst durch diejenigen zu treffen, die ihm persönlich nahe standen: Anaxagoras mußte fliehen; Pheidias, der größte Künstler seiner Zeit, der selbst und durch seine Schüler vor allem Athen mit den großartigsten Schöpfungen geschmückt hatte, wurde vor Gericht gestellt. Man warf ihm vor, er hätte einen Teil des Elfenbeins und des Goldes, das für sein berühmtes Meisterwerk, die Athena Parthenos, bestimmt war, unterschlagen, diesen Vorwurf konnte er widerlegen. Die zweite Anschuldigung jedoch, er habe gegen die Götter gefrevelt, indem er auf dem Schild der Athena sein und des Perikles' Bild anbrachte, war für ihn verhängnisvoll, zumal alle annehmen mußten, daß er sich für diese »Gefälligkeit« von Perikles hat bezahlen lassen. Er blieb in Untersuchungshaft und starb im Gefängnis.

Ins »Herz« traf man Perikles mit den Anklagen gegen Aspasia, welche er inzwischen geheiratet hatte; schon lange hatte man gegen sie agitiert und sie beschimpft. Zweifellos war sie sehr unvorsichtig und verletzte verschiedene Tabus. Der Verkehr mit den freisinnigen Philosophen, ihr betont »emanzipiertes« Auftreten erregte Ärgernis, um so mehr als den attischen Frauen größte Zurückhaltung geboten war. Außerdem war sie eine Fremde – sie stammte aus dem »leichtsinnigen« Milet und war eine Hetäre gewesen.

Um so mehr Glauben fand daher die weitere Anklage: Sie unterhalte eine »Hetären-Schule«, verführe Mädchen und Frauen zu unzüchtigem Lebenswandel und verkupple »ehrbare Frauen«, ja selbst mit Perikles.

Ganz besonderen Anstoß nahm man an ihrem offenkundigen Einfluß auf Perikles persönlich und seine politischen Entscheidungen; auch hetze sie ihn aus persönlichen Gründen in kriegerische Abenteuer.

Dies alles schadete Perikles sehr bei seinen Mitbürgern. Seine offenkundige Hörigkeit degradierte ihn in den Augen des Volkes. Diese Anklagen waren außerordentlich gefährlich und es gelang Perikles nur mit allergrößter Mühe und unter demütigenden Umständen, ihren Freispruch zu bewirken.

Nun war man soweit, gegen ihn selbst vorzugehen. Es heißt, daß er in seiner Bedrängnis seine innerpolitischen Schwierigkeiten auf das außenpolitische Gebiet ablenkte, wie es vor und nach ihm so viele Staatsmänner taten. Tatsächlich spricht sehr viel dafür, daß er den Konflikt mit Sparta absichtlich verschärfte, um im Falle des Krieges seine überragende Stellung zurückzugewinnen.

Bis dahin hatte Perikles alle Jahre mit 10 Talenten die maßgeblichen Männer im »ehrbaren« Sparta bestochen; er wollte damit nicht den Krieg abwenden, sondern ihn hinauszögern, um mehr Zeit für Rüstungen zu gewinnen. Solange Perikles unangefochten war, fand man nichts dabei, daß im Staatsbudget zum Beispiel jährlich 10 Talente ohne nähere Begründung als »notwendige Ausgaben« verbucht wurden. (Plutarch)

Nunmehr spitzte sich die Situation, hauptsächlich durch die betont starre Haltung des Perikles, immer mehr zu, so daß der Krieg unausweichlich wurde.

Die Schlacht um Athen findet nicht statt

Im Jahre 449 vor Christus beendete ein Abkommen, der sogenannte Kallias-Friede, den mehrere Jahrzehnte dauernden Krieg zwischen Athen und Persien. Sofort brach wieder der alte Gegensatz zwischen beiden Gegnern in Griechenland, Athen und Sparta, auf. Es ging um die Interessen der beiden Städte, die in Mittelgriechenland aufeinanderstießen.
Delphi war unter die Vorherrschaft der Phoker geraten, worauf sofort Sparta mit einer Streitmacht diese wieder vertrieb. Die Athener stellten bald die alten Zustände wieder her. Im Jahre 446 erhob sich die Insel Euböa und das dorische Megara gegen die attische Herrschaft. Die Spartaner unter ihrem König Pleistonax, dem Sohn des wegen Verrats hingerichteten Pausanias, nahmen die Gelegenheit war und fielen mit dem peloponnesischen Bundesheer in Attika ein. Zwar waren die »langen Mauern« in Athen, die die Stadt mit dem Hafen Piräus verbanden, damals schon fertig, aber das übrige flache Land war den Feinden wehrlos ausgeliefert. Lähmendes Entsetzen ergriff die Bürger, als der Gegner in Sichtweite der Stadt auftauchte und ein Lager bezog. Täglich rechnete man mit dem Angriff. Aber nichts geschah, bis plötzlich zu aller Überraschung die Truppen wieder abzogen. Wenn wir Plutarch Glauben schenken können, hatte Perikles durch eine »großzügige Bestechung« den spartanischen König »bewogen«, mit seiner Armee, ohne einen Schwertstreich zu tun, wieder abzumarschieren. Als seine empörten Landsleute davon erfuhren, wurde er in Sparta vor ein Gericht gestellt und zu einer hohen Geldstrafe verurteilt. Er zog es vor, das Land zu verlassen.
Perikles hatte somit den Rücken wieder frei und machte sich an

die Niederwerfung des euböischen Aufstandes. Anno 446/445 wurde Friede zwischen Athen und Sparta geschlossen.
Rund 15 Jahre später brach zwischen den beiden großen Rivalen erneut der Krieg aus. Dieser sinnlose, verderbenbringende Peloponnesische Krieg dauerte von 431 – 404 v.Chr. Nach Dauer und verheerender Wirkung könnte man ihn den »30jährigen Krieg der Antike« nennen. Perikles gab er Gelegenheit, die Zügel straff in die Hand zu nehmen.
Da Sparta zu Lande und Athen zur See die Oberhand hatte, beschloß Perikles, das flache Land den Feinden preiszugeben und zur See offensiv zu werden. Vom strategischen Standpunkt war dies gewiß richtig, es machte ihn jedoch bei seinen Mitbürgern aufs äußerste verhaßt. Die gesamte Landbevölkerung mußte mit ihrer beweglichen Habe in die Stadt flüchten; dort mußten diese Menschen, zusammengepfercht in elenden Notquartieren, es erleben, daß die Feinde ihre Heimstätten verwüsteten und brandschatzten; es war kein Trost für sie, daß die attische Flotte unterdes ihrerseits dasselbe an den feindlichen Küsten tat.
Im Verlauf des Krieges nahm die Mißstimmung gegen Perikles wieder zu. Von den Spottliedern und -gedichten, die damals umliefen, und den Angriffen gegen ihn ist einiges auf uns gekommen. Möglicherweise hätte sich Perikles trotzdem halten können, wenn nicht in der Stadt die Pest ausgebrochen wäre, welche ein Viertel der Bevölkerung dahinraffte. Nun gab man die Schuld an diesem furchtbaren Unglück ihm, da er durch die Menschenkonzentration mit allen ihren Folgen dazu beigetragen hätte. Man enthob ihn aller Ämter und verurteilte ihn wegen Korruption und Unterschlagung öffentlicher Gelder. Perikles erlebte zwar noch seine Wiedereinsetzung, war jedoch ein gebrochener Mann. Zwei Jahre nach dem Beginn dieses unheilvollen Krieges starb er selbst an der Pest.
Wir wissen, daß sich dieser Krieg noch jahrzehntelang hinzog und mit der völligen Niederlage Athens endete. Als politische Macht war Athen damit erledigt.

Das halbe Jahrhundert nach dem Sieg Spartas über Athen zeigt das Bild der Selbstzerfleischung der griechischen Staaten im Kampf um die Vorherrschaft.
Der Fluch der Zersplitterung, der Mikrokosmos der einzelnen Staaten und Orte – es gab zeitweise deren 160 –, führte über die spartanische Vorherrschaft und das thebanische Intermezzo unter Epaminondas zur völligen Erschöpfung, zum Niedergang. Wie so oft in der Geschichte führte dies folgerichtig zur Intervention von außen: In diesem Fall letzten Endes zur Errichtung des Makedonischen Protektorates.
Jetzt waren die griechischen Staaten hilflos den beiden Supermächten Makedonien und Persien ausgeliefert. Athen, in Kunst und Wissenschaft bahnbrechend, verfiel politisch wiederum in haßerfüllte Zwietracht und versank ebenso wie die anderen griechischen Staaten in einem Sumpf von Korruption und übelster Machenschaften.

Demosthenes, korrupt bis in die Knochen?

War Demosthenes korrupt?
Diese Frage wird vielleicht diejenigen, welche den üblichen Geschichtsunterricht erfahren haben, ein erstauntes Kopfschütteln abfordern; ganz zu schweigen von einem Gefühl der Empörung einiger Alt-Philologen, welche allein schon eine solche Frage als Sakrileg empfinden könnten.
Es ist eigentümlich; immer wieder werden wir feststellen können, daß die Historie ihre Lieblingskinder und ihre Stiefkinder hat. Wie bereits ausgeführt, muß man damit rechnen, daß es durch bewußte oder unbewußte Verfälschung oft zu ganz einseitigen, schiefen Vorstellungen über historische Personen und Vorgänge kommt.
Als besonders anfällig erweisen sich manchmal Biographen. Es ist nicht ganz unbegreiflich: Sie hätten sich ja nicht die betreffende Person ausgesucht, wenn diese sie nicht besonders inter-

essiert, ja fasziniert hätte. Natürlich wissen auch sie um die dunklen Punkte ihrer »Helden«; sie werden jedoch Hemmungen haben, das »Strahlende zu schwärzen« und dann bereit sein, das Negative zu verschweigen, zumindest es zu verniedlichen.

Wir sind an dem Zeitpunkt angelangt, als Demosthenes ins politische Leben trat. Bis dahin, etwa 355 v.Chr., hatte er sich mit größter Energie als Redner geschult und als Anwalt betätigt. Es ist ein glücklicher Zufall, daß uns die wichtigsten Reden des Demosthenes und seines Widerparts Aischines im originalen Wortlaut überliefert sind; ein guter Grund, gerade auf diese historische Phase ausführlicher einzugehen.

In Athen gab es damals zwei einander bis aufs Messer bekämpfende Parteien. Die eine träumte von einem Rachefeldzug eines geeinten Griechenlandes gegen den persischen Erbfeind; Sie sah in dem als Feldherrn gleich wie als Staatsmann hervorragenden König Philipp II. von Makedonien den einzigen Mann, der dies zuwegebringen könnte.

Der als Rede-Lehrer legendäre Isokrates verfocht in seiner berühmten Schrift »Panegyrikos« diesen Standpunkt leidenschaftlich (boshafte Zungen warfen ihm allerdings vor, daß er zu diesem seinem Meisterwerk länger gebraucht habe, als Alexander zur Eroberung ganz Asiens). Nach dem Tode des Isokrates warfen die Gegner einander noch Manipulation und Fälschung vor. Isokrates hielt sich vom täglichen politischen Kampf fern; einer seiner Schüler, der berühmte Anwalt und Redner Aischines, war der Führer dieser panhellenischen Partei, von den Gegnern abschätzig »makedonische Partei« genannt.

Die Gegenpartei stand unter der Führung des Demosthenes, der ebenfalls ein Schüler des Isokrates war; jener sah es als eine Schmach an, sich Philipp, respektive Alexander, unterzuordnen. Sie gingen so weit, daß sie bereit waren, sich an den Erbfeind Persien um Hilfe gegen den verhaßten Makedonier zu wenden, was ihre Gegner als Landesverrat qualifizierten. Daß

Aischines die Situation und ihre Möglichkeiten realistischer, richtiger beurteilte, soll Demosthenes, der für eine verlorene Sache kämpfte, vom menschlichen Standpunkt nicht vorgeworfen werden.

Man kann auch annehmen, daß beide Parteiführer aus Überzeugung ihrem Volk dienen wollten; man kann auch noch unterstellen, daß sie zur Verfolgung ihrer Ziele Geld gebraucht und es daher genommen haben. Aber in unserem Fall handelt es sich darum, daß sie sich dabei persönlich außerordentlich bereichert haben, indem sie erhebliche Teile dieser »Hilfsgelder«, sagen wir: zweckentfremdet, d. h. in die eigene Tasche gesteckt haben (Demosthenes wird zusätzlich vorgeworfen, er habe anfangs auch bei König Philipp seine Hand offengehalten).

Für Demosthenes war König Philipp ein Barbar, der auf die Zerschlagung der griechischen Freiheit ausging. Demosthenes' große, haßerfüllte Reden gegen Philipp wurden derart berühmt, daß nicht nur Jahrhunderte später Cicero seine Kampfreden gegen Marcus Antonius »Philippika« nannte, sondern daß heute noch der Ausdruck »Philippika« als Bezeichnung für Reden solcher Art gilt.

Der jahrzehntelange Kampf für und gegen Philipp hat die politische Atmosphäre in Athen total vergiftet und zur Siedehitze gebracht.

Beide Gegner gingen wahrlich nicht glimpflich miteinander um: Sie warfen sich gegenseitig Makel der Geburt, alle möglichen und unmöglichen Laster, Mißbrauch der Macht, Hoch- und Landesverrat und vor allem Bestechlichkeit, Korruption im ärgsten Maß vor. Anklagen, Schmähungen und Verdächtigungen, Geschichtsfälschungen – kurz Aufpeitschung aller Instinkte kennzeichnen diese von Haß flammenden Auseinandersetzungen.

Das ist es eben, lesen wir in einer dieser Philippiken des Demosthenes, was Philipp mit allem Geld, das er aufwendet, erkauft – von der »makedonischen« Partei –, daß er nämlich uns bekriegen darf, aber von euch nicht bekriegt wird. Demosthenes spricht von Philipp als einen nichtswürdigen Makedonier, demnach aus einem Land kommend, von wo man nicht einmal einen tauglichen Sklaven kaufen könne. (Immerhin hatte dieser »Barbar« seinen Sohn Alexander durch Aristoteles erziehen lassen.)

Einige Male sandten die Athener Gesandtschaften zu König Philipp, denen auch Aischines und Demosthenes angehörten. Beide bezichtigten einander nachher, bei dieser Gelegenheit von Philipp bestochen worden zu sein.

Wir wenden uns nunmehr dem klassisch gewordenen Rede-Duell zwischen Aischines und Demosthenes zu, sozusagen als »Beispiel der Beispiele«. Dabei entlud sich der seit Jahrzehnten aufgestaute Haß der beiden Gegner.

Der unmittelbare Anlaß war, daß ein gewisser Ktesiphon den Antrag stellte, Demosthenes für seine Verdienste um den Staat die begehrte Auszeichnung der »Bürgerkrone« zu verleihen (340 v.Chr.). Das war nun freilich eine krasse Herausforderung an die Gegenpartei. Wenn Aischines seine Anklagerede auch offiziell gegen den Antragsteller richtet und die Verteidigungsrede des Demosthenes diesen in Schutz nimmt (»Rede für die Krone«), ist es in Wirklichkeit die letzte rednerische Auseinandersetzung zwischen den beiden feindlichen Parteiführern. In seiner Anklagerede wirft Aischines dem Demosthenes vor, sich zuerst von Philipp bestechen haben zu lassen und daß er die Vorteile für den eigenen Staat verschachert hat, daß Philipp Gesandte nach Athen schickte, um dem Volk leere Hoffnungen zu bringen, dem Demosthenes und seiner Sippe jedoch Geld. Er bringt auch einen Fall vor, daß Demosthenes dem Volk einen Vorschlag machte, nur weil er dafür vorher mit 3 Talenten bestochen worden ist. Nach detaillierter Darstellung weiterer erheblicher Bestechungsfälle wendet er sich persönlich an Demosthenes mit der Frage:

»Welche Strafe verdienst du, Pestbeule Griechenlands?«

Dann geht es munter weiter: Jetzt beschuldigt der Redner Demosthenes, beim Söldnerheer den Soldaten Sold unterschlagen zu haben! Anschließend heißt es, Demosthenes hätte erfahren, daß eine verbündete Stadt für sich Frieden schließen und von Philipp Gold annehmen wolle. »Er sollte bei einer Bestechung unberücksichtigt bleiben! So etwas war einfach unerträglich für ihn!« Demosthenes habe dieser Stadt eine Mahnung zustellen lassen, ihn den Anteil an der Bestechung nicht vorzuenthalten;

> »Ja, wenn es irgendwo Geld zu verdienen gibt, da stehst du auf der Lauer!...«
> »...Jetzt freilich hat persisches Gold den Demosthenes überschwemmt, mehr als er brauchen kann; und doch wird es ihm nicht genug sein: denn kein Reichtum konnte je einen schlechten Charakter ganz zufriedenstellen...«
> »Nicht, wann du es für gut hältst, auch nicht, wenn du willst, sprichst du, sondern wann deine Lohngeber es dir vorschreiben!...« »...Demosthenes läßt keinen Tag ohne Rede verstreichen – ein Mann der ein Handwerk und eine Goldgrube aus dieser Beschäftigung macht!«
> »Den Namen der Thebaner und unseres unseligen Bündnisses führst du immer zum Überdruß im Mund; aber von den 70 Talenten, die du vom Gold des Königs der Perser jenen entzogst, und für dich einstecktest, davon ist bei dir nie die Rede.«

Aischines schilderte detailliert, welches Unheil entstand, weil Demosthenes dieses Geld den Bundesgenossen »entzogen« hat. Und zum Schluß der Rede:

> »Wenn einer aber fragt, warum ihr es dem Demosthenes abgeschlagen haben werdet (die vorgeschlagene Ehrung)? Weil er bestechlich ist, weil er feige ist, weil er die Schlachtreihe verlassen hat (während der unglücklichen Entscheidungsschlacht gegen Philipp bei Cheironeia). ...wenn ihr den Demosthenes, der persisches Gold als Bestechung einsteckte und es immer noch tut, mit einem goldenen Kranze (Krone), schmücken wolltet... glaubt ihr nicht, daß die

bei Marathon und Plataä Gefallenen und selbst die Gräber der Vorfahren aufseufzen werden, wenn derjenige bekränzt wird, der zugibt, mit den Barbaren (Persern) gegen Griechen vorgegangen zu sein?«

Die Gegenrede des Demosthenes war keineswegs weniger aggressiv: Demosthenes nennt Aischines einen Soldknecht, früher Philipps, jetzt Alexanders. Ganz allgemein bedauert Demosthenes, daß bei allen Hellenen eine Saat von korrupten Verrätern und Soldknechten und gottverhaßten Menschen aufgeschossen sei. Aischines sei ein Zungendrescher, ein Marktschreier, ein bestochenes korruptes Scheusal, eine Bestie von Natur.

Demosthenes zählt eine Reihe von Philipp bestochener Verräter in den verschiedenen griechischen Städten auf, meinte jedoch, der Tag wäre nicht lang genug, wollte er alle mit Namen nennen. Er unterstellt auch, König Philipp hätte das delphische Orakel bestochen, indem er davon sprach, daß Delphi »philippisiere«.

> »Und doch fragst Du mich, für welches Verdienst ich geehrt zu werden verlange? Ich sage Dir also, daß, während die Verwalter der Staaten bei den Hellenen insgesamt, Du an der Spitze, bestochen sind, früher von Philipp, jetzt von Alexander, mich weder... freundliche Worte noch große Verheißungen... bewogen haben, von dem, was ich für recht und dem Vaterland heilsam glaubte, etwas preiszugeben; noch habe ich bei irgendeinem Rat, den ich hier erteilt habe, mich nach Eurer Weise, wie eine Waage nach der Seite des persönlichen Vorteils geneigt.«

Demosthenes schließt seine Rede mit folgender Beschwörung:

> »Möchte doch, o all' Ihr Götter!, keiner von Euch dieses gewähren (der Anklage des Aischines zu willfahren), sondern gebt vor allen Dingen diesen hier einen besseren Sinn und bessere Einsicht; wenn sie aber unheilbar sind, so rot-

tet sie aus mit Stumpf und Stiel, zu Wasser und zu Lande! Uns, den übrigen, aber gewährt schnelle Befreiung von den drohenden Gefahren und sichere Wohlfahrt!«

Dies waren die unser Thema betreffenden wesentlichen Stellen aus dieser berühmt-berüchtigten Rede-Schlammschlacht. Wir müssen feststellen: Die Gegner bezichtigten einander aller möglichen Verbrechen und Schandtaten, im besonderen Maße der Bestechlichkeit im Solde auswärtiger Mächte. Dies taten sie nicht etwa »unter der Hand« oder in kleinen Zirkeln. Nein, offiziell vor Gericht – das war damals gleichbedeutend – vor der gesamten Öffentlichkeit. Keiner der beiden erhob etwa eine Ehrenbeleidigungsklage. Selbst bei der damaligen Entartung der Parteikämpfe scheint es vollkommen unglaubwürdig, daß derart schwerstwiegende Beschuldigungen hätten erhoben werden können – wie gesagt: Vor dem ganzen Volk! – ohne daß sie im wesentlichen durch Tatsachen gestützt waren.

Die heutige Auffassung, die nicht mehr im früheren Maße im Banne der Demosthenes-Verherrlichung steht und auch Aischines und vor allem König Philipp gerechter beurteilt, steht auf dem Standpunkt: Man weiß, daß viel makedonisches Gold in Athen rollte und wahrscheinlich noch mehr persisches, und ist überzeugt davon, daß von diesen »Hilfsgeldern« ein Gutteil in die Taschen der beiden Parteiführer floß.

König Philipp wollte durch diese enormen Bestechungen ohne großes Blutvergießen sich zum Herren von ganz Griechenland machen. Seine Milde nach der Entscheidungsschlacht ist eine seltene staatsmännische Handlung.

Der Zweck der persischen Bestechungen und der Auftrag an seine »Söldlinge« war, Unruhe in den griechischen Staaten zu erzeugen, um dadurch die Makedonier zu »beschäftigen«. Dadurch sollte der drohende Angriff gegen Persien möglichst hinausgeschoben werden, wenn er schon nicht zu verhindern war.

Mitten in den Vorbereitungen zum Krieg gegen Persien wurde Philipp im Jahre 336 ermordet... Als Alexander, Philipps Sohn, die Stadt Sardes eingenommen hatte, fand er dort Briefe

des Demosthenes sowie die Abrechnungen der persischen Befehlshaber vor, worin die demselben übersandten Bestechungssummen angegeben waren.
Gegen Ende seines Lebens wurde Demosthenes noch in einen handfesten Korruptionsskandal verwickelt: Harpalos, ein Freund Alexanders d.Gr., wurde von ihm zum Hüter der Schätze bestellt, welche in Babylon, der vorgesehenen Hauptstadt des Alexander-Reiches, hinterlegt waren. Harpalos hatte nun große Summen unterschlagen und floh aus Angst vor dem Zorn Alexanders mit bedeutenden Schätzen und 6000 Söldnern nach Griechenland. Die Athener wiesen ihn ab, da sie nicht mit Alexander in Konflikt geraten wollten; auch Demosthenes war für eine Zurückweisung. Als jedoch Harpalos ihm einen kostbaren Becher mit 20 Talenten überreichte, war plötzlich alles anders. Plutarch schreibt darüber:

> »Denn Harpalos verstand sich gut darauf, aus den Gesichtsmienen und den Blicken der Augen sogleich den Charakter eines in das Gold verliebten Mannes zu erraten. Wirklich konnte auch Demosthenes nicht widerstehen, sondern wurde von dem ihm überbrachten Geschenk so geblendet, daß er auf einmal, gleich als hätte er eine Besatzung bei sich aufgenommen, auf Harpolos' Seite trat.«

Die Sache flog auf, Demosthenes wurde wegen Korruption zu einer Geldstrafe von 50 Talenten verurteilt und vorerst bis zur Bezahlung in Haft genommen. Er entfloh und ging ins Exil, aus dem er sofort nach dem Tod Alexanders zurückkam. Um den Nachstellungen seiner Gegner zu entgehen, floh er neuerdings und beging, um nicht in ihre Hände zu fallen, im Jahre 322 v.Chr., im Alter von 63 Jahren, Selbstmord.
In der vergleichenden Lebensbeschreibung des Demosthenes und des Cicero kommt Plutarch noch einmal auf diesen Charaktermangel des Demosthenes zu sprechen. Nach der Beschreibung seiner ungeheuren Begabungen und Aufzählung seiner Leistungen spürt man direkt, daß es ihm schwerfällt, auf die »Schattenseiten« seines Landsmannes hinzuweisen:

»Dem Demosthenes macht man es zum Vorwurf, daß er mit der Beredsamkeit ein Gewerbe trieb und etwa zwei Prozeßgegnern ihre Reden verfertigte (!!). Auch kam er wegen der vom persischen König erhaltenen Gelder in schlechten Ruf, und wegen der Bestechung durch Harpalos wurde er sogar verurteilt. Wenn wir nun auch annehmen würden, daß die Schriftsteller, die dies von ihm melden – und deren sind nicht wenige –, eine Unwahrheit gesagt hätten, so läßt sich doch auf keine Weise leugnen, daß Demosthenes viel zu schwach gewesen ist, die ihm von Königen angebotenen Geschenke großmütig auszuschlagen, und daß sich dies etwa von einem Manne, der sein Geld im Seehandel auf Wucher anlegte, gar nicht einmal erwarten läßt.«

Die Historiographen sind sich heute einig in der Auffassung, daß sowohl Aischines wie auch Demosthenes sich der schwersten Korruption – und das meist im Dienste auswärtiger Mächte – schuldig gemacht haben.

Uneinigkeit, politischer Ehrgeiz, Eifersüchteleien, Macht- und Geldgier, Orgien korrupter Machenschaften und Bestechlichkeit vieler führender Männer führten dann letzten Endes zum Zusammenbruch und zum Verlust der Freiheit.

Ciceros erste Rede gegen Catilina (7. Nov. 63) war die erste datierbare stenographische Aufnahme einer Rede durch den Stenographen Tiro (Tironische Kurzschrift). Ob die Stenographie als solche von den Griechen oder Römern erfunden worden ist, ist nicht sichergestellt, die Wahrscheinlichkeit spricht für die Griechen.

2

Rom, der Nabel der Welt

Politischer Ehrgeiz

Das Imperium Romanum ist eine der größten politischen Schöpfungen der Menschheit, vielleicht ihre größte überhaupt. Langsam wachsend hatte es den größten Teil der damals bekannten Welt erobert und hat sie dann in Jahrhunderte dauernder Stetigkeit beherrscht. Wir kennen kein zweites Großreich der Geschichte von solcher Ausdehnung und Dauer, und man versteht die alte, oft gestellte und immer wieder anders beantwortete Frage nach den Ursachen der Größe Roms.

Es ist hier nicht der Platz, auf all die Erklärungsversuche einzugehen oder gar sich in die geschichtliche Entwicklung zu verlieren. Bevor ich jedoch auf charakteristische Episoden zu meinem ausgewählten Thema eingehe, noch einige Worte über das Wesen des Römers, das bestimmt mehr zur Machtentfaltung beitrug als Institutionen. Die ganze Lebenshaltung des politisch interessierten Römers zeigt diesen Ehrgeiz: Das Streben, durch Dienste, die dem niedriger Gestellten erwiesen werden, eine möglichst große Zahl von Bürgern sich zu verpflichten, sich eine Art Gefolgschaft (clientes) zu bilden, die bei den Wahlen zur Verfügung steht.

Es ist nur natürlich, daß sich dieser politische Ehrgeiz, den der einzelne für sich und sein Geschlecht innerhalb der römischen Bürgergemeinde hegt, auf das Volk und seine Stellung innerhalb der Völkergemeinschaft übertrug. Der römische Bürger – der civis Romanus – hat sich immer schon kraft dieses Bürgerrechtes allein jedem anderen Erdbewohner überlegen gefühlt. Noch in den Tagen gesunkenen Nationalgefühls, in den letzten Kämpfen der Republik, ist es im Wettstreit um die Gunst der öffentlichen Meinung die wirksamste Waffe des Octavianus gegen Marcus Antonius gewesen, daß dieser seine Römerehre soweit vergessen konnte, mit der ägyptischen Königin gemeinsame Sache zu machen.

Ohne im Detail auf die Ämterlaufbahn näher einzugehen – Ädilität, Praetur, Konsulat – muß etwas festgehalten werden und kann nicht genug betont werden: Seit jeher und auch noch, als die Republik ihre Macht schon auf die damals drei bekannten Erdteile ausgedehnt hatte, entschied einzig und allein die Stadt Rom über die Geschicke des Reiches. Das erklärt auch, mit welcher Erbitterung um die Gunst der Massen in Rom gekämpft wurde, daß Bestechung und Einschüchterung, oft eine Mischung beider Elemente, eingesetzt wurde. Die Ämter-Bewerbung heißt bezeichnenderweise Ambitus (ambire = umhergehen).

Die gute alte Zeit

Eine Stelle aus Plutarch, die allerdings spätere Reflexion darstellt, sei zur Beleuchtung unseres Problems zitiert. Es handelt sich um die Bewerbung um das Konsulat des Cn. Marcius Coriolanus (um 490 v.Chr.):

> »Für die Bewerber um ein solches obrigkeitliches Amt bestand die Sitte, daß sie ihre Mitbürger darum ansprachen, ihnen die Hand gaben und dergleichen; dabei trugen sie bei ihrem Gange auf das Forum nur ein Oberkleid ohne Tunica, entweder weil sie sich mit Rücksicht auf ihr Gesuch schon im Äußeren bescheidener darzustellen wünschten oder weil sie, wenn sie etwa Narben hatten, diese offenbaren Beweise ihrer Tapferkeit zu zeigen beabsichtigten. Der Verdacht von Geldverteilung und Bestechungen war gewiß nicht der Grund, warum jemand ohne Gürtel und Unterkleid sich seinen Mitbürgern nähern sollte, wenn er diese um etwas zu bitten hatte. Erst spät, lange Zeit hernach, konnte es geschehen, daß Kauf und Verkauf eindrang und daß sich das Geld unter die Stimmzettel einer Volksversammlung mengte. Aber von dort an berührte das Laster der Geschenkannahme auch bald die Richter und Armeen, und dadurch wurde der Freistaat in eine Monarchie umgewandelt, nachdem er um Gold seine

> Waffen in den Sklavendienst dahingegeben hatte. Es ist eine ganz treffende Bemerkung, die jemand gemacht hat, daß ›wer dem Volk zuerst Geld und Gastessen gegeben, ihm zuerst die Freiheit genommen habe‹.«

Anders ist der Versuch des König Pyrrhus von Epirus (307 – 273 v.Chr.) gelagert. Er war einer der erbittertsten und gefährlichsten Feinde der Römer. Wiederholt versuchte er, die Römer durch wertvolle Geschenke an sie und ihre Frauen zu gewinnen, doch damals war Rom für solche oder ähnliche Machenschaften noch nicht »reif«, wie auch folgende Episode – von Plutarch geschildert – beweist:

Der Leibarzt des Königs erbot sich, seinen Herrn gegen entsprechendes »Honorar« aus dem Wege zu räumen. Die Römer sandten daraufhin folgenden Brief an Pyrrhus:

> »Gaius Fabricius und Quintus Aemilius, die Consuln der Römer, entbieten dem König Pyrrhus ihren Gruß! Du scheinst weder in der Wahl Deiner Freunde noch in der Deiner Feinde glücklich zu sein. Wenn Du den uns zugeschickten Brief gelesen hast, wirst Du einsehen, daß Du mit ehrlichen und rechtschaffenen Männern Krieg führst, dagegen Halunken und nichtswürdigen Leuten Dein Vertrauen schenkst. Diese Entdeckung machen wir jedoch keineswegs aus Gefälligkeit und Freundschaft gegen Dich, sondern damit Dein Tod uns nicht in üble Nachrede bringen und es nicht den Anschein haben soll, als hätten wir den Krieg durch Hinterlist beendigt, weil wir es durch Tapferkeit nicht vermochten.«

Wenn man die spätere Entwicklung betrachtet, kommt einem das wie ein Märchen vor.

Bestechungen hatten sich bei den Wahlen seit dem Anfang des 2. Jahrhunderts v.Chr. durchaus eingebürgert; schon seit 181 gibt es Gesetze dagegen, die sich später geradezu überstürzen. Der Stimmenkauf war direkt organisiert, die »divisores«, die Verteiler von Geld und Getreidespenden, wurden unverhohlen auch mit diesem Geschäft betraut; damit die Bestochenen nicht etwa das Geld einstecken und hinterher ihre »Pflicht« nicht täten, wurden die Bestechungssummen bei Mittelmännern, den sogenannten »sequestres«, treuhändig hinterlegt. All diese Anti-Korruptionsgesetze nützten herzlich wenig, um nicht zu sagen, gar nichts.

Ein besonders trauriges Kapitel wird u.a. von Sallust in seiner Schilderung des Jugurthinischen Krieges geschildert, wenn wir auch über den Berichterstatter sagen müssen: Abwegig ist es, Sallust – wie es in den Schulen geschieht – als Historiker in unserem Sinne zu präsentieren; er war der »Goebbels« der Popularen, ein eifriger Parteigänger Caesars, Crassus' und der anderen Führer der Popularen und ein erbitterter Feind des Adels, der Nobilität. In seinem »Jugurthinischen Krieg« (111 – 105 v.Chr.) ist er zwar auch subjektiv, jedoch mehr in seinen Schlußfolgerungen, als in bezug auf die Tatsachen, die auch von anderen Quellen eine Bestätigung erfahren. Was Sallust persönlich betrifft, so zeigte er sich gerade auch nicht unempfänglich gegenüber Geld und Geldeswert; als caesarischer Statthalter plünderte er seine Provinz gehörig aus und bereicherte sich in überdurchschnittlichem Maß. Er zog sich nach Caesars Ermordung in seinen Palast zurück; weltberühmt wurden die »Sallustischen Gärten« am Monte Pincio. Wenn er die Habgier und Korruption des römischen Adels, der patrizischen Senatoren und der aristokratischen Feldherrn anprangert – im Gegensatz zu dem Popularen Marius –, hat er gewiß recht; man fragt sich nur, ob ausgerechnet er befugt war, sich derart moralisch zu entrüsten – aber auf solche Widersprüchlichkeiten stößt man ja immer wieder.

Jugurtha »kauft« Senat und Generalität

Jugurtha, der Neffe und Adoptivsohn des Numider-Königs Micipsa, war älter als seine zwei Vettern, die echten Söhne des

Königs, und war an sich nicht thronberechtigt; er zeichnete sich jedoch in körperlicher und geistiger Beziehung derart aus – er war ein kühner, entschlossener, listiger und schöner Mann –, so daß Micipsa beschloß, testamentarisch sein Reich unter allen dreien zu verteilen, und legte ihm seine beiden Söhne Hiempsal und Adherbal ans Herz, zwei junge Burschen, schwach und friedfertig. Kaum war Micipsa tot, ließ Jugurtha Hiempsal ermorden und setzte sich in den Besitz dessen ererbten Gebietes. Zum weiteren Verständnis sei daran erinnert, daß Rom eine Art Protektorat über dieses Königreich in Algerien innehatte. Von Sallust erfahren wir:

»Als J. über sein Verbrechen nachdachte, kam ihn Furcht vor den Römern an, und in nichts fand er Beruhigung vor ihrem Unwillen als in der Habsucht des Adels und in seinem Geld; deshalb schickte er wenige Tage darauf Gesandte mit Gold und Silber nach Rom und wies sie an, vor allen Dingen seine alten Freunde mit Geschenken zu überhäufen, dann ihm neue zu werben und überhaupt nicht zu säumen, wenn sie durch Bestechungen etwas ausrichten könnten. Sobald nun die Gesandten nach Rom gekommen waren und nach der Weisung des Königs ihren Gastfreunden und anderen, die damals im vorzüglichsten Ansehen standen, beträchtliche Geschenke zugeschickt hatten, ging eine große Veränderung vor, daß, sosehr man vorher gegen ihn aufgebracht war, er nun der begünstigte Liebling des Adels wurde. Manche gingen sogar, sei es, daß sie Geschenke erhofften oder sie schon empfangen hatten, zu den einzelnen Senatoren hin und ließen es sich äußerst angelegen sein, daß man doch nicht hart gegen Jugurtha verfahren möge.« »Adherbal, der zweite Stiefbruder des Jugurtha, flüchtete nach Rom, um dort gegen die Machenschaften seines Stiefbruders vorstellig zu werden. Nachdem er – vor dem Senat – seine Rede geschlossen hatte, erwiderten Jugurthas Gesandte, die sich mehr auf die Bestechungen als auf ihre Sache verließen, ganz kurz. Die

> Gönner der Gesandten und noch viele andere, die gewonnen und bestochen waren, nahmen auf Adherbals Vorstellungen keine Rücksicht und konnten Jugurthas Verdienste nicht genug erheben... und so behielt im Senat diejenige Partei die Oberhand, bei welcher Geld oder Genuß mehr galt als Recht und Billigkeit. Die übrigen Abgeordneten suchte er auf demselben Weg zu gewinnen, die meisten gewann er, nur wenigen war ihr Gewissen lieber als das Geld.«

Nun belagerte Jugurtha Adherbal – mit Erfolg.

> »Jugurtha läßt vor allen seinen Stiefbruder unter grausamen Martern hinrichten, und nachher alle Numidier, die über 14 Jahre alt waren und alle Italiker, wie sie seinen Soldaten in die Hände fielen, niederhauen!«

Nun mußte der Senat unter dem Druck des Volkes doch gegen Jugurtha einschreiten. Unter dem Oberbefehl des Prokonsuls Bestia – einer seiner Legaten war der Vorsitzer des Senates Scaurus – traf ein römisches Heer in Afrika ein. Jugurtha »unterwarf« sich zu lächerlichen Bedingungen – scheinbar –, nachdem er Bestia und Scaurus mit großen Summen bestochen hatte.

Da erzwang das empörte Volk durch seine Volkstribunen, daß Jugurtha unter Zusicherung freien Geleites nach Rom kommen sollte, damit »desto leichter durch die Aussage des Königs die Vergehungen von Scaurus und Bestia, die man wegen des Geldes, das sie genommen hatten, zur Rede stellen wollte, bewiesen würde«.

> »Während dieser Vorgänge in Rom übten die Offiziere, welche Bestia in Numidien beim Heer zurückgelassen hatte, nach der Weise und dem Beispiel ihres Imperators ungemein viele niederträchtige Schandtaten aus. Einige ließen sich bestechen, dem Jugurtha wieder seine Elefanten zurückzugeben, andere verkauften ihm die Überläufer.«

Als nun Jugurtha in Rom vor der Volksversammlung Rede und Antwort stehen sollte, hieß einer der Volkstribunen, den

Jugurtha auch schon bestochen hatte – kraft seines Vetorechtes –, ihn schweigen, wodurch diese ganze Aktion im Sand verlief. Beim Verlassen der Stadt Rom soll er sich oft stillschweigend darnach umgesehen haben und zuletzt in die Worte ausgebrochen sein:

> »O! Welche feile Stadt! Wie bald wird sie zugrunde gehen, wenn sie einen Käufer findet!«

Als die nächsten Kampfhandlungen ausbrachen, gelang es Jugurtha abermals, römische Offiziere zu bestechen:

> »Die Offiziere beim Fußvolk und der Reiterei bestach er, daß sie entweder zu ihm übergehen oder, damit ihr Vergehen nicht so sehr in die Augen fallen möge, auf ein gegebenes Zeichen ihre Posten verlassen sollten. So verschaffte z.B. der erste Hauptmann der 3. Legion den Feinden durch die Schanze, die ihm zur Verteidigung übergeben worden war, ins Lager Eingang, dort brachen nun alle Numidier ein.«

Erst als Marius den Oberbefehl gegen Jugurtha übernahm – sein Legat war der hocharistokratische Lucius Cornelius Sulla –, wendete sich das Blatt. Jugurtha wich aus und begab sich zu seinem Schwiegervater Bocchus, dem König von Mauretanien (Marokko). Dieser lieferte ihn in verräterischer Weise an den zu ihm gesandten Sulla aus; Jugurtha wurde im Jahre 104 in Rom im Triumph aufgeführt und nachher im mamertinischen Kerker getötet.

Sulla beanspruchte den Ruhm für sich, Bocchus zur Auslieferung des Jugurtha bewogen zu haben. Dies verschärfte den Gegensatz zwischen dem Popularen Marius und dem Aristokraten Sulla und legte den Keim zu ihrer Todfeindschaft, welche dem römischen Volk den blutigsten und grausamsten Bürgerkrieg beschied, der außerdem den Beginn der Militärdiktaturen und das Ende der Republik zur Folge hatte.

An dieser Stelle auf die sogenannten Gracchischen Unruhen noch einen kurzen Blick:

Den Hintergrund bildete das Dahinsiechen des freien Bauernstandes. Immer zahlreicher und größer wurden die durch Sklaven bewirtschafteten Latifundien, das billige Getreide aus den Provinzen drückte die Preise, so daß sich viele Bauern und mehrere verarmte Bürger veranlaßt sahen, nach Rom zu ziehen, wo sie sich ein weniger mühsames Leben erhofften, nicht zuletzt durch die Aussicht auf Getreidespenden und Wahlgelder.
In den dreißiger und zwanziger Jahren des 2. Jahrhunderts v.Chr. versuchten die Brüder Tiberius und Gaius Sempronius Gracchus diesen Übelstand abzuschaffen, bedienten sich jedoch einer bis dahin unbekannten Demagogie allergrößten Ausmaßes.
Mommsen urteilt insbesonders über den jüngeren der beiden außerordentlich hart. Er bezeichnet ihn als einen politischen Brandstifter und vor allem als Demagogen ärgster Sorte; so schreibt er z.B.:

> »...vor allem ist er der wahre Stifter jenes entsetzlichen, von oben herab besoldeten und beschmeichelten hauptstädtischen Proletariats, das durch seine, aus den Getreidespenden von selber folgende Vereinigung in der Hauptstadt teils vollständig demoralisiert, teils seiner Macht sich bewußt ward und mit seinen bald pinselhaften, bald bübischen Ansprüchen und seiner Fratze von Volkssouveränität ein halbes Jahrtausend hindurch wie ein Alp auf dem römischen Gemeinwesen lastend, erst mit diesem zugleich unterging.«

Marius und Sulla, die Totengräber der Republik

In ausführlicherer Darstellung werde ich zeigen, mit welchen Mitteln Gajus Julius Caesar seinen Kampf um die Macht führte, insbesondere, in welch ungeheurem Ausmaß er sich dabei der Korrumpierung bediente. Um jedoch einen Einblick in die damaligen Verhältnisse zu gewinnen, welche er vorfand und

mit denen er rechnen mußte, möchte ich mit einigen Streiflichtern die Situation beleuchten.
Der mörderische Bürgerkrieg zwischen Marius und Sulla versetzte die römische Republik in Agonie. Erstmals in der Geschichte Roms ging die effektive Macht des stolzen »Senatus Populusque Romanus«, des Senates und des Römischen Volkes, auf die Legionen über, bzw. deren Kriegsherren, nur diesen fühlten sich jetzt die Legionen verbunden, nur ihnen verpflichtet und von diesen erhofften sie sich alles.

> »...auch bot Marius seine Veteranen auf, steckte sie unter die Massen der Wähler und zwang so seine politischen Gegner in der Tat nieder... Marius verband sich nun mit dem Volkstribun Sulpicius, einem Menschen, der in den schlimmsten Lastern niemandem nachstand, aus Grausamkeit, Frechheit und Habsucht zusammengesetzt; so verkaufte er das römische Bürgerrecht an Freigelassene und Schutzverwandte und zählte das dafür erlegte Geld ganz offen auf einen Tisch, der mitten auf dem Markt stand...«

Wir haben gesehen, daß es schon einem König Jugurtha möglich war, römische Offiziere, ja sogar deren Feldherren zu bestechen. Dies scheint sich bei den Feinden Roms »herumgesprochen« zu haben.
So schreibt Plutarch in der Lebensbeschreibung des Lucullus bei Beschreibung seines Feldzuges gegen den damals gefährlichsten Feind Roms im Osten, König Mithradates VI., daß dem Lucullus durch Verrat ein Admiral des Mithradates in die Hände fiel,

> »zugleich auch 10000 Goldstücke, die er mit sich führte, um irgendeinen Teil des römischen Heeres zu bestechen«.

Wenn es nunmehr möglich geworden war – mögen es auch Einzelfälle gewesen sein –, daß Feinde römische Heeresteile bestechen konnten, so unternahmen es in den Bürgerkriegen jetzt die römischen politischen Generale, die gegen sie aufmarschierten Legionen zu korrumpieren. Folgen wir weiter Plutarch:

»Das meiste jedoch trug Sulla zu diesem Unheil bei, der, um die Truppen anderer (römischer) Feldherrn zu bestechen und an sich zu locken, gegen die seinen bis zur Verschwendung freigebig war. Da er also zugleich andere Soldaten zum Verrat und seine eigenen zur Liderlichkeit verführte, brauchte er immer viel Geld...«

So sehr das Römische Imperium an Umfang zugenommen hatte, seine Verfassung blieb die eines Stadt-Staates. Daher entschied bis zum Ende der Republik die Volksversammlung in Rom die Geschicke des Weltreiches, und zwar immer in Ur-, also Massenabstimmungen. In fast ununterbrochener Folge sehen wir die Bemühungen der Politiker, öffentlich auf der Straße, später immer mehr durch Spenden und Spiele (panem et circenses), durch Bestechungen und Versprechungen die Macht über die Massen in Rom und damit über den ganzen Staat zu erringen.

Das politische Leben der niedergehenden Republik – im 1. Jahrhundert v. Chr. – wurde nicht von Parteien in unserem heutigen Sinn, sondern von Cliquen beherrscht, die Familien- und Sippschaftspolitik betrieben. Sowohl die Optimaten im Senat als auch die Popularen bildeten solche Zirkel, während die große Masse in nach Stimmbezirken geordneten, halbmilitärischen Verbänden zusammengeschlossen war. Die einen dirigierten die »Wahl-Campagne«, die anderen führten sie durch und verfochten die jeweiligen Interessen mit allen Mitteln.

Ein Stimmungsbild aus jener Zeit zeichnet Mommsen:

»Feil war diesen politischen Klubs alles: die Stimme des Wählers, vor allem aber auch die des Ratsmannes und des Richters, auch die Fäuste, die den Straßenkrawall machten, und die Rottenführer, die ihn lenkten – nur im Tarif unterschieden sich die Assoziationen der Vornehmen und Geringen. Die Cliquen entschieden die Wahlen, die Cliquen beschlossen die Anklagen, die Cliquen leiteten die Verteidigung. Sie gewannen den angesehenen Advokaten, sie akkordierten im Notfall wegen der Freisprechung mit

Spekulanten, die den einträglichen Handel mit Richterstimmen im großen betrieben. Die Cliquen beherrschten durch ihre geschlossenen Banden die Straßen der Hauptstadt und damit nur zu oft den Staat.«

Wir greifen ein wenig vor und lesen bei Mommsen über die Zeit des Machtkampfes des Triumvirats von Pompeius-Crassus-Caesar:

»Statt zu arbeiten, gaffte der römische Plebejer lieber im Theater; die Schenken und Bordelle hatten solchen Zuspruch, daß die Demagogen ihre Rechnung dabei fanden, vorwiegend die Besitzer derartiger Etablissements in ihr Interesse zu ziehen; man kaufte das Konsulamt um unglaublichen Preis – im Sommer 53 wurde allein die erste Stimmabteilung mit 10 Millionen Sesterzen bezahlt; ein anderesmal war es, daß durch die Anleihen der verschiedenen Konkurrenten um das Konsulat in Rom der Zinsfuß von 4% auf 8% monatlich hinaufgetrieben wurde.«

Caesar, »Mann aller Frauen und Frau aller Männer«

Der junge Gaius Julius befand sich in einer schizophrenen Lage: Er entstammte dem hocharistokratischen Haus der Julier, welche ihre Abstammung nur gleich – via Aeneas – von der Göttin Venus ableiteten; andererseits war seine Tante mit dem Todfeind der Aristokratie, Marius, verheiratet. Mit 16 Jahren heiratete er die Tochter von Marius' Kampfgefährten Cornelius Cinna.

Diese beiden Fakten genügten, um dem siegreichen Lucius Cornelius Sulla Caesars Beseitigung wünschenswert erscheinen zu lassen; dies um so mehr, als er sich weigerte, sich von seiner jungen Frau scheiden zu lassen, was immerhin sehr für den jungen Mann spricht. Auf der Flucht wurde er von einem Häscher des Sulla aufgespürt, der sich jedoch bestechen und ihn laufen ließ. So erhielt er, wie Plutarch schreibt, den ersten Anschauungsunterricht in »Korruption«.

Im Osten zeichnete er sich militärisch aus; anderseits verstrickte er sich in dieser Zeit in eine Affäre, die ihm sein ganzes Leben hindurch zu schaffen machte: Zum König von Bithynien, Nikomedes, entsandt,

> »hielt er sich über Gebühr lang dort auf, wodurch er in den Verdacht kam, ihm seine Unschuld geopfert zu haben...«

So nannte ihn in den Parteikämpfen der Schwiegersohn Ciceros in offener Senatssitzung »Königskebse« und »Matratze des Königlichen Bettes«, der ältere Curio sprach vom »Stall des Nikomedes« und dem »bithynischen Bordell«. Selbstverständlich ließ sich auch Cicero diese Sache nicht entgehen. Merkwürdiger erscheint es uns jedoch, daß selbst seine Soldaten beim Triumphzug über Gallien Spottlieder sangen – wieso denn Nikomedes nicht triumphiert, dem doch ihr Feldherr »unterlag«! (nach Suetonius und Cassius Dio).

Nach dem Tode Sullas heimgekehrt, versuchte er sich mit Anklagen bei politischen Prozessen – damit suchten sich junge ambitionierte Männer die ersten Sporen zu verdienen. Wie so manche vor und nach ihm wandte er sich gegen seine eigene Kaste, sei es aus Überzeugung, als Reaktion, oder weil er dort die besseren Chancen witterte. (Die Liste ließe sich über Perikles, die Gracchen, Cola di Rienzi – über die Schrittmacher der Französischen Revolution bis zu Lenin mit vielen Beispielen füllen.)

Wir wollen nur die wichtigsten Stationen seiner Laufbahn herausgreifen. Im Jahre 65 v.Chr. – er war damals 35 Jahre alt, erklomm er die zweite Sprosse der Ämterlaufbahn, er wurde Aedil. Dies war politisch wichtig, da er als solcher die »circenses«, die Schauspiele auszurichten hatte. Das war zwar eine köstliche Gelegenheit, sich populär zu machen, aber ein außerordentlich teurer Spaß. Da er kein Vermögen hatte, ist es weniger erstaunlich, daß er Schulden machte als daß er Gläubiger fand.

Sein Aufwand bei Tiergefechten und Spielen war derart groß,

daß seine Feinde ein Gesetz gegen solches Übermaß durchsetzten. Insbesondere waren sie erschreckt über die große Anzahl der für die Gladiatorenspiele aufgekauften Sklaven; trotz der Einschränkung ließ Caesar 320 Fechterpaare in silbernen Rüstungen auftreten!
Zwei Jahre später traten aufregende innenpolitische Ereignisse ein: Die Wahl zum Pontifex maximus war fällig. Caesar trat gegen den hocharistokratischen Metellus an. Dieser versuchte ohne Erfolg, Caesar mit einer großen Geldsumme zum Rücktritt von seiner Kandidatur zu bewegen (nach Suetonius).
Wir werden noch später darauf hinweisen, welche eminente politische Bedeutung auch die religiösen Ämter damals in Rom hatten, daher pumpte sich Caesar, wo er nur konnte, Geld zusammen. Es kostete ihn diese Bewerbung solch ungeheure Summen für Propaganda und Bestechungen, daß er wohl wußte, daß es ein gefährliches Hasardspiel war. Als er sich zum Wahlort begab, versicherte er seiner Mutter beim Abschied, er würde sie entweder als Pontifex maximus oder überhaupt nicht mehr wiedersehen! Der Coup gelang! (nach Suetonius, Plutarch, Cassius Dio)
In dasselbe Jahr fiel die Aufdeckung der sogenannten Catilinarischen Verschwörung; nur mit großer Mühe gelang es ihm und Crassus, den Kopf aus der Schlinge zu ziehen. Wir werden sehen, wie ihnen dies trotz massiver Beschuldigungen mit Hilfe des Opportunisten Cicero gelang!
Inzwischen hatten bereits zwei Männer die politische Bühne betreten – früher als der jüngere Caesar – Gneius Pompeius und Licinius Crassus. Beide hatten sich im Bürgerkrieg als Unterfeldherrn des Sulla gegen Marius einen Namen gemacht, besonders Pompeius, dessen Stärke überhaupt in seiner hohen militärischen Begabung lag, während er in der Politik naiv, ungeschlacht, kontaktarm, mit einem Wort ein Versager war.
Crassus hinwieder war das Wirtschaftswunder. Bei den Sullanischen Proscriptionen bereicherte er sich maßlos, indem er Güter, Landsitze und Häuser der Verfemten bzw. Ermordeten

zu Schleuderpreisen aufkaufte. Berüchtigt waren auch seine riesigen Häuserspekulationen. Er war kein Ideologe – das sind Finanzmagnaten ja selten –, aber er galt als der reichste Mann Roms. Wenn Geld und Macht auch seine Götter waren, so war er doch auf den Siegesruhm des Pompeius eifersüchtig und sah überhaupt in ihm seinen Rivalen. Er schlug den äußerst gefährlichen Spartacus-Sklavenaufstand nieder, und es war ihm gar nicht recht, daß ein kleiner Teil des Sklavenheeres, der entweichen konnte, von Pompeius niedergemacht wurde. 6000 Sklaven ließ Crassus entlang der Straße nach Capua (dem Ausgangspunkt des Aufstandes) ans Kreuz schlagen. Für den um 16 Jahre jüngeren Caesar hatte er eine unleugbare Schwäche.
Pompeius hatte das Kommando im Krieg gegen die Seeräuber erhalten und dann das heißerkämpfte Oberkommando gegen den gefährlichsten Feind Roms im Osten, den König Mithradates. Zu beiden Kommandos verhalf ihm weitgehend Caesar, der die Massen bearbeitet hatte.
Nun beging Pompeius einen großen Fehler: Als er mit dem siegreichen Heer in Italien gelandet war und der Senat schon zitterte, er würde sich der Herrschaft bemächtigen, entließ er sein Heer.
An dieser Stelle einen kurzen Rückgriff: Caesar hatte es inzwischen zur Praetur gebracht und hatte nachher die Statthalterschaft Spaniens zugeteilt bekommen; nun gab es eine groteske Situation: Der Herr Statthalter konnte aus Rom nicht weg – weil ihn seine Gläubiger nicht fortließen. Erst als sein Gönner Crassus für ihn eine Haftung übernahm, ließen sie ihn laufen. In Spanien traf er sehr zweckdienliche Maßnahmen für diese Provinz, aber auch solche, um sich finanziell zu »arrangieren«; er veranstaltete »Kollekten« für sich zur Bezahlung seiner Schulden, ja »er plünderte sogar wie feindliche Plätze einige Städte, die sich keines Ungehorsams schuldig gemacht hatten, vielmehr ihm bei seiner Ankunft sofort die Tore geöffnet hatten«. (Plutarch und Suetonius)
Das Jahr 60 war wiederum ein Los-Jahr für Caesar: Der Senat,

durch die Selbst-Entmachtung des Pompeius von seiner Furcht befreit, zeigte ihm nunmehr die kalte Schulter; er verweigerte die Landzuteilungen an die entlassenen Soldaten und verwarf sämtliche Anordnungen, die Pompeius im Osten getroffen hatte.

Caesar nützte Pompeius' Empörung aus, versöhnte die beiden Rivalen Pompeius und Crassus und brachte die »Drei-Männerherrschaft«, das sogenannte I. Triumvirat, zustande. An sich eine reine Privatverbindung ohne jede staatsrechtliche Bedeutung; sie besagte im wesentlichen, daß diese drei Männer einander versicherten, keine politische Handlung zu unternehmen, die einem von den dreien mißfiele.

Verabredungsgemäß bewarb sich Caesar um das Konsulat für das nächste Jahr und wurde durch Crassus' Geld und Pompeius' Ansehen unterstützt. Folgendes Stimmungsbild stammt von Suetonius:

> »Caesar setzte die vielen leidenden und verdorbenen Teile des Staates in Bewegung und wußte sie ganz auf seine Seite zu bringen. Cato, dem deshalb bange wurde, beredete daher den Senat, die Austeilung einer bestimmten Menge von Getreide an den armen und aufrührerischen Pöbel zu übernehmen, was einen Aufwand von jährlich 1250 Talenten erforderte, doch wurden durch diese Freigebigkeit und Güte all die Drohungen Caesars auf einmal vereitelt.«

Caesar hatte mit einem Mitbewerber um das Konsulat ein Wahlbündnis geschlossen: Er werfe seinen Einfluß in die Waagschale, der andere solle in beider Namen die Bestechungsgelder zahlen. Daraufhin legten die Optimaten ihrerseits Geld zusammen, damit ihr Kandidat Bibulus mithalten konnte.

> »Sie fürchteten nämlich, Caesar könne bei der Bekleidung des höchsten Amtes an der Seite eines mit ihm in allem einigen und gleichgesinnten Kollegen das äußerste wagen. Selbst ein Cato stellte nicht in Abrede, daß diese Art von Bestechung im Interesse des Staates geschehe. So wurde denn Caesar mit Bibulus zu Consuln gewählt.«

Beliebt war dieses »Drei-Männer-Kollegium« keineswegs. »Nicht nur in den Salons und in den Landhäusern des regierenden Adels wurden die Reden von den ›Drei Dynasten‹, vom ›Dreiköpfigen Ungeheuer‹ vernommen... Keine Hand regte sich zum Klatschen, wenn der demokratische Konsul (Caesar) in das Theater trat. Wohl aber pfiff man, wenn eines der Werkzeuge der Machthaber sich öffentlich sehen ließ, und selbst gesetzte Männer klatschten, wenn ein Schauspieler eine antimonarchische Tendenz vorbrachte.« (Mommsen)
Die Machthaber ließen Andeutungen fallen, daß durch solche Opposition die Ritter ihre neuen Sonderplätze im Theater und das Volk seine Getreidespenden leicht einbüßen könnten. Man nahm sich daraufhin mehr in acht, die Stimmung blieb jedoch die gleiche. Von den Angriffen gegen Caesar wegen der Nikomedes-Affäre haben wir berichtet. Sein Privatleben, bzw. seine sexuellen Eskapaden, waren beliebte Angriffsziele. Man nannte ihn »den Mann aller Frauen und die Frau aller Männer«. Es besteht wahrlich kein Mangel an Anekdoten und Histörchen über ihn in dieser Hinsicht. Erwähnt sei nur, daß er auch die Frauen seiner Kollegen im Triumvirat verführte, die Tertullia des Crassus und die Mucia des Pompeius.
Sehr bekannt ist ja auch seine Liaison mit der Schwester Catos, worüber dieser tobte, mit der Servilia, der Mutter seines späteren Mörders Marcus Brutus. Ihr hatte er die damals berühmtesten Perlen der Welt zum Geschenk gemacht, vermutlich »zu Lasten« des Crassus.
Am bekanntesten ist natürlich sein Liebesverhältnis mit der um mehr als 30 Jahre jüngeren Cleopatra, mit welcher er seinen einzigen Sohn Caesarion hatte, den Octavianus nach seinem Sieg »vorsichtshalber« gleich umbringen ließ.
Die Lyriker hatten es besonders auf die Triumviren abgesehen, unter ihnen der berühmteste, Catullus, in haßerfülltester Weise. Eine Reihe solcher Schmähgedichte ist uns erhalten, in denen er in unqualifizierter Weise gegen Pompeius und die »Unzucht« Caesars loszieht.

Nach Ablauf des Konsulatsjahres wurde Caesar die Statthalterschaft beider Gallien und von Illyricum übertragen. Ohne Zweifel leistete er militärisch und organisatorisch Hervorragendes; sein Bericht über den gallischen Krieg ist natürlich rein tendenziös und strotzt vor Fälschungen und Verdrehungen. (Natürlich geht er mit der Wahrheit noch viel schamloser um in der Beschreibung des Bürgerkriegs.) Seine Statthalterschaft, die verlängert wurde, war für ihn ein Mittel zum Zweck. Durch seine Erfolge, seine persönliche Tapferkeit, seine Vorsorge für seine Soldaten, schuf er sich ein hervorragendes Machtinstrument in seinen ihm – und nur ihm – ergebenen kampferprobten Legionen.

Zudem schuf er sich ein ungeheures Vermögen. Er plünderte schamlos alles ihm zugängliche Gebiet aus, um mit diesen Unsummen alles zu bestechen, was nur irgendwie in Frage kam, und dadurch und durch eine hervorragende, gekonnte Propaganda seine Machtergreifung vorzubereiten. Plutarch schreibt:

> »Das Gold und Silber und andere Kostbarkeiten, die er von so vielen Feinden erbeutete, schickte er nach Rom und verwendete sie zu Bestechungen und half damit den Aedilen, Praetoren und den Consuln und deren Frauen, den Aufwand zu bestreiten, wodurch er sich einen zahlreichen Anhang schuf. Er machte es sich zur Hauptaufgabe, die Beamten jedes Jahr stets zu ›verpflichten‹ und als Bewerber nur diejenigen zu unterstützen oder zu einem Amt gelangen zu lassen, die sich anheischig gemacht hatten, in seiner Abwesenheit seine Sache zu verfechten.«

Caesars Strategie und Taktik läßt sich heute natürlich leicht erfassen, die auch zu seiner Zeit schon von manchen durchschaut wurde und vor seinen Plänen vergeblich warnten:

1. Er mußte in Gallien siegen; wegen des Nimbus, wegen seiner Truppen und nicht zuletzt, um sich die enormen Mittel zu beschaffen, die er für Bestechungen benötigte;
2. Die Truppen mußten auf ihn eingeschworen sein, alles Heil nur von ihm erhoffen und derart mit seinem Schick-

sal verknüpft werden, daß sie auch bereit sein würden, ihm gegen die legale Staatsmacht zu folgen.

3. Ohne das Gebiet seiner Statthalterschaft zu verlassen, mußte er doch möglichst nahe sich aufhalten, um die Verhältnisse in Rom im Auge behalten zu können und es Interessenten zu ermöglichen, ihn aufzusuchen.

4. Er brauchte verläßliche Vertrauensleute in Rom, um die politischen Verhandlungen zu führen, die Propaganda und Agitation zu betreiben sowie die planmäßige Korrumpierung derjenigen, auf die es ankam, durchzuführen.

5. Speziell nach dem Tod des Crassus, der im Partherfeldzug umkam, und dem Tod seiner Tochter, der Frau des Pompeius, mußte er wahrnehmen, daß sein Triumviratskollege Pompeius immer mehr von ihm abrückte und, wenn auch zögernd, Anschluß an die Senatspartei suchte. So mußte er versuchen, u.a. sich Freunde in der Umgebung seines nunmehrigen Rivalen zu suchen.

6. Auch die Volkstribunen mußte er gewinnen, bzw. dafür sorgen, daß möglichst ihm genehme Männer gewählt werden.

Wir wollen nun wieder Plutarch folgen, der aufzeigt, wie er diese Vorhaben durchführte, wobei das Militärische außer acht bleiben soll.

> »Da indessen Caesar selbst sich zwar nicht von seinen Heeren in Gallien trennte und die Waffen stets in seiner Hand hielt, dagegen für seinen Einfluß in Rom Geschenke, Geld und Freunde aufs tätigste wirken ließ, fingen jetzt die offenen Worte Catos an, den Pompeius von seinem früheren großen Unglauben (an den Senat) zurückzubringen. ...In Gallien raubte er die mit Weihgeschenken gefüllten Heiligtümer und Tempel der Götter aus; er zerstörte die Städte öfter wegen der Beute als um eines Vergehens willens. Daher hatte er Gold in solchem Überfluß, daß er es in ganz Italien und in den Provinzen das Pfund zu 3000 Sesterzen feilbieten ließ.«

Caesars Geld floß in Strömen. Geldbedürftige Finanzleute, einflußreiche Damen, die in Geldverlegenheit waren, verschuldete Adelige und auch sonst Männer von Einfluß reisten entweder selbst nach Gallien, um an der Quelle zu schöpfen, oder wandten sich an Caesars Agenten in Rom. Ein Bild vom Ende seiner Kommandozeit in Gallien liefert uns Suetonius:

> »Als er dies – die Unterwerfung Galliens – erreicht hatte, wandte er sich voller Hoffnung höheren Zielen zu und ließ es – amtlich und privat – an nichts fehlen, sich möglichst viele Personen durch Geschenke und allerhand Gefälligkeiten zu verpflichten. Den Sold seiner Legionen verdoppelte er für alle Zeiten, verteilte Getreide unter sie, machte besondere Beute-Versprechungen, bisweilen beschenkte er Mann für Mann mit einem Sklaven aus der Beute. Er ging an den Bau eines Forums in Rom, veranstaltete Gladiatorenspiele und einen Schmaus anläßlich der Gedächtnisfeier für seine Tochter, was vor ihm noch niemand getan hatte. Ferner verpflichtete er sich die ganze Umgebung des Pompeius und sogar einen großen Teil des Senats durch Gewährung zinsloser oder nur mit sehr niedrigen Zinsen ausgeliehener Darlehen. Leute aus allen Ständen, die auf seine Einladung oder aus freien Stücken zu ihm kamen, beschenkte er sehr freigebig, selbst Freigelassene und Sklaven, je nach dem Grade der Beliebtheit, der sie sich bei ihren Herren und Patronen erfreuten. Damals war Caesar für Angeklagte, Überschuldete und für verschwenderische junge Leute die einzige und schnellste Rettung; nur durften ihre Vergehen, ihre Not oder Verschwendungssucht nicht ärger sein, als daß er ihnen aus eigenen Mitteln hätte helfen können. Solchen Leuten pflegte er ganz offen ins Gesicht zu sagen: Nur eine Revolution kann Euch noch retten!«

Mit gleichem Eifer war Caesar bemüht, die Könige und Provinzen auf der ganzen Welt an sich zu ketten. Den einen bot er daher Tausende von Kriegsgefangenen zum Geschenk, anderen sandte er ohne Ermächtigung des Senats Hilfstruppen, wohin und sooft sie nur wollten. Außerdem schmückte er die bedeutendsten Städte Italiens, Galliens, Spaniens wie auch Asiens und Griechenlands mit prächtigen Bauten aus. In Rom selbst ließ Caesar ungeheure Bauten aufführen, wodurch einer Unzahl Menschen, vom Lastträger bis zum Konsular Gelegenheit zum Verdienen gegeben war.

> »Als alle Welt in höchster Bestürzung darüber sich fragte, welche Ziele Caesar damit verfolgte, kündigte endlich der Consul Claudius Marcellus in einem Edikt an, er würde über die große Gefahr, in der sich Rom befände, einen Bericht erstatten.«

Nun landete Caesar seinen größten Bestechungs-Coup:

> »Für 1500 Talente erkaufte er sich den Übertritt des zweiten amtierenden Konsuls Aemilius Paulus.«

Aber noch wichtiger war wohl sein zweiter »Kauf«. Einer der fähigsten und erbittertsten Gegner Caesars war der Volkstribun Curio. Der römische Geschichtsschreiber Velleius Paterculus beschreibt ihn als »das eminenteste unter den vielen liderlichen Genies dieser Epoche«, und Mommsen bemerkt zu diesem Korruptionsfall trocken:

> »Der Preis war hoch, aber die Ware war es wert.«

Curio hatte Schulden, die als ungeheuer bezeichnet wurden und an denen auch sein Freund Marcus Antonius »teilhatte«, wie es hieß. Dazu eine Bemerkung Plutarchs:

> »...und so zog Curio, der auf Caesars Seite getreten war, seinen Freund Marcus Antonius ebenfalls zu dieser Partei; er wußte es, teils durch die Stärke seiner Beredsamkeit, teils durch die großen von Caesar erhaltenen Geldsummen, womit er nicht sparsam umging, dahin zu bringen, daß Antonius erst zum Volkstribun und bald darauf zu einem der Priester, welche die Auspicien besorgen, die sogenannten Auguren, ernannt wurde.«

Curio war von dieser Zeit an der Generalagent Caesars in Rom und leistete ihm in der nun folgenden entscheidenden Auseinandersetzung wertvollste Dienste.

Wie hatten sich unterdes die Verhältnisse in Rom entwickelt?

Pompeius war in Rom geblieben; er erwies sich als so schwankend und schwach, daß offene Anarchie einriß und die Stadt von den bereits erwähnten berüchtigten politischen Schlägerbanden des Clodius und Milo terrorisiert wurde. Pompeius, zum »Consul ohne Collegen« ernannt – ein ganz außerordentlicher Fall –, stellte endlich einigermaßen die Ordnung wieder her.

Caesar kam wegen des Zeitpunktes der Niederlegung seiner Statthalterschaft in Konflikt mit dem Senat. Nach langem diplomatischen Kampf, den Curio für Caesar geführt hatte, kam es zu dem bekannten Ultimatum des Senats: Caesar würde zum Staatsfeind erklärt werden, falls er nicht binnen einer kurz terminisierten Frist sein Kommando an die bereits ernannten Nachfolger übergäbe.

Nach Überschreiten des Rubicon – des Grenzflusses – waren »die Würfel gefallen«; durch diesen Staatsstreich war die Macht endgültig auf die Legionen übergegangen. Von da ab herrschte die mehr oder weniger getarnte Militärdiktatur. Marsch auf Rom. Pompeius mit einem Teil der Optimaten »setzt sich ab« nach Griechenland, wird bei Pharsalus besiegt und auf der Flucht ermordet.

Caesars »Alexandrinischer Feldzug« kostete ihn beinahe das Leben, doch siegte er in erbitterten Kämpfen und privat auch über die blutjunge Cleopatra, zu deren Gunsten er den Thronstreit entschied. Siege im Osten, dann über die Pompeianer in Afrika (Selbstmord Catos in Utica), Aufreibung der letzten Pompeianer in Spanien. Das Jahr 45 v.Chr. sah ihn als Alleinherrscher.

Drei Jahrzehnte hindurch hatte Caesar um die Macht gekämpft. Alle Mittel der Demagogie: Verhetzung, Versprechungen, Gewaltmethoden, Bestechungen von gigantischem Ausmaß, zu deren Finanzierung auch nicht gerade harmlose Mittel verwendet wurden, kurz das ganze umfangreiche Repertoire agitatorischer Künste hatte ihm zur Erreichung seines Zieles dienen müssen.

An Caesar, durch den sich der Übergang vom todkranken demokratischen zum autoritären System vollzog, wird der Wandel der Methoden besonders sinnfällig. Freilich: er konnte sowenig wie auch nur ein einziger seiner kaiserlichen Nachfolger darauf verzichten, den Massen auch weiterhin durch Spenden und Augenschmaus – Brot und Spiele – gefällig zu sein. Unmittelbar nach Beendigung der Kämpfe ließ er noch einmal die Propaganda-Maschinerie auf Hochtouren laufen. Plutarch bemerkt hierzu:

> »Später bestritt er die drückenden Kosten der Bürgerkriege und den Aufwand für die Triumphzüge und die öffentlichen Feste durch Erpressungen und Tempelraub.«

Auch Pompeius hatte pompöse Triumphe gefeiert – er war der erste, der Siege in allen damals bekannten Erdteilen feiern konnte – aber Caesar übertraf ihn an Aufwand und Originalität. So war er der erste, der im Triumphzug ein Transparent mittragen ließ mit dem bekannten Slogan »veni-vidi-vici = ich kam, sah und siegte«, womit er den Sieg seines »Blitzkrieges« im Osten herausstrich. Er veranstaltete Feste und Spiele, wie man sie in Rom noch niemals gesehen hatte, bewirtete das Volk an 22000 Tischen, ja er ließ sogar ein Seegefecht veranstalten, für das eigens ein See gegraben worden war, auf dem eine tyrische und eine ägyptische Flotte gegeneinander fochten. Noch einige Details über Caesars Propaganda-Aktion damals: von Suetonius erfahren wir:

> »Caesar veranstaltete Schauspiele verschiedener Art: ein Gladiatorenspiel, Theateraufführungen in jedem Stadtviertel, und zwar durch Schauspieler aller Sprachen, desgleichen Circusvorstellungen, Athletenkämpfe und ein Seegefecht. Zu all diesen Schauspielen strömte von über-

all her eine ungeheure Menschenmenge zusammen, so daß ein großer Teil der Auswärtigen oft auf den Gassen und Landstraßen in Zelten übernachten mußte.«

Und von Cassius Dio:

»So hielt er auch seine übrigen Triumphtage mit der gewöhnlichen Pracht, aber am letzten kam er vom Schmaus hinweg und mit Blumen aller Art bekränzt auf den nach ihm benannten Markt, und von da begab er sich, fast vom ganzen Volk begleitet und unter dem Schein vieler von Elefanten getragenen Fackeln, in seinen Palast.«

Als Alleinherrscher überhäufte man Caesar mit Ehrungen, wie sie in Rom noch nie dagewesen waren: Aufstellen von Bildsäulen von ihm in allen Tempeln, eine Statue neben denen der sieben Könige auf dem Kapitol und unzählige andere. Man hatte damals schon den Verdacht gehegt, daß an der maßlosen Übertreibung dieser Ehrungen die Opposition nicht unwesentlich beteiligt war, um ihn unbeliebt zu machen und damit die Voraussetzungen für seinen Sturz zu schaffen!

»Anfangs ehrte man ihn, weil man ihm Bescheidenheit zutraute; dann ging man weiter, weil man sah, er finde Vergnügen daran (denn nur wenige Ehrenbezeugungen verbat er sich) und so brachte der eine diese, der andere jene übertriebene Ehrung in Vorschlag, teils aus übermäßiger Schmeichelei, teils aus Spott. Waren doch einige so frech, ihm freien Gebrauch aller Weiber erlauben zu wollen, weil sie sahen, daß er noch im vorgerückten Alter mehr als eine Geliebte hatte!« (Cassius Dio)

Während Caesar Vorbereitungen für einen Rachekrieg gegen die Parther – wegen der Niederlage des Crassus – traf, bildete sich unter den Senatoren eine Verschwörung, die an den Iden des März 44 v.Chr. zu seiner Ermordung führte.

Cicero und das leidige Geld

An der Schwelle einer neuen Zeit, als die dahinsterbende Republik sich in die Alleinherrschaft wandelte, steht vor uns – typisch für diese Übergangszeit – eine säkulare Erscheinung: Marcus Tullius Cicero, größter Redner der römischen Antike. Cicero gehört zu den »Liebkindern« der Historiker und Biographen und vor allem der Alt-Philologen, womöglich noch mehr als Demosthenes. Seine geschriebenen Reden, seine philosophischen Schriften und sonstigen Publikationen faszinierten sie; es ficht seine Bewunderer nicht an, daß sein Charakter höchst zwielichtig war.
Daß Männer sehr eitel sind, ja eitler als Frauen, ist hinlänglich bekannt, vor allem, daß die männliche Eitelkeit vielfach gefährlichere Formen annimmt. Ciceros Eitelkeit überstieg jedoch bei weitem jedes noch erträgliche Maß und muß fast als krankhaft bezeichnet werden. Ebenso sein Opportunismus, sein verzweifeltes Bemühen, stets bei den »stärkeren Bataillonen« zu sein; daher auch sein ewiges Schwanken und sein geradezu erniedrigendes Verhalten den Männern gegenüber, die er als die kommenden Sieger ansah – wobei er sich zu seinem Unheil fast immer irrte.
Wir kennen keinen anderen führenden Mann dieser bewegten Zeit so gut wie ihn, da seine umfangreiche Korrespondenz zum Großteil erhalten blieb. Besonders aufschlußreich sind die Hunderte von Briefen an seinen Freund Pomponius Atticus, da er sich darin so gab, wie er wirklich dachte und fühlte, mit einem Wort: Wie und was er war; diese Briefe gewähren darüber hinaus einen unschätzbaren Einblick in die damaligen dramatischen Begebenheiten, wenn sie natürlich auch rein subjektiv und emotionell sind.
Wir kommen zur Catilinarischen Verschwörung. Zumindest jeder Gymnasiast kennt Ciceros berühmte Reden gegen Catilina. (»Quousque tandem...« »Wie lange noch, Catilina, wirst Du unsere Geduld mißbrauchen?«)

Zweifellos war die Aufdeckung der Verschwörung seine politische Glanzleistung, die Krönung seines Konsulates; da er jedoch die nächsten 20 Jahre nicht müde wurde, sich deshalb mündlich und schriftlich – in lateinischer und griechischer Sprache – unentwegt als Retter des Vaterlandes zu preisen, machte er sich bei seinen Zeitgenossen in zunehmendem Maße unbeliebt.

Gewiß hatte Cicero als einer der zwei Konsuln ein wachsames Auge auf die Catilinarier und ein ausgezeichnetes Spitzelsystem organisiert; die Aufdeckung selbst jedoch hatte er einem Zufall, einem menschlichen, allzu menschlichen Vorfall zu danken.

Curius, ein Mitverschworener des Catilina, war unsterblich in die Dame Fulvia vernarrt; besagte Fulvia war zwar von sehr vornehmer Herkunft, jedoch von betrüblich wenig vornehmer Gesinnung. Sie war eine »femme fatal«, führte einen äußerst lockeren Lebenswandel, war ein »Luxusweibchen« – und das kostet bekanntlich Geld, bei ihr sogar sehr viel Geld.

Curius hatte sich bei seiner »Teuren« finanziell total ruiniert, und die liebe Fulvia hatte daher schlagartig ihr Interesse an ihm verloren; nun wußte sich der liebestolle Curius nicht anders zu helfen, als ihr von den glänzenden Aussichten zu erzählen, die er nach dem Sieg der Catilinarier hätte. Da nun spitzte unsere Fulvia die Ohren, und es gelang ihr nach und nach, ihm alle Details des Putsch-Planes zu entlocken. Praktisch wie sie anscheinend war, zog sie den »Spatz in der Hand« der »Taube auf dem Dach« vor – und verkaufte ihr wertvolles Wissen an die Mittelsmänner des Cicero; auch Curius selbst wurde dann gekauft, und so war Cicero über alle Pläne Catilinas wohl informiert – und konnte zuschlagen. Das war sein Recht und seine Pflicht, das kann man ihm nicht ankreiden.

Anders steht es jedoch damit, daß Cicero sehr wohl wußte, daß Caesar und Crassus bereits drei Jahre vorher hinter dem in letzter Minute abgeblasenen Putsch-Plan der Catilinarier gestanden und auch jetzt (63 v.Chr.) ihre Hände im Spiel hatten. Er

wußte es, unterschlug es jedoch, ja deckte sie auch späterhin ab, da er es sich mit den beiden, damals schon mächtigen Männern, nicht verderben wollte. In seiner Schrift »de consiliis« gibt er es zu; er hielt sie zurück und ließ sie vorsichtshalber erst nach dem Tode Caesars und Crassus' veröffentlichen (siehe: Suetonius und Sallust).
Wir werden aus einschlägigen Stellen seiner Briefe ersehen, daß sich Cicero über die damals herrschende Korruption recht ereiferte, besonders wenn sie sich gegen ihn auswirkte. Aber unser Philosoph war keineswegs frei von Gier nach Geld und Geldeswert und hatte es insbesondere auf Häuser, Landgüter und Kostbarkeiten abgesehen. Z.B. erzählt uns Plutarch:

> »Da Verres (Propraetor von Sizilien) wegen schamloser Ausplünderung der Provinz nun für schuldig erklärt worden war, bestimmte Cicero den Ersatz, welchen er leisten sollte, mit 750000 Drachmen; er zog sich dadurch die Beschuldigung zu, daß er bestochen worden sei, um die Summe so gering anzusetzen.«

Als Publius Cornelius Sulla – ein Verwandter des großen Sulla – später des Hochverrates durch Beteiligung an der Catilinarischen Verschwörung angeklagt wurde, übernahm ausgerechnet Cicero dessen Mit-Verteidigung. Laut Gellius hatte Sulla Cicero dadurch zur Übernahme dieser einigermaßen anrüchigen Verteidigung bewogen, daß er ihm eine namhafte Summe zum Ankauf eines stattlichen Hauses auf dem Palatin »vorstreckte«. Für Sulla machte es sich bezahlt, da Cicero durch seine blendende Eloquenz – ohne eigentliches Entlastungsmaterial wie es hieß – einen Freispruch erreichte.
Zur weiteren Abrundung des Bildes ein anderes Beispiel: Obwohl Cicero während des Machtkampfes Caesar contra Pompeius mit seinen Sympathien auf seiten des letzteren stand, trug er keine Bedenken, Caesar, während er gegen ihn agierte, anzupumpen; er erhielt von ihm 800000 Sesterzen.

Nun wollen wir uns den erwähnten sogenannten »Atticus-Briefen« zuwenden.
Pomponius Atticus war ein hochgebildeter Römer aus dem Ritterstand; er hielt sich von der Tagespolitik fern, war Schriftsteller und Historiker und der erste uns bekannte römische Verlags-Buchhändler; den Beinamen Atticus erhielt er wegen seiner Vorliebe für attische Bildung; er lebte auch vornehmlich in Hellas. Von den ca. 780 Briefen Ciceros, die uns erhalten sind, sind gut die Hälfte an seinen Freund Atticus gerichtet; in ihnen gibt sich Cicero offen und vorbehaltlos. Wir zitieren die für unser Thema interessanten Stellen:
Zum Verständnis der ersten Briefe sei ein Todfeind Ciceros vorgestellt: A. Clodius Pulcher. Er stammte aus dem hocharistokratischen Geschlecht der Claudier, ging zum Plebs über, um Volkstribun werden zu können. Daher Clodius statt Claudius, ein unruhiger Geist wie Catilina, Anführer einer berüchtigten politischen Schlägerbande. Sein Gegenstück gleichen Kalibers war Milo für die Optimaten.
Man nahm damals als sicher an, daß Clodius mit der Frau Caesars ein Verhältnis hatte. In seinem Übermut beging er nun einen argen Frevel, auf dem die Todesstrafe stand. Alljährlich wurde das Fest der »Guten Göttin« gefeiert – diesmal im Hause Caesars. Nur Frauen war es gestattet, daran teilzunehmen. Clodius schlich sich in Frauenkleidern ein und wurde erwischt. Caesar ließ sich scheiden, brach jedoch keineswegs seine Verbindung mit Clodius ab; Clodius wurde wegen Religionsfrevels angeklagt und freigesprochen! Dazu nun Cicero:

> »...fragst Du nun nach dem Verlauf des Prozesses? Einfach unglaublich der Ausgang... und alle betrachteten Clodius schon nicht mehr als Angeklagten, sondern bereits als tausendfach Verurteilten!«

Nun beschreibt Cicero, wie die Geschworenen »bearbeitet« wurden:

> »...in zwei Tagen erledigte er (Clodius) die ganze Geschichte... er holt die Leute heran, verspricht ihnen Geld,

verbürgt sich für die Zahlung, zahlt es ihnen aus. Dann wurden aber auch – mein Gott, was für böse Zustände! – die Nächte bei gewissen Frauenzimmern und die Zuführung adeliger Jüngelchen für manchen Geschworenen der Höhepunkt des Sündenlohnes.«

»der Staat... ist uns durch diese eine Gerichtsverhandlung aus den Händen geglitten, falls man das noch eine Gerichtsverhandlung nennen kann, wenn dreißig leichtfertige Halunken – römische Bürger! – um schnödes Geld alles göttliche und menschliche Recht mit Füßen treten... und das übrige Gelichter dieser Sorte zu behaupten wagt, was jeder Mensch, ja jedes Tier weiß, sei überhaupt niemals passiert... ein mit Geld und Weibern gekaufter Gerichtshof schlägt den Staat zu Boden...«

Als nun der Senat gegen die bekannte Korruption bei den Gerichten vorgehen will, die besonders durch die »Ritter« besetzt sind, entsteht die Gefahr der Entzweiung, welche Cicero fürchtet. Nun sehen wir sein »Dilemma«!

»...wir leben hier in einem elenden, kraftlosen und schwankenden Staat; daß unsere ›Ritter‹ sich beinahe mit dem Senat überworfen haben, hast Du wohl gehört; sie waren über einen Gesetzesvorschlag des Senates empört, daß diejenigen belangt werden sollen, die bei ihrer Tätigkeit als Richter Geld genommen hätten...« (!) »...gewiß, unseren Cato schätze ich nicht weniger als Du, aber in seiner anständigen Gesinnung und unerschütterlichen Zuverläßlichkeit richtet er doch bisweilen Unheil in der Politik an; er stellt Anträge, als ob er sich in Platos Idealstaat und nicht in Romulus' Schweinestall befände; durchaus berechtigt, daß die zur Verantwortung gezogen werden, die als Geschworene sich haben bestechen lassen; dafür trat Cato ein und der Senat folgte ihm – und der Erfolg? Kampf der Ritter gegen die Kurie! Nicht gegen mich, denn ich war dagegen.« (echt Cicero!) »Ja, wirst Du sagen, wollen wir uns diese Leute gleichsam gegen Bezahlung auf unserer Seite halten? Was sollen wir machen, wenn es nicht anders geht?«

Nun ein kleiner »freundschaftlicher Seitenhieb« auf Atticus:

»unter den Volkstribunen ist ein gewisser Herrennius, den Du wahrscheinlich nicht einmal dem Namen nach kennst – aber eigentlich müßtest Du ihn kennen; er ist Dein Tribusgenosse (Wahlbezirk), und sein Vater zahlte bei Euch immer die Bestechungsgelder aus!«

Und über Pompeius berichtet er:

»...diese Leute, die sich in den Volksversammlungen herumdrücken, dieses hungrige Lumpenpack! Jetzt ist alles gespannt auf die Wahlen. Pompeius sucht dabei unter allgemeinem Widerspruch den Aulus-Sohn vorzuschieben; bei diesem Geschäft arbeitet er nicht mit seinem Ansehen und Einfluß, sondern mit jenen Mitteln, die nach König Philipps von Makedonien Ausspruch die Tore jeder Burg öffnen, wenn nur ein goldbeladener Esel sie erklimmen kann. Die Durchführung dieses Geschäftes hat wie ein Schauspieler zweiten Ranges angeblich der Consul übernommen und die Geldverteiler bei sich im Haus.«

Beim Antritt ihres gemeinsamen Konsulates hatte Cicero seinen Amtskollegen Antonius nur auf folgende Weise von der Begünstigung der Catilinarier abbringen können:

Es war der Brauch, daß jeder Konsul nach Ablauf des Amtsjahres die Statthalterschaft einer Provinz als Prokonsul zugeteilt erhielt; diesmal war Gallien und Makedonien an der Reihe, und die beiden Konsuln hätten darum zu losen gehabt. Gallien war nun jedoch schon reichlich von Caesar ausgeplündert, hingegen Makedonien ein besonders lockendes Gebiet für Raub und Plünderung.

Cicero versprach nun dem Antonius Makedonien und zog ihn dadurch von Catilina weg auf seine Seite; da unser Philosoph, wie bereits erwähnt, auch für die materiellen Güter dieser Welt beträchtlich viel übrig hatte, wollte er doch auch etwas von diesem zu erwartenden fetten Brocken abbekommen. So war es

ein Gegenstand dieser »Vereinbarung«, daß Cicero eine namhafte Beteiligung an diesem Raub zugesichert erhielt.
In einem Brief aus dem Jahre 61 beschwert sich nun Cicero bei Atticus, daß sein seinerzeitiger Konsulatskollege ihm noch immer seinen Anteil vorenthielt, obwohl schon Jahre vergangen seien. Atticus möge nachdenken, wie man Antonius dazu zwingen könne.
Die schamlose Ausplünderung der Provinzen sowie das gewissenlose Treiben der Steuerpächter zog sich wie ein roter Faden übelster Korruption durch all diese Zeiten. Sie waren auch immer Gegenstand von Anklagen und bei diesen Prozessen ging es oft und oft geradezu verbrecherisch zu.
Im Jahre 59 v.Chr. bemerkt Cicero in einem Brief:

> »...daß die Sache mit dem Ägypterkönig endlich erledigt werde, damit sei er (Pompeius) ganz einverstanden gewesen...«

Diese Bemerkung betrifft einen Korruptionsfall, bei dem es sich um ungeheure Summen drehte. Der Ägypterkönig Ptolomaeus Auletes, der Vater der Cleopatra, war durch eine Palast-Revolution gezwungen worden, sein Land zu verlassen. Begreiflicherweise sann er darauf, seinen Thron wiederzugewinnen; er war sich darüber klar, daß dies nur mit Hilfe der Römer gelingen könnte. Den Statthalter von Syrien, den römischen Prokonsul Gabinius, hatte er bereits »gekauft«, wobei Marcus Antonius, damals dessen Legat, Schützenhilfe leistete. (Quelle: Plutarch)
Es gehörte zu diesem Plan, daß Rom ihn, Ptolomaeus, als rechtmäßigen König anerkannte. Er erreichte dies durch die Zahlung von 6000 Talenten an Caesar und Pompeius, die sich seine zwei Gönner brüderlich teilten. Es ist daher begreiflich, daß Pompeius, wie Cicero schrieb, mit der »Erledigung der Sache« ganz einverstanden war!
Betreffend den Wahlkampf des Jahres 54 berichtet Cicero seinem Freund:

»...nun folge mir auf das Marsfeld; der Wahlkampf ist auf dem Siedepunkt angelangt; ein Zeichen will ich Dir sagen: der Zinsfuß ist von 4% auf 8% monatlich gestiegen! (Wegen der benötigten Wahl-Bestechungen!)... ...Memmius hat Caesars ganzen Einfluß hinter sich; zwischen ihm und Domintius haben die Consuln ein Wahlkartell hergestellt – unter welchen Bedingungen, möchte ich dem Papier nicht anvertrauen... das Geld macht sie alle gleich würdig.«

Ein paar Monate später schildert Cicero diesen Korruptionsfall im Detail; er ist derart verzwickt, daß es nicht tunlich ist, diese Schilderung wiederzugeben. Auf Veranlassung des Pompeius legte Memmius, einer der Kontrahenten, dem Senat diesen Schandkontrakt vor – es sollte wohl eine politische Bombe sein. Jedenfalls ging es um 40 Millionen Sesterzen. Cicero bemerkt abschließend:

»...da dieser Pakt nicht nur mündlich vereinbart, sondern unter Bürgschaftsstellung und Überweisung auf zahlreiche Kontis abgeschlossen war, so konnte ihn Memmius tatsächlich vorlegen...«

Das Jahr 54 bot Cicero noch etliche ähnliche Tatsachen, die er Atticus mitteilte; gegen Ende des Jahres schreibt er ihm:

»...warum fliegst Du also nicht herbei und schaust Dir nicht dieses Schattenbild unseres echten Staates an? Sieh, wie sie sich bewerben, indem sie vor den Wahlen in aller Öffentlichkeit auf einem Platz tribus-(bezirks-)weise Geld verdienen?«

Als Abschluß all dieser Zitate noch ein Stoßseufzer aus dem Jahre 49:

»...Du lieber Gott! Was für Optimaten eigentlich – wie laufen die jetzt Caesar entgegen und verkaufen sich ihm...«

Antonius und die reichste Frau der Welt

Caesars Ermordung führte zunächst zu einer allgemeinen Verwirrung. Der Senat nimmt unter Führung Ciceros – wenn auch nur für kurze Zeit – die Sache in die Hand; es ist der letzte Auftritt Ciceros auf der politischen Bühne; er hält haßerfüllte Reden gegen Antonius (nach dem Vorbild des Demosthenes, von ihm selbst »Philippika« benannt), die ihm zum Verhängnis werden sollten. Eine Woche vor der 1. Philippika hatte er noch an Marcus Antonius einen schmeichlerischen Brief geschrieben.
Die Rechnung der Verschwörer – auch da hatte Cicero seine Hand im Spiel – ging nicht auf: Die Idee der Wiederaufrichtung der Adels-Republik, der Herrschaft des optimatischen Senates ließ sich nicht mehr verwirklichen, sie war überholt.
Shakespeare hat uns in dichterisch-genialer Weise die Rede des Marcus Antonius bei der Leichenfeier für Caesar geschildert; sie ist bei ihm die raffinierteste, psychologisch-subtilste propagandistische Ausbeutung eines politischen Mordes.
Antike Schriftsteller berichten uns von dieser Rede, mit welcher es Marcus Antonius gelang, einen totalen Stimmungsumschwung des Volkes herbeizuführen und es mit Haß gegen die Mörder Caesars zu erfüllen; doch scheint dies unser Redner, seinem ganzen Wesen entsprechend, mit weit unkomplizierteren, handfesteren, primitiveren Mitteln erreicht zu haben.
Während Cicero an seinen Freund Atticus noch einen Monat nach der Mordtat schreibt, »außer den Iden des März (Ermordung Caesars) finde ich bislang nichts, was mir Freude macht«, so klagt er kurz darauf:

> »Entsinnst Du Dich noch, wie Du ausriefst, alles sei verloren, wenn Er in feierlichem Leichenbegängnis zu Grabe getragen werde: Und was geschah? Er wurde sogar auf dem Forum verbrannt, sein Tod in preisenden Reden beklagt, Sklaven und elendes Gesindel mit Feuerbränden auf unsere Behausungen losgelassen. Schon wagen sie zu fragen: Du willst etwas gegen Caesars Willen sagen?«

Die Mörder waren geflohen. Antonius schwang sich aus eigener Machtvollkommenheit zum Rächer, bzw. Nachfolger Caesars auf. Erleichtert wurde ihm dies durch die fatale Idee der Witwe, die Gelder und Papiere ihres Mannes ihm auszuhändigen.

Antonius, mehr zupackend als von Skrupeln gehemmt, nahm bedenkenlos in den testamentarischen Bestimmungen und Akten Fälschungen und Unterschiebungen vor. Plutarch schreibt u.a.:

> »...auch bekam er Caesars Papiere in die Hände, worin dessen Entwürfe und Beschlüsse über das, was noch geschehen sollte, aufgezeichnet waren. In diese Schriften trug er – Antonius – noch ein, was er wollte, ernannte viele zu Magistratspersonen, viele zu Senatoren, rief mehrere aus dem Exil zurück, befreite andere aus dem Gefängnis, als wenn dies von Caesar so angeordnet worden wäre...«

Dazu stimmt Cicero ein Klagelied an:

> »...Dinge, die Caesar nie getan und nie geduldet hätte, die behauptet man jetzt in seinen gefälschten Papieren zu finden... Ihm selbst zu dienen, brachten wir nicht über uns; jetzt beugen wir uns vor seinen Papieren.«

Cassius Dio bestätigt ausdrücklich diese korrupten Manipulationen:

> »...fing er (Antonius) an, sobald er Caesars Papiere zur Verfügung bekam, vieles auszustreichen, vieles hinzuzusetzen, besonders Gesetze. Außerdem schaltete er mit Geld und Ämtern nach Willkür, nahm sie dem einen und gab sie dem anderen, alles unter dem Vorwand, als stände das so in Caesars Papieren. Auch benützte er diese zu unrechtmäßiger Bereicherung, zu Erpressungen von Bürgern, von Völkern, von Königen: Grundstücke, Freiheit, Bürgerrecht, Befreiung von Abgaben – alles war ihm feil!«

Zu Antonius' Mißvergnügen ging der Großneffe und Adoptivsohn Caesars daran, ihm die Position streitig zu machen. Vorerst nahm Antonius diesen erst 19jährigen Mann nicht ernst, weigerte sich, ihm das Geld und Akten etc. herauszugeben. Antonius war damals doppelt so alt, ein sieggewohnter General, der bereits die höchsten Ämter innegehabt hatte, während der junge Octavianus außer seiner Herkunft und der Adoption durch Caesar nichts aufzuweisen hatte. Allerdings ging er erstaunlich schlau, verschlagen und hartnäckig an seinen Plan heran. Er machte sich an die Senatspartei heran, wobei er – der Eitelkeit Ciceros schmeichelnd – diesen zu seiner Unterstützung gewann. Jeder wollte den anderen hereinlegen und ihn für seine Zwecke mißbrauchen. Jedenfalls erbrachte der junge Herr sein Gesellenstück und machte den großen Alten zum betrogenen Betrüger.

Sowohl Antonius wie auch Octavianus warben Truppen gegeneinander an; wie es dabei zuging, zeigen uns Äußerungen und die Reaktion des Brutus:

> »...als aber jetzt das römische Volk sich trennte und der eine Teil auf Caesar Octavianus', der andere auf Antonius' Seite trat und die Truppen sich käuflich wie bei einer Versteigerung dem Meistbietenden zur Verfügung stellten, verzweifelte er (Brutus) gänzlich an der Erhaltung der Freiheit und beschloß, Italien zu verlassen.« (Plutarch)

Octavianus erreichte vom Senat die Verurteilung der Caesarmörder und seine Einsetzung als Feldherr gegen Antonius; er setzte ein Scheinmanöver gegen diesen in Szene, hatte sich jedoch in Geheimverhandlungen bereits mit ihm gegen den Senat verbündet. Es kommt 43 v.Chr. zum Abschluß des sogenannten II. Triumvirats Antonius-Octavianus-Lepidus (Statthalter von Gallien und Pontifex maximus).

Die Vertragsverhandlungen dieser drei Männer zeigen ein besonders abstoßendes Bild dieser skrupellosen, korrupten Machtmenschen. Lassen wir wieder Plutarch zu Wort kommen:

»...in all den strittigen Punkten verglichen sie sich ohne Schwierigkeit und teilten das ganze Römische Reich wie eine väterliche Erbschaft unter sich. Nur die Uneinigkeit über die Männer, die umgebracht werden sollten, machte ihnen sehr viel zu schaffen, da jeder seine Feinde aus dem Weg geräumt, seine Verwandten aber gerettet wissen wollte. Endlich jedoch opferten sie der Erbitterung gegen ihre Widersacher die ihren Verwandten und Freunden schuldige Achtung und Liebe auf, so daß Octavianus dem Antonius den Cicero, ihm aber Antonius den Lucius Caesar, seinen Onkel, preisgab. Auch dem Lepidus wurde bewilligt, seinen Bruder ums Leben zu bringen... Nichts scheint wohl grausamer, nichts unmenschlicher zu sein, als dieser Austausch; denn da sie Mord gegen Mord vertauschten, töteten sie die, welche sie den anderen preisgaben, ebensogut wie die, welche ihnen preisgegeben wurden, und handelten gegen ihre Freunde um so ungerechter, weil sie ihnen das Leben raubten, ohne sie auch nur zu hassen.«

Mehr als 130 Senatoren und 2000 »Ritter« kamen auf diese Art auf die Proskriptionlisten. Sie wurden meist ermordet, ihr Vermögen konfisziert. Daß die damaligen »rauhen Sitten« auch auf das angeblich »schwache Geschlecht« übergegriffen hatten, möge an zwei Beispielen gezeigt werden:

Fulvia, die Frau des Marcus Antonius, durchbohrte, als man den abgeschnittenen Kopf des Cicero brachte, dessen Zunge »immer wieder« mit einer Haarnadel. (Plutarch)

Sie war jedoch noch harmlos im Vergleich zu ihrer Geschlechtsgenossin Pomponia, der Schwester des Atticus und Frau von Ciceros Bruder Quintus: Quintus Cicero war durch Verrat seines Verwalters dem »Todesboten« des Marcus Antonius in die Hände gefallen und ermordet worden. In einer Anwandlung von »Ritterlichkeit« lieferte Antonius den verräterischen Verwalter der Witwe aus. Obgleich ihre Ehe die denkbar schlechteste gewesen war, nahm Pomponia furchtbare Rache:

Sie riß mit einer glühenden Zange dem Verräter Fleischstücke aus seinem Leib und zwang ihn sie zu essen – also sich selbst aufzuessen –, solange er dazu noch imstande war. Bei Philippi entschied sich das Schicksal der Caesarmörder; Octavianus versagte auf seinem Flügel, doch erzwang Antonius den Sieg. Cassius ließ sich töten, Brutus beging Selbstmord.

Während Octavianus nach Rom zurückkehrte, begab sich Marcus Antonius über Griechenland nach Asien, um sich – wie ein antiker Schriftsteller euphemistisch schrieb – »an den dortigen Reichtümern zu erholen«:

> »...Hier erschienen nicht nur Könige vor seiner Tür, um ihm aufzuwarten, sondern auch die Gemahlinnen der Könige wetteiferten untereinander, durch Geschenke und durch ihre Reize seine Gunst zu gewinnen.« (Plutarch)

Während seiner Vorbereitungen für den Partherkrieg befahl Marcus Antonius der Cleopatra, zu ihm nach Kilikien zu kommen; sie sollte sich vor dem Sieger dafür verantworten, daß sie Cassius »viel Geld gegeben und auch sonst während des Krieges unterstützt hätte«.

Bekanntlich ging die Sache einigermaßen anders aus als erwartet. Lassen wir Plutarch berichten:

> »...in Erwägung des großen Eindruckes, den ihre Reize früher auf Caesar und Gnejus, den Sohn des Pompeius, gemacht hatten, hoffte sie jetzt desto leichter auch mit Antonius fertigzuwerden. Denn jene hatten sie nur als ein junges, in dergleichen noch unerfahrenes Mädchen gekannt; zu Antonius hingegen sollte sie gerade in demjenigen Alter gehen (sie war damals ca. 24 Jahre alt), in dem die Schönheit der Weiber die schönste Blüte erreicht hat und ihr Verstand zur völligen Reife gediehen ist. Sie packte daher so viele Geschenke, so viel Schmuck und Geld, als ihr großer Reichtum und ein blühendes Königreich mitzunehmen gestattete, zusammen, setzte aber die meiste Hoffnung auf sich selbst und den Zauber ihrer Reize und trat so die Reise nach Kilikien an.«

Ihr erster »Auftritt« war klug auf die Mentalität des Antonius berechnet. Sie kam auf einem Prunkschiff, dessen Heck vergoldet war –

»...mit ausgespannten goldenen Segeln und unter dem Schalle von Zithern und Flöten und Schalmeien, nach welchem die silbernen Ruder bewegt wurden. Sie selbst lag unter einem reich mit Gold verzierten Pavillon ebenso geschmückt und angekleidet, wie man die Venus zu malen pflegt. Knaben, die den Liebesgöttern auf Gemälden ähnlich sahen, standen zu beiden Seiten und fächelten ihr Kühlung zu. Auf gleiche Weise standen Sklavinnen von seltener Schönheit, wie Nereiden und Grazien gekleidet, teils an den Steuerrudern, teils am Tauwerk. Herrliche Wohlgerüche von vielen Spezereien füllten die Ufer.«

Sie bestand darauf, Antonius auf ihrem Schiff zur Abendmahlzeit einzuladen – ein sehr schlauer »Eröffnungs-Zug!«

»...Hier fand er eine aller Beschreibung spottende Zubereitung, aber nichts setzte ihn mehr in Erstaunen als die Menge der Lichter. Denn diese hingen und schimmerten, wie man sagt, von allen Seiten in so großer Zahl und waren auf so mannigfache Art, bald in Vierecken, bald in Zirkeln, gegeneinandergestellt und angeordnet, daß dieser Anblick einer der herrlichsten und sehenswürdigsten war.«

Cleopatra gehört zu den geschichtlichen Figuren, die immer wieder die Phantasie der Menschen beschäftigten; besonders gern hat das Publikum bekanntlich, wenn ein solcher Mensch tragisch endet. Plutarch urteilt folgendermaßen über sie:

»Ihre Schönheit war, wie man sagt, an und für sich nicht so ganz unvergleichbar, noch von der Art, daß sie gleich beim ersten Anblick Aufsehen erregen konnte. Allein der genauere Umgang mit ihr hatte einen unwiderstehlichen Reiz, und ihre Gestalt, verbunden mit der einnehmenden Unterhaltung und den in ihrem ganzen Betragen sich zeigenden feineren Sitten, machte immer einen tiefen Eindruck. Selbst ihre Stimme, wenn sie sprach, war höchst angenehm, und sie wußte ihre Zunge wie ein vielseitiges Instrument leicht in jede beliebige Mundart zu fügen, so daß sie nur mit wenigen barbarischen Völkern durch Dolmetscher zu sprechen brauchte.«

Anderweitige Beschreibungen und Bilder auf Münzen lassen sehen, daß sie keineswegs schön war, fast im Gegenteil. Es ist ja ein weitverbreiteter Irrtum, daß die »bildschönen« Frauen die größten Erfolge haben. Cleopatra hatte eben »das gewisse Etwas« in allerhöchstem Maß. Sie war blitzgescheit, sorgte in jeder Hinsicht für ihren Antonius, nahm an seinen Interessen teil und verletzte niemals seine männliche Eitelkeit.

Es dürfte an dieser Stelle zu weit führen, zu schildern, was sie alles tat und unterließ, nicht um ihn zu erobern – das war einfach –, sondern um ihn gegen alle Widerstände 14 Jahre lang an sich zu fesseln – bis zum Tod. Zwei Vorzüge seien nur noch erwähnt, welche speziell bei Frauen Seltenheitswert haben: Sie hatte Humor und war keine Minute lang fad. Wie sie das zustande brachte, darüber liegen Berichte vor, und manche Frauen könnten durch die Lektüre dieses »Leitfadens« gewiß einigen Nutzen ziehen!

Trotzdem gibt es ein falsches Bild, wenn die Verbindung dieser beiden Menschen immer wieder nur als eine große Liebesromanze, als eine Tragödie der Leidenschaft geschildert wird. Sicher war die Bindung zwischen ihnen eine ganz außerordentliche und steigerte sich bei Antonius bis zu einem bemerkenswerten Grad von Hörigkeit.

Man darf jedoch dabei nicht vergessen, daß es auch sehr reale Beweggründe und Interessen gab, welche sie aneinander banden. Für Antonius war die mächtige und unermeßlich reiche Erbin einer alten Dynastie eine sehr beachtliche Hilfe zur Erreichung seines Zieles, das sich im Laufe der Jahre bis zum Versuch steigerte, ein absolutes Königtum orientalisch-hellenistischer Prägung zu errichten. Cleopatra ihrerseits konnte in Marcus Antonius den Mann sehen, an dessen Seite sie zum Gipfel von Ruhm und Macht gelangen konnte.

Da jedem der beiden Prätendenten auf die Weltherrschaft die halbe Welt zu klein erschien, war ein »modus vivendi« auf die Dauer nicht zu erwarten.

Der Schlacht von Actium (31 v.Chr.), die über die Vorherrschaft des Abendlandes über den Orient entscheiden sollte, ging ein jahrelanger Propagandakampf voraus. Ohne Zweifel war in dieser Art der Auseinandersetzung Octavianus seinem Rivalen Antonius weit überlegen.

Ein Jahrzehnt lang hatte man sich mit Schmähschriften, Reden, Briefen und ehrenrührigen Anspielungen jeder Art bekämpft:

Antonius warf seinem Gegner persönliche Feigheit und militärisches Versagen vor, oft auch seine Abstammung; ferner die »eigentümliche« Art seiner Eheschließung mit Livia – er hatte die junge Frau, die hochschwanger war, ihrem Mann mehr oder weniger gewaltsam weggenommen –; ferner bezichtigte er ihn besonderer sexueller Lüsternheit und als beliebtes Mittel der Herabsetzung, der Homosexualität. Antonius ging so weit, ihm in einem Brief vorzuwerfen, er habe sich die Adoption durch seinen Onkel Julius Caesar durch Hingabe seiner Unschuld »verdient«; Lucius, der Bruder Marcus Antonius' ging noch weiter: Octavianus hätte sich die Preisgabe seiner schon Caesar geopferten Unschuld von Aulus Hirtius, dem Vertrauten Caesars, mit 300000 Sesterzen bezahlen lassen.

Octavianus seinerseits hielt seinen Rivalen seine Trunksucht und seine hemmungslose Hinneigung zu Prunk und Luxus vor. – Je mehr sich der Gegensatz zuspitzte, desto schärfer schoß Octavianus aus allen Propagandageschützen. Die Hauptargumente waren:

Antonius verleugne sein Römertum, was er selbst in seiner Kleidung zum Ausdruck bringe; seine Schlappen in Armenien und Parthien seien nur darauf zurückzuführen, daß er es sich in Alexandrien bei Cleopatra habe gut gehen lassen und dadurch den richtigen Zeitpunkt für den Feldzug versäumt hatte; er sei gänzlich in den Bann Cleopatras geraten, dieser raffinierten »Buhlerin«. – So wie seinerzeit Perikles in bezug auf seine Aspasia, so bezeichnete man jetzt Antonius als Herakles, der seiner Omphale sklavisch verfallen sei.

Antonius, in seiner Sorglosigkeit und schon von orientalischen Vorstellungen umfangen, beging einen Fehler nach dem anderen:

Nach einem Erfolg im Osten feierte er seinen Triumph – in Alexandrien! Dies war für römisches Empfinden einfach unvorstellbar – noch nie in der Geschichte hatte ein siegreicher Imperator seinen Triumph nicht in Rom gefeiert! Antonius zog als Gott Dionysos auf goldenem Wagen in der ägyptischen Hauptstadt ein, wo ihn Cleopatra als Göttin Isis auf goldenem Thron, von ihren Kindern umgeben, empfing. (Sie hatte den Caesarion von Caesar und drei Kinder von Antonius.) Er proklamierte in feierlichster Weise das Ost-Reich, ließ Cleopatra zur »Königin der Könige« ausrufen und schenkte ihr und ihren Kindern wertvolle Gebiete des römischen Reiches. Cleopatra, sich ihrer Macht bewußt, bestand darauf, daß sich Antonius von seiner Frau Octavia – der Schwester Octavians! – scheiden ließ. Die brüske Art, wie er dies auch noch inszenierte – sie mußte sogar ihr Haus in Rom räumen –, wurde als eine unerhörte Herausforderung nicht nur seines Schwagers, sondern ganz Roms empfunden.

Einen weiteren besonders schwerwiegenden Fehler beging Antonius in seiner sorglosen Einfalt, als er sein Testament in Rom im Heiligtum der vestalischen Jungfrauen hinterlegte, wie es an sich üblich war.

Octavianus wiederum, der durch Bestechung und Verrat von dessen ungefährem Inhalt informiert war, beging den unerhörten Frevel, sich mit Gewalt dieses Testamentes zu bemächtigen. Darin wurde ausdrücklich Caesarion als Sohn Caesars anerkannt, ferner die Länderschenkungen an Cleopatra und ihre Kinder neuerlich bestätigt; außerdem angeordnet, daß seine Leiche, falls er in Rom stürbe, nach Alexandrien zu Cleopatra gebracht werden solle.

Octavinaus ließ sofort den Inhalt des Testamentes bekanntmachen und las es selbst im Senat und in der Volksversammlung vor. Damit war Antonius in Rom erledigt.

Für die folgende militärische Auseinandersetzung stellte Cleopatra große Geldmittel und auch eine wohlausgerüstete ägyptische Flotteneinheit zur Verfügung, bereitete aber dem Antonius immer wieder Probleme durch ihre Forderung, immer und überall dabei sein zu können. Für Antonius' Generale und Offiziere war es unvorstellbar, daß eine Frau sich im Hauptquartier befand und an militärischen Beratungen teilnahm, da half es auch wenig, daß die Königin – wie stets – die Umgebung des Antonius mit Geschenken zu korrumpieren pflegte und der Hinweis darauf, daß sie 200 Schiffe, die ungeheure Summe von 20000 Talenten und die Verpflegung des ganzen Heeres während des Krieges beigesteuert hätte.

Unter dem Druck des Offizierskorps mußte Antonius ihr den »Vorschlag« machen, nach Ägypten zurückzufahren und dort den Ausgang des Krieges abzuwarten.

Da Cleopatra jedoch Angst hatte, es könne durch die Vermittlung der Octavia wieder zu einem Vergleich kommen, bestach sie einen Vertrauten des Antonius mit einer großen Summe: Er solle seinem Freund vor Augen führen, daß es unbillig wäre, sie wegzuschicken, wo sie doch derartige Leistungen für ihn erbracht hätte; auch würden die Ägypter, die einen so ansehnlichen Teil seiner Seemacht ausmachten, dadurch in Mutlosigkeit versetzt werden. Antonius »fiel wieder einmal um«, und die Königin blieb im Hauptquartier. Plutarch bemerkt dazu, daß es anscheinend eben vom Schicksal bestimmt war, daß Octavianus alles zufallen sollte.

In ihrem blinden Optimismus feierten die beiden die rauschendsten Feste, speziell auf der Insel Samos, und die anwesenden Vasallen-Könige überboten einander in Gastmählern und Geschenken. Das Paar begab sich dann nach Athen und überließ sich von neuem den Festen und Schauspielen. Wie Plutarch bemerkt, hatten die Athener es auch nicht übelgenommen, daß Antonius sich anläßlich eines früheren Besuches einen für sie teuren Spaß erlaubt hatte: Sie gaben ihm damals den Titel eines »Jüngeren Bacchus« und boten ihm ihre Stadtgöttin Athena als Gemahlin an. Er nahm das gnädig an, verlangte jedoch für diese Verbindung eine Heirats-Ausstattung von 1 Million Drachmen. Erpressung mit Humor!

Für den bevorstehenden Kampf hatte Antonius alle Vorteile auf seiner Seite: Er war ein hervorragender Heerführer, hatte ein glänzend ausgerüstetes Heer, eine große Flotte und überragende Hilfsmittel. Er war auch derart siegessicher, daß er bereits Münzen prägen ließ, die seinen Sieg verherrlichen sollten.

Noch war der Kampf nicht entschieden, als ein Ereignis eintrat, das auch heute noch für uns unlösbar ist: Plötzlich entwich die Königin – an der Spitze ihrer ägyptischen Flotte – Richtung Ägypten!

Völlig von Sinnen ließ der Oberste Befehlshaber die Seinen im Stich und fuhr seiner Cleopatra nach. Plutarch schreibt darüber:

> »...wie jemand scherzweise gesagt habe, daß die Seele des Verliebten in einem fremden Körper lebe, wurde er von jenem Weibe fortgezogen, als ob er mit ihr zusammengewachsen wäre und ihr in allen Bewegungen folgen müßte... und eilte jener Frau nach, die ihn schon ins Verderben gestürzt hatte und nun seinen Untergang vollständig machte.«

Es wurde immer wieder herumgerätselt, welches Motiv Cleopatra dazu brachte, diese Katastrophe herbeizuführen. Man munkelte sogar von Verrat, sprach offen von hinterhältigen korrumpierenden Versprechungen des Octavianus! Aber was hätte sie dabei zu gewinnen gehabt gegenüber dem, was sie aufgegeben hatte? Oder gab sie die Sache des Antonius verloren oder hat sie einfach die Nerven verloren? Kurz und gut: Man weiß dies bis heute nicht und wird es wohl niemals erfahren!

Das Ende der Tragödie ist hinlänglich bekannt.

Noch einmal ging eine Täuschungs-Szene über die Bühne: Octavianus wollte Cleopatra um jeden Preis lebend in seine Hände bekommen. In einer persönlichen Unterredung und durch seine Vertrauten ließ er ihr die verlockendsten Zusicherungen machen. Cleopatra wiederum täuschte ihm vor, daß sie noch sehr am Leben hinge.
Und nochmals machte sie trotz ihres schlechten physischen und psychischen Zustandes Eindruck auf einen Mann: Ein Freund Octavianus', ein vornehmer junger Mann, war, wie es heißt, »der Cleopatra nicht abgeneigt« und ließ sie wissen, daß Octavianus in Wirklichkeit beschlossen hatte, sie gewaltsam festnehmen zu lassen und sie im Triumphzug in Rom aufzuführen. Man mag über die Königin denken, wie man will, etwas jedoch ist sicher: Sie war eine bedeutende Frau, sie hatte den Mut, das Leben in jeder Hinsicht auszuschöpfen und in Würde zu sterben. Sie ließ sich baden, hielt eine herrliche Mahlzeit, legte ihre königlichen Gewänder an, ließ sich festlich schmücken und schied freiwillig durch einen Schlangenbiß wirklich königlich aus ihrem so bewegten Leben.

Augustus und die ägyptische Hochfinanz

Octavianus hatte in kluger Berechnung nicht den Marcus Antonius, sondern der Cleopatra den Krieg erklärt. Anderenfalls hätte es nämlich als Bürgerkrieg gegolten und nach den Triumph-Bestimmungen war ein Sieg in einem Bürgerkrieg nicht triumphfähig; er mußte gegen auswärtige Feinde errungen werden.
Nach Beendigung des Krieges wurde offiziell die sogenannte »Damnatio Memoriae« über Antonius und Cleopatra verhängt. Die »Auslöschung des Gedächtnisses« bedeutete: Bildsäulen und Denkmäler werden zerstört, auf Inschriften der Namen, getilgt, sein Gebrauch für die Zukunft verboten, Amtshandlungen kassiert u.ä.

In diesem Moment traten ägyptische Finanzkreise an Octavianus heran, um die Vollziehung der »Damnatio Memoriae« ihrer Königin zu verhindern. Wir lesen darüber bei Plutarch:

> »Alle Bildsäulen des Marcus Antonius wurden vernichtet, die der Cleopatra (der ja der Krieg erklärt wurde!) blieben stehen, weil man an Octavianus 2000 Talente bezahlte, damit sie nicht mit denen des Antonius gleiches Schicksal erfahren sollten.«

Nach seinem Sieg über Marcus Antonius und Cleopatra erhielt Octavinaus den Ehrennamen Augustus (der Erhabene). Gewarnt durch das Beispiel Caesars und seiner vorsichtigen Art entsprechend hielt er den Schein der Republik aufrecht und beließ die alten Ämter, ja sogar gewisse Wahlen. Allerdings vereinigte er die wichtigsten Ämter auf sich, war Princeps – der Erste – des Senats, Oberbefehlshaber des Heeres, Chef der Beamtenhierarchie, unterstellte wichtige Provinzen sich selbst, während er die Besetzung anderer dem Senat überließ. Das so überaus wichtige Ägypten, von welchem die Getreideversorgung Roms abhing, band er überhaupt an seine Person; ja er ging so weit, sich die volkstribunistische Gewalt auf Lebenszeit übertragen zu lassen, was ihm weitere wichtige Befugnisse sowie die gesetzliche Unverletzlichkeit eintrug. Mit einem Wort: Der Prinzipat war in verstärktem Maße, was Thukydides über das Regime des Perikles sagte: Der Schein der Demokratie, in Wirklichkeit verhüllte Alleinherrschaft. Augustus säuberte den Senat, in den Hunderte durch Korruption und »Freunderlwirtschaft« aufgenommen worden waren, und suchte dem Stimmenkauf durch Strafen Einhalt zu tun. Das war nicht einfach, da die Masse daran gewöhnt war, den Stimmenverkauf als selbstverständliche Einnahmequelle zu betrachten. Damit seine eigenen Tribus-(Wahlbezirks)Genossen von keinem Kandidaten Geld zu fordern nötig hatten (!), verteilte er am Tag der Wahl an jeden einzelnen aus seiner eigenen Tasche 1000 Sesterzen. Auch sonst versuchte er, zumindest in seiner Umgebung, die Korruption zu steuern – so

»...ließ er, nach Suetonius, seinem Sekretär Thallus die Beine zerschlagen, weil dieser für ein Bestechungsgeld von 500 Denaren einen Brief von ihm ausgeliefert hatte«.

Bei seinem Versuch, die »alten Römertugenden und Frömmigkeit« wiederherzustellen, fehlte ihm, besonders in der ersten Zeit, eigentlich selbst die Legitimation dazu. Wenn man auch von seinen »Jugendsünden« usw. absehen wollte, so stimmt es bei ihm doch bedenklich, wenn uns von Suetonius berichtet wird:

»Seine Liebschaften mit verheirateten Frauen stellen selbst seine Freunde nicht in Abrede, allerdings fügen sie zur Entschuldigung (!) hinzu, hier sei nicht Wollust, sondern kluge Politik im Spiele gewesen, um so leichter die Anschläge seiner Gegner durch diese Frauen auszukundschaften.«

Völlig unverständlich ist übrigens sein geradezu unmenschliches Vorgehen gegen sein einziges Kind aus erster Ehe, seine Tochter Julia. Zuerst benützte er sie als politische Schachfigur, sie mußte zuerst seinen Kampfgefährten Agrippa heiraten, dann den Tiberius. Wegen Sittenlosigkeit verbannte er sie dann auf eine unwirtliche Insel, ließ diese hermetisch abriegeln und entzog ihr buchstäblich alles, was über ein Dahin-Vegetieren hinausging; vermutlich stand er auch dabei unter dem Einfluß seiner Frau Livia.
Es fehlt übrigens nicht an Andeutungen antiker Schriftsteller, daß zumindest sogar einige »Todesfälle«, ja Augustus' Tod auf die »Initiative« Livias zurückzuführen gewesen waren, die mit der ihr eigenen Energie und Unbedenklichkeit ihren eigenen Sohn, Tiberius, an die Macht bringen wollte. Daß dabei Bestechung im Spiel war, ist anzunehmen.

Claudius, Messalina und Agrippina, oder »was man alles von ihnen kaufen konnte«

Im Schatten seiner hochgeborenen Verwandtschaft lebte der Bruder des Germanicus (daher Onkel des Caligula) ein zurückgezogenes Leben. Schwächliche Gesundheit, körperliche Unzulänglichkeiten und eine eigenartige geistige Verfassung führten dazu, daß er verspottet, mißachtet, den öffentlichen Aufgaben entzogen wurde; von seiner eigenen Mutter als Mißgeburt behandelt, von Augustus und Livia als »Verlegenheit« betrachtet. Als nach Ermordung des Caligula Praetorianer durch den Palast stürmten und bei dieser Gelegenheit dessen Frau und die kleine Tochter aufgriffen und ermordeten, fand ein Soldat Claudius, der sich in einer Kammer einer Sklavin versteckt hatte. Der Senat hatte unterdes alle Anstalten getroffen, daß republikanische System wiederherzustellen, doch die Praetorianergarde war damit keineswegs einverstanden: Sie schleppten den armen Claudius in ihr Lager und riefen ihn wider seinen Willen zum Kaiser aus.

In dieser Situation steht plötzlich ein anderer Claudius vor uns. Tacitus schildert die Szene, als ihm Herodes, sein Freund, den dringenden Rat gegeben hatte, sich so schnell wie möglich die Praetorianer zu kaufen:

> »...und so gestattete Claudius, daß die in Waffen versammelten Praetorianer ihm den Huldigungseid leisteten; zugleich versprach er jedem einzelnen von ihnen 15000 Sesterzen. Er war somit der erste Kaiser, der die »Treue« seiner Soldaten mit Geld erkaufte.«

Wenn sich auch die Historiker recht uneins sind in der Beurteilung dieses Herrschers, in einem Punkt sind sich jedoch alle einig, der im folgenden Zitat zum Ausdruck kommt:

> »...indessen diese und andere Maßnahmen, wie überhaupt seine ganze Regierung zum großen Teil weniger sein eigenes Werk als das seiner Frauen und Freigelassenen war.«

Daß sich damalige Herrscher lieber auf tüchtige Freigelassene stützten, hatte seinen guten Grund: Vor allem die aristokratische Oberschicht verharrte immer noch in einer nicht ungefährlichen Gesinnungs-Opposition und war daher den Kaisern verdächtig und keineswegs vertrauenswürdig.
Im vorliegenden Fall waren die mächtigsten Freigelassenen – man kann sie ruhig als Minister bezeichnen – Narcissus für die Außenpolitik und die Armee und Pallas für die Innen- und Finanzpolitik. Sie waren de facto im Zusammenspiel mit der jeweiligen Frau des Kaisers die tatsächlichen Leiter des Reiches.
Bei der Wahl seiner Frauen bewies Claudius eine besonders unglückliche Hand: Messalina gilt geradezu als Synonym für sexuelle Ausschweifungen. Sie war offenbar eine echte Nymphomanin – sie prostituierte sich sogar im Bordell.
Der größte römische Satirendichter Juvenalis hat sich in seiner berühmten »Weiber-Satire« dementsprechend über Messalina ausgelassen:

> »Wirf einen Blick auf Götterrivalen, wie's Claudius ging, das höre! Sobald seine Gattin schlafend ihn sah, zog sie leichten Sinnes die Matte der Dirne sofort dem fürstlichen Bett vor, nahm des Nachts die Kapuze, verließ in Begleitung von einer einzigen Dienerin ihren Gemahl, die durchlauchtigste Metze. Ihre schwarzen Locken mit blonder Perücke bedeckend, trat sie im Bordell mit dunstgeschwängertem Vorhang in die freigehaltene Kammer, am Busen den Goldschmuck, bot sie sich nackt hier feil, sich Lycisca als Deckname wählend, stellte den Leib zur Schau, der, edler Britannicus, dich trug! Freundlich empfing sie die Gäste und forderte klingende Münze.«

Diese Veranlagung ergab auch das Grundmotiv für ihre korrupten Machenschaften; bei ihr war alles zu bekommen: Statthalterschaften, die Beseitigung von Menschen beiderlei Geschlechts, Positionen, die Macht und Geld versprachen, Handelsmonopole, Importlizenzen usw. – allerdings gegen entsprechende physische »Gegenleistung«! Anderseits war es lebensgefährlich, sich ihren »Wünschen« nicht zu fügen. Und wie das eben oft so ist: In Rom war es wohl bekannt, ja weithin im Imperium – nur einer war ahnungslos: Claudius. Endlich öffnete man ihm die Augen, und als Messalina es soweit trieb, sich mit ihrem neuesten Geliebten »trauen« zu lassen und aus diesem Anlaß ein Bacchanal feierte – angeblich wollte sie diesen Mann zum Kaiser machen –, gab Claudius dem Narcissus Vollmacht zur »Bereinigung« dieser Sache. Narcissus ließ Messalina unverzüglich niedermachen. Bei Tacitus lesen wir dazu:

> »Messalinas Hinrichtung hatte eine Spaltung am Hof zur Folge. Unter den Freigelassenen (Ministern) erhob sich ein Streit darüber, wer die neue Frau des Claudius werden sollte; ein eheloses Leben war für ihn unerträglich, Frauenregiment ihm ein Bedürfnis.«

Pallas setzte sich mit Agrippina d.J. durch, mit der er damals bereits ein Verhältnis hatte. Sie war eine direkte Nichte des Claudius, eine Tochter des vergötterten Germanicus, seines verstorbenen Bruders. Eine solche eheliche Verbindung galt als Blutschande und war gesetzlich verboten. Man »manipulierte« den Senat, damit er Claudius bat, »im Interesse des Staates«, diese Verbindung einzugehen.

Agrippina war ein vollkommen andersgearteter Typ als ihre Vorgängerin, sie war eine geistvolle, energische, beherrschte Frau, nur von einer Leidenschaft besessen: einem unbändigen Willen zur Macht. Suetonius schildert sie folgendermaßen:

> »Wie umgewandelt war seitdem der Staat, er gehorchte der Frau, die aber nicht wie Messalina ein mutwilliges Spiel mit Rom trieb; straff und gleichsam männlich war ihr Regiment; sie war stolz und sittenrein, außer wenn es ihre Herrschsucht anders verlangte (z.B. ihr Verhältnis mit dem mächtigen Pallas). Für ihre unermeßliche Geldgier benützte sie den Vorwand, daß dem Reich Geldmittel verschafft werden sollten.«

Planmäßig ging sie daran, ihre Macht auszubauen, und verband diese Politik mit jeder Art von Bereicherung. Der einzige

am Hof, der kein Geld hatte, war Claudius, während Agrippina und die mit ihr herrschenden Freigelassenen sich in ungeheurem Maße bereicherten. Für Agrippina bedeutete Geld weniger ein Mittel zum Luxus als zur Macht.
Wieder war fast alles, die militärischen und zivilen Positionen, ferner Bürgerrecht, Monopole, kurz alles Wesentliche gegen Geld zu haben, jedoch nicht wie bei Messalina nach Laune bzw. ihren sexuellen Bedürfnissen, sondern überlegt und ihrer Macht-Strategie entsprechend. Widerstände wurden gebrochen, oft auch durch Beseitigung widerstrebender Elemente, mögliche Nebenbuhlerinnen durch gekonnte, rücksichtslose Intrigen ausgeschaltet.
Agrippinas letztes Ziel war, ihren Sohn Nero die Nachfolgeschaft zu sichern. Der nächste Thronanwärter war jedoch Britannicus, der Sohn von Claudius und Messalina. Da Agrippina die Zuneigung ihres Mannes zu Britannicus kannte, beschloß sie, sich ihres Mannes zu »entledigen«, sie bediente sich der berühmtesten, bzw. berüchtigsten Giftmischerin der damaligen Zeit, der legendären Locusta; zuerst versuchte man, Claudius durch seine Lieblingsspeise, ein Pilzgericht, zu vergiften, er erbrach es jedoch. Tacitus berichtet uns:

> »In ihrem Schrecken – stand doch alles auf dem Spiel – setzte sich Agrippina über den peinlichen Eindruck, den ihr Eingreifen in diesem Augenblick erwecken mußte, hinweg und wandte sich an den (Leib-)Arzt Xenophon, den sie im voraus schon ins Vertrauen gezogen hatte; dieser – so nimmt man an – stieß dann dem Kaiser, als ob er ihm das Erbrechen erleichtern wollte, eine mit einem augenblicklich wirkenden Gift bestrichene Feder in den Hals. Er wußte wohl, daß es gefährlich ist, die größten Verbrechen zu begehen, aber lohnend, sie durchzuführen.«

Nach dem Tod des Kaisers wurde Britannicus listig ferngehalten, bis die von Agrippina bestochenen Praetorianer ihren Sohn Nero unrechtmäßig zum Kaiser ausgerufen hatten. Kurz darauf ließ Nero seinen Stiefbruder vergiften.

Des Kaisers hauptsächlicher Ehrgeiz war, als Schauspieler, Rennfahrer und insbesondere als Dichter und Sänger bewundert zu werden. Er trat sogar öffentlich auf. Um als Sieger aus solchen Wettkämpfen hervorzugehen – man war sowieso korrumpiert genug, ihm in jedem Fall den Siegespreis zuzuschanzen –, war er immer bestrebt, überlegene Konkurrenten durch Bestechung dazu zu bringen, entweder zurückzutreten oder mindere Leistungen zu bieten, eine Manipulation, welche übrigens auch heute noch fallweise vorkommen soll!
Nero war übrigens auch der erste, von dem bekannt ist, daß er sich mit großen Mitteln eine wohlorganisierte Claque-Bande hielt, die für den gewünschten »rauschenden Beifall« bzw. für die Mißfallensäußerungen seinen Konkurrenten gegenüber zu sorgen hatte. Ob er den furchtbaren Brand Roms im Jahre 64 n.Chr. möglicherweise selbst inszeniert hatte, ist nicht beweisbar. Der Verdacht der Brandstiftung, der im Volk immer stärker aufkam, veranlaßte ihn bekanntlich, ihn auf die unbeliebten Christen abzuwälzen. Besonders durch Sienkiewitsch berühmten Roman »Quo Vadis?« sind diese Vorgänge bekannt, wie die Christen unter schrecklichen Martern der Volkswut geopfert wurden. Als zuerst in Spanien die Legionen abfielen und ihren Feldherrn Galba zum Kaiser ausriefen und sich bereits Rom näherten, beging Nero auf der Flucht, im 31. Jahr seines Lebens, Selbstmord. Tacitus läßt ihn ausrufen: »Welch Künstler stirbt mit mir!« Er war der letzte Kaiser des julisch-claudischen Hauses.

Panem et circenses

Unter den Caesaren nahm die Korruption andere Formen an. Die Wahlen und der damit verbundene Stimmenkauf, der in der letzten Zeit der Republik zu den bereits geschilderten krassen Auswüchsen geführt hatte, verlor an Bedeutung. Aber auch die tyrannischsten Herrscher mußten darauf bedacht sein, die Masse des Volkes bei guter Stimmung zu halten, wozu in erster Linie »Brot und Spiele« das bewährte Mittel war. Der römische Geschichtsschreiber Fronto charakterisiert diese »Beschwichtigungs-Politik« der Kaiser folgendermaßen:

> »Durch Geld und Kornverteilung wird ein Teil des Volkes, und zwar jeder einzelne besonders beruhigt, durch die Schauspiele jedoch das Volk in seiner Gesamtheit.«

In der Anonymität der Masse konnte das Publikum auch bisweilen ungemütlich werden, manchmal wurden den anwesenden Machthabern bei solchen Gelegenheiten auch Zugeständnisse abgepreßt.

Um solchen unliebsamen Zwischenfällen vorzubeugen, beschenkten manche Kaiser die Zuschauer auf verschiedenste Art. So wird von Caligula berichtet, daß er jedem Zuschauer einen Speisekorb verabreichen oder Anweisungen auf Geld, Häuser, Sklaven, Sklavinnen u. a. unter das Publikum auswerfen ließ.

Allzu viele der Kaiser verschafften sich das gewünschte Geld nicht durch Bestechung – sondern durch erpresserische Methoden bzw. nackte Gewalt. So hatte zeitweise ein Erblasser kaum Aussicht, daß sein Testament erfüllt werde, wenn er nicht einen beachtlichen Teil dem Kaiser vermachte.

Zu einer Pest wurde das System der Spitzel und Denunzianten, die reich entlohnt, beteiligt wurden, um Menschen in Prozesse wegen Majestätsbeleidigung zu verstricken – meist unter den lächerlichsten Vorwänden, nur um ihr Vermögen konfiszieren zu können.

Um sich Geld zu verschaffen, ließ sich Caligula eine Menge einfallen, z. B. veranstaltete er Auktionen!

> »Auf einer solchen bot er das minderwertigste Zeug an, das von aller Art Schauspielen noch übriggeblieben war. Er machte selbst die Preise und trieb sie derart in die Höhe, daß manche Leute, die gezwungen waren, solche Dinge zu einem ungeheuren Preis zu erstehen und so ihr

ganzes Vermögen hingaben, sich aus Verzweiflung die Adern aufschnitten.«

»Ähnlich trieb es Caligula auch in Gallien. Nachdem er Schmuck, Hausrat, Sklaven und Freigelassene seiner verurteilten Schwestern (zwei von den dreien) zu ungeheuren Preisen ›verkauft‹ hatte, lockte ihn der Gewinn so, daß er alles noch vorhandene Gerät ihrer früheren Hofhaltungen von Rom kommen ließ. Die Gallier ersteigerten zum Beweis ihrer Loyalität wohl oder übel den wertlosesten Kram als Erinnerung an das Kaiserhaus zu märchenhaften Preisen.«

In endloser Weise wird davon berichtet, wie viele aus der Umgebung der Herrscher sich bestechen ließen, um bei diesen alle möglichen Wünsche durchzusetzen oder in eigener Machtvollkommenheit alles, was nur verkäuflich war, sich durch Interessenten abkaufen ließen, sei es, daß diese etwas haben oder vermieden haben wollten.

Entscheidend für diese Zeit war, daß die reale Macht auf die Legionen übergegangen war; damit wurden sie automatisch zum wichtigsten Objekt der Korrumpierung. Meist gab die in der Hauptstadt konzentrierte Praetorianer-Garde den entscheidenden Ausschlag.

Nach dem Tode Neros ging die Initiative von den Legionen in den Provinzen aus. Die Erhebung der spanischen Legionen machte Schule. Nach dem Tod Neros wurde nach dem Einmarsch der spanischen Legionen in Rom ohne jede Schwierigkeit ihr Feldherr, der 73jährige Hocharistokrat Servius Sulpicius Galba, offiziell mit der Herrschaft betraut. Verständlicherweise unzufrieden waren die Praetorianer, da er seine Erhebung nicht ihnen verdankte, und vor allem, weil Galba als Geizhals galt! Dies machte sich natürlich sofort ein zweiter Kaiser-Kandidat zu Nutze: Marcus Salvius Otho. Otho begann seine »Aktion« damit, daß er das nötige »Betriebskapital« dadurch aufbrachte, daß er, von einem Mann für eine ihm verschaffte Verwalterstelle 1 Million Sesterzen erhielt, besser gesagt, abpreßte. Tacitus berichtet uns dies mit den Worten:

> »Das war sein ganzes Kapital für sein großes Unternehmen, Galba zu ermorden und sich des Thrones zu bemächtigen.«

Nun ging er daran – zusammen mit seinen Helfern –, die Praetorianer zu bestechen, wobei er »Anzahlungen« leistete und ein Vielfaches versprach. Folgen wir weiter Tacitus:

> »Er ließ die Soldaten, die von Natur aus zum Aufruhr geneigt waren, die geldbedürftig und zu neuen Ausschweifungen einer Umwälzung entgegensahen ›bearbeiten‹ und ging allmählich so weit, daß er der Leibwache des Galba 100 Sesterzen auf den Mann austeilte, sooft Galba bei ihm speiste. Dieser gleichsam öffentlichen Schenkung gab Otho bei einzelnen durch heimliche Gaben Nachdruck; er bestach so keck darauf los, daß er dem Leibtrabanten Galbas einen ganzen Acker schenkte.«

Den zu Mördern bestimmten fünf Leibwächtern Galbas wurden als »Vorschuß« 10000 Sesterzen ausgezahlt und weitere 50000 pro Mann in Aussicht gestellt.
Galba selbst war an seinem Sturz nicht ganz unschuldig. Er war zwar korrekt, ließ es jedoch zu, daß seine unmittelbare Umgebung sich ungeheure Reichtümer verschaffte, indem sie für Geld alles, was möglich war, verkaufte: Zoll- und Abgabenfreiheit, Verurteilung Unschuldiger und Begnadigung Schuldiger usw. Unvorsichtigerweise hielt er sein Versprechen, anläßlich des Regierungswechsels die üblichen Geschenke zu geben, nicht ein, sondern ließ sich, wie Tacitus berichtet, zu folgender Äußerung hinreißen:

> »...›Ich bin gewohnt, Soldaten auszuheben, nicht aber, sie zu kaufen.‹ Dies war nun eine im öffentlichen Interesse ehrenwerte, für ihn selbst jedoch lebensgefährliche Äußerung. Durch diese Worte erbitterte er sämtliche Truppen in allen Garnisonen.«

Dies erleichterte Otho natürlich, die Praetorianer für sich zu gewinnen:

»...So übernahmen es zwei einfache Soldaten (gegen klingende Münze), die Herrschaft über das Römische Volk auf einen anderen zu bringen, und sie taten es. ...Nachdem Galba, sein Adoptivsohn Piso und noch andere ermordet worden waren, kam es so weit, daß die Mörder an die Verwandten der Ermordeten die Köpfe ihrer Opfer zu hohen Preisen verkauften.«

Otho hatte sein Ziel erreicht. Vergleichsweise kommt er noch gut weg, wenn man ihn Aulus Vitellius gegenüberstellt, der zur gleichen Zeit von den Rheinischen Legionen zum Kaiser ausgerufen wurde.

Vitellius war als unmäßiger Schlemmer und Wüstling bekannt. Bevor es zum Kampfe kam, versuchten beide Rivalen, den anderen zur Aufgabe seiner Ambitionen zu bewegen. Tacitus berichtet darüber:

»...inzwischen boten häufige, mit weibischen Lockungen erfüllte Briefe von Otho an Vitellius diesem Geld und Einfluß an und einen Ruhesitz, wenn er sich ihn nur wählen würde für sein Schlemmerleben. Gleiches stellte Vitellius ihm in Aussicht. Zuerst dies alles in milderem Ton, mit einfältiger und unwürdiger Verstellung beiderseits. Nachher warfen sie sich wie im Wortwechsel Hurerei und Niederträchtigkeiten vor – keiner mit Unrecht!«

Es kam zur Entscheidungsschlacht zwischen Otho und Vitellius. Und nun zeigte sich, daß Otho, wenn er schon nicht würdig leben konnte, so doch in Würde zu sterben wußte. Obgleich noch nicht alles verloren war und seine Soldaten ihn anflehten, den Kampf fortzusetzen, nahm er sich das Leben, um weiteres Blutvergießen zu vermeiden. Vorher hatte er noch alles, was er besaß, an seine Getreuen verteilt und alle Briefschaften und Akten, die jemanden belasten hätten können, vernichtet.

Vespasianus: »Geld stinkt nicht«

Titus Flavius Vespasianus stammte aus bescheidenen Verhältnissen, war ein verdienter Berufsoffizier und wurde im Jahre 67 Oberbefehlshaber im sogenannten »Jüdischen Krieg«. Er wurde von seinen Soldaten zum Kaiser ausgerufen, die Statthalter von Syrien und Ägypten ließen ebenfalls ihre Soldaten für ihn unter Eid nehmen. Vespasianus überließ die endgültige Niederwerfung des jüdischen Aufstandes seinem Sohn Titus, der ein Jahr später Jerusalem zerstörte, und setzte seine Legionen, denen sich noch andere anschlossen, gegen Rom in Marsch zum Kampf gegen Vitellius.

Wie Tacitus erzählt, machte dieser noch den verzweifelten sowie erfolglosen Versuch, einen Unterfeldherrn seines Gegners zu bestechen. Er trug ihm das Konsulat und seine Tochter samt reicher Mitgift an als Lohn für seinen Verrat. Es blieb bei dem Versuch. Vitellius wurde besiegt und getötet.

Allgemein kann man der Meinung sein, daß die zehnjährige Regierungszeit des Vespasianus eine äußerst segensreiche für das Imperium war. Er stellte im Inneren die schwer erschütterte Ordnung wieder her und sicherte in schweren Kämpfen die Grenzen.

Vespasianus hatte die Mentalität eines kraftvollen Großbauern im besten Sinne des Wortes; dazu gehörte auch seine Sparsamkeit, die nach der neronischen Verschwendungssucht für ein Funktionieren des Staatswesens auch sehr nötig war. Sein »Erwerbs-Sinn« war dabei auch sehr stark ausgeprägt, und man kann nicht sagen, daß er dabei zimperlich war.

Suetonius gibt uns ein Bild davon, nachdem er zuerst die hervorragenden Eigenschaften Vespasians und seine Leistungen für das Reich ganz besonders gewürdigt hatte:

> »Das einzige, was man dem Kaiser mit Recht vorwerfen kann, ist seine Geldgier; nicht genug, daß er die unter Galba aufgehobenen Abgaben wieder einführte und die Tribute der Provinzen erhöhte, trieb er sogar öffentlich

Finanzgeschäfte, deren selbst ein Privatmann sich hätte schämen müssen.
Auch trug er nicht einmal Bedenken, sich von Bewerbern die Ämter und von Angeklagten, Schuldigen wie Unschuldigen die Freisprechung abkaufen zu lassen.
Man sagt ihm auch nach, daß er absichtlich seine habsüchtigen Procuratoren in desto höhere Stellungen zu befördern pflegte, um sie dann später zu um so größeren Geldbußen verurteilen zu können; es hieß allgemein, er bediene sich ihrer als ›Schwämme‹, weil er sie sozusagen anfeuchtete, wenn sie trocken seien und ausdrückte, wenn sie sich vollgesogen hätten.«

Nach dem Tode seiner Frau nahm er seine frühere Geliebte Caelis, eine Freigelassene der Antonia Augusta, die bei dieser als Sekretärin tätig war, wieder in sein Haus und hielt sie fast wie eine rechtmäßige Ehefrau. Man berichtet von ihr, daß sie außerordentlich tüchtig, Vespasianus sehr behilflich war und auch für ihn viele »bedenkliche« Geschäfte durchführte.
Von Suetonius kennen wir die Anekdote, als Vespasianus eine »Urin-Steuer« einführte (für den für die Gerberei verwendeten Urin). Als sich sein Sohn Titus darüber aufregte – die Söhne solcher Self-made-Väter sind ja meistens schon feiner –, hielt ihm sein Vater ein Geldstück unter die Nase mit dem Bemerken, es käme aus der Urinsteuer und sagte: »Non olet – es stinkt nicht«, ein Ausspruch, der die Jahrtausende überlebte.
Sein Sohn und Nachfolger Titus zeigte als »Kronprinz« zwar große militärische Fähigkeiten, genoß jedoch ansonsten einen recht schlechten Ruf: Man beschuldigte ihn der Grausamkeit, sexueller Ausschweifungen und der Habsucht, weil bekannt wurde, daß er mit den richterlichen Entscheidungen seines Vaters Handel trieb und Bestechungen annahm. Eine »Besserung« brachte seine Beziehung zur Königin Berenike, der Schwester des Judenkönigs Herodes Agrippa II., mit dem sie nach zwei kurzen Ehen wie »Mann und Frau« zusammengelebt hatte, bis sie Titus kennenlernte. Sie suchte mit ihrem Bruder

zusammen die Juden vom Aufstand abzuhalten und begleitete ihn mit einem Truppen-Kontingent ins römische Lager zu Vespasianus und Titus. Sie leistete Hilfe bei der Machtergreifung; Tacitus schreibt darüber:

> »Mit nicht geringem Eifer unterstützte die Königin Berenike die Partei des Vespasianus, in jugendlicher Schönheit blühend und auch dem alten Vespasianus durch ihre reichen Geschenke angenehm.«

Ohne Zweifel verband Titus mit der Königin eine echte Liebe. Später waren die beiden – Titus war 11 Jahre jünger, Berenike noch immer eine Schönheit ersten Ranges – heimlich vermählt (75–79 n.Chr.). Nach seiner Thronbesteigung mußte er sich aus Gründen der »Staatsraison« schweren Herzens von ihr trennen.

Das Schicksal bescherte für einige Dezennien dem Römischen Reich eine Reihe von tüchtigen und ehrenwerten Herrschern. Es waren dies die drei sogenannten »Adoptiv-Kaiser« Nerva, Traian und Hadrian sowie die ersten zwei Herrscher des »Antoninischen Hauses«: Antoninus Pius und Marcus Aurelius, welcher der »Philosoph auf dem Kaiserthron« genannt wird. Es mutet nach all den Scheußlichkeiten, der Korrumpierung des ganzen öffentlichen Lebens und moralischer Fäulnis direkt wie eine rührende Lesebuchgeschichte an, wenn wir dem uns erhaltenen Briefwechsel des Kaisers Traianus mit Plinius d. J., welcher damals Statthalter von Bithynien war, den folgenden Vorfall entnehmen können:
Es war verboten, die kaiserliche Schnellpost zu Privatzwecken zu benützen, und auch ein Statthalter durfte hierfür keine Fahr-Pässe ausstellen. Wegen eines Todesfalls in der Familie ließ nun Plinius seine Frau mit der Schnellpost fahren. Voll »schlechten Gewissens« beichtet er dies nun seinem Kaiser:

> »Bis zu dieser Stunde, Herr, habe ich noch niemandem einen Reisepaß ausgestellt, außer wenn es sich um Staatsangelegenheiten handelte. Von dieser meiner ständigen Ge-

pflogenheit mußte ich jetzt unter dem Zwang der Notwendigkeit abgehen. Meine Frau erhielt nämlich die Nachricht vom Ableben ihres Großvaters und wollte zu ihrer Tante fahren. Da erschien es mir hart, ihr die Benützung des Reisepasses zu versagen, beruht ja der Wert eines solchen Liebesdienstes auf dessen rascher Erfüllung; überdies wußte ich, daß Du eine Reise billigen würdest, zu der ein Pietätsgefühl den Anlaß gab... und im Vertrauen auf diese Güte tat ich ohne vorherige Anfrage bei Dir unbedenklich diesen Schritt, der im Falle einer Anfrage verspätet gewesen wäre...«

Die Antwort des Kaisers an Plinius:

»Mit gutem Grund, lieber Secundus, hast Du Vertrauen zu mir gehabt. Du hättest unmöglich zaudern und meine Erwiderung auf eine Anfrage abwarten können, ob Du die Fahrt Deiner Gattin durch einen Dir zum Amtsgebrauch gegebenen Reisepaß in die Wege leiten dürftest. Deine Frau mußte ja doch den Wert ihres Besuches in den Augen ihrer Tante auch durch eine rasche Ankunft erhöhen.«

Es gibt im Leben oft relative Kleinigkeiten, denen man sehr viel entnehmen kann. Vielleicht sagt dieser Briefwechsel für diese Zeit mehr aus als lange Abhandlungen über den unglaublichen »Wandel der Dinge« zum Besseren.

Daß dann ein Mann wie Marcus Aurelius ein solches Scheusal als Sohn hatte wie Commodus, mag als tragisch empfunden werden. Daß er ihn dem römischen Volk als seinen Nachfolger oktroyierte, ist kaum verständlich.

Es würde viel zu weit führen, die weitere lange Reihe der Caesaren in unsere Berichterstattung aufzunehmen: Die Severer, die sogenannten »Soldaten-Kaiser« und abschließend die absoluten Herrscher des Dominates, aus dem zwei Persönlichkeiten herausragen: Diocletianus und Constantinus der Große, unter welchem das Christentum zur offiziellen Staatsreligion konstituiert wurde.

Abschließend sei nur noch an einem Beispiel gezeigt, welch eine Kreatur im Auf und Ab der römischen Geschichte dem Imperium aufgezwungen werden konnte: Elagabal, der aus dem Priestergeschlecht des Sonnengottes von Emesa in Syrien stammte, war als 14jähriger gerade im Tempel tätig, als Kaiser Caracalla ermordet wurde. Dessen Mörder Macrinus hatte sich sofort des Thrones bemächtigt. Sein Unglück war Maesa, die Großmutter Elagabals. Diese energische Dame, eine Schwägerin des Caracalla, hatte es sich in den Kopf gesetzt, ihren Enkel zur Macht zu verhelfen.
Sie begann mit einer Fälschung der Tatsachen, indem sie – ohne Rücksicht auf ihre Tochter – proklamierte, ihr Enkel sei ein uneheliches Kind des Caracalla. Seiner Beliebtheit bei gewissen Truppenteilen half sie mit ihrem großen Reichtum nach und erreichte die Ausrufung des Elagabal zum (Gegen-)Kaiser. Es kam zur Entscheidungsschlacht mit Macrinus, der dann auf der Flucht getötet wurde (218 n.Chr.).
Die tatkräftige Maesa hatte nämlich, wie berichtet wird, »durch reichliche Geld-Geschenke die Truppen des Macrinus auf ihre Seite gebracht«.
Wie »regierte« nun dieser Abgott seiner Großmutter und Mutter? Praefekt der Praetorianer wurde ein Tänzer, Kommandant der Leibwache ein Wagenlenker und Praefekt der so wichtigen Kornversorgung sein Friseur; in ähnlicher Weise wurden auch die anderen Staatsämter besetzt. Seine sonstigen Wahnsinnstaten auch nur im Telegrammstil anzuführen, würde über unser Thema hinausgehen.
Sein »Geliebter«, ein Athlet aus Smyrna namens Zoticus, scheffelte sich ein ungeheures Vermögen zusammen, indem er seine »enge Freundschaft« zu Elagabal in Geld ummünzte. Alles, was ein Kaiser zu vergeben hatte, verhökerte er an die Meistbietenden. Jedem Menschen, den er traf, flüsterte er zu, »über Dich sagte ich dem Kaiser dies« oder »von Dir sagte der Kaiser das«, usw. Elagabal ließ sich mit Zoticus mit allem Drum und Dran in aller Öffentlichkeit trauen, wobei auch eine

»Brautmutter« nicht fehlen durfte! Von welcher Sorte Mensch dieser Zoticus war, können wir u.a. vielleicht daran erkennen, daß wahrscheinlich auf ihn der Begriff »Zote« zurückzuführen ist.
Elagabals Treiben wurde im Jahre 222 n.Chr. ein Ende gesetzt, als er im Alter von 18 Jahren nach vierjähriger »Regierung« von den Soldaten ermordet wurde. Sein Vetter Severus Alexander bestieg den Thron.

Wenn man all die geschilderten Zustände an sich vorbeiziehen läßt, muß sich einem die Frage aufdrängen, wie es möglich war, daß trotz allem Rom sich die Weltmacht-Stellung schaffen und so lange Zeit hindurch erhalten konnte.

3

Ostrom, die Stadt am Goldenen Horn

Attila, die Geißel Gottes

Die einzige Geschichtsquelle, welche uns die Person Attilas, die Lebensweise der Hunnen und die Hofhaltung ihres Königs einigermaßen näher bringt, verdanken wir dem oströmischen Kaiser Konstantinos Porphyrogenetos (10. Jahrhundert), der für seinen Sohn eine Art »Staatshandbuch und Abriß der Regierungskunst« schreiben ließ.

Vier von den 53 Abschnitten sind uns erhalten; für unser Thema werden die Berichte des Historikers Priscos herangezogen, der selbst als Sekretär einer Gesandtschaft des oströmischen Kaisers Theodosios II. an König Attila teilgenommen hatte.

Priscos Bericht über diese Reise, über die Zusammenhänge, über seine Erlebnisse am Hofe Attilas ist einzigartig und bietet uns die alleinige authentische Geschichtsquelle über gewisse Gewohnheiten Attilas und seiner Umgebung.

Wir finden im Geschichtswerk des Priscos die Situation lebhaft geschildert, in welcher sich das oströmische Reich unter Theodosios II. damals befand: Dauernde Auseinandersetzungen mit dem Erbfeind Persien und verschiedenen anderen östlichen Völkerschaften, von Nubien bis zu den Lazen und Iberern im Kaukasus – von den Ereignissen im Westen ganz abgesehen.

Die Hunnen entwickelten sich in immer sich steigerndem Maße zu höchst lästigen Quälgeistern für Byzanz, insbesondere seit Attila als Alleinherrscher mit Energie, beispielloser Brutalität und einer diplomatischen Taktik, erstaunlicher Verschlagenheit und Tücke daran gegangen war, sein Weltreich aufzubauen.

Byzanz gegenüber wandte er eine ausgeklügelte und schamlose Erpressungs-Methode an. Seine Maxime lautete stets: »Geld oder das Leben (= Krieg)«. Er stachelte auch andere Nachbarvölker auf, um ebenfalls Byzanz zu erpressen.

Im Jahr 448 n.Chr. kam es wieder einmal zu einem sogenannten »Friedensschluß«, für welchen Ostrom teuer zu bezahlen hatte. Die Nebenbedingungen wie z.B. Auslieferung aller hunnischen Überläufer, Forderung enormer Lösegelder etc. ergaben immer wieder neue Beschwerden, neue Forderungen und Vorwand für abermalige Erpressungen. Der Staatsschatz wurde in einer Weise in Anspruch genommen – an Attila allein 2100 Pfund Gold pro Jahr –, daß als Folge davon drakonische Steuererhöhungen erlassen wurden und die Staatsmaschinerie immer korrupter wurde. Die Unzufriedenheit wurde um so größer, als durch Verschwendung, Lustbarkeiten, Schenkungen, maßlosen Pomp und Korrumpierungen enorme Summen verschleudert wurden.

Sofort nach dem Friedensschluß setzte ihnen Attila wieder zu, indem er unter den nichtigsten Vorwänden eine Gesandtschaft nach der anderen schickte, welche von Byzanz »um des lieben Friedens willen« mit reichlichsten Geschenken überhäuft, entlassen wurden. Attila fand es nicht unter seiner Würde, seine Verwandten und intimen Freunde mit solchen Gesandtschaften zu betrauen, um ihnen diese Geschenke zukommen zu lassen, wobei er sich, wie man hört, auch selbst gut »bediente«.

In dieser kritischen Situation blieb Byzanz aber nichts anderes übrig, als nach allen Seiten hin zu bestechen: Die Parther rüsteten zum Krieg, die Vandalen beunruhigten die Küsten, die Sarazenen fielen im Osten ein und auch die Isaurier gefielen sich in ständigen Raubzügen über die Grenzen etc.

Wieder einmal kam eine hunnische Gesandtschaft, diesmal unter Führung Edekons, dem Vater des späteren Beherrschers Italiens, Odoaker; beigeordnet war ihm ein gewisser Orestes, dessen Sohn einst kurze Zeit weströmischer Kaiser werden sollte. Mit Wissen des Kaisers und seines höchsten Regierungsbeamten bearbeitete der »kaiserliche Schildträger«, der mächtigste Mann am Hof, der Eunuch Chrysaphios den Edekon. Als dieser den Kaiserpalast und dessen Reichtümer bewundert hatte, meinte sein Gesprächspartner,

> »auch er, Edekon, könne Herr über goldene Paläste und Schätze werden, wenn er zu den Rhomäern (Byzantinern) überginge«.

Letztlich, bei einem Mahl »unter vier Augen«, schlug er ihm vor, Attila zu ermorden. »Dann winke ihm hier ein Leben in Reichtum und Fülle.« Edekon ging darauf ein; er brauche jedoch vorerst einmal etwa 50 Pfund in Gold, die er an seine Helfershelfer verteilen müsse; er könne sie jedoch begreiflicherweise nicht mitnehmen, das wäre zu auffallend; er werde ihn wissen lassen, auf welche Weise man sie ihm zukommen lassen könne. Die beiden Verschwörer bekräftigten ihre Vereinbarung mit heiligen Eiden.

Kurz darauf reiste die hunnische Gesandtschaft zurück und zugleich mit ihr eine byzantinische zu Attila. Als Gesandter des Kaisers fungierte Maximinos, ein Mann aus der engsten Umgebung des Kaisers, der jedoch von dem Mordkomplott keine Ahnung hatte. Im Gegensatz zu Vigilas, der ihm offiziell als Dolmetscher beigeordnet war, de facto jedoch als Mitverschworener den Kontakt mit Edekon aufrechthalten und von diesem auch später die Order wegen des Goldes erhalten sollte. Der Gesandte Maximinos forderte den schon genannten Priscos auf, ihn als Sekretär zu begleiten.

Priscos beschreibt den Rückweg der Gesandtschaft, nachdem sie von Attila nach langem Hin und Her empfangen worden waren:

> »...Unterwegs begegneten wir Vigilas, der sich auf der Rückreise von Byzanz ins Hunnenreich befand.« (Er hatte das Mordgold für Edekon geholt.)

Und fährt fort:

> »...Als aber Vigilas an den Ort kam, wo Attila eben weilte, wurde er von Barbaren, die ihm aufgelauert hatten, umstellt und ihm der Goldschatz, den er für Edekon mitführte, abgenommen.«

Was war passiert? Edekon hatte den ganzen Mordplan der Byzantiner seinem König verraten! Sicher ist er von Attila dafür reich entlohnt worden.

Später forderte dann eine hunnische Gesandtschaft in Byzanz die Auslieferung des Chrysaphios. Nur dann könne der Mordanschlag als gesühnt betrachtet werden! Jetzt gingen die Verhandlungen wieder hin und her, zum Schluß ging es dann wieder einmal ums liebe Gold, das dann die Wogen glättete. Auch der Mordanstifter Chrysaphios »sandte überdies dem Hunnenkönig Gold, um ihn dadurch milde zu stimmen und seinen Zorn gegen ihn zu besänftigen«.

Der Tod des oströmischen Kaisers Theodosios II. und eine merkwürdige Affäre mit der Schwester des weströmischen Kaisers Valentinianus III., der Prinzessin Honoria, reizten Attila zu neuen Unternehmungen. Honoria, verfeindet mit ihrem kaiserlichen Bruder, rief Attila zu Hilfe und bot ihm ihre Hand an. Attila, dem dies natürlich recht gelegen kam, forderte von Valentinianus die Übergabe seiner Schwester und, was ihn wohl wesentlich mehr reizte, die Hälfte des weströmischen Reiches! Selbstverständlich wurde diese Forderung abgelehnt.

So wandte sich Attila nach Westen – der Krieg gegen Ostrom, das ihm nunmehr die Tributzahlungen verweigerte, sollte anschließend erfolgen. Nach Unterwerfung Germaniens und von Teilen Frankreichs kam es im Jahre 451 zur mörderischen Schlacht auf den Katalaunischen Feldern. Der römische Heermeister Aetius – der greise Theoderich I. war in der Schlacht gefallen – ließ Attila absichtlich entkommen und sich zurückziehen, um die Hunnen eventuell später im Kampf gegen die Germanen für sich zu gewinnen.

Schon 452 unternahm Attila seinen Feldzug gegen Italien, wobei die »Angelegenheit Honoria« zum Vorwand diente. Schon war Aquileia zerstört, waren u.a. Padua und Mailand gefallen und Rom bedroht. Im Namen des Kaisers erkaufte Papst Leo I. um hohe Geldsummen den Frieden. Attila kehrte um. Diese überraschende Wendung ist bis heute rätselhaft.

Bald nach seiner Rückkehr nach Pannonien feierte Attila wieder einmal Hochzeit, die seine letzte sein sollte; er hatte sich diesmal die burgundische Prinzessin Hildiko ausgesucht. Nach der Hochzeitsnacht fand man Attila tot auf. Man weiß bis heute nicht, ob er an einem Schlaganfall starb oder von der Hand Hildikos, die den Untergang ihres von Attila vernichteten Volkes rächen wollte (Wurzel der Kriemhild-Sage).

Theodora: Von der Zirkusdirne zur Kaiserin von Byzanz

Rom, das Imperium Romanum und dessen führende Persönlichkeiten sind vielen Menschen mehr oder weniger bekannt. Anders verhält es sich mit dem »Nachfolger«, dem Oströmischen bzw. Byzantinischen Reich, das immerhin rund 1000 Jahre bestand. Das mag seinen Grund darin haben, daß uns Europäern (West-)Rom näher liegt, und der allgemeine Geschichts-Unterricht die europäische Geschichte über Gebühr favorisiert. Ganz gewiß kann es nicht daran liegen, daß die historischen Ereignisse Ostroms weniger interessant oder spannend sind. Aus der langen Geschichte dieses Reiches greife ich eine der merkwürdigsten und eigenartigsten Perioden heraus, die Co-Regierung des Kaisers-Basileus Justinian I. und dessen Gemahlin, der Kaiserin-Basilissa Theodora. Gewiß hat es Herrscherpaare gegeben, bei denen sich gegenseitige Einflüsse zeigten, doch die gemeinsame Regierung Justinian-Theodora ist in ihrer Art singulär geblieben; das jahrzehntelange Zusammenspiel dieser zwei so gegensätzlichen Menschen, diese unzerstörbare Gemeinsamkeit in Ehe, Zusammenleben und Regieren eines Weltreiches findet sich nur in diesem Einzelfall. Es ist weder meine Aufgabe noch Zielsetzung, die Geschichte dieser Zeit zu schildern; ich will, meinem gewählten Thema folgend, aufzeigen, wie es unter dieser einmaligen Herrschaft um Korruption, Durchstechereien und korrumpierende Machenschaften bestellt war. Das vom Kaiser Konstantin d.Gr. zur Hauptstadt des Reiches erkorene Bycantion, das er als Konstantin-Stadt zum politischen, wirtschaftlichen und religiösen Mittelpunkt gestaltete, hatte sich in den drei auf ihn folgenden Jahrhunder-

ten bedeutend entwickelt; das Ende des Weströmischen Reiches – die Eroberung Italiens durch die Ostgoten – ließ Konstantinopel zur unumstrittenen Hauptstadt des neuen, christlichen Kaiserreiches werden. Niemand kann seriöserweise angeben, wieviel Einwohner die Stadt im 6. Jahrhundert hatte, die Schätzungen schwanken zwischen 300000 und 900000 Menschen! Versuche, nach der Größe der Wasserzisternen und nach der Höhe der Getreideanlieferungen die Bevölkerungszahl zu rekonstruieren, bleiben Spekulationen; ebenso wenn die Gesamtbevölkerung des Imperiums mit ca. 50 Millionen veranschlagt wird. Konstantinopel wurde im Jahre 532 beim Nika-Aufstand zum größten Teil zerstört – 5 Jahre nach dem Regierungsantritt Justinians und Theodoras –, doch um so schöner, moderner und großartiger wiederaufgebaut.
Die entscheidende Rolle in der Stadt spielten seit jeher der Palast-Bezirk und das Hippodrom. Ersterer war natürlich das Herzstück des Reiches, letzterer ein enorm wichtiger Faktor im Leben und Treiben der Hauptstadt. Eng angeschmiegt an den »Heiligen Palast« war das Hippodrom – noch viel mehr als der Circus Maximus in Rom – schlechthin der Mittelpunkt des städtischen Geschehens; wie in Rom war er Ventil, Beschwichtigungsmöglichkeit, kurz der zweite Teil der Politik »Brot und Spiele«. Das Hippodrom war jedoch mehr als das, er war auch ein Politikum ersten Ranges, wie wir sehen werden. Wie schon der Name sagt, fanden hier die Pferderennen statt, wobei die Viergespanne im wahrsten Sinne des Wortes um die Wette dahinrasten, die siegreichen Wagenlenker wurden womöglich noch mehr geehrt als die heutigen »Helden des Sports«. Die äußeren Ehrungen gipfelten in Gedenktafeln für die Sieger, selbstverständlich gab es auch materielle Belohnungen. Frauen durften das Hippodrom nicht betreten, sie mußten auch ihre Wetten außerhalb tätigen; einem »on dit« zufolge sollen so manche von ihnen auch die Sieger »belohnt« haben – eben auf ihre Weise. Das Hippodrom hatte eine Länge von etwa 400 m und eine Breite von fast 120 m; im großen Mittelfeld diente er

auch als Bühne für allerhand Zirkus-Nummern, als Theater, zu Vorführungen von Tieren und nicht zuletzt für mimische Darstellungen, die oft recht gewagt waren, wie wir noch hören werden; der christliche Einfluß mußte sich darin erschöpfen, daß zum Unterschied zu Rom alle Darbietungen unblutig sein mußten.

Eine große Rolle spielten die »Grünen« und die »Blauen«; wie bei so vielen Dingen dieser Zeit gibt es verschiedene, oft gegensätzliche Meinungen in der Gelehrtenwelt – so auch darüber: Die einen nennen sie Parteien, fügen jedoch hinzu: nicht in unserem heutigen Sinn; andere nennen sie die zwei »Zirkus-Parteien«, da sie ja tatsächlich besonders im Hippodrom in Erscheinung traten und dort auch in getrennten Sektoren ihre Plätze hatten. Ein bekannter Byzantinist erklärt es folgendermaßen: In einer Autokratie kann es keine politischen Parteien geben, da verschanzen sich eben Gruppen z.B. hinter Sportklubs. Im vorliegenden Fall waren diese Gruppierungen ohne ideologische Grundsätze, es waren mehr Interessengemeinschaften, die sich mit kaum verständlichem Haß bis aufs Blut bekämpften; zeitweise bildeten sich, speziell aus ihren Jugendgruppen, Schlägerbanden, welche die Straßen unsicher machten und die Bürger terrorisierten.

Es gehörte zu den Verpflichtungen des Kaisers, sich in seiner Loge im Hippodrom – zu der es einen unterirdischen Gang vom Palast gab – zu zeigen; (die vier herrlichen bronzenen Pferde, welche die Kaiserloge umrahmten, sehen wir heute über dem Hauptportal der Markuskirche in Venedig); es gab sogar dort öffentliche Zwiegespräche zwischen dem Kaiser und den »Parteiführungen«; die obersten Führer der »Grünen und Blauen« wurden auch offiziell vom Kaiser im Palast empfangen.

Als aus zufälligen, relativ unbedeutenden Gründen beide »Parteien« gemeinsam gegen das Regime revoltierten und es zum sogenannten »Nika-Aufstand« kam, wäre es um die Herrschaft des Kaiserpaares beinahe geschehen gewesen; als Justi-

nian und seine Umgebung schon zur Flucht bereit waren, war es Theodora, welche sie durch ihren Mut daran hinderte. Ihre Haltung und ihre Worte: »Eine Kaiserin flieht nicht, eher stirbt sie«, sind authentisch.
Belisar mit seiner Leibgarde und der Führer einer hunnischen Söldner-Truppe schlugen den Aufstand nieder, wobei es mehr als 30000 Tote gab. (Nika! = Siege! riefen die Zuschauer im Hippodrom ihren Lieblingen zu, um sie zu äußersten Leistungen anzuspornen.)
Wenn ich relativ ausführlich über die Verhältnisse um den Hippodrom berichte, so deshalb, weil es ähnliche in allen größeren Städten gab, ebenfalls mit denselben »Parteigruppierungen« und nicht zuletzt deshalb, weil der Hippodrom eine entscheidende Rolle in der Kindheit und Jugend Theodoras spielte.

Eines Tages, knapp vor Beginn des Rennens: Über dem Hippodrom lag bereits die gewisse spannungsgeladene, erwartungsvoll-nervöse Atmosphäre – da sah man – angekündigt vom offiziellen Ausrufer, eine Frau mit drei kleinen entzückenden Mädchen die Rennbahn betreten: Sie blieben vor der Loge des Führers der »Grünen« stehen; die drei kleinen Mädchen – die Mittlere war Theodora –, geschmückt mit farbigen Bändern in den Haaren und an den Armen, mußten sich niederknien und ihre Händchen flehentlich-bittend erheben.
Ihr Vater war Tierwärter bei den »Grünen« gewesen, als er starb; ihre Mutter hatte den zu seinem Nachfolger bestimmten Mann bei sich aufgenommen.
Der Zirkusleiter der Grünen hatte sich jedoch von einem anderen bestechen lassen, gab diesem den Posten und warf die Witwe mit ihren drei Kindern kurzerhand auf die Straße. Nun wollte die Frau vor den ca. 100000 Zuschauern ihr Elend und das ihrer Kleinen demonstrieren; sie fand keine Gnade. Da nun nahmen sich die »Blauen« öffentlich ihrer an – sie gaben ihrerseits dem Mann einen solchen Posten; wohl mehr, um ihren Gegnern »eins auszuwischen« als aus Mitleid, aber immerhin.

Abgesehen davon, daß Theodora bei dieser Gelegenheit ihre erste Erfahrung mit »Korruption« machen konnte, hat sie bis ans Lebensende dieses Kindheits-Erlebnis weder den Grünen noch den Blauen vergessen – was nicht ohne Bedeutung blieb. Wenn man vom Persönlich-Menschlichen dieses Vorfalls absieht, war es ein Korruptionsfall, der an sich nicht bedeutend war – gemessen daran, was sich sonst abspielte.
Aber oft kann man aus anscheinend kleinen Ereignissen aufs Ganze schließen. So auch hier: Man sieht, mit welcher Skrupellosigkeit aktive und passive Bestechung gehandhabt wurde; vor allem jedoch, daß man sich dabei keine Schranken auferlegte, es auch gar nicht tarnte, da die Korruption offenbar so allgemein war, daß auch die Masse sie als schicksalhaft hinnahm.

Procopios: »In Byzanz war alles käuflich«

Wir erinnern uns an das Kindheitserlebnis der drei Mädchen im Hippodrom. Ohne Zweifel war Theodora in ihrer Jugend ein Produkt ihrer Umgebung; ein Kind des Zirkus-Milieus, in das sie hineingeboren wurde und in welchem sie sich behaupten mußte.
Vorerst leistete sie ihrer älteren Schwester Komito auf der Bühne Hilfsdienste. (Komito war, als ihre Schwester schon Patrizierin geworden war, eine registrierte Prostituierte, heiratete später einen Mann hohen Ranges und wurde die Schwiegermutter des späteren Kaisers Justin II.!)
Procopios berichtet in seiner »Anecdota«:

> »...schon in der Zeit, als Theodora noch nicht zum Umgang mit Männern reif war... ließ sie sich in schamloser Weise wie ein Lustknabe mißbrauchen... auch verbrachte sie einige Zeit an einem verrufenen Ort und gab ihren Leib widernatürlichen Ausschweifungen hin.
> ...später beteiligte sie sich an mimischen Szenen, trat selbst in Possen auf und brachte alle Welt zum Lachen. Es

muß zugegeben werden: Sie war ungemein geistreich und witzig und zog alle Blicke auf sich... ihre Hauptstärke lag in den gewagtesten Szenen.

Nur mit einem Gürtel um die Hüften – das war die vorgeschriebene Minimalbekleidung – legte sie sich in der Mitte der Bühne flach auf den Boden und ließ sich von Knaben des Theaters Gerstenkörner in den Schoß streuen; dann kamen für diese Szene eigens abgerichtete Gänse auf die Bühne und pickten eines der Körner nach dem anderen mit den Schnäbeln auf...«

Dies und noch viel mehr weiß Procopios zu berichten.

Wenn er jedoch erzählt, sie hätte oft mit 30 oder mehr Männern in einer Nacht »geschlafen – ohne bei dieser Art von Prostitution irgendeinen Ekel zu empfinden«, so schreibt er wohl weniger Geschichte als phantasievolle Geschichten.

Es war einem Mädchen oder einer Frau, die nun einmal in dieses Milieu hineingeboren oder hineingeschlittert war, normalerweise praktisch unmöglich, wieder hinauszufinden. »Schauspielerinnen« waren rechtlos und de facto zur Prostituion verpflichtet; sie durften auch durch Heirat ihren Status nicht wirklich verbessern, bis Theodora später den Anlaß zu einer Gesetzesänderung gab.

Es gelang ihr jedoch, zumindest aus Konstantinopel »auszubrechen«, und sie folgte »unter schmählichen Bedingungen« einem gewissen Hekebolos, dem Statthalter von Pentapolis, der sie jedoch nach einiger Zeit aus seinem Haus warf, wodurch sie in bitterste Not geriet.

»...um sich den notwendigsten Lebensunterhalt zu verdienen, verlegte sie sich – es war für sie nichts Neues – wieder auf das Hurenhandwerk. Sie ging zunächst nach Alexandria und kam erst nach Byzanz zurück, nachdem sie den ganzen Orient durchstreift hatte und in jeder Stadt ihrem Gewerbe nachgegangen war...«

»Nach ihrer Rückkehr nach Byzanz entbrannte Justinian in heißer Liebe zu ihr und seine Leidenschaft war so groß, daß er sie zur Patrizierin erhob, obgleich sie lange Zeit hindurch seine Geliebte gewesen war.«

Nun, gar so simpel, wie unser Geschichtenschreiber das darstellt, war das natürlich nicht.

Auf ihren Irrfahrten im Osten wurde »diese Hetäre niederster Sorte« wiederholt auch da und dort freundlich aufgenommen und fand die Unterstützung seitens hoher (monophysitischer) kirchlicher Kreise; manchmal findet sich eine Andeutung, Theodora hätte sich durch Kurier- ja Agententätigkeit revanchiert.

Von historischem Interesse ist, daß Theodora ohne Zweifel eine echte Wandlung erlebte, daß sie ihre Frömmigkeit nicht nur zur Schau stellte, daß sie ihrem Mann nicht nur eine treuergebene Frau war, sondern in die gemeinsame Tätigkeit auch manche sehr wertvolle Ergänzung einbrachte: Praktischen Sinn, Lebenserfahrung und all die bekannten typisch weiblichen Eigenschaften.

Der Onkel Justinians, der spätere Kaiser Justin I., war als junger Bauernbursch von Illyrien nach Konstantinopel gekommen, um sich als Soldat anwerben zu lassen. In die Leibwache aufgenommen, wurde er später vom Kaiser Anastasius zu deren Kommandanten bestellt und folgte ihm nach dessen Tod auf den Thron.

Er ließ seinen Neffen aus seiner Heimat nachkommen. Dieser, der sich später Justinian nannte, gab sich mit Feuereifer seinen Studien hin und bereitete sich mit Akribie auf eine Nachfolgeschaft vor.

Kaiser Justin war – ähnlich dem weströmischen Kaiser Vespasianus – ein kluger, praktischer Mann mit der Mentalität eines Großbauern. Er ließ sich zwar immer mehr von seinem Neffen beraten und helfen, machte ihn zum Konsul und überließ ihm immer mehr Bereiche; zum Mitregenten ernannte er ihn allerdings erst kurz vor seinem Tod, als seine Krankheit es unerläßlich machte.

Justinian hatte zwar seinen Onkel zu einem Gesetz bewegen können, daß auch ein Mann senatorischen Ranges eine Schauspielerin heiraten durfte, konnte seine Verbindung mit Theodora jedoch erst legalisieren, nachdem die Kaiserin Euphemia – eine frühere Sklavin barbarischer Herkunft – gestorben war. Nach dem Tod seines Onkels wurde Justinian Kaiser. Theodora keineswegs nur als dessen Frau Kaiserin, sondern in aller Form Mitregentin. Bis zum Tode Theodoras regierte das Kaiserpaar gemeinsam immerhin zwei Jahrzehnte lang.

Ich komme nun zu einem der ärgsten Übel, das praktisch unausrottbar schien: Die Korruption. Sie fraß sich in jeden Lebensbereich ein und es war offenbar hoffnungslos, mit länger dauerndem Erfolg dagegen anzukämpfen.
Die Quelle, den Ausgangspunkt, das böse Beispiel, die ganze Fäulnis im öffentlichen Leben, den Sumpf, der die giftigsten Blüten trieb, erkennen wir im Kauf und Verkauf der Ämter und Würden.
Im Oströmischen Reich breitete sich das Krebsgeschwür der Korruption immer mehr aus und strahlte seine Metastasen der moralischen Fäulnis ins gesamte Reich aus.
Es hat Herrscher vor und nach der Ära Justinian und Theodora gegeben, die versuchten, dieses Übel zu beseitigen und zumindest diese Form der Korruption auszumerzen, meist ohne Erfolg; manche Kaiser waren selbst daran schuld oder boten zumindest den Anlaß dazu; eine weitere Kategorie waren diejenigen, welche als »neue Besen« ehrlich diesen Übelstand ausrotten wollten, letzten Endes jedoch – meist mehr aus Geldmangel als aus persönlicher Habgier – mit diesem Korruptions-System mitmachten; dann mußten sie es wohl oder übel auch dulden, daß die gesamte Hierarchie der aktiven und passiven Bestechung verfiel, sich der Sumpf der Korruption immer mehr ausbreitete.
Aus der »Geschichte des Ämterkaufes« greife ich das 6. Jahr-

hundert heraus und da nur die Regierungszeit Justinians und Theodoras.

Die Novellen Justinians zur Gesundung des schwer erkrankten Staatsorganismus zeigen, daß der Kaiser die wahren Hintergründe der sozialen und politischen Mißstände erkannte und sie zu einem erheblichen Teil im Ämterkauf lokalisierte.

Es hatte sich dieser Zustand in einen permanenten verwandelt, und war auch für die Herrscher selbst zu einer dringend nötigen Geldquelle geworden.

Diese Korruption führte letzten Endes zu Erpressung und Aussaugung der Bevölkerung; dies wiederum brachte eine Schädigung des Staates, da die Bevölkerung, ruiniert durch den korrupten Beamtenapparat, die legalen steuerlichen Abgaben nicht mehr leisten konnte. Statt vieler Betrachtungen darüber möchte ich Sie jetzt mit den Gedankengängen des Kaisers Justinian bekanntmachen:

Justinians Novelle VIII

Sie ist gerichtet an Johannes, den Praefektus Praetorio, Exkonsul und Patrizier, zur Weitergabe an die Provinzstatthalter und Verbreitung im ganzen Reich; gegeben unter dem Konsulat des Belisar im Jahre 535.

In der Einleitung betont der Kaiser, er bringe alle Tage und Nächte mit Sorgen zu, um, was nützlich und Gott wohlgefällig sei, zu tun, damit es seinen Untertanen wohl ergehe und sie von ihren Sorgen befreit würden. Er fährt wörtlich fort:

> »Wir haben nämlich eine große Ungerechtigkeit entdeckt, welche Unsere Unterthanen bedrückt und sie zur Armuth bringt, so daß zu fürchten steht, daß sie ins äußerste Elend gestürzt werden und daß sie die gewöhnlichen und gesetzlichen und wirklich mäßigen Abgaben, nach der gemachten Abschätzung nicht ohne große Beschwerde aufzubringen vermögen.«

Der Kaiser klagt dann seine Vorgänger an, welche durch »Beisteuern« etwas gewinnen wollten und dadurch auch die Statthalter in ihre Fußstapfen treten ließen. Er zielt dabei auf die Kaiser Anastasius und Zeno, wobei letzterer durch seinen Präfekten alle Stellen den Meistbietenden zuschlug.

»Daher haben wir bei Uns erwogen, wie Wir alles das, was in Unsern Ländern als nachtheilig vorkommt, durch eine einzige und allgemeine Handlung der Gerechtigkeit zu etwas Besserem zu bringen im Stande wären. Dies aber, haben Wir gefunden, werde alsdann geschehen, wenn Wir es bewirken können, daß die Statthalter der Provinzen, welche Bürgerliche Ämter in denselben bekleiden, die Hände rein erhalten, und von allen Geschenken abstehen, indem sie sich lediglich mit dem begnügen, was sie als Besoldung vom Staate empfangen; was aber wiederum nicht anders geschehen kann, als wenn sie ihr Amt, ohne dafür etwas zu bezahlen, bekommen und durchaus nichts, weder für die Empfehlung zum Amte, wie es genannt wird, noch denjenigen, welche die Ämter inne haben, noch jemandem anders etwas zu entrichten brauchen.«

Er wird, meint Justinian, vielleicht sogar Schulden machen und wird für die Zukunft, wenn er das Amt nicht mehr bekleidet, entsprechend vorsorgen; er wird dann von der Bevölkerung womöglich das 3 – 10fache eintreiben als das, was ihm die Erwerbung des Amtes gekostet hat.

»Wie viele Gottlosigkeiten aber gehen noch außerdem vor, welche mit Recht diesen Diebereien zugeschrieben werden? Denn die Beamten in den Provinzen, die darauf ausgehen, sich auf diese Art Einkünfte zu verschaffen, entlassen viele Verbrecher, indem sie ihnen das Verbrechen verkaufen, viele Unschuldige aber verurtheilen sie, um die Schuldigen zu begünstigen. Und dies thun sie nicht allein da, wo es das Geld und Gut betrifft, sondern auch bei Versprechen, wobei das Leben auf dem Spiele steht.«

Der Kaiser sieht im Verkauf der Ämter den Anfang und das Ende aller Schlechtigkeit; der Geiz sei die »Mutter alles Bösen«, besonders wenn er den Gemütern der Beamten anhängt.

> »Denn wer stiehlt alsdann nicht ohne Gefahr, wer raubt nicht ohne Strafe, wenn er auf die Obrigkeit blickt und sieht, daß ihr alles um Geld feil ist, und wenn er die Überzeugung hat, daß, sobald er etwas Unrechtes gethan, er es mit Geld abmachen kann?«

Im ersten Kapitel beteuert der Kaiser, er habe alles erwogen und seine »von Gott ihm gegebene Gemahlin« zu Rate gezogen; Er verordne hiermit: Niemand dürfe Geld für eine Empfehlung zu einem Amt geben.

Das Kapitel 8: Falls jemand diesem neuen Gesetz zuwiderhandeln würde:

> »soll er wissen, daß er sogar vor der Verwaltung, bei welcher er als Richter angestellt sich befindet, des Diebstahls anzuklagen ist, und daß, wenn es erwiesen wird, daß er Geld gegeben, um das Amt zu erlangen, oder daß er sich durch das Amt etwas zu verschaffen gewußt (denn beides ist verboten), er Einziehung seines Vermögens, Verweisung und körperliche, ja sogar Lebensstrafen zu gewarten hat, so wie daß er denjenigen, welcher von ihm etwas bekommen (ebenfalls) großer Strafe, wie Wir gesagt haben, unterwerfen wird. Denn Wir verlangen von den Provinzialbeamten, daß sie reine Hände haben.«

Der Kaiser weist darauf hin, daß die Staatsbürger ihre regulären Steuern prompt bezahlen müssen, um so mehr als er sie jetzt von den unrechtmäßigen Belastungen und Erpressungen befreit. Jeder Bürger wird verstehen, daß das Imperium in seiner Größe wiederhergestellt werden muß. Ganz Libyen ist wieder erobert und die Vandalen wieder unterjocht. Wir leben mit der Hoffnung, daß wir mit Gottes Hilfe noch weit größere Dinge als diese ins Werk setzen werden. (Der Kaiser hat damit zweifellos bereits auf seine Pläne zur Wiedereroberung Italiens angespielt.)

Zur Sache selbst setzt der Kaiser seine Anti-Korruptions-Anordnung fort und richtet zum Schluß noch einen letzten Appell an den Adressaten, den Praefekten Praetorio:

»Denn da es unsere Absicht war, jene schmutzigen und niedrigen Diebereien aus dem Wege zu räumen, und Unsere Unterthanen vor den Plackereien der Provinzialbehörden zu sichern, so haben Wir deshalb dahin Bestimmung getroffen... daß es diesen nicht ferner gestattet sei, Unrechtmäßigkeiten zu begehen und das Vermögen Unserer Unterthanen zu plündern...

...Von dem allen wirst Du mithin Kenntnis nehmen; und wirst dafür Sorge tragen, daß es allen Uns Untergebenen Völkerschaften bekannt werde; auch wirst Du, wie es Brauch ist, an alle Statthalter der Provinzen Befehle ergehen lassen, damit sie unterrichtet werden von Unserm Eifer gegen Unsere Unterthanen und Unserem in Betreff der Einsetzung der Obrigkeiten (ausgesprochenen) Willen und damit sie erfahren, welcher großen Vorteile Wir sie teilhaftig gemacht, indem Wir, um ihr Wohlsein zu begründen, nicht einmal die kaiserlichen Diener geschont haben.«

Gegeben am 15. April unter dem Consulate des Belisar (535)

Der Kaiser verlangte ferner einen Eid, den jeder Provinzstatthalter bei Antritt des Amtes zu leisten hatte. Er setzte furchtbare Strafen fest für den Fall, daß dieselben bei ihrer Amtsführung nicht reine Hände behielten.

Ohne Zweifel war alles, was diese Novelle anprangerte, richtig, eher noch untertrieben; es ist, denke ich, Justinian und Theodora auch der gute Wille zuzubilligen, diesen Sumpf von Korruption trockenlegen zu wollen.

Abgesehen davon, daß seit langer Zeit der ganze Staatskörper korrumpiert war, der Beamten-Apparat von oben bis unten die aktive und passive Bestechung als Gewohnheitsrecht betrachtete, sah sich der Kaiser aus Geldmangel gezwungen, gegen seine eigenen Reformgesetze zu verstoßen und sie dadurch noch schneller ad absurdum zu führen.

Halten wir uns vor Augen:
Die enormen Ausgaben für die Kriege im Osten, in Afrika und Italien;
Die Bautätigkeit im ganzen Reich; abgesehen von den sakralen Bauten die vielen Nutzbauten: Dämme, Wellenbrecher, Grenzbefestigungen, Wasserleitungen und Zisternen, Lagerhäuser, Altersheime, Krankenhäuser (auch psychiatrische) etc., etc.
Unglücksfälle wie Überschwemmungen, Seuchen – vor allem die große Pestepidemie;
Die Unterhaltung der Armeen, der Kriegs- und Handelsflotte;
Die Schäden, welche feindliche Einfälle verursachten, z.B. die Zerstörung der zweitgrößten Stadt – Antiochia;
Der Nika-Aufstand, bei welchem der Großteil Konstantinopels den Ereignissen zum Opfer fiel;
Die ungeheuren Zahlungen an die verschiedenen Hunnenstämme und andere »barbarische Völker«, um sie ruhig zu erhalten, sie als »Freund und Bundesgenossen« zu erkaufen oder sie gegeneinander aufzuhetzen;
Die großen Bestechungssummen, man kann schon sagen: Tribute an die Perser, um sie zeitweise still zu halten, bestenfalls sich für längere Zeit Frieden zu erkaufen.
Dies alles und noch mehr hatte die finanziellen Kräfte des Reiches derart erschöpft, daß die in der zitierten Verordnung aufgestellte Staatsauffassung nicht zur Wirklichkeit werden konnte, sondern Utopie blieb.

Es versteht sich, daß Procopios das Kaiserpaar deswegen und überhaupt in jeder Hinsicht anprangert.
Natürlich diffamiert er und dazu gehört »nach allen Regeln der Kunst«: »eine Sache schlechter zu machen, als sie ist«, maßlose Übertreibungen, Verallgemeinerungen, Verwendung von Superlativen, speziell in den Zahlenangaben; rührselige Wendungen, um die Schlechtigkeit des Angegriffenen noch deutlicher zu machen. Die stete Wiederholung schlagwortartiger Behauptung ohne Begründung.

Einige Kapitel widmet Procopios nur der Korruption; eines davon trägt den Titel: »In Byzanz ist alles käuflich.« An all diesen üblen Dingen gibt er dem Kaiserpaar die ganze Schuld; bestimmt »wider besseres Wissen und Gewissen« tut er so, als ob bis zu dieser Co-Regierung man im Reiche nicht wußte, was Korruption wäre.

Der erste Vorwurf, den er erhebt, ist, die kaiserliche Regierung verschleudere »wahllos und willkürlich« das Staatsvermögen; der Schatz, den sein Vorgänger hinterlassen habe – 3200 Gold-Centenare – sei verpulvert worden.

Er beanstandet die vielen Bauten und deren enorme Kosten; es handelt sich dabei um die Werke, welche er in seiner Schrift »Über die Bauten« preist und um derentwillen er die Urheber glorifiziert.

Erbittert läßt er sich über die enormen Zahlungen an die Barbaren, besonders an die Hunnen, aus sowie über die schmählichen Tribute an den großen Gegner, den Perserkönig Chosroe. Gerade Procopios mußte doch wissen, daß die kaiserliche Regierung dazu gezwungen war, die Ost- und Nordgrenze zumindest zeit- und teilweise zu »befrieden«, da sonst die Siege über die Vandalen und Goten unmöglich gewesen wären.

Procopios bringt dann eine Fülle von Beispielen, wie korrupt das Kaiserpaar und dessen Günstlinge waren.

Schon als »Kronprinz« hätte Justinian sich bestechen lassen; er habe für die Aufnahme in die Leibgarde hohe Vermittlungsprovisionen genommen; aus diesem Grund hätte er auch seinen Onkel bewogen, den Stand wesentlich zu erhöhen.

Ein Jahr nach dem Verbot des »Ämter-Kaufs und -Verkaufs« hätte sich trotz aller Eide niemand mehr daran gehalten, vor allem die kaiserliche Regierung selbst nicht.

Wenn man Procopios' blumiges Beiwerk wegläßt, so bleibt etwa folgendes Bild:

Die Korruption unter dem »Finanzminister« Johannes von Kappadokien sei schon arg gewesen, noch schlimmer nach dessen Sturz unter seinem Nachfolger Petros Barsyamus; eine weitere Steigerung hätte dann noch der »Wucherer Leo« verursacht; dieser sei von geradezu »dämonischer Geldgier« gewesen, hätte das Kaiserpaar noch in dieser Hinsicht weitergetrieben; angeblich hätte es »bei all diesen räuberischen Schandtaten ihren Anteil erhalten«.

Es sei ein einträglicher Handel mit Gerichts-Entscheidungen, ja selbst mit kaiserlichen Handschreiben betrieben worden;

»Die Waage der Gerechtigkeit« wurde durch das Gewicht des Goldes in die gewünschte Lage gebracht;

Mitten auf dem Marktplatz gab es Spelunken – sie waren alle im Besitz von Palastbeamten – in denen ein üppiger Handel nicht nur mit richterlichen Urteilen, sondern sogar mit Gesetzen blühte.

Unser »Berichterstatter« behauptet nämlich auch, der Kaiser hätte gegen hohe Bestechungssummen jeweils Gesetze erlassen oder aufgehoben.

Das Fälschen von Briefen und Testamenten wird auch dem Herrscherpaar vorgeworfen; ebenso, daß sie durch falsche Anklagen gegen mißliebige und reiche Leute ungeheure Vermögen »zugunsten des Staatsschatzes« eingezogen hätten; auch hätte man Häretiker oder Ketzer keineswegs nur aus religiösen Gründen verfolgt, sondern um sich der »riesigen Reichtümer, speziell der Gotteshäuser der Arianer zu bemächtigen«.

Ganz besonders erboste es Procopios, daß das Kaiserpaar nach Niederschlagung des Nika-Aufstandes zum erstenmal bei seinen Standesgenossen, den Senatoren, Beschlagnahmen vornehmen ließ; daß jedoch gerade die Senatsoppositionellen bei diesem Umsturzversuch eine bedenkliche Rolle spielten, das verschweigt er.

Daß sich auch im kirchlichen Bereich und vor allem bei der Armee korrupte Machenschaften abspielten, läßt er uns auch wissen. Speziell bei letzterer sei es unter Petros schlimmer geworden: Kommandostellen wurden verschachert, Soldlisten gefälscht und mit »Toten Seelen« manipuliert.

Vieles von dem, was Procopios anführt, wird schon seine Rich-

tigkeit haben; wir haben dies ja aus den kaiserlichen Anordnungen selbst entnehmen können; es haben auch fast alle Historiker, welche sich mit dem Oströmischen respektive Byzantinischen Imperium befaßten, allerhand dieser Art zu berichten gewußt. Wenn man jedoch die procopischen Haßtiraden in Anschlag bringt, wenn man in bezug auf Theodora seine genüßlich-pornographischen Schilderungen liest, so könnte man sich vorstellen, daß dabei nicht nur Haß, sondern auch eine gewisse Frustration eine Rolle spielte.
Zum Schluß wirft er der Regierung noch »Sparen am falschen Platz« vor, und zwar im Nachrichten- und im Spionagewesen! Er verweist darauf, daß speziell die Meder und Perser dafür große Summen aufwenden und daraus bedeutenden Nutzen zögen. Es wäre dies ein reizvolles Thema – aber es gehört nicht hierher.
An dieser Stelle mag ein zeitlicher, allerdings weitgehender Rück- und Vorgriff erlaubt sein.
Ein gewisser Simon Magus (Magier) hatte versucht, von den Aposteln Petrus und Johannes Mitteilungen des Heiligen Geistes für Geld zu erlangen. Aus dieser Begebenheit stammt der Ausdruck: Simonie
Darunter versteht man den Erwerb eines geistlichen Gutes um weltlichen Vorteil, insbesondere die Erwerbung geistlicher Ämter und Pfründen durch Bestechung. Im Mittelalter wurde die Simonie sehr oft ausgeübt. Vor allem die niederen Kirchenämter, aber auch wiederholt Bistümer, wurden für Geld verkauft, unter Umständen sogar versteigert. Papst Gregor VII. nahm zwar auf der Synode zu Rom (im Jahre 1075) scharf gegen die Simonie Stellung und bedrohte sie mit dem Kirchenbann, doch blieb sie noch einige Jahrhunderte mehr oder weniger in Anwendung. Das katholische Kirchenrecht betrachtet seit langem die Simonie als verbrecherisch und ahndet sie mit der Exkommunikation (Kirchenbann). Auch das evangelische Kirchenrecht bedroht die Simonie mit entsprechenden Rechtsfolgen.
Aber wir wissen doch, daß in all diesen Zeiten der Kauf und

Verkauf von Ämtern zwar oft bekämpft, aber fast immer geübt wurde. Und wenn Procopios sagt, daß auch beim Militär Kommandostellen verschachert wurden, so sei darauf verwiesen, daß dies ja durch Jahrhunderte ganz offen gehandhabt wurde (Offizierspatente, Obristenstellen etc., etc.)

Die griechischen Kaiser: Bestechung der Unbestechlichen

Justinian brachte sein Reich zur größten Ausdehnung seines Bestandes. Die Kehrseite der Medaille: Aus Geldmangel war er gezwungen, seinen Kampf gegen die Korruption, den Ämterkauf und die sonstigen Unzukömmlichkeiten zurückzustecken. Sehr oft wird in den mitteleuropäischen Lehranstalten die Geschichte des Oströmischen Reiches zugunsten des Westens hintangestellt. Wir müssen uns an dieser Stelle nur an gewisse einschneidende Ereignisse erinnern, welche während der nächsten Jahrhunderte das Schicksal des Ost-Imperiums maßgeblich beeinflußt haben.
Im wesentlichen ist dazu zu sagen, daß das Großreich Justinians im Laufe der nächsten Jahrhunderte immer mehr schrumpfte und abbröckelte und entsprechend an Ansehen verlor. Die traurigen Zustände im Inneren, die ewigen Kämpfe um den Kaiserthron mußten ja dazu führen, daß das Reich früher oder später abwirtschaften mußte. Wenn man die Reihe der griechischen Kaiser an sich vorbeiziehen läßt, so muß man wohl die meisten Thronbesteigungen als »Todeskommandos« empfinden: ermordet... ermordet... ermordet!
Nach außen hin wird die Verteidigungskraft immer schwächer, zu Hilfe gerufene Städte oder Söldnerheere erweisen sich als alles andere denn als Hilfe (Venedig, Verona). Die Belagerung durch die Araber – angeblich rettete damals die neue Erfindung des griechischen Feuers die Kaiserstadt noch einmal – konnte abgewehrt werden.

Das 8. Jahrhundert brachte neuerlich eine Schwächung des Reiches durch den sogenannten »Bilderstreit«, welcher das Volk in zwei erbitterte Fraktionen spaltete; abgesehen davon gingen Ravenna und Ancona verloren, die sich von den Bildern nicht trennen wollten. Fünf Jahre lang – bis 802 – regierte die Kaiserin Irene, welche die Bilder wieder zuließ.

Das 9. Jahrhundert sah dann die sogenannte makedonische Dynastie ans Ruder kommen, welche sich fast 200 Jahre an der Regierung hielt. Die ersten dieser Kaiser waren teils tapfere Krieger, teils schwache Träumer, alles in allem genommen, ging es bergab. Um die Jahrtausendwende nahm eine Frau, die berüchtigte Theophania, ehrgeizig wie sie war, einen allzu großen Anteil am politischen Geschehen. Sie veranlaßte ihren Mann, Nikophorus II., seinen Vater zu ermorden; obwohl er ein tüchtiger Mann war, wenn auch streng, oder vielleicht gerade deshalb, vergiftete ihn seine Frau. Daß ein erfolgreicher Heerführer, der die Araber, Bulgaren und Russen besiegte, sich mit dieser Frau vermählte, war zwar mutig, aber nicht bekömmlich. Auch er wurde ein Opfer dieser Giftschlange.

Mit der Kaiserin Theodora (1054–1056) erlosch das makedonische Herrscherhaus. Anstelle der Makedonier traten die Komnenen; das Ostheer wählte Isaak I. zum Kaiser, an den sich noch die letzten Hoffnungen knüpften, der jedoch wegen Krankheit zurücktreten mußte.

Bis zum schicksalhaften Jahr 1204 gab es relativ gute Kaiser, aber alles in allem Verfall nach außen und innen. Nach Manuel I. beginnt eine Periode der Verwirrung, der Greuel, der Morde und jeder Art von Scheußlichkeit.

Ein Kreuzfahrer-Heer, Franken in Verbindung mit Venezianern, stürmten Konstantinopel, plünderten es, legten Feuer und vernichteten die herrlichsten Kunstwerke; was sie sonst noch alles machten, bleibt der Phantasie jedes einzelnen überlassen. Sie errichteten das lateinische Kaisertum, welches einer Eintagsfliege ähnelte.

Nachdem dieser Sturm vorüber war, versuchte Michael Paläo-

logos aus den Trümmern des aufgeteilten Reiches ein Staatswesen zusammenzuflicken. Er war auch bereits knapp am Abschluß einer Wiedervereinigung der griechischen mit der römischen Kirche, als sein Nachkomme Michael VIII. (1261 – 1282) dies wieder zunichte machte.
Natürlich herrschten während der skizzierten Jahrhunderte außer Mord und Totschlag auch Orgien von Korruption und übelste Machenschaften, welche solche Zeiten fast immer mit sich bringen.

Die sprichwörtlich gewordene Bestechlichkeit der byzantinischen Gerichte veranlaßte Andronikos II. eine Reform des Gerichtswesen vorzunehmen. Im Jahre 1296 setzte er in Konstantinopel ein zwölfköpfiges Richterkollegium ein, bestehend aus Kirchenfürsten und weltlichen Würdenträgern senatorischen Ranges, das als höchste Gerichtsinstanz der Gerechtigkeit zum Siege verhelfen sollte. Das Ergebnis war jedoch enttäuschend. Der neu geschaffene oberste Gerichtshof geriet bald in Mißkredit und stellte seine Tätigkeit ein.
Sein Enkel und Nachfolger, Andronikos III., setzte im Jahre 1329 neuerlich ein Richterkollegium ein, das sich aus nur vier Mitgliedern, zwei Klerikern und zwei Laien zusammensetzte. Mit sehr weitgehenden Befugnissen ausgestattet, sollten diese vier »allgemeinen Richter der Rhomäer« das Rechtswesen im ganzen Reich überwachen. Ihre Urteile waren endgültig und unwiderruflich. Allerdings sollte auch Andronikos III. mit seinen hohen Richtern eine schwere Enttäuschung erleben. Wir kennen die Konstitutionsakte und auch die bei ihrer Investitur abgegebenen schriftlichen Eideserklärungen. Im Jahre 1337 wurde dem Kaiser berichtet, daß die Richter sich bestechen ließen und so ihre Eide und die kirchlichen und kaiserlichen Gebote vergessen hätten. Nicht nur, daß sie ungerechte Urteile fällten, so akzeptierten sie Krüge voll Weines von den streitenden Parteien. Zuerst wollte der Kaiser diesen Gerüchten keinen Glauben schenken. Schließlich berief er in der großen Kirche

eine Synode ein, bei der er mit dem Patriarchen den Vorsitz führte. Jeder konnte gegen die bestechlichen Richter Klage führen, die Enthüllungen übertrafen alle Erwartungen. Nur einer der Richter wurde freigesprochen; die anderen, in der Angst, vom Volk in Stücke gerissen zu werden, verurteilten sich selbst. Das Urteil beinhaltete die Rückgabe der angenommenen Gelder und der Metropolit verlor seinen erzbischöflichen Rang. Alle wurden aus Konstantinopel verjagt.

Nun zitieren wir auszugsweise aus der »Revue International des Études Byzantines«, Bruxelles, Fondation byzantine et néogrecque, 1949.

> »Die Epistolographen der frühesten Paläologen genießen eher einen mittelmäßigen Ruf. Als geschichtliche Quelle wird ihnen recht wenig Bedeutung zugemessen. Ist diese Ansicht auch wirklich gerechtfertigt? Diese Frage scheint solange unbeantwortbar, als wir nicht das System der Anspielungen, das in dieser Art Literatur herrscht, entziffern können, einer Literatur, die sich preziös gibt und steril erscheint. Aber sobald es einem gelingt, mit Hilfe anderer Dokumente die in den epistolaren Ausführungen genannten Ereignisse zu beleuchten, erkennt man ihren Wert...
>
> Nach dem Jahre 1934 publizierte M. Dyobouniotès nach einem Manuskript aus Wien einen Brief oder eine Bittschrift des Protasécrétis Léon Bardalès an den Kaiser Andronikos III., den jungen Paléologen. ›Ich singe nicht einen Widerruf früherer Lobpreisungen, o Kaiser. Ich will mich auch nicht dem gestern von dem schrecklichen Gericht gegen die unglücklichen Richter gefaßten Urteil widersetzen und ich richte auch keinen diesbezüglichen Appell an Euch...‹
>
> Ich bin befreit, mein Kaiser, von diesen Kämpfen und jenen endlosen und eher unrentablen Mühen, in denen ich mich 50 Jahre lang als erbärmlicher Vagabund aufgerieben habe...
>
> Ich werde nicht mehr den Gefahren zu Wasser und zu

Lande ausgesetzt sein, und was noch mehr in bezug auf mein Glück und meine Ambitionen bedeutet: ich werde nicht mehr an den Lasten des Magistrates teilhaben, seinem Geschrei, seinen Befürchtungen, seinen Eifersüchteleien, seinen Streitereien, hervorgerufen durch die Mißgunst der Kollegen, durch Verleumdungen und Denunzierungen, kurz durch alle Übel dieses Standes...

Ich bin also mit meinem Los zufrieden. Mein Vermögen ist zur Gänze konfisziert. Da aber diese Maßnahme auch alle jene betroffen hat, die aufgrund verschiedener Umstände ihr Vermögen den Richtern anvertraut haben, so muß ich feststellen, daß sie Gefahr laufen, Schaden zu erleiden. Ich nehme mir also die Freiheit, mich an Sie mit allem dem Kaiser zukommenden Respekt zu wenden, einem Kaiser, der die Verkörperung der Gerechtigkeit ist. Konfiszieren Sie gemäß des von Ihnen geleisteten Eides das Vermögen der ungerechten Richter und nicht jenes der Unschuldigen. Eure hohen Gesetze definieren als Vermögen den Überschuß nach Bezahlung der Schulden. In der Tat vermischt sich das Geborgte mit dem Eigentum des Menschen wie ein Fremdkörper. Deswegen verlangt der Gläubiger, als ob er der Besitzer des Gutes jener sei, die mit seinem Vermögen Handel treiben, unerbittlich die vereinbarten Zinsen. Deswegen erhält auch der Erbe oder Legatär nichts von den Vermächtnissen, wenn die Schulden nicht bezahlt sind, und die zu treuen Händen anvertrauten Güter ihren Besitzern zurückgegeben...

Das wäre es also, göttlicher Kaiser, das Sie dem noblen und unbestechlichen Gericht Ihres Gewissens unterbreiten sollten...

Denn unter allen Gütern, die Gegenstand einer Strafverfügung sein könnten, sind nur jene der Richter und nicht diejenigen dritter. Es ist Sache Eures höchsten wohlwollenden und unbestechlichen Urteils, diese Angelegenheit zu regeln und die Entscheidung für die Gläubiger und

Richter zu treffen, so wie Gott, der in ihrer Seele weilt, es ihnen eingibt...

Und dies ist es, o Kaiser, was Euch Euer durch die Mahlsteine seiner Gläubiger arg zerdrückter Löwe zuruft, ein Löwe, der der Vergangenheit angehört, denn jetzt ist er nur mehr eine jämmerlich in ihrem Loch dahinsiechende Maus.«

Über Sinn und Zweck dieses Schreibens ist viel gerätselt und gedeutet worden. Die einen hielten den Schreiber ebenfalls für einen verurteilten Richter, dessen Vermögen konfisziert worden war, andere wiederum hielten ihn für einen hilfreichen Intervenienten. Eine einzige Stimme erklärt sich diesen leidenschaftlichen Appell an den Kaiser, nicht Gläubiger der verurteilten Richter zu Schaden kommen zu lassen, auf sehr einfache Weise: Der Briefschreiber möchte vom Kaiser erreichen, daß nicht das ganze konfiszierte Vermögen als ihm allein gehörend deklariert wird; da derjenige offenbar seine Pappenheimer kennt, so traut er dem Briefschreiber ohne weiteres zu, daß er durch Vorweisen gefälschter Zessionspapiere um so leichter sein Ziel erreichen möchte. Nach längerer Beschäftigung mit den damaligen Zuständen neigt der Autor dazu, dieser Auffassung zuzustimmen. Die in jeder Hinsicht kläglichen Restbestände des oströmischen Imperiums zeigten immer mehr einen Schauplatz, der folgendes Bild bot:

Überzogen mit einem spinnenartigen Netz, gewebt durch Mord, Intrigen, Kabalen, Korruption, üble Machenschaften, Treulosigkeit und Verrat – im Inneren todkrank durch Metastasen moralischer Fäulnis. Das Reich wurde immer schwächer und schwächer und bröckelte ab durch den Ansturm, hauptsächlich der Osmanen, aber auch nördlicher Völker. Es konnte keinen wirklichen Widerstand mehr leisten – es war sturmreif geworden: Seit dem 29. April 1453 herrschte anstelle des Kreuzes der Halbmond.

4

DER BLICK IN DIE ZUKUNFT

Urangst – Urhoffnung
Mantik: Orakel und Astrologie

Tief in der Seele des Menschen verwurzelt sind die Ur-Angst und die Ur-Hoffnung. Wie oft fühlt sich der einzelne – aber auch Gemeinschaften – ratlos und voller Zweifel, was sie gegebenenfalls tun oder lassen sollen, und halten in ihrer inneren Unsicherheit Ausschau nach einem Wink, einem Zeichen, das ihnen die Entscheidung erleichtert; sie haben den drängenden Wunsch, es möge ihnen ein Blick in die Zukunft gewährt werden!

Sicher gab und gibt es immer auch Menschen, welche diesem Verlangen widerstehen und meinen, »der Mensch begehre nimmer zu schauen...« – oder wollen gar nicht wissen, was ihnen bevorsteht. Natürlich gab es zu jeder Zeit auch andere – besonders in unserer »aufgeklärten« Zeit –, welche Prophezeiungen jeder Art für unmöglich, diese Bestrebungen für einen glatten Unfug halten und in allen »Sehern«, »Propheten« und »Zukunftsdeutern« aller Art Schwindler und Scharlatane sehen, welche die Schwäche, den Aberglauben, die Leichtgläubigkeit oder Dummheit ihrer Mitmenschen schamlos zu ihren Zwecken ausnützen.

Tatsache ist jedoch, daß man überall und zu jeder Zeit gewissen Menschen zutraute, mit »höheren Mächten« in irgendeiner Verbindung zu stehen, daß man durch ihre Vermittlung Fragen an diese richten und Antworten erhalten und ausgedeutet bekommen könnte; ferner, daß auch ungefragt den Menschen Zeichen erteilt werden, sei es als Warnung oder Ermutigung.

Interessant ist übrigens, daß man in besonderem Maße dem weiblichen Geschlecht diese Gaben zubilligte, wie schon bei den alten Germanen; aber selbst auch in Zeiten und in Ländern, in denen man den Frauen nicht allzuviele Fähigkeiten und Bedeutung beimaß.

Es mag bedeutsam sein, daß dieser ganze Fragenkomplex seit jeher unter dem Begriff Mantik zusammengefaßt wurde und daß das griechische »mantis« zugleich Seher wie auch mehr oder weniger »Irrer« bedeutet. Der uns viel geläufigere Ausdruck Orakel bedeutet nur »Sprechstätte«, d.h. der Ort, wo ein Gott spricht, sowie das, was der Gott sagt.

In diesem kurzen Bericht soll weder auf die ungeheure Problematik von Religion, Glauben, Aberglauben (oder: Volksglaube), der Mantik, der Mysterien, der Beschwörungen und Zauberei, der weißen und schwarzen Magie u.a. eingegangen, noch ein Urteil darüber abgegeben werden. Hier soll lediglich skizziert werden, welche eminente Rolle die Mantik, das Orakelwesen im politischen Geschehen, in der Weltgeschichte, spielte und daß auch diese oftmals als »Instrument« angesehen, mißbraucht und korrumpiert wurde; wie es immer wieder vorkam, daß die Gläubigkeit der Menschen zumeist zu recht handfesten, egoistischen politischen Zwecken herhalten mußte, und so manche »Propheten« sich durch Macht und Geld korrumpieren ließen.

Die Mantik hatte die »Vorher-Erkundung« oder das »Vorher-Wissen« der näheren und ferneren Zukunft zum Ziel.

Die Zeichendeutung nahm oft die eigenartigsten Formen an und bediente sich der unterschiedlichsten Mittel; es ist uns eine derartige Fülle überliefert, daß wir uns bei der Aufzählung sehr einschränken müssen: Die Spruch-Orakel, die Zeichen-Orakel, die Los-Orakel und auch die Stech-Orakel, welche selbst heute noch gehandhabt werden. Von besonderer Bedeutung waren die Traum-Orakel, die Traum-Deuterei nahm einen unglaublichen Umfang an und schon sehr früh existierten Traumbücher. Den Orakeln erstand eine sehr gefährliche Konkurrenz in der Astrologie.

Den Gestirnen wurde göttliche Bedeutung zugesprochen; man war von ihrem Einfluß auf das Leben der Erde und den einzelnen Menschen überzeugt und baute darauf die Lehre der Astrologie auf – wobei sich die Grenzen zur Astronomie, zum Unterschied von später, verwischten.

Herodot berichtet unter den Merkwürdigkeiten, die er in Ägypten vorfand, unter anderem von der Bedeutung, welche die Ägypter der Astrologie zuschrieben und in das Orakelwesen einbanden.

Amon und die ägyptische Priesterclique

In Ägyptens spätem Neuen Reich spielten die Orakel eine bedeutsame politische Rolle: Sie dienten zur »Enthüllung« eines ungeklärten Tatbestandes aus der Vergangenheit oder bezogen sich auf Gegenwartsfragen und die Prophezeiungen künftiger Ereignisse.
Politisch bedeutsam waren die Orakel, wenn es sich um die Bestellung zu einem Amt handelte. So erreichte König Ramses II. (13. Jahrh. v. Chr.) dadurch die Ernennung seines Vertrauensmannes zum Hohenpriester des Gottes Amon.
Vor allem im Gottesstaat des Amon, während der 21. und 22. Dynastie wurden die Orakel zum politischen Instrument. Besonders, wenn die Nachfolge nicht den Erbgesetzen entsprach, wenn der Vorgänger gewaltsam beseitigt oder der rechtmäßige Erbe übergangen wurde, fühlte sich der Usurpator bemüßigt, seine Machtergreifung zu »legalisieren«. Und schon Haremhab (1329 – 1306 v. Chr.) hatte sich durch ein Orakel als Pharao bestätigen lassen.
Solchen Legitimierungen dienten auch sonst verschiedene Mittel, vor allem korrupte Manipulationen:
So fingierte Merikare (um 2100 v. Chr.) ein Vermächtnis des verstorbenen Königs unmittelbar nach dessen Tod. Da er in der Innen- und Außenpolitik ganz anders geartete Wege einschlagen wollte, war es ihm darum zu tun, hierfür eine Legitimierung zu gewinnen.
Sesostris I. (2. Jahrt. v. Chr.), der im Verdacht stand, er habe seinen Vater ermorden lassen, versuchte durch eine fiktive Schrift, die er unterschob, diesen Verdacht auf seine Rivalen zu lenken, und ließ sich zum rechtmäßigen Erben proklamieren.

Thutmosis II. (16. Jahrh. v.Chr.) ließ seinen Bruder durch ein Orakel zu seinem Nachfolger bestimmen, da die Legitimität beider eine sehr fragwürdige war.
Der eingangs erwähnte, berühmte Ramses II. (13. Jahrh. v.Chr.), der vermutlich seinen älteren Bruder »beiseite geschoben« hatte, betonte wiederholt in Inschriften die Tatsache seiner Co-Regierung mit seinem Vater; dieser habe ihm bei den Göttern eine lange Regierung »ausgehandelt« als Dank für alles, was Ramses für seinen Vater getan habe.
Wir sehen schon aus diesen wenigen Beispielen, daß auch die Pharaonen, die absoluten Gott-Könige, sich zu solchen Manipulationen bemüßigt fühlten und zu allerhand korrupten Hilfsmitteln griffen, wie zu Fälschungen von Vermächtnissen und Briefen und zu falschen Orakeln, wobei eine Kooperation mit den führenden Priestern wohl unerläßlich war.

Wie bestechlich war Delphi?

Auf griechischem Boden gab es eine Reihe von Orakelstätten. Delphi, Dodona und Olympia waren die berühmtesten. Keine jedoch kam an Bedeutung dem Apollon-Orakel von Delphi auch nur entfernt nahe. Dort gab der Gott seine Bescheide durch die Pythia den Menschen kund. Die Bedeutung dieses Heiligtums kann gar nicht hoch genug eingeschätzt werden.
Die griechischen Stämme oder Stadtstaaten zeigten immer nur eine geringe Neigung zum Zusammenhalt – die einzelnen Staaten hatten nicht einmal eine gemeinsame Zeitrechnung!
Nur vier Faktoren waren es, welche einigermaßen ein Zusammengehörigkeitsgefühl förderten: Die Sprache, die Epen Homers, die Olympischen und Pythischen Spiele und Delphi. Dorthin wallfahrteten die Menschen aus allen Teilen Griechenlands – aber auch Fremde und »Barbaren« – um sich Rat, Trost und einen Blick in die Zukunft zu erbitten.
Die Zeit vom 7. – 5. Jahrhundert v.Chr. sah Delphi am Höhe-

punkt seines Ansehens, welches weithin über die Grenzen von Hellas unbestritten und von ehrfurchtsgebietender Autorität war. Als es dann später um die liebe Politik ging, um Kämpfe um die Macht, wurden die delphischen Priester recht schwankend und Einflüssen zugänglich. Ihre Sprüche wurden immer zweideutiger, ja in vielen Fällen gegebenenfalls korrumpiert parteiisch.

Wie ging die Befragung des Orakels vor sich?

Im Apollo-Tempel soll sich ein Erdspalt befunden haben, dem betäubende Dämpfe entströmten; zum Glück für die auf einem Dreifuß darüber sitzende Pythia waren diese kalt und nicht heiß.

Durch die erwähnten Dämpfe wurde die Pythia in einen halbbetäubten Zustand versetzt, in eine ekstatische Erregung, eine Art Rausch – heutzutage würde man vielleicht sagen: sie wurde »high«. – Sie stammelte meist unzusammenhängende Worte, welche dann von den Priestern zusammengefügt und meist in Verse gebracht als Antwort des Gottes den Fragestellern dargeboten wurden; speziell wenn es sich um in die Zukunft weisende Sprüche handelte, wurden diese oft dunkel und rätselhaft, in vieldeutige und bildliche Ausdrücke gekleidet; da bedurfte es der Auslegung durch sog. »Exegeten« – solche waren oft bei den Orakeln selbst angestellt – man wußte wohl wozu! Nun, die bewundernswerte Leistung vollbrachte nicht die Pythia, die bewundernswerte Leistung vollbrachten die Deutungspriester. Das Orakel, das sie herausgaben, war ihr diplomatisches Bulletin. Wir kennen zahlreiche Orakel im genauen Wortlaut. Es ist ganz ausgeschlossen, daß das Gestammel der Pythia auch nur den geringsten Einfluß gehabt hat oder daß es unter den Priestern echte Mystiker gab. Dieses Kollegium war ein Kabinett von politischen Beobachtern, ein Gremium von Fachleuten der Weltpolitik und Meistern der Psychologie, gegen das ein vatikanisches Kardinalskollegium nur ein blasser Schatten ist.

Als dann gegen Ende des 5. Jahrh. die »Aufklärung« einsetzte

– speziell durch die ionische Naturphilosophie und die Sophisten – erstand in zunehmendem Maß die Versuchung zur »Manipulation«.
So gab es eine regelrechte Skandalaffäre, zur Zeit als Peisistratos und seine Söhne in Athen die Tyrannis errichtet hatten; die in die Emigration geflüchteten Alkmeoniden erstrebten die Unterstützung Spartas zum Sturz der Peisistratiden.
Herodot berichtet:

> »Sie hätten, während sie sich in Delphi aufhielten, die Pythia mit Geld dazu bewogen, daß sie, sooft Männer von Sparta kämen, um das Orakel zu befragen, ihnen die Anweisung gab, sie sollten Athen aus der Knechtschaft befreien...«

Ein paar Jahre später – ca. um 506 v.Chr. – gab es wieder einen Eklat: Kleomenes, König von Sparta, wollte seinen »Mit-König« Demaratos ausschalten und bezichtigte ihn, ein Bastard zu sein, daher kein Anrecht auf diese Würde zu haben.

> »Kleomenes bewog nun durch einen Mittelsmann die Oberpriesterin, daß sie redete, wie es Kleomenes wünschte. Daher tat Pythia den Spruch, Demaratos wäre nicht der Sohn des Ariston.« (Herodot)

Später gaben dann die delphischen Priester zu, daß die Pythia bestochen worden war, und sie wurde ihres Amtes entsetzt, wobei nicht ganz klar war, ob diese nicht nur als »Sündenbock« für die Bestechlichkeit der Priester herhalten mußte. Durch solche Vorfälle wurde wohl das Ansehen Delphis vorübergehend »angeknackst«, aber das Eigentümliche war ja, daß die Griechen in zunehmendem Maß das Orakel für ihre egoistischen, vor allem politischen Zwecke zu mißbrauchen suchten, ohne dabei an der Göttlichkeit dieser Institution ernstlich zu zweifeln.
Eine üble Rolle spielte Delphi Anfang des 5. Jahrhunderts, während des welthistorischen Ringens zwischen Persien und Griechenland. Stammes-Egoismus und persisches Gold hatten es sowieso dahin gebracht, daß dem persischen Ansturm kein

geeintes Hellas entgegenstand, ja manche sogar auf seiten des Erbfeindes kämpften. Als nun die Athener in der Stunde der größten Bedrängnis fragten: »Was sollen wir tun? Wir bitten Apoll, der doch die Stimmung im Olymp kennt und vielleicht auch schon weiß, ob Zeus einen Entschluß gefaßt hat –, wir bitten Apoll um einen Rat, um einen Fingerzeig«, nahm Delphi eine mehr als fragwürdige Haltung ein. Es hat den Widerstand gegen die Perser nicht nur nicht ermutigt, sondern im Gegenteil alles getan durch seine erschreckenden Prophezeiungen, um die Griechen in eine Panik zu treiben und zu demoralisieren.

> »Ihr Unglücklichen! Flieht an das Ende der Welt, der schnelle Ares wirft alles nieder«,

lautete sein Spruch.

Als sich die Athener mit diesem Spruch nicht zufriedengaben, begaben sich die athenischen Abgesandten, diesmal »mit dem Ölzweig« als Zeichen der äußersten Not, noch einmal zur Pythia. Sie erhielten tatsächlich ein zweites Orakel.

Apolls zweiter Spruch lautete:

> »Athene kann den olympischen Zeus nicht versöhnen, wenn sie auch noch so viel Worte macht und ihn bittet. Doch dies sage ich euch: Wenn gefallen ist, was die Grenze umschließt... so wird weitsehend Gott Zeus seiner Tochter Athene die hölzerne Mauer geben, welche allein unzerstört bleibt... O göttliches Salamis, du wirst die Kinder der Weiber verlieren oder verderben...«

Etwas ratlos und benommen ritten die Athener heim. Die einen mutmaßten, mit der hölzernen Mauer seien die Palisaden auf der Akropolis gemeint. Die anderen sahen in dem Ausdruck »hölzerne Mauer« eine Umschreibung für »Schiffe«. Aber da machte noch die letzte Zeile Sorge: »Verlieren oder verderben.« Beides deutete auf eine Niederlage hin.

Jetzt schaltete sich Themistokles ein. In einer Rede fand er die einfache Erklärung, daß Apoll als Sprecher und Ratgeber für Athen zweifellos »elendes« Salamis gesagt hätte, wenn er Verderben für die Bittenden gesehen hätte. Die Sache sei sonnenklar! Er riet, nicht wankelmütig zu werden, ihm zu folgen und an die Rettung durch die neue Flotte zu glauben. Athen glaubte und siegte bei Salamis über die Perser.

Zuvor hatten die Perser allerdings Athen zerstört und niedergebrannt, Stadt und Land erbarmungslos und restlos ausgeplündert. Und Delphi, das durch den »Omphalos« im Apollon-Tempel als Mittelpunkt der Erde galt?

Der Ort war im Laufe der vielen Jahre seines Wirkens ungeheuer reich geworden, es wurde sozusagen zur »Schatzkammer« ganz Griechenlands – teils durch das Orakel, teils durch die pythischen Spiele und den Fremdenverkehr, aber besonders durch die vielen kostbaren Weihgeschenke, die ihm von allen Seiten zugingen; hatten doch alle maßgebenden Stadtstaaten ihre Schatzhäuser innerhalb des heiligen Bezirkes, in welche durch Jahrhunderte die Weihgeschenke niedergelegt wurden – auch ein Krösus hatte dafür ein Vermögen geopfert.

Jakob Burckhardt, der große Griechenkenner, hat Delphi auch ein »Museum des Hasses« genannt. Und ausgerechnet dieses Delphi wurde von den Persern total verschont! Dies stank denn nun doch den Delphi-Gläubigsten in die Nase; man begann, an gewisse Zusammenhänge zwischen der Haltung Delphis und dieser mehr als verdächtigen Schonung durch die sonst so plünderungsfreudigen Perser zu glauben.

Den Priestern in Delphi wurde es nun etwas ungemütlich, sie fühlten sich mit Recht kompromitiert; so erfanden sie schön klingende Märchen vom »wunderbaren Eingreifen höherer Mächte«, von Schutzmaßnahmen der Götter und dergleichen.

Es ist nun bezeichnend, daß Herodot von einer solch merkwürdigen Legende berichtet, ohne irgendeine skeptische Bemerkung dazu zu machen:

> »Mardonios (der persische Oberbefehlshaber) ließ nun die Hauptleute der Scharen und die Feldherrn der Hellenen, die mit ihm waren, vor sich kommen und fragte sie, ob ihnen eine Weissagung bekannt wäre, daß die Perser ihren Untergang in Hellas finden sollten:

Als die Gerufenen schwiegen, indem sie zum Teil die Göttersprüche nicht kannten, zum Teil aber sie wohl kannten, es aber nicht für sicher hielten zu reden, sprach Mardonios selbst: ›Da Ihr nun entweder nicht wißt oder nicht zu reden wagt, so will ich es sagen, denn ich weiß es recht gut: Es ist eine Weissagung, daß die Perser nach Hellas kommen, den Tempel zu Delphi plündern, und nach der Plünderung alle ums Leben kommen sollen.

Da wir das nun wissen, gehen wir gar nicht nach dem Tempel und wollen auch die Plünderung nicht versuchen; deshalb werden wir also nicht umkommen... Ihr, die Ihr es mit den Persern gut meint, könnt froh sein, weil wir die Hellenen überwinden werden.‹«

Offenbar war Delphi mit diesen »Geschichten« erfolgreich: Die siegreichen griechischen Staaten übersandten die wertvollsten Geschenke!

Nicht erfolgreich war in dieser Hinsicht Lysandros, der siegreiche Feldherr und Staatsmann Spartas am Ende des peloponnesischen Krieges – er starb 395 v.Chr. Plutarch schreibt in Lysandros Lebensgeschichte, dieser strebte aufgrund seiner Verdienste nach der Königswürde, obgleich er nicht einer entsprechenden Familie angehörte. Plutarch fährt fort:

»Da er aber bald einsah, daß eine so große und auffallende Neuerung weit kräftigere Hilfsmittel erfordere, gebrauchte er wie in einer Tragödie gegen die Bürger Maschinen und erdichtete eine Menge pythischer Orakel und andere Weissagungen, überzeugt, daß ihm sonst nicht das geringste helfen würde, wenn er nicht vorher die Bürger durch religiöse Furcht und Aberglauben erschreckte und geschmeidig machte.

So versuchte er zuerst die Pythia zu bestechen und auch die Priesterinnen zu Dodona; da er aber bei beiden seinen Zweck verfehlte, ging er zu dem Orakel des Ammon und suchte die dortigen Priester unter Versprechungen von viel Gold zu bestechen.«

Unsicher ist, wen Sophokles mit seiner Bemerkung »Geldliebend ist das Volk der Seher immerdar« gemeint hat. Auf die vielen Seher und Propheten, die überall durch das Land zogen? Wahrscheinlicher ist, daß er die Orakelstätten im Visier hatte. Demosthenes allerdings erhob später jedoch den konkreten Vorwurf gegen Delphi, daß es sich durch König Philipp korrumpieren ließe, und faßte dies in dem Ausspruch zusammen, »Delphi philippisiere«.

Die »Besetzung« Griechenlands durch Philipp und Alexander dem Großen und später durch die Römer ergab zwangsläufig, daß sich Delphi immer mehr von der Politik abwandte. Immer jedoch galt es als Autorität in religiöser und moralischer Hinsicht, wenn auch seine Bedeutung im Laufe der nächsten Jahrhunderte ein schwankendes Bild zeigte.

Es kann nicht geleugnet werden, daß die delphischen Priester vom 5. Jahrhundert v.Chr. an in zunehmendem Maß oft ihre eigene, oft seltsame Politik betrieben und daß sie fallweise der Macht und dem lieben Geld erlagen. Immerhin: das Orakel in Delphi bestand mehr als 1000 Jahre und stellte noch für die ersten Kirchenväter einen ernsten Gegenspieler dar, bis es schließlich durch das Edikt des Verbotes heidnischer Kulte unter Kaiser Theodosius um 390 nach Chr. sein Ende fand.

»Augurenlächeln«, heilige Hühner und Sibyllinische Bücher

Wenn wir uns nun dem römischen Bereich zuwenden, so sehen wir uns denselben Problemen wie in Hellas gegenüber, jedoch in anderen Formen.

Auch hier können wir feststellen, daß in der frühen Zeit der Glaube an die Götter und die gesamte ethisch-moralische Einstellung im Allgemeinen so stark war, daß ein Mißbrauch religiöser Einrichtungen und Gebräuche kaum vorkam. Die Götterwelt war nicht nur für die Massen, sondern auch für ihre

Führer festgefügt und unantastbar, allerdings dem Volkscharakter der damaligen Römer entsprechend ohne Überschwang oder Mystik, sondern ernst, nüchtern und praktisch.
Erst als die Republik anfing zu kränkeln, bis sie, in Agonie liegend, durch die gewissenlosesten Demagogen vollends geschwächt von den militärischen Machthabern den Todesstoß empfing; als durch die immense Ausdehnung des Imperium Romanum die Legionen hoch im Norden, im Osten, weit im Orient, in allen damals bekannten Erdteilen standen; als sie in Berührung kamen mit den orientalischen und ägyptischen Gottheiten, als Hunderttausende von Fremden nach Rom strömten und Millionen von Sklaven ins Stammreich eingeschleppt wurden; als bisher unbekannter Luxus die »herrschende Schicht« korrumpierte, als fremdes und neuartiges Denken und Fühlen das Wesen der Römer beeinflußte; als die heimkehrenden Legionäre andere Menschen geworden waren, da war der Keim für den späteren Verfall gelegt.
Die Römer hatten keine Orakelstätten, hatten nichts aufzuweisen, was einem Delphi entspricht. Bei ihnen waren es zwei Institutionen vor allem, welche der Befragung der Götter dienten: Die Augural-Disziplin und die Eingeweideschau.
Die Auguren waren eigentlich keine Priester, da sie nicht opferten, sondern galten als »Bewahrer der staatlichen Zeichendeutung«; ihre Aufgabe war, den Vogelflug zu beobachten und zu deuten: Die Richtung des Anfluges – rechts galt zum Unterschied von links als glückbringend –, die Art des Fluges, des Geschreis, des Fressens etc.; beobachtet wurde innerhalb eines »templums« eines abgesteckten Platzes; in erster Linie waren es Adler, Falken und Reiher, denen man Aufmerksamkeit schenkte – sie seien den Göttern am nächsten; aber auch die »heiligen Hühner«, die man hielt, vor allem, ob und wie sie fressen, gewann eine große, oft entscheidende Bedeutung.
Da die Amtsträger, die Magistrate, gehalten waren, vor jeder einigermaßen wichtigen offiziellen Handlung die Auguren beizuziehen, welche ihre Fragen aufgrund ihrer Beobachtungen zu

beantworten hatten, so kann man sich unschwer vorstellen, welche Wichtigkeit und welchen Einfluß die Auguren auf das politische Leben hatten; solche Auspizien wurden vor jeder Wahl, vor der Amtseinsetzung der Magistrate, vor den Wahlversammlungen und insbesondere, wenn es sich um Krieg oder Frieden handelte, angestellt, wie auch z.B. vor jeder Schlacht im Feld.

Eine andere wichtige »Fakultät« waren die Haruspices, denen die Eingeweideschau der Opfertiere sowie die Deutung aller den damaligen Menschen unerklärlichen Naturerscheinungen oblag; Herz, Lunge und vor allem die Leber wurden nach krankhaften Veränderungen untersucht; speziell in der Leber sah man den Mikrokosmos des Weltgeschehens.

Die Haruspices hatten ferner die Aufgabe, gewisse Naturerscheinungen zu deuten, so etwa Sonnen- und Mondfinsternisse, Kometen, Blitz und Donner aus heiterem Himmel, Mißgeburten jeder Art etc.

Von nicht geringer Bedeutung waren auch die Sibyllinischen Bücher. Es wird überliefert, daß die Sibylle (= Prophetin) von Cumae seinerzeit ihre Sammlung von Orakelsprüchen dem König Tarquinius Priscus zum Kauf angeboten hatte und daß dieser drei Bücher erwarb – die anderen seien vernichtet worden. Diese »Sibyllinischen Bücher« wurden staatlich-offiziell zu Rate gezogen, vor allem in Zeiten der Not, bei Seuchen, Erdbeben, Kriegsgefahr etc. Das letzte Mal wurden sie noch offiziell von Staats wegen um das Jahr 400 nach Chr. befragt, bis sie dann durch Stilicho vernichtet wurden. Sie beschäftigten die Phantasie auch noch während des Mittelalters, ja bis in die Neuzeit.

Es kann nicht genug betont werden, daß all dies als Zeichen der Götter einen ungeheuren Einfluß auf das Leben des Volkes und besonders auf das politische Geschehen hatte, daher auch der Kampf um diese Ämter.

Daß diese »Einrichtungen« immer wieder mißbraucht wurden und korrumpierbar waren, davon ein Beispiel:

Als Gaius Julius Caesar knapp vor seiner Ermordung die Rüstungen für den geplanten Rachefeldzug gegen die verhaßten Parther betrieb, lancierte er, ein sibyllinisches Orakel habe verkündet, daß die Römer nur unter der Führung eines Königs (!) die Parther besiegen könnten – was eine glatte Fälschung war. Darüber wird uns bei Suetonius berichtet:

> »... schon in der nächsten Senatssitzung werde Lucius Cotta, Mitglied des 15er-Collegiums zur Aufsicht über die Sibyllinischen Bücher, den Antrag stellen, Caesar zum König zu ernennen; denn in den Schicksalsbüchern stünde bekanntlich (!), die Parther könnten nur durch einen König besiegt werden.
> Deshalb beeilten sich die Verschworenen, das von ihnen geplante Vorhaben zu verwirklichen, um nicht in die Zwangslage zu kommen, jenem Antrag ihre Zustimmung geben zu müssen.«

Interessant ist auch die politische Bedeutung der »Heiligen Krankheit« der Epilepsie. Es herrschte der Brauch, daß Comitien = Volks(Wahl-)versammlungen, bei welchen ein Epileptiker einen Anfall erlitt, sofort aufgelöst werden mußten, ohne daß eine Abstimmung vorgenommen werden durfte: Es galt als ein Unglück verheißendes Zeichen. Dieser Brauch hat auch der Krankheit den Beinamen gegeben: »morbus comitialis« (etwa Wahlversammlungs-Krankheit).
Wenn uns berichtet wird, welche Kunstgriffe man sonst anwandte, um unerwünschte Versammlungen durch »Beobachtung ungünstiger Himmelserscheinungen« zu verhindern bzw. aufzulösen, dürfte der Verdacht gerechtfertigt sein, daß man auch bei der Epilepsie »nachgeholfen« habe.
Bereits 150 v.Chr. suchte ein Gesetz den Mißbrauch zu steuern, den die Volkstribunen von den Auspicien zu machen pflegten, um Abstimmungen zu verhindern. Aus einer Unzahl von Beispielen:

»Fürs erste hob Pompeius, da das Volk geneigt war, Cato zum Praetor zu wählen, und darüber abstimmte, die Comitien auf unter dem Vorwand, daß die Auspicien nicht günstig wären, durch Bestechung der Tribus (Wahl-Bezirke), brachte man es dann dahin, daß an Catos Stelle ein genehmer Kandidat gewählt wurde.«

Zum Mißbrauch »ungünstiger Vorzeichen« im politischen Geschehen sei noch eine Anspielung aus einem Brief Ciceros an Atticus angeführt:

»Ich bin doch gespannt, ob die Tribunen wirklich durch Vorspiegelung ungünstiger Vorzeichen den Census verhindern – so erzählt man nämlich hier...«

Caesars – feindlicher – Amtsgenosse im Konsulat, Bibulus, erklärte ganz offen, er werde an allen Tagen, an denen Caesar die Comitien einberiefe, den Himmel beobachten lassen und diese dadurch verhindern. Cicero war selbst zeitweise Augur und schrieb auch eine Abhandlung »de auguribus»; man kann ihm wirklich nicht besondere Bindung religiöser Art nachsagen, doch auch er wandte sich einmal nach Delphi um Rat. Übrigens verdanken wir ihm die Aufzeichnung eines »einschlägigen« Ausspruches des doch sonst so traditionsbewußten Cato, der meinte,

»ein Haruspex müsse doch sein Lachen bezwingen, wenn er einen Kollegen sähe«. (Dieser Ausspruch wurde dann auf die Auguren »transponiert«, so daß man noch jetzt vom »Auguren-Lächeln« spricht!)

Wenn auch die Skepsis immer mehr überhand nahm, so war wohl in der Masse teils Glauben, teils Aberglauben noch so verwurzelt, daß die erwähnten Institutionen unberührt erhalten blieben.

Was jedoch im Laufe der Zeit aus der Religion im politischen Kräftespiel geworden war, schildert der große Kenner der römischen Geschichte, Mommsen, sehr anschaulich:

»Ganz unverhohlen wurde die offizielle Religion behandelt als ein hohles, nur noch für die politischen Maschinisten brauchbares Gebilde; in dieser Eigenschaft konnte es mit seinen zahllosen Winkeln und Falltüren, wie es fiel, jeder Partei dienen und hat jeder gedient... Zumeist sah allerdings die Oligarchie ihr Palladium in der Staatsreligion, vornehmlich in der Augural-Disziplin; aber auch die Gegenpartei machte keine prinzipielle Opposition gegen ein Institut, das nur noch ein Scheinleben hatte, sondern betrachtete dasselbe im ganzen als eine Schanze, die aus dem Besitz des Feindes in den eigenen übergehen könnte.«

»Die Sterne lügen nicht«

Wie verhielten sich nun die Kaiser zum Orakel-Wesen?

Die meisten Kaiser bedienten sich grundsätzlich selbst der verschiedensten Prophezeiungen, liebten es jedoch keineswegs, wenn andere dies auch taten; so war es unter manchen absolut lebensgefährlich, nach politischen Dingen zu fragen, oder gar nach der Lebensdauer des Herrschers. Außerdem nahm allmählich die Astrologie einen ungeheuren Aufschwung.

Kaiser Oktavianus Augustus versuchte mit einer Reihe von Maßnahmen die »alten Sitten« wiederherzustellen und auch die religiösen Verhältnisse zu restituieren.

Er befragte in Begleitung Agrippas in Apollonia den Astrologen Theogenes, der ihm seinen unglaublichen Aufstieg voraussagte:

> »Seitdem hatte Augustus so großes Vertrauen auf seinen Stern, daß er das Zeichen, in welchem er geboren war, öffentlich bekanntmachte und eine silberne Münze mit dem Bild des Steinbocks schlagen ließ« (Suetonius).

Die nachfolgenden Herrscher verhielten sich den »Sehern«, »Deutern«, den Astrologen, den Chaldäern gegenüber unterschiedlich, ja oft widersprüchlich.

Die Zeiten wurden jedoch für die Menschen, besonders für die höheren Schichten, oft derart gefährlich – es häuften sich die

Verfolgungen wegen Majestätsvergehen und Hochverrats in großem Maße –, daß aus der Lebensangst heraus das Bedürfnis nach irgendeinem Halt übermächtig wurde, was eine Legion von mehr oder weniger Berufenen auf den Plan rief, welche das Land mit Orakelsprüchen und sonstigen Deutungen überschwemmten.
Augustus' Nachfolger, Tiberius, versuchte sich sogar selbst als Astrologe, und im Senat trat er für größere Achtung den Haruspizes gegenüber ein, bedauerte aber das zunehmende Einströmen des »ausländischen Aberglaubens«.
Was beispielsweise ein gewissenloser Berater anrichten konnte, zeigt folgender Vorfall: Einige Nächte hindurch zeigte sich gegen Neros Lebensende ein Komet, ein ganz übles Vorzeichen, über welches selbst Suetonius schreibt. »Eine solche Erscheinung droht nach allgemeiner Ansicht auch dem mächtigsten Fürsten Verderben. Dem von panischer Angst getriebenen Nero gab sein Leibastrologe den Rat, er möge durch die Hinrichtung einer ausgezeichneten Person Sühne leisten. (!) Darauf beschloß Nero sofort, gerade die vornehmsten Römer zu töten«. Den nachmaligen Kaiser Otho weissagte sein Astrologe die Kaiserwürde und stiftete ihn an, seinen Vorgänger Galba ermorden zu lassen. Niemand wird bezweifeln, daß diese Weissagungen in dieser Form vielfach gewünscht, in Auftrag gegeben und dementsprechend manipuliert wurden.

Zum Abschluß dieses Berichtes sei nur noch ein Fall breiter ausgeführt, da es sich um einen Mann handelt, dem man so ein Vorgehen normalerweise nicht zutrauen würde. Es ist dies Kaiser Marcus Aurelius.
Gerade dieser Mann wird seit jeher als »Weiser«, als »Philosoph auf dem Kaiserthron« bezeichnet und auch seine philosophischen Selbstbetrachtungen »an sich selbst« werden immer noch sehr geschätzt; es sei allerdings erwähnt, daß der Kaiser der stoischen Philosophie anhing, welche im Gegensatz zur epikuräischen der Mantik als solcher positiv gegenüberstand.

Marcus Aurelius war während des größten Teiles seiner Regierungszeit genötigt, Abwehrkämpfe zu führen und war meistens im Feld; besonders machten ihm die Markomannen zu schaffen. Im Jahr 171 kam er nach Rom, um – wie ein Schriftsteller sagt – »auch alle mystischen Kräfte gegen die Markomannen zu mobilisieren«.
Er ließ einen damals weithin bekannten »Propheten« um Rat fragen, über den wir nun ein paar Worte verlieren wollen. Es handelt sich um einen gewissen Alexandros in Klein-Asien. Dieser Mann betrieb einen, man kann schon sagen: Orakel-Betrieb, dessen »Absatzgebiet« sich über ganz Kleinasien, Thrakien bis Rom erstreckte, wo er im ägyptischen Isis-Tempel eine Filiale unterhielt. Er gab vor, sein Großvater sei Aesculap gewesen; (Asklepios, urspr. eine heilige, heilkräftige Schlange, später Gott der Ärzte: Aesculap-Schlangenstab!); auch verbreitete er, daß seine Tochter die Frucht seiner Beziehung zu der Mondgöttin sei, die sich unsterblich in ihn verliebt hätte. Alexandros bezeichnete sich als Prophet und »2. Pythia«, sein Orakel in Abonoteichos soll durchschnittlich 185 Anfragen täglich erhalten haben. Ein moderner Schriftsteller nennt ihn einen 10–20fachen Rasputin; seine Anziehungskraft im allgemeinen und insbesondere auf die Frauenwelt scheinen diese Bezeichnung zu rechtfertigen; so rühmten sich viele Frauen in seiner Heimat, daß er der Vater ihrer Kinder sei, und wir hören, daß die Ehemänner noch stolz darauf gewesen sein sollen!
Eine Todfeindschaft »verband« ihn übrigens mit dem berühmten Schriftsteller, Satiriker, Spötter und »Aufklärer« Lukian, der ihn leidenschaftlich angriff und ihn als Mordsschwindler und Gauner bezeichnete, was dessen Geschäft jedoch nicht den geringsten Abbruch tat.
Etwas unbegreiflich ist aber, daß die folgende Geschichte ihm nicht schadete: In seiner Orakel-Antwort an den Kaiser – er bediente sich dabei wie immer des Schlangengottes Glykon – befahl er ihm, er möge zwei lebende Löwen mit viel Räucherwerk und kostbaren Kräutern in die Donau werfen lassen,

»dann wird auf der Stelle Sieg erscheinen und Ruhm zusamt dem gesegneten Frieden«.

Zum Schmerz der Bevölkerung von Rom nahm der Kaiser zwei Löwen, welche die Lieblinge der Stadt waren, ließ sie mit großer Mühe über die Alpen zur Donau schaffen und sie angesichts des am Ufer aufgestellten, erwartungsvollen Heeres in den Strom werfen.

Fazit? Die Löwen schwammen ans »gegnerische« Ufer und wurden dort von den Markomannen mit Knütteln erschlagen; die Schlacht begann und die Römer verloren an diesem Tag 20000 Mann!

Unser Alexandros war in der Tat eine 2. Pythia! Er verhielt sich wie das Orakel von Delphi bei Kroisos, als er sagte, er habe zwar Sieg prophezeit, jedoch nicht, auf welche Seite er fiele!

Derart »unverwundbar« war dieser Mann, daß er diese Blamage nicht nur bestens überstand, sondern gar nicht lange nachher vom Kaiser die ungeheure Auszeichnung empfing, daß eine Münze geprägt wurde: auf der einen Seite der Schlangengott Glykon, auf der anderen Alexandros selbst.

Es erübrigt sich die Feststellung, daß dieses Schlangenorakel ein äußerst einträgliches Geschäft und durch und durch korrupt war. Man sagte Alexandros auch nach, daß er seinem Orakel noch einen sehr lukrativen »Nebenbetrieb« angeschlossen hatte, und zwar: Erpressung!

Falls nämlich auf den eingereichten Fragetafeln etwas Verfängliches, Kompromittierendes gestanden hätte – privat oder politisch –, so hätte er diese zurückgehalten und sie nur für sehr viel Geld wieder herausgegeben.

Hanussen und der Reichstagsbrand

Natürlich hat es auch in den späteren Jahrhunderten ähnliches gegeben; viele Fürsten hatten ihre Astrologen – von »Alchimisten«, den Goldmachern ganz zu schweigen. Nicht nur Wallen-

stein hatte seinen »Seni«! Und das Volk hatte seine Wahrsager, Karten-Aufschlägerinnen, Chiromanten, wobei allezeit die Zigeunerinnen einen Vorzug genossen.
Aus der Fülle des Materials ein Beispiel aus der Neuzeit, dem 20. Jahrhundert.
Das abenteuerliche Leben des Erik Jan Hanussen haben unsere älteren Mitbürger noch irgendwie mitverfolgen können. Es dürfte heute wenige Menschen geben, welche so einander widersprechende Meinungen und Gefühle auszulösen imstande sind, wie dieser Mann: Gauner – Scharlatan – Betrüger – Lügner – Hochstapler, andererseits Lobeshymnen vom »Meister der Hypnose« bis zum »Der größte Hellseher seit Nostradamus«. Géza von Cziffra, der fast alle Hauptpersonen, welche mit dem Reichstagsbrand zu tun hatten, persönlich gekannt hat, nennt Hanussen den »Hellseher des Teufels«.
Hanussen kam im Jahre 1889 in Wien als Kind jüdischer Eltern namens Steinschneider zur Welt und erhielt den Namen Herschel (Hermann). Wir können hier nur die allerwichtigsten Lebensdaten erwähnen: Im Jahre 1928 wurde er in Leitmeritz (Tschechoslowakei) wegen Betruges angeklagt; er habe eine Reihe von Personen »durch listige Vorstellungen und Handlungen in Irrtum geführt und ihren Schwachsinn durch abergläubische und hinterlistige Verblendung zu ihrem Schaden mißbraucht«. Nun geschah das »Wunder von Leitmeritz«. Hanussen wurde nicht nur freigesprochen, sondern es fand sich noch der folgende Satz in der Urteilsbegründung: »Dazu kommt noch als gewichtigster Umstand, daß das Gericht nicht in der Lage ist auszusprechen, daß der Angeklagte die Gabe des Hellsehens nicht besitze.«
In euphorischer Stimmung faßte unser Held den Plan, Berlin zu »erobern«. Er trat dort mit ungeheurem propagandistischem Aufwand auf, wobei er in einem Buch und in einer Reihe von großsprecherischen Inseraten die Wahrheit über sich stark manipulierte. Sehr bald hatte er Erfolg damit und konnte schon mit einer großen Schar gläubiger Anhänger rechnen.

Sein Judentum verleugnete er, wandte sich in den politisch brisanten Jahren zuerst Hugenberg, dem Führer der Deutschnationalen, zu und dann den immer mehr erstarkenden Nationalsozialisten. Er befreundete sich mit dem SA-Führer Karl Ernst, einem »Intimus« des Stabschefs der SA Ernst Röhm. Auch mit dem SA-Obergruppenführer und späteren Polizeipräsidenten von Berlin, Graf Helldorf, unterhielt er beste Beziehungen. Als Hellseher und Meister der Hypnose erwarb er sich größte Sympathien und stellte sie in den Dienst der Propaganda für die Nazis, ebenso seine Publikationen. Merkwürdigerweise war Hanussen auch öfter in SA-Uniform zu sehen! Führende Vertreter der neuen »braunen Aristokratie« suchte er sich mit Geld, Geschenken, Gelagen und Bereitstellung von Frauen und Mädchen zu verpflichten.
Eine große Hilfe für Hanussen war seine »rechte Hand« Ismet Dzino. Dieser Türke – sein Vater war der einzige muselmanische Stabsoffizier der k.u.k. Armee –, eine Spieler- und Abenteurernatur, war für seinen »Chef« ein »Mädchen für alles«. Als Hanussens Neider und Konkurrenten immer mehr an seinem selbstgezimmerten Thron sägten und ihn als Schwindler und vor allem als Jude entlarven wollten, wußte der findige Dzino Rat. Er verschaffte gefälschte Personaldokumente, welche seinen Chef als »Arier« ausweisen sollten. Trotzdem wurde die Situation für Hanussen allmählich brenzlig, er war verunsichert. Er überlegte, wie er seinen Nazi-Freunden einen ganz großen Dienst erweisen und damit auch seinen Feinden den Mund stopfen könnte. Er kam auf die Idee, sich durch eine politisch brisante, den Nationalsozialisten genehme Tat die neuen Machthaber zu verpflichten. Seine lebhafte Phantasie beschwor das brennende Rom unter Nero herauf und gipfelte in der Idee, den Reichstag in Brand zu stecken und die Schuld in diesem Falle nicht den Christen, sondern den Kommunisten unterzuschieben. Sein Gönner, SA-Gruppenführer Ernst, war begeistert. Aber wer sollte die Brandstiftung durchführen?
Hanussen hatte in seinem »Stab« auch einen Mann namens

Bruno. Ein getreuer, ziemlich einfältiger Mensch, der früher bei den Kommunisten war und dann zur SA überwechselte. Er machte sich erbötig, selbst den Reichstag in Brand zu stecken, was Hanussen mit Recht als zu gefährlich ablehnte. Bruno »besorgte« einen »geeigneten Täter«: Marinus van der Lubbe, holländischer Staatsangehöriger, überzeugter Kommunist, politischer Wirrkopf und Einzelgänger. Von Hanussen hypnotisiert, wollte er durch diese Tat weltberühmt werden (so wie Herostratos). Tatsächlich führte van der Lubbe am 27. 2. 1933 die Brandstiftung allein und mit Erfolg durch. Es war ein wahres Fanal! Hanussen verschaffte damit dem neuen Reichskanzler Adolf Hitler den Vorwand, seine politischen Gegner der Brandstiftung zu bezichtigen, sie anzuklagen und auszuschalten. 156 linksradikale Politiker wurden in »Schutzhaft« genommen, der Reichspräsident, von Hindenburg, erließ bereits am nächsten Tag die »Notverordnung zum Schutz von Volk und Staat«. Hitler machte davon einen so weitgehenden Gebrauch, wie es sich der Reichspräsident allerdings nicht vorgestellt hatte: Die KPD wurde sofort verboten und sehr bald die SPD ebenfalls, alle anderen Parteien ausgeschaltet, die Diktatur Adolf Hitlers etablierte sich.
Vier Wochen nach dem Reichstagsbrand gab Hanussen höchst erfolgreiche Vorstellungen in der »Scala«. Eines Abends wurde er von zwei Männern herausgeholt, gewaltsam in seine Wohnung gebracht und gezwungen, seinen Safe zu öffnen. Anschließend fuhr man ihn in einen Wald in der Nähe von Berlin. Am 7. April 1933 wurde seine von Kugeln zerfetzte Leiche aufgefunden. Seine riskante Rechnung war nicht aufgegangen. Die neuen Machthaber hatten sich seiner entledigt. Wem nützte seine Ermordung? Der SA-Oberführer Ernst wollte die Idee, den Reichstag anzuzünden, selbst gehabt haben. Im Safe war sehr viel Bargeld und Schuldscheine von Ernst – angeblich in Höhe von 200000 Mark –, die praktisch als Beweis für eine Bestechung angesehen werden konnten.

5

Das Reich, in dem die Sonne nicht unterging

Kauf dir einen Kaiser

An der Schwelle vom Mittelalter zur Neuzeit ragen zwei Männer aus dem Hause Habsburg hervor:
Kaiser Maximilian I. und sein Enkel Karl V.
Es war eine Zeit eines ungeheuren Umbruches im Fühlen und Denken der abendländischen Menschen, eine Veränderung auf fast allen Gebieten des Lebens.
Seit den Kreuzzügen wurde allmählich die Naturalwirtschaft durch die Geldwirtschaft abgelöst. Von Italien kommend griff diese über Süddeutschland, Frankreich und die Niederlande auf ganz Europa über. Sie war Ausdruck einer gewandelten Gesellschaft. Nicht Herkunft und Stand, sondern Talent und Können wurden die entscheidenden Attribute der neuen Geldaristokratie.
Hingegen begannen die Städte aufzublühen, das Bürgertum brachte es zu Reichtum, zu Bedeutung und Selbstbewußtsein. So entwickelte sich auch im Reich der Großhandel teilweise zum Welthandel, der Bergbau und das Bankwesen erfuhren einen großen Ausbau – der Früh-Kapitalismus hatte begonnen. Als typische Erscheinungen dieser Entwicklung im Reich gelten uns mit Recht die Geschlechter der Fugger und Welser. Besonders erstere schufen sich ein kommerzielles Imperium, so daß man auch heute noch vom »Weltreich der Fugger« spricht. Wir werden sehen, daß das Haus Fugger im wahrsten Sinne des Wortes Geschichte machte. Vor diesem Hintergrund wurde ein Machtkampf von wahrhaft historischer Bedeutung ausgefochten. Er zeigt uns das Bild gleich einem Abenteuer – oder Kriminalroman – ein bei aller Niedertracht, Falschheit, Habgier, Gewalttätigkeit und schamlosester Korruption faszinierendes Schachspiel der Großen des Abendlandes um die Macht im Reich, um die römische Königs- bzw. Kaiserkrone.
Wer waren nun die Hauptakteure in diesem Spiel? An erster Stelle muß genannt werden Kaiser Maximilian I. aus dem Hause Habsburg. Man nennt ihn auch den »Letzten Ritter«, womit

man wohl ausdrücken will, daß er als Gestalt einer sich auflösenden Epoche in die Wirren einer sich neubildenden hineinragt. Maximilian hatte hochgestimmte Vorstellungen von der »Mystik des Kaisertums«, er versuchte – man könnte fast sagen: verzweifelt – das Imperium nicht auf die »deutsche Nation« zu beschränken; seine Vorbilder im universellen imperialen Denken waren Karl der Große und die Hohenstaufer Friedrich II., wohl auch Barbarossa. Ihm schwebte die Verschmelzung eines deutschen und italienischen Kaisertums vor, das »Heilige Reich« ohne die spätere Einschränkung auf die »deutsche Nation«. Otto von Habsburg charakterisiert seinen Ahnherrn in der beachtlichen Biographie Karl V. folgendermaßen:

> »Er war unbeständig und gab einen Plan nicht nur auf, wenn er undurchführbar war, sondern sobald ein verlokkenderer Gedanke seinem ewig regen Geist entsprang. Bis ins höchste Alter blieb er aufgeschlossen für neue Ideen, abenteuerliche Projekte und für alles, was Leben und Künste seines Jahrhunderts ihm an Anregung und Freuden bieten konnten... Genialität und ein außergewöhnlicher Mut stürzten den Kaiser in die gewagtesten Abenteuer... Er steckte voller Widersprüche, und gerade das war sein großer Charme... Zu seinen Lebzeiten war er bei allen Volksschichten so populär, daß man sagen darf, er war der meistgeliebte Herrscher seit Rudolf I.«

Gewiß, er war ein Illusionist, in seiner Art großartig; wenn er auch bisweilen den Boden der Realität zu verlassen schien, so etwa, als er – allerdings aus einer besonderen Situation heraus – den Gedanken erwog, nach der Papstkrone zu greifen. Seine hochfliegenden Pläne – auch als Kunstmäzen – wurden immer wieder bis zu seinem Tod durch drückendste Geldsorgen gehemmt; dies mag auch mitgespielt haben, daß er nach dem frühen Tod seines einzigen Sohnes vorerst als Nachfolger für sich sogar an König Heinrich VIII. von England dachte, bis er dann mit Einsatz aller Kräfte und Leidenschaft die Wahl seines Enkels Karl I. von Spanien betrieb.

Maximilian und sein Enkel Karl rechtfertigten den Spruch: »bella gerant alii – tu felix Austria nube!« (Kriege mögen andere führen, Du, glückliches Österreich heirate!) Durch seine erste Ehe mit Maria von Burgund gewann Maximilian seinem Haus die burgundischen Besitzungen (mit Ausnahme des Herzogtums Burgund); er sicherte sich ferner die Erbfolge in Böhmen und Ungarn. Sein Sohn, Philipp der Schöne, verheiratet mit der Erbin der spanischen Monarchie, hatte dem Haus Habsburg Spanien mit seinen Nebenlanden einschließlich Neapels, Siziliens und der neuentdeckten überseeischen Kolonien gebracht, dessen König Philipps Sohn Karl im Jahre 1516 wurde.

Seit dem Jahre 1517 erstand als ernster Rivale um die Kaiserkrone der König von Frankreich, Franz I. In ihm vereinigte sich ritterliche Gesinnung – um nicht Phantastik zu sagen –, die Erinnerung an das Reich Karls des Großen und rasche Erfassung politischer Situationen. So lief das Reich Gefahr, ähnlich wie Italien, zum Objekt auswärtiger Mächte zu werden.

So gering auch die tatsächliche Macht des Kaisertums war, diese Würde stellte noch immer das sicherste Mittel dar, die auseinanderstrebende europäische Mitte zu beherrschen. Außerdem fühlte sich Frankreich durch den großen Länderzuwachs des Hauses Habsburg territorial umklammert; Mailand stellte daher für Frankreich die lebenswichtige Lücke in dieser Umkreisung dar; da dieses Mailand jedoch ein Reichslehen war, bot dies allein schon ein hinreichendes Motiv, sich um die Krone des Reiches zu bewerben.

Aber auch für das Haus Habsburg war Mailand von besonderer Bedeutung, da es den Zugang nach Rom und insbesondere zu den süditalienischen habsburgischen Gebieten (Neapel, Sizilien) gewährleistete.

Die am meisten interessierte »ausländische Macht« war zweifellos der Kirchenstaat; repräsentiert zuerst durch den bedeutendsten Renaissancepapst, den Staatsmann, Feldherrn und Mäzen Julius II., später durch Leo X. aus dem Hause Medici;

dieser Sohn Lorenzos di Medici war ein außerordentlich gelehrter und kunstliebender Mann. (Der von ihm zur Finanzierung des Baues der Peterskirche ausgeschriebene »Ablaß« gab den unmittelbaren äußeren Anstoß für die reformatorische Bewegung.)

Der Papst mußte gegen die Kandidatur Karls von Spanien sein, in erster Linie wegen des süditalischen Königsreiches in dessen Hand; sollte Karl Kaiser des Reiches werden, mußte der Papst ein Wiederaufleben des staufischen Imperiums Friedrich II. befürchten, eine Umzingelung des Kirchenstaates. Natürlich war auch ein »französisches« Kaisertum mit der italienischen Schlüsselposition Mailand keineswegs erwünscht, doch das kleinere Übel. Daher unterstützte der Papst vorerst die Wahlwerbung Franz' I. und entschloß sich erst gegen Ende des Wahlkampfes für die von seinem Standpunkt aus optimale dritte Möglichkeit, für eine Kandidatur Friedrichs IV. von Sachsen, des »Weisen«.

So kam es denn zum erbitterten Kampf zwischen den Häusern Habsburg und Valois mit drastischen Interventionen des Papstes. (Der Gedanke einer Kandidatur Heinrichs VIII. von England hielt der Realität nicht stand.)

Was kosteten die Kurfürsten?

Auf wen kam es nun an? Wer waren diejenigen, von denen der Wahlausgang abhing?

Das Reichsgrundgesetz, welches die Königswahl geregelt hatte, war im Jahr 1356 in der sogenannten »Goldenen Bulle« niedergelegt worden: Die Königswahl wird endgültig sieben Kur-(Wahl-)Fürsten übertragen, welche damit zu Mitträgern des Reiches gemacht wurden. Ferner wurde darin bestimmt, daß die einfache Majorität von 4 Stimmen genügt, daß die Wahl in der Bartholomäuskirche in Frankfurt und die Krönung in Aachen stattzufinden habe.

Die Kurfürstenwürde hatten im Jahre 1519 inne:
drei geistliche Fürsten:
der Erzbischof von Mainz (der spätere Kardinal Albrecht von Brandenburg)
der Erzbischof von Trier (Richard von Greiffenklau)
der Erzbischof von Köln (Hermann von Wied) und
vier weltliche Fürsten:
der König von Böhmen
der Pfalzgraf bei Rhein (Ludwig)
der Herzog von Sachsen-Wittenberg (Friedrich IV., der »Weise«)
der Markgraf von Brandenburg (Joachim, Bruder des Kurfürsten von Mainz)

Beide Bewerber um die Krone mußten trachten, sich zumindest der Majorität von vier Kurfürsten zu versichern; man arbeitete mit Versprechungen, mit Pensionszusagen, mit wertvollen »Ehrengeschenken« und Zuschanzungen verschiedenster Vorteile, die der eine oder andere besonders schätzte; man bot Rangerhöhungen z. B. den Kardinalshut, doch die Hälfte der »Wahlkosten« entfielen auf Bestechungen in barem Geld; nach jahrhundertealtem Brauch, man kann sagen: jahrtausendaltem, brachte man auch Prinzessinnen ins Spiel – beide Konkurrenten taten dies – wobei der Reiz dieser Mädchen weniger in ihrer Person, sondern vielmehr in den hochmögenden Verbindungen und last not least in der Mitgift gesehen wurde; wir werden sehen, daß Franz I. seine Ehekandidatin nach zwei Seiten anbot, während wieder Maximilian seine Enkelin, die Schwester Karls, dem einzigen nicht direkt bestechlichen Kurfürsten, dem Herzog von Sachsen, als Familienverbindung anbot – mit Erfolg; die Mitgift betrug 300000 – 400000 Gulden.
Wir müssen bei diesem historischen Machtkampf zwei Phasen unterscheiden:
Die Bemühungen Kaiser Maximilians, zu seinen Lebzeiten noch seinen Enkel Karl von Spanien zum Römischen König, zu seinem Nachfolger, wählen zu lassen; diese Aktionen führten

bereits zu gewissen greifbaren Ergebnissen, als der Tod des Kaisers im Januar 1519 alles illusorisch machte. So mußte in der zweiten Phase, der kürzeren, jedoch entscheidenden, das »Nachfolge-Spiel« von neuem beginnen.

Nun darf man sich dieses »Schachspiel« wahrlich nicht leicht und einfach vorstellen; man konnte nicht hingehen und die Kurfürsten mit »Hand-Salben« gewinnen, wie damals der noblerere Ausdruck für »Schmieren« lautete.

Alle Kurfürsten hatten ihre Hofhaltung, ihre »Räte« und Vertrauten, ein Netz von Querverbindungen und Interessen, und waren entschlossen – mit einer einzigen Ausnahme – sich an den »Meistbietenden« zu verkaufen; meisterhaft verstand dies der Markgraf von Brandenburg, aber auch die anderen hohen Herren übten es, hin und her zu schwanken und damit ihren Preis hinaufzutreiben.

Es bedurfte daher seitens der beiden Kandidaten einer beachtlichen Organisation, eines beträchtlichen Einsatzes von eifrigen und geschickten »Wahlhelfern«, die alle diejenigen, welche die Kurfürsten zu beeinflussen imstande waren, in ihr Interesse ziehen, d. h. bestechen mußten; das waren keineswegs nur deren Kanzler und Räte, sondern die ganze Umgebung bis hinunter zu den Kammerdienern.

Zu den Vorgängen liegen uns die »Deutschen Reichsakten unter Kaiser Karl V.« vor. Auf annähernd 1000 Seiten sind darin Urkunden, Akten und vor allem eine Fülle von Briefen festgehalten, welche diesen Wahlkampf betreffen, wobei es sich dabei nur um eine Auswahl handelt. Wenn man bedenkt, daß diese Briefe durchwegs »top secret« waren, daß man zu ihrer Beförderung eine große Anzahl verläßlicher und unerschrockener Boten benötigte; wenn man sich vor Augen hält, welche Umwege diese Boten oft machen mußten, wobei sie ständig Gefahr liefen, daß man sie überfiel und die hochbrisante Post spolierte, so muß man wirklich staunen, welche organisatorischen Kräfte zum Einsatz gelangten.

Besonders nach dem Tod des Kaisers Maximilian war es für die habsburgischen Unterhändler und Agenten sehr nachteilig, daß »ihr Kandidat« von Spanien aus operieren mußte, wodurch er sich dem König von Frankreich gegenüber im Nachteil befand. Allerdings hatte Karl das Glück, in der Person von Maximilians Tochter, seiner Tante Margarete, der Regentin der Niederlande, eine unschätzbare Helferin zu haben. Wenn man ihren Briefwechsel liest, die Fülle ihrer Anweisungen an die sogenannten »spanischen Kommissare« (= Wahlmanager), öfters 2 – 3 lange Briefe an einem Tag, wenn man ihre unermüdlichen Bemühungen um die Herbeischaffung der benötigten Gelder für Bestechungen und Spesen sieht, ihre unzähligen Interventionen verfolgt, so muß man diese Frau wirklich bewundern. Dabei mußte sie doch stets auch noch auf die weite Entfernung Niederlande – Spanien mit Karl in Verbindung bleiben, um sich mit ihm abzustimmen, was sichtlich auch nicht immer einfach war.

Bevor wir die wichtigsten Aktionen in dieser welthistorischen Korruptionskampagne besprechen, noch einige Zeilen, die veranschaulichen sollen, um welche Beträge es damals ging.
Trotz größter Bemühungen war es nicht möglich, die damaligen Währungen in die heutigen umzusetzen; abgesehen davon, daß es sich um Gulden, Dukaten, Goldgulden, Kronen, französische »Sonnenkronen« und Francs handelt, so ist es unmöglich, einigermaßen exakt einen »Kaufkraft-Vergleich« herzustellen. So scheinen z. B. die gewöhnlichen Lebensmittel sehr billig gewesen zu sein, wohingegen gewisse Dinge, welche uns heute selbstverständlich sind, einen ganz großen Luxus darstellten, wie etwa Salz oder gar Gewürze.
Als grobe Schätzung kann angenommen werden, daß ein damaliger Gulden mit etwa heutigen 140 – 200 DM zu bewerten ist. Die uns überlieferte, sehr genaue und detaillierte »Wahlkostenrechnung« weist eine Endsumme von 852000 Gulden aus. Mancherorts wird die Gesamtsumme inkl. Nebenspesen mit einer Million Gulden angenommen. Da die reinen Barbestechun-

gen, aktenmäßig belegt, rund die Hälfte der »Wahlkosten« betragen, so können wir daraus ersehen, daß die in Frage stehenden Herrschaften einen recht »gesunden Appetit« entwickelten.

Der für den Sommer 1518 einberufene Reichstag zu Augsburg – der letzte vor dem Tod Kaiser Maximilians – bot ihm die Gelegenheit, massive Versuche zu unternehmen, um die Königswahl seines Enkels Karl möglichst gleich durchzusetzen.
Die größte Mühe gab er sich, den Herzog von Sachsen, Friedrich IV., zu gewinnen. Wie sehr ihm daran gelegen war und auf welch zähen Widerstand er dabei stieß, darüber belehrt uns eine Reihe von Schriftstücken. So klagt Maximilian darüber, welche Praktiken König Franz I. anwandte, um die Kurfürsten, Fürsten und »Herren von Adel« zu gewinnen mit dem Erfolg, daß mehrere Kurfürsten gegen »viel Geld, Verheißungen und Zusagen« versprochen hätten, für den Fall seines Todes ihre Stimmen dem französischen König zu geben.
Maximilian beschwört immer wieder den Sachsenherzog, die Gefahr eines französischen Kaisers zu bedenken und andererseits sich vor Augen zu halten, daß Karl doch ein österreichischer Erzherzog sei und durch dessen Wahl die Krone nicht der Deutschen Nation entzogen würde. Er entschuldigt seine Bestechungsversuche damit, daß Franz etliche Kurfürsten durch Geld gewonnen hätte, daher müsse man sie »mit gelt wider keren«. Dem Herzog selbst verspricht er eine eheliche Verbindung mit seinem Haus, eine Pension und die Statthalterschaft im Reich.
Friedrich, der einzige, der einer direkten Wahlbestechung unzugänglich bleibt, bedauert es in seiner Antwort schmerzlich, »daß ein solcher Wahn im Heiligen Reich entstehen soll, daß etliche Kurfürsten mit Geld sollten zu bewegen sein, einen Römischen König zu machen«. Er fordert freie Wahl.
Auch der Kurfürst Richard von Trier verhält sich ablehnend, er war seit langem ganz für Frankreich gewonnen. Mehrfach be-

richtet er dem König über die Vorgänge beim Reichstag und streicht seine Bemühungen heraus, diejenigen Kurfürsten, welche bereits mit Franz »abgeschlossen« hätten, vom Bruch ihrer gegebenen Versprechungen abzuhalten.
Leichteres Spiel hatte Maximilian mit den Kurfürsten von Mainz, Pfalz, Köln und dem übelsten von allen, dem Markgrafen Joachim von Brandenburg.
Der Kurfürst von Mainz ging zur habsburgischen Partei über, gab jedoch immerhin die französischen »Verschreibungen« zurück – mit Ausnahme der Pension. Kostenpunkt des »Gesinnungswandels«:

> Eine »Verehrung« von 31000 Gulden nach erfolgter Wahl und eine Pension von jährlich 10000 Gulden – die höchste Pension, die einem Kurfürsten gezahlt wurde; ferner noch Reisespesen für 3 Monate, monatlich 1500 Goldgulden. – Auch die »Umgebung« wurde nicht vergessen: Der Hofmeister erhielt 4000 Gulden zuzüglich einer Pension für 5 Jahre, der Kanzler 500 – und der Kammerdiener 400 Gulden als einmalige Zahlung – eine merkwürdige Relation!

Fast zur selben Zeit als die Gesandten des Kurfürsten von der Pfalz in Nantes die Abmachungen mit Franz I. beschworen – es war auch schon Geld gezahlt worden –, wechselte auch Pfalzgraf Ludwig die Partei. Auch er war ein sehr »teurer« Mann: Feierliche Belehnungen, Zubilligung neuer Zolleinnahmen, 100000 Goldgulden als Entschädigung für ihm früher abgenommenes Gebiet, jährliche Pension von 6000 Goldgulden für sich und 5000 Goldgulden lebenslänglich für seinen Bruder; an die kurfürstlichen Räte sollten 5000 Gulden verteilt werden.
Beim Kurfürst Joachim, dem Markgrafen von Brandenburg, gab es ein längeres Hin und Her, bis auch er die Partei wechselte, was Franz I. vorerst nicht glauben wollte. Joachim sah bei der kaiserlichen Partei den größeren Vorteil. Auch war er erbost, als gerüchteweise verlautete, daß die ihm angebotene französische Prinzessin (inkl. beachtlicher Mitgift), Renata,

dem König von Navarra bereits verlobt sei. Dieses Gerücht wurde von der kaiserlichen Partei hochgespielt, Joachim fühlte sich betrogen oder tat so, denn von französischer Seite war es dementiert worden.

Es wurde ein Heiratsvertrag abgeschlossen. Der Sohn Joachims sollte mit der Schwester Karls vermählt werden. Mitgift: Außer reichlicher Ausstattung und genau bewertetem Schmuck noch 300000 Goldgulden, wobei 70000 sofort durch das Bankhaus Fugger zu leisten gewesen wären. Dieser Ehevertrag ist bis in die letzten Details reichend und die »Lieferungsbedingungen« für die Prinzessin genauestens fixiert; eine lebenslängliche Pension von jährlich 8000 Gulden und Reisespesen in derselben Höhe wie der Pfälzer runden das Bild ab. Auch in diesem Fall wurden die »Räte« nicht vergessen: Drei von ihnen erhielten einmalige Zahlungen und lebenslängliche Pensionen.

Wenn man die böhmische als zuverlässig geltende Stimme einbezog, so wäre die Majorität als gesichert anzusehen gewesen. Die Herren der böhmischen Regierung und die polnischen Gesandten waren mit 10000 Gulden im Voranschlag. Außerdem erhielt der minderjährige König Ludwig das Goldene Vließ.

Der Erzbischof von Köln, Hermann von Wied, war ein vergleichweise einfacher und billiger Fall. Er hatte sich nicht an Frankreich verkauft, es fiel daher die Honorierung der Skrupel wegen Verrates weg. Der Kurfürst begnügte sich mit einer »Verehrung« von 20000 Gulden, zahlbar am Tag der Wahl, und einer jährlichen Pension von 6000 Gulden. Ziemlich hohe Beträge mußten allerdings an mehrere Verwandte und Räte gezahlt werden, um deren vorerst negativen Einflüssen auf den Kurfürsten in die gewünschte Richtung zu lenken: Die beiden Brüder des Kurfürsten erhielten lebenslängliche Pensionen. Einmalzahlungen am Wahltag wurden dem Kanzler und anderen zugesichert.

Ende Oktober sandte der Kaiser Johann Courteville, den Gesandten Karls an seinem Hofe, nach Spanien mit einer umfassenden Denkschrift, die im Druck vorliegt und uns einen instruktiven Einblick in das Geschehen gibt:

> ... Vorerst solle Courteville König Karl nochmals mitteilen, daß es dem Kaiser gelungen sei, 5 Stimmen, und zwar Mainz, Köln, Böhmen, Pfalz und Brandenburg, vollständig für ihn zu gewinnen, und daß Sachsen und Trier immerhin Hoffnungen für den Wahltag gemacht hätten; er solle dem König Urkunden, die er, Maximilian, dem Kurfürsten ausgestellt hätte, zur Kenntnisnahme vorlegen. Unbedingt seien für die Pensionen von Mainz und Brandenburg die Bürgschaften von Antwerpen und Mecheln zu beschaffen; ebenso muß die Heirat zwischen Katharina und Joachim d. J. in der festgesetzten Form vollzogen werden. Die Pensionen müssen sämtlich durch die niederländische Regierung verbürgt und in Frankfurt zur Fastenmesse zahlbar sein...

Außerdem wurde Courteville ein Voranschlag der Wahlkosten mitgegeben.

> Danach habe der Kaiser allein Pensionen in der Gesamthöhe von jährlich 70400 Goldgulden zugesichert.... Man brauche alles in allem für den Wahltag noch weitere 450000 Gulden. Der Kaiser benötigte auch für sich selbst wegen der zu erwartenden Spesen 50000 Gulden, auch möchte er noch an verschiedene bewährte Helfer Gratifikationen verteilen... Außerdem möchte er eine Vollmacht haben, gewissen Adeligen, die bei einem etwaigen Krieg gegen Frankreich sehr nützlich sein können, Pensionen bis zu 10000 Dukaten gewähren zu dürfen... Alle Gelder müssen bis auf den letzten Pfennig zum Wahltag bereit sein und daher die Wechsel schleunigst an Fugger gesandt werden; denn ehe sie nicht dort sind, kann der Kaiser den Wahltag nicht ausschreiben und so könnte sonst eine verhängnisvolle Verzögerung eintreten...

War man am Hofe Karls bis dahin durch die Erfolgsmeldungen des Kaisers in freudige Stimmung gebracht, so verstummte die-

se ganz schnell und machte einer Panik Platz, als man nun erfuhr, welche ungeheuren Summen noch benötigt würden: noch weitere 450000 Gulden!
Die Geldbeschaffung machte König Karl die größten Schwierigkeiten; er mußte sogar – wie der französische und venezianische Gesandte übereinstimmend berichten – bei hochstehenden Personen Anleihen aufnehmen. Aber dennoch: Er ratifizierte die Urkunden für die Kurfürsten, den Heiratsvertrag für den Brandenburger und verpflichtete sich, alle Versprechungen seines Großvaters einzuhalten.
Mit diesen Urkunden sowie mit Wechselbriefen im Betrag von ca. 300000 Gulden sandte er seinen Kämmerer von Armerstorff Anfang Januar des schicksalhaften Jahres 1519 nach Augsburg ab. Als Armerstorff dort eintraf, war der Kaiser seit vielen Wochen bereits verschieden.
Inzwischen war auch der Papst nicht untätig gewesen. Maximilian hatte sich als »erwählter Römischer Kaiser« bezeichnet, war jedoch nicht vom Papst gekrönt worden. Dies hatte er nun nachholen wollen, da die Kurfürsten teils aus Überzeugung, teils dies zum Vorwand nehmend, deshalb Schwierigkeiten machten. Maximilian wollte in Trient gekrönt werden und bot dem Papst dafür seine Teilnahme am Zug gegen die Türken. Dieser lehnte jedoch ab.
Aber auch zwischen dem Papst und Franz I. kam es zu Unstimmigkeiten, welche nach allen möglichen Zugeständnissen schließlich durch einen Vertrag beigelegt wurden, wodurch Franz sich die Unterstützung seiner Kandidatur durch den Papst sicherte.
Seit Herbst hatte der französische König eine neuerliche Offensive gestartet, um die von Maximilian gewonnen Kurfürsten diesem wieder abspenstig zu machen. Neuerliche Versprechungen gingen nach Trier und Mainz. Massive Vorhalten wechseln mit weiteren Zusagen an Joachim von Brandenburg. Auch die Prinzessin Renata, mit erhöhter Mitgift, wurde wieder ins Spiel gebracht.

Der Mainzer Kurfürst wurde mit einem »Christkindl« bedacht; als Liebhaber der »schönen Kunst« erhielt er außerordentlich kostbare goldene und silberne Kunstgegenstände, welche ihm der französische Gesandte überbrachte. Die beiden Brandenburger – der Mainzer und sein Bruder Joachim – gerieten bereits wieder in »schwankende Bewegung«.
So war beim Tode Maximilians (Januar 1519) das Resultat des Augsburger Reichstages bereits wieder ins Schwanken geraten. Auf die Mehrheit der Kurstimmen konnte Karl nicht mehr mit Sicherheit rechnen. Nach dem Tod des Kaisers bot der französische König sofort alles auf, um ihm die Krone, welche Karl schon fast in Händen gehabt hatte, völlig zu entreißen.
Die Vorgänge während der entscheidenden 5 Monate des Jahres 1519 bis zur Wahl Ende Juni spiegeln sich wider in den »Deutschen Reichsakten« und der »Wahlkostenrechnung« mit ihren zahlreichen Dokumenten, Denkschriften und der Fülle der uns vorliegenden Briefe. Es seien nur die wichtigsten herausgegriffen, um – in chronologischer Auswahl – ein möglichst lebendiges Bild dieser Wahloperationen zu geben.
Die Regentin Margareta und der »Rat der Niederlande« hatten den Schatzmeister Marnix entsandt, um mit den kaiserlichen Räten die nötigen nächsten Maßnahmen zu besprechen; aus den ihm mitgegebenen »Instruktionen« greifen wir heraus:

> ... Die Räte sollen möglichst bald zu allen Kurfürsten senden, namentlich zu denen, welche sich zur Wahl Karls verpflichtet haben, und sie ermahnen, ihre Versprechungen zu halten. Der König wird alles Versprochene erfüllen, so daß man erkennen wird, daß er in Wahrheit der treuen deutschen Nation entstamme.
>
> Der Kurfürst von Brandenburg ist auf die Bedeutung der Heirat seines Sohnes mit Katharina (der Schwester Karls) hinzuweisen; man kann auch – ohne Verpflichtung – darauf hinweisen, daß der König ihn zum Statthalter machen könne.
>
> Der Kurfürst von Sachsen ist vielleicht (außer den frühe-

ren Versprechungen) durch die Aussicht auf die Stadthalterschaft oder eine Heirat zu gewinnen.

Anderen Fürsten und Städten von Bedeutung für die Wahl soll man Versprechungen machen und deren Erfüllung durch Karl zusichern.

Den Fürsten, die zu Frankreich hinneigen, stelle man die Gefahr der Bedrückung und Unterjochung durch Franz I. vor, wenn derselbe gewählt wird. Schimpf für die deutsche Nation, wenn ihr das Reich genommen wird; Karl ist kein Fremder! Ist die Wahl von Franz I. trotzdem wahrscheinlich, so soll man für einen Dritten, Karl günstig gesinnten, wirken, mit dem man dann weiter über eine Heirat oder die Nachfolge Karls verhandeln kann.

Gewinnung der Schweizer mit Hinweis auf das alte Bündnis mit Österreich; der Kardinal von Sitten soll ihnen mitteilen, daß Franz sie nach Erlangung der Krone unterjochen wolle.

Margareta wird an C. schreiben, damit er die hervorragendsten Kardinäle und Diener des Papstes gewinne, und so dem französischen Einfluß entgegengewirkt werde. Es soll für die Sicherung der Post-Posten gesorgt werden; Pfalzgraf Friedrich ist zu benachrichtigen, daß die 3500 Gulden Pension bei Fugger angewiesen sind.

(3. Februar)

Aus einem Brief des Herrn v. Zevenbergen, burgundischer Rat, einem »Wahlhelfer« und Vertrauten, an Margareta (Augsburg, 16. Februar):

Die Kurfürsten, vor allem die am Rhein, verlangen zu wissen, welchen Beistand ihnen der König im Falle eines französischen Angriffes gewähren wird.

Der König muß womöglich eigenhändig Briefe an die Kurfürsten schreiben, sie um ihr ferneres Wohlwollen bitten und versprechen, in Reichsangelegenheiten nichts ohne ihren Rat tun zu wollen; noch etwas mehr soll er dem Trierer schreiben.

Es erscheint nötig, daß der König von England durch Schreiben an die Kurfürsten, Abfertigung eines Gesandten zum Wahltag und in Rom für Karl wirke.

Nach Berichten Sittens sind die Eidgenossen Karl günstig; aber ohne Geld dürfe er ihnen nicht kommen; er glaube, mit 10000 Gulden auszukommen.

Es sei bedauerlich, daß Karl den Welsern wieder einen Wechsel auf 90000 Gulden gegeben hat und nicht den Fugger; letztere hätten große Verdienste um den König, sie hätten großen Gewinn bei den Gegnern zurückgewiesen.

Das von Maximilian dem Pfalzgrafen Friedrich gemachte Versprechen von 20000 Dukaten muß erfüllt werden.

Der König möge eine Vertrauensperson senden, um die diversen Gelder zu verteilen, oder man möge von den Niederlanden aus Fugger veranlassen, Geld zu leihen.

Mitte Februar schrieb Ziegler, Sekretär Maximilians, an den Kurfürsten Joachim. Er warnte ihn vor den Versprechungen der Franzosen, stellte ihm die Macht Karls vor Augen, legte ihm nahe, seine Forderungen zu mäßigen, und machte gewisse Anerbietungen.

In einem Bericht Zevenbergens an Margareta verwies dieser auf die Notwendigkeit, den Schweizern Geld zuzusichern, da sie es sonst von den Franzosen nähmen; Zevenbergen beklagte sich, daß die Kaufleute nicht vor der Wahl zahlen wollten. Man müsse daher mit dem Fugger abschließen, mit dessen Verschreibung (Garantie) sich die Fürsten zufrieden geben werden.

Am 4. März berichtete der Kämmerer König Karls, Armerstorff, der von ihm in einer Mission ins Reich gesandt worden war, über seine Verhandlungen mit dem Kurfürsten von Mainz:

Er habe diesen, der von den Kurfürsten von Köln und Brandenburg beeinflußt werde, in einer Karl feindlichen Stimmung vorgefunden. Statt der Garantien von Mecheln und Antwerpen fordere er Verschreibungen auf die Fugger. – Er gab endlich zu, daß die Gegner größere »Anerbietungen« gemacht hätten, und meinte, daß er um so eher mehr fordern könne, als die anderen seinem Rat folgen würden. Er verlange über die früher ausbedungene Summe hinaus noch 100000 Gulden.

Am folgenden Tag drückte man diese Summe bis auf 50000 Gulden, aber der Mainzer weigerte sich, erst Bescheid aus Spanien zu erwarten, da er von der anderen Seite gedrängt werde und nicht Lust habe, sich zwischen zwei Stühle zu setzen. Obwohl er zuletzt bis auf 20000 Gulden herabging, einigte man sich doch erst nach drei Tagen dahin, daß das Regiment in Innsbruck sich für eine Pension von 10000 Goldgulden verbürgen solle, bis der Erzbischof ein gleichwertiges Benefizium erlangt habe... und daß jene 20000 bis auf des Königs Bescheid den Räten anvertraut werden, wohingegen der Mainzer bei seinem Bruder (dem Kurfürsten Joachim) und anderen zugunsten König Karls wirken will.

In einem Schreiben des Rates der Niederlande an König Karl vom 9. März

werden gewisse Erledigungen moniert, u.a. die Verschreibung einer Pension für den Grafen von Wied, der großen Einfluß auf seinen Bruder, den Kurfürsten von Köln hat. – Die zur Wahl bereits angewiesenen und noch erforderlichen Gelder werden aufgezählt. – Herrn von Nassau (der Graf war ein besonders tätiger Emissär der kaiserlichen Partei) solle angewiesen werden, die Gelder von den Kaufleuten in Empfang zu nehmen und sie in die Hände Fuggers zu legen; auch seien diese anzuweisen, auf Befehl Nassaus darüber hinaus etwa nötige Beträge auszuzahlen.

– Vom Papst müsse eine klare Antwort verlangt werden;

– Man solle nach Antwerpen senden, um den Kaufleuten die Unterstützung Frankreichs zu verbieten.

Es gäbe zwei Wege, um zum Ziel zu gelangen:

1. Durch Geld: Der König müsse darum in dieser Beziehung sorgen und Nassau unumschränkte Vollmacht für Versprechungen und Zahlungen geben.

2. Durch Gewalt: Die Franzosen hätten offen erklärt, daß sie diesen Weg beschreiten würden, falls das Geld nicht hilft. Da Franz I. bereits Vorkehrungen diesbezüglich trifft, müsse Karl ebenfalls Vorsorge treffen.

Nun zu den Verhandlungen des Kurfürsten Joachim von Brandenburg mit den französischen Gesandten über die neu abzuschließenden Verträge.

Die wichtigsten Punkte der Forderungen Joachims lauteten:

1. Heirat zwischen der Prinzessin Renata (noch nicht 12 Jahre!): Die Mitgift müsse unbedingt auf 300000 Gulden erhöht werden; Auszahlung: Die Hälfte sofort in Berlin, die andere sofort nach der Wahl am Wahltag (dies stellte eine Abänderung der bisherigen Zahlungsbedingungen dar, welche lautete: Am Tage Bartholomaei soll Renata zu Mainz dem Kurfürsten übergeben, dort die eine Hälfte der Mitgift, die andere dagegen zu Mainz nach Vollzug der Ehe gezahlt werden).

2. Die ihm selbst versprochenen 100000 Gulden sollen verdoppelt werden.

3. Regelung der Pensionen für den Kurfürsten und seinen Sohn; auch rückwirkend.

4. Der König Franz möge dem zweiten Sohn des Kurfürsten eine passende Gemahlin aus königlichem Geschlecht mit einer Mitgift von 100000 Sonnenkronen verschaffen.

5. Der König solle den Kurfürsten für die Reise zum Wahltage und die daraus erwachsenen Ausgaben entschädigen, wie ihm das auch von der anderen Seite angeboten ist.

Nun begann ein wildes Feilschen, bis es zu einer Einigung kommen sollte.

Margareta schreibt am 22. März an ihren Schatzmeister Marnix:

Die Pension an die Schweizer erscheine ihr zu hoch (1500 Gulden für jeden Kanton).

Zudem wäre es gut, wenn Marnix noch in Augsburg bleibe, um die Deutschen anzutreiben und darüber zu wachen, daß keine Verschwendung mit dem Geld getrieben würde.

Am 31. März schrieb König Karl an seine Kommissarien in Deutschland:

Wegen der von Kurfürst Joachim geforderten Bürgschaft Fuggers für die 200000 Gulden der Mitgift habe er bereits alles veranlaßt. (Diesmal handelt es sich um Katharina – und das, nachdem Joachim eben mit Franz I. wegen der Mitgift Renatas abgeschlossen hatte!)

Er übersende für Kurfürst Joachim einen neuen Pensionsbrief von 10000 Gulden für den Fall, daß er sich durchaus nicht mit 8000 begnügen will.

Er sei auch einverstanden, daß man das Heer des Bundes (gemeint ist das nicht mehr benötigte des Schwäbischen Bundes) bis nach der Wahl unter Sold nehme.

Da die ganze Angelegenheit (die Wahl) die deutschen Länder des Königs ebensowohl betreffe wie Spanien, so könnten diese wohl auch etwas zu den Kosten beitragen.

Außer den früheren 250000 Gulden, für die er jetzt die Bürgschaften sende, habe er noch einen Wechsel von 90000 Gulden in die Hände der Fugger gegeben und sie gebeten, weitere 50000, wenn es nötig ist, vorzustrecken.

Die Unterhändler teilten König Karl mit, daß die Kurfürsten ihre Forderungen immer mehr hinaufschraubten, insbesondere der von der Pfalz; sie unterhandelten laufend auch mit Mainz und Köln, sie ersuchten um Konzentration aller Gelder in den Händen der Fugger und um strikte Geheimhaltungen; es habe der Sache des Königs sehr geschadet, daß man dies bei den Augsburger Abmachungen nicht getan habe.

Die Bevollmächtigten Franz I. berichteten ihrem König am 19. April u.a.:

Sie beschwerten sich darüber, daß man die Sendung der nötigen Gelder nicht beschleunige, obgleich die Zeit der Wahl näher rücke; dies sei jetzt die Hauptsache, da man mit bloßen Versprechungen nicht zufrieden sei. – Man müßte hier ein Depot von 400000 Kronen (escuz) haben; davon seien nur 100000 vorhanden, die früheren seien für die Pensionen des Kurfürsten Joachim von Brandenburg, seines Bruders (des Kurfürsten von Mainz) und seines Sohnes und andere nötigen Ausgaben zum größten Teil verausgabt. Der König möge schnell dafür sorgen.

Ferner berichteten sie, sie hätten eine Persönlichkeit, die für den katholischen König (Karl) tätig ist, durch den Herzog von Lothringen »gewonnen«: der Mann wird sie von allen Schritten, die für König Karl unternommen werden, benachrichtigen; um sicher schreiben zu können, soll ein Chiffre mit ihm verabredet werden. Im Namen des Herzogs haben sie ihm das nötige Geld anweisen lassen; man müsse die ganze Angelegenheit geheimhalten.

Franz I. antwortete am 21. April:

Er habe die erwünschte Nachricht über den Abschluß mit Kurfürst Joachim erhalten; er hoffe, dessen Bruder, der Kurfürst von Mainz, würde jetzt dasselbe tun. – Sie sollten die Gesandten in Deutschland von allem unterrichten und nicht sparen, um die nötigen Personen zu »gewinnen«. – Das Geschenk für die Markgräfin von Brandenburg würde besorgt. – Der Pfalzgraf werde von spanischer Seite sehr umworben. Sie sollten ihn und die, welche Einfluß auf ihn haben, durch »Geschenke« gewinnen. – Drei Tage lang habe er mit seinen Finanzbeamten verhandelt, um den Sold für die Truppen auf sechs Monate flüssig zu machen, und er hoffe, daß es gelingen würde.

In einem weiteren Brief Franz I. an dieselben Adressaten vom 25. April lesen wir:

Er schicke den neuen Heiratsvertrag für Kurfürst Joachim. – Dem Herzog von Lüneburg sende er 20000 Kronen, der Rest folge in Kürze; er möge vor der Wahl in Frankfurt sein, seine Gegenwart dort könne sehr nützlich sein. – Seine Mutter habe ihm heute sagen lassen, daß sie bis zum 15. Mai 400000 Kronen haben müßten.

Am 26. April schrieben Nassau und de la Roche an die Regentin Margareta:

Sie monierten 200000 Gulden, die man an Fugger liefern soll; da Karl sich außerstande sähe, aus Spanien weiter Geld zu schicken, und auf die Bergwerke, Salinen und Domänen der österreichischen Lande nichts weiter aufgenommen werden könne, bleibe also nur übrig, daß es von den Niederlanden aus beschafft werde.

In einer Aufstellung zeigen sie, welche Erhöhungen seit der Berechnung vom Jahre 1518 eingetreten seien:

Für Mainz auf 87900 (früher 52000 Gulden)

Für Kurfürst Joachim auf 135500 (früher 30000 Gulden) etc.

Nach der Berechnung Nassaus bedürfe man noch 102065 Gulden mehr als die 479000 Gulden, die man bisher in Händen hatte.

Die Augsburger Kommissarien teilten König Karl am 4. Mai mit:

Der König von Frankreich biete alles auf, um Truppen des schwäbischen Bundes in seine Dienste zu bringen.

Man müsse jedenfalls von dem Heer des Bundes, wenn sich dasselbe auflöst, 10000 Fußsoldaten und 2000 Reiter in Dienst nehmen und auch die Schweizer, damit sie nicht dem König von Frankreich zulaufen.

Der König möge doch die 220000 Gulden Wechsel, worüber sie bereits mit Fugger abgeschlossen haben, bewilligen, und außerdem noch Wechsel für weitere 100000 Gulden oder die Vollmachten der Schatzmeister von Castilien und Aragon senden, um mit Fugger darüber zu verhandeln und abzuschließen, damit sie dieser Gelder im Notfall sicher sind.

Und dann hielten sie ihrem König vor Augen:

Die Wahl koste allerdings viel, der König dürfe indessen nicht über die Ausgaben klagen, denn das Reich bedinge die Sicherheit seiner Erblande und der Besitz desselben habe viel Gutes im Gefolge.

Auch Neapel und Navarra wären bedroht, wenn Franz I. oder ein anderer Kaiser würde. Deshalb dürfe der König keine Kosten scheuen. Nach seiner Wahl könne ihm eine Unterstützung des Reiches dieselben ersetzen.

Noch am selben Tag schrieb König Franz an seine Bevollmächtigten:

Mit der Tätigkeit des Erzbischof Orsini sei er sehr zufrieden; wenn es ihm gelinge, den Kurfürsten von Mainz zu bewegen, sich seinem Bruder Joachim anzuschließen und sich für Frankreich zu erklären, so würde das der größte Dienst sein, den er leisten könne. Sie würden ihm schon das Nötige mitgeteilt haben.(!)

Der König habe in Rom das von ihnen gewünschte Breve für die Kurfürsten erbeten, wodurch sie ermahnt werden sollen, fest an Frankreich zu halten. Das würde sehr nützlich sein.

Ein Bericht über Verhandlungen der Bevollmächtigten Karls mit Kurfürst Joachim zeigt neuerliche Forderungen dieses unersättlichen Mannes:

Erhöhung der Mitgift, der Pensionen, der Reisespesen etc. und dafür böte er lediglich an, Karl zu wählen, wenn derselbe die Stimmen von 4 anderen Kurfürsten hätte.

Da der Kurfürst und seine Leute immer erklärt hätten, daß er anderswo größeren Nutzen haben könnte, hätten sie eingewilligt, ihm Tafelgeschirr bis zum Werte von 10000 Gulden machen zu lassen!

Die Unterhändler hätten ihnen vorgehalten, daß Karl mit 4 Stimmen ja sowieso schon gewählt sein würde.

Verhandlungen mit den Franzosen hätte er eingestanden, aber geleugnet, mit ihnen abgeschlossen zu haben.

Man glaube ihm kein Wort, er wolle nur täuschen und verhindern, daß man anderswo verhandle.

Die allgemeine Stimme sei, daß er mit den Franzosen abgeschlossen hätte, daß zwei seiner Räte 6000 bzw. 4000 Goldkronen bar erhalten hätten und daß er selbst ebenfalls bares Geld empfangen hätte.

Es fand sich eine Quittung Joachims für sich und seinen Sohn über 50000 Kronen vom 10. Mai. Auch 12000 Gulden Pension für das verflossene Jahr wären ihm ausbezahlt worden!

Herr v. Zevenbergen berichtete am 15. Mai über seine Bemühungen in der Schweiz:

Er habe wegen eines engeren Bündnisses und der Anwerbung von Fußknechten verhandelt; er hätte seine Absicht erreicht, wenn nicht die Umtriebe der Franzosen gewesen wären, die Tag und Nacht in Tätigkeit sind und den Kantonen wie auch Privatpersonen viel Geld geben; die Schweizer nähmen jetzt eine neutrale Haltung ein, doch seien 6 Kantone für Österreich, welche ihm erklärten, wenn König Franz während der Wahl Deutschland angreifen sollte, so würden sie den Anhängern Karls beistehen.

... Nassau hätte König Karl berichtet, der Kurfürst Joachim biete alles auf, um die anderen Kurfürsten dem König abwendig zu machen; er, Nassau, sehe das einzige Heilmittel in der Heirat Karls Schwester mit dem Neffen des Kurfürsten von Sachsen...

»... am 4. Juni ist der Kurfürst Joachim mit 250 wohl gerüsteten Pferden, 18 Wagen und gegen 100 Ungerüsteten, als Köchen, Kellnern, Sängern, Trabanten usw. in Frankfurt eingezogen... werde jedoch vorerst nach Mainz weiterziehen...«

Der Vertrag des Königs Franz mit dem Kurfürsten der Pfalz sah u.a. folgendes vor:

Jährliche Pension von 5000 Kronen (das Reichsvikariat und sämtliche Privilegien und Regalien bestätigt); Franz wird ihm die Städte und Schlösser wiedererobern helfen, die er im bayrischen Erbfolgekrieg verloren hatte, gleich nach der Wahl wird er 100000 Gulden und für seine Räte und Diener jährlich 2000 Gulden erhalten, seinen Brüdern in Deutschland oder Frankreich Bistümer verschaffen.

Dieses ganze Hin und Her könnte noch durch eine Fülle von Beispielen illustriert werden, doch soll in diesem Rahmen nur das Wesentliche Aufnahme finden.

Wie ging es nun weiter? Je näher der Wahltag heranrückte, desto hektischer wurde verhandelt, beschwichtigt und gedroht, versprochen und bestochen. Mitte Mai wurden die letzten großen spanischen Wechsel bei Fugger hinterlegt. Nochmals ergoß sich ein »Goldregen« über Fürsten, Ritter, Generale, die Hierarchie der Beamtenschaft, über Kammerdiener und Hilfskräfte; unübersehbar ist die Menge derer, welche durch »Ehrengaben« Privilegien, Pensionen gewonnen, »pazifiziert« oder von der Gegenseite abgeworben wurden.

Als Zwischenspiel ist noch zu vermerken, daß von verschiedenen Seiten sozusagen »in letzter Minute« der Versuch gestartet wurde, den Kurfürsten Friedrich IV. von Sachsen auf den Schild zu erheben; seine Person war unanfechtbar, er war »deutscher als König Karl« und hatte in den Augen mancher den Vorzug, über keine wirklichen Machtmittel zu verfügen. Als die ganze Entwicklung den französischen König in bezug auf seine eigenen Chancen pessimistisch werden ließ, setzte er alle Mittel zugunsten des Sachsenherzogs ein; es wäre für ihn die zweitbeste Lösung gewesen – »Alles, nur nicht Karl!«

Für den Papst wäre, wie bereits erwähnt, diese »dritte Möglichkeit« überhaupt die erstrebenswerteste gewesen; auch gab es sonst so manche Sympathie für eine solche Wahl.

Friedrich selbst machte allerdings seinen »Königsmachern« einen Strich durch die Rechnung: Er lehnte ab! Er sei zu alt, sei krank und würde sich den beiden Machtblöcken gegenüber hilflos fühlen. Ob und inwieweit letzten Endes auch die Bemühungen des Habsburgers um ihn – der Heiratsvertrag und

einiges andere – bei seinem Entschluß eine gewisse Rolle spielten, ist nicht ganz sicher.
Aus der Feder eines Historikers liegt ein Buch vor, das den merkwürdigen Titel trägt »Die Kaiserwahl Friedrichs IV. und Karls V. (am 27. und 28. Juni 1519)«. Abgesehen davon, daß es sich um die Wahl zum »Römischen König« handelte – die Kaiserkrönung hatte ja erst später zu erfolgen – ist es das einzige Buch, wo behauptet wird, Friedrich sei zuerst gewählt worden, hätte jedoch nach ein paar Stunden resigniert. Auch stellte er die Behauptung auf, daß bei der Wahl Karls nicht das Geld die Kurfürsten dazu bewogen hätte, d.h. die Bestechungen, sondern daß es sich um einen gewaltsamen, militärischen Staatsstreich gehandelt hätte. Dies sei nur der Kuriosität wegen erwähnt!
Wie berichtet, hatten beide Rivalen tatsächlich angeworben. Richtig ist auch, daß um militärische Führer gleichfalls »geworben« wurde, besonders um Franz von Sickingen, der über ein Ritterkontingent verfügte, und vorerst von König Franz »engagiert« wurde, sich jedoch später von der Gegenpartei »anwerben« ließ. Die Truppen beider Könige trafen jedoch damals niemals aufeinander.
Es steht außer Zweifel, daß die »öffentliche Meinung« eindeutig für Karl war, wobei die Abneigung gegen die Franzosen eine erhebliche Rolle spielte. Auch die Gegnerschaft des Papstes dürfte in den maßgebenden Kreisen König Karl mehr genützt als geschadet haben.

Vor dem Wahlakt hatten die Kurfürsten nun einen Eid zu schwören. Es fällt schwer, nicht zynisch zu werden, wenn man weiß, daß diese Herren bei der am 17. Juni erfolgten Eidesleistung die vorgeschriebene Formel beschworen, deren letzter Satz lautete:

> »... soviel mich mein vernunft und sinne weisen, und nach dem berurten meinem glauben oder treue mein stimme, votum und wale geben will ohne alle gedinge, sold, lone

oder verheise, oder welcher mass die genent werden mochten, als mir Got helf und alle heiligen.«

Und so wurde am 29. Juni 1519 von den Kurfürsten einstimmig König Karl von Spanien zum Römischen König gewählt.

Die »Wahlkostenrechnung« des Hauses Fugger

Das skizzierte Bild wäre unvollständig, wenn nicht noch, wenn auch kurz, der Rolle des Hauses Fugger gedacht würde.

Jakob Fugger hat durch all die Jahre hindurch, durch all die Wirren, Verwirrungen und Verwicklungen unerschütterlich zum Hause Habsburg gestanden. Mit Kaiser Maximilian verbanden ihn persönliche Beziehungen und zur Regentin der Niederlande, Margareta, empfand dieser in sich gekehrte, einsam gewordene Herrscher des »Fuggerschen Imperiums« eine auf Achtung basierende Anhänglichkeit.

Sicher war Jakob Fugger ein ganz nüchterner Rechner und bestrebt, bei den Wahltransaktionen sich durch Sicherstellungen und Pfänder nach Möglichkeit abzusichern (so z.B. durch die Bergwerke in Tirol); wenn man jedoch das ungeheure finanzielle Engagement betrachtet, zu welchem sich schließlich diese ganze Aktion ausweitete, darf man wohl annehmen, daß er sich nicht nur von nüchternen kommerziellen Erwägungen leiten ließ, ging es doch immerhin um Beträge, welche auch für das Bankhaus Fugger eine gefährliche Höhe erreichten!

Nach dem Tode Kaiser Maximilians trat eine gewisse Entfremdung zwischen dem Hause Fugger und Habsburg ein. Die Umgebung König Karls sowie die Regierung in Innsbruck sahen es sehr ungern, daß Habsburg immer mehr in ein Abhängigkeitsverhältnis zum Hause Fugger geriet. Jedoch war die Verflechtung der beiderseitigen »Imperien« derart weit gediehen, so verquickt und auch kompliziert geworden – sei es in der spanischen Monarchie, in Ungarn oder in den österreichischen Erblanden –, daß beide Teile, selbst wenn sie sich voneinander

hätten lösen wollen, es gar nicht mehr gekonnt hätten. König Karl versuchte anfangs, seine Kreditaufnahmen zu »streuen« und zog auch das Haus Welser sowie eine Reihe italienischer Bankhäuser heran; es stellte sich jedoch sehr schnell heraus, daß die Empfänger der Wechsel – insbesondere die sehr auf Sicherheit erpichten Kurfürsten – die Haftung des Hauses Fugger verlangten, da ihnen dies allein als genügende Sicherheit erschien; so blieb das Risiko, sei es für eigenes oder fremdes Geld, schließlich doch bei den Fuggern. Das Bankhaus Fugger war auch weit und breit das einzige, welches durch sein Filialnetz und seine Verbindungen imstande war, den damals so schwierigen Transfer durchzuführen und ferner Bargeld wann und wo immer stellig zu machen.
Es wurde erwähnt, welche Schwierigkeiten in dieser Hinsicht dem König Franz erwuchsen. Dieser versuchte ja auch, die Fugger an seiner Wahlkampagne zu interessieren und bot, um sich deren Mithilfe zu versichern, eine Verzinsung von 10% – ein verlockendes Angebot, das jedoch von Jakob Fugger strikt abgelehnt wurde (Habsburg zahlte 5%).

Nach fundierten Angaben aus der Zeit und anhand der bis ins Detail gehenden »Wahlkostenrechnung« ergibt sich, daß vom Bankhaus Fugger insgesamt 852000 Gulden für den Wahlkampf aufgewendet wurden. Fugger selbst stellte davon 544100 Gulden zur Verfügung, die anderen Beträge wurden durch die Welser und diverse italienische Banken mit fuggerscher Haftung mobilisiert. Der Gesamtbetrag für die Erwerbung der Kur-Stimmen – seit Beginn und inkl. Nebenspesen – wird mit 1000000 Gulden angesetzt.
Als Eilboten aus Frankfurt Jakob Fugger in Augsburg die Meldung vom Wahlsieg König Karls brachten, wurden vor den Fuggerhäusern unverzüglich Freudenfeuer entfacht.
Mit berechtigtem Stolz konnte Jakob Fugger sagen: »Ich habe seiner Gnaden gedient in Sachen, die niemand sonst tun konnte.«

Ein Spruch aus dem Ecclesiasticus (VIII, 12) war im Mittelalter eine vielbefolgte Regel gewesen: »Leih keinem etwas, der mächtiger ist als du. Hast du ihm aber etwas geliehen, so sieh es als verloren an!«
Jakob Fugger schlug beide Mahnungen in den Wind. Im Gegenteil, er forderte sein Geld von Karl V. zurück!
In einem Brief vom Jahre 1523 schrieb er:
»...Es ist wissentlich und ligt am tag, dass Ew. kays. Mt. die Römisch Cron ausser mein nicht hette erlangen mögen, wie ich dann solches mit Ew. kay. Mt. Commissarien handschriften anzaigen kan. So hab ich auch hierin mein aigen nutz nit angesehen; dann wo Ich von dem hauss Oesterreich absteen und Frankreich fürdern hette wollen, wolt Ich gross guott und gelt, wie mir dan angeboten worden, erlangt haben. Was aber Ew. kay. Mt. und dem hauss Oesterreich nachtail daraus entstanden were, das haben Ew. kay. Mt. aus hohem Verstandt wol zu erwegen.«

Otto v. Pack oder knapp am Bürgerkrieg vorbei

Auf dem Wormser Reichstag ließ der neue Kaiser, Karl V., keinen Zweifel darüber, daß er in Luther einen Gegner seiner Weltanschauung sah. Die Teilnehmer am Reichstag waren sich darüber ziemlich klar, daß der Kaiser bei der nächst möglichen Gelegenheit den Kampf gegen den Ketzer und dessen Anhänger aufnehmen würde.
Die allgemeinen politischen Verhältnisse, vor allem der Krieg gegen Franz I. von Frankreich (1521 – 1526), hatten den Kaiser vorerst völlig in Anspruch genommen. In dieser Zeit hatte die Reformation immer mehr Raum gewonnen und die Stimmung im Reich wurde immer gespannter. Das Mißtrauen zwischen den katholisch gebliebenen Fürsten und denen, welche zu Luthers Lehre übergegangen waren, verschlechterte, ja man kann sagen: vergiftete zusehends die Atmosphäre. Die teils chaoti-

schen Zustände während des Bauernaufstandes im Jahre 1525, von dem man nicht angenommen hatte, daß er in einer solchen Schnelligkeit und Gefährlichkeit um sich greifen würde, hatten die gegnerischen Fronten noch mehr verhärtet.
Auch der Reichstag von Speyer im Jahre 1526 konnte nicht dazu beitragen, die Probleme zu lösen. Die darauffolgenden Jahre schufen eine Wende zugunsten der deutsch-habsburgischen Länder. Francesco Sforza hatte zwar von Mailand, Florenz und Venedig aus die Operationen gegen den Kaiser wiederaufgenommen, wobei ihm der Papst in der »Liga von Cognac« assistierte. Doch gelang es dem Kaiser im Jahre 1527 in der Schlacht von Pavia (»Sacco di Roma«) einen großen Erfolg zu erringen. Auch der Bruder des Kaisers, Ferdinand, welcher Herr über die deutsch-habsburgischen Länder war, erhielt einen Machtzuwachs: Der ungarisch-böhmische König Ludwig II. war in der Schlacht bei Mohács gegen die Türken gefallen, wodurch die Ansprüche auf beide Kronen dem Erzherzog Ferdinand zufielen.
Es ist verständlich, daß das Mißtrauen der evangelischen Staaten durch diese habsburgischen Erfolge sich noch steigerte; konnte man doch annehmen, daß die Brüder Karl und Ferdinand sich nunmehr bald in der Lage sehen würden, gegen die Anhänger Luthers vorzugehen. In dieser gespannten Atmosphäre ereignete sich ein Vorfall, der das Reich beinahe in ein Chaos gestürzt hätte.
Zum Unterschied zu seinem Vetter, dem Kurfürsten Friedrich III., war Herzog Georg von Sachsen der katholischen Sache treu geblieben. Vizekanzler in seinen Diensten war ein gewisser Otto von Pack. Anfang des Jahres 1528 kam von Pack nach Kassel an den Hof des jungen Landgrafen Philipp von Hessen, der erst kurze Zeit vorher sein Land der Reformation zugeführt hatte. Er war ein überzeugter Anhänger Luthers und willens, was immer er nur konnte, für den neuen Glauben einzusetzen.
Die Anwesenheit Packs in Kassel bot ihm die Gelegenheit.

Nicht ohne Grund konnte er annehmen, daß dieser von den Plänen der katholischen Fürsten wissen müsse, da er ja schließlich in der Kanzlei eines katholischen Fürsten, des Herzogs Georg, einen maßgeblichen Posten innehatte. So vertraute er diesem seinerseits alle seine Verdächtigungen an, die er vor allem gegen Sachsen und Bayern hegte.

Dieser Pack war ein überaus gerissener Mann. Mit seinem beharrlichen Schweigen brachte er den Landgrafen soweit anzunehmen, daß er um diese Dinge Bescheid wisse. Der Landgraf, nun aufs äußerste interessiert, bot ihm Schutz und sehr viel Geld an, was nun endlich Packs Zunge löste. Er erzählte:

> Als sich im Mai 1527 in Breslau die katholischen Fürsten mit dem Habsburger Ferdinand trafen, wäre ein Bündnis gegen die Evangelischen geschlossen worden.

Pack erbot sich, dem Grafen Philipp für 10000 Gulden das Original dieses Vertrages zu beschaffen.

Graf Philipp, der nicht den leisesten Zweifel an den Angaben Packs hegte, eilte auf schnellstem Wege nach Dresden, um dort das Original in Augenschein zu nehmen. Dort erklärte ihm Pack allerdings, er könne das Original leider nicht vorweisen, da Herzog Georg dieses immer bei sich trage, um es anderen Fürsten, die er zum Beitritt zu gewinnen versuche, zu zeigen. So zum Beispiel dem Herzog Heinrich von Braunschweig. Erfreulicherweise habe Georg eine Kopie anfertigen lassen, welche er dem Grafen vorweisen könne. Diese machte auf Philipp durchaus den Eindruck der Echtheit.

Das »Dokument« zeigte, daß anläßlich eines Besuches beim Erzherzog Ferdinand die Kurfürsten von Mainz und Brandenburg, die Herzoge von Sachsen und Bayern und die Bischöfe von Salzburg, Würzburg und Bamberg sich zu einem Bündnis gegen die Evangelischen zusammengeschlossen hätten. Als nächste Aktionen wurden vereinbart: Der sächsische Kurfürst sei aufzufordern, Luther und dessen Anhänger auszuliefern. Sollte er sich weigern, so wolle man das Kurfürstentum erobern und Johann und seine Erben für immer von der Herrschaft

ausschließen. Auch den Landgrafen wolle man auffordern, zum alten Glauben zurückzukehren, da man sonst ebenso auch sein Land angreifen würde. Kehre er zum alten Glauben zurück, so würde er mit Rücksicht auf seine Jugend sein Fürstentum wieder erhalten. Außerdem fanden sich in dem »Dokument« detaillierte Bestimmungen über die zu führenden Kriege. Man wußte, daß zu dem genannten Zeitpunkt die katholischen Fürsten tatsächlich in Breslau mit dem Erzherzog Ferdinand zusammengekommen waren, und auch sonstige beobachtete Begleiterscheinungen zerstreuten beim Grafen Philipp jedes Bedenken, dieses Komplott als erwiesen anzusehen.
Pack erlaubte, daß von einem landgräflichen Schreiber eine Kopie verfertigt wird, wofür Pack 4000 Gulden erhielt. Philipp eilte nun mit dieser Kopie zum Kurfürsten nach Weimar und überrumpelte ihn zu einem Bündnisvertrag. Man plante, Truppen aufzustellen, die den Krieg eröffnen sollten, um der Gegenseite zuvorzukommen. Die Herzoge von Preußen, Mecklenburg, Lüneburg, Pommern, ja sogar die Könige von Polen und Dänemark sollten eingeladen werden, sich dem Bund zur Verteidigung des Glaubens anzuschließen. Philipp reiste weiter, um noch Verbündete zu gewinnen, während Otto von Pack – nunmehr in Philipps Diensten – sich heimlich und verkleidet nach Krakau begab, um den ungarischen Gegner Ferdinands, Johann Zapolya, zu veranlassen, Geld und Truppen zur Verfügung zu stellen. Truppen wurden bereits zusammengezogen und nicht nur das Reich, sondern ganz Europa stand vor dem Beginn eines großen Krieges.
Fürs erste wurde die Bündnisurkunde nicht angezweifelt, aber der von dem jugendlichen Philipp überrumpelte Kurfürst Johann, der vor einem Krieg zurückschreckte, wandte sich an Luther und Melanchton und andere um ihren Rat.
Luther schrieb am 14. Juni 1528:

> daß er die frostige Entschuldigung des Herzogs Georg fast als Eingeständnis sehen möchte. Doch zweifle er auch nicht an der Echtheit des Bündnisses.

Luther hält allerdings lediglich einen Verteidigungskrieg für gerechtfertigt. Man solle den katholischen Fürsten vor der Öffentlichkeit ihren Plan vorhalten und Rechenschaft von ihnen verlangen; denn »sonst könne ein Fürstenaufruhr entstehen, der zur Freude Satans Deutschland verwüstet«.
Unterdessen mehrt sich der Verdacht, daß dieser ganze Bündnisvertrag eine Fälschung darstellt. Vom Landgrafen Philipp wird verlangt, den Namen seines Gewährsmannes zu nennen, damit man nicht ihn selbst der Fälschung bezichtigen könnte. Pack wird in Haft genommen, in Kassel verhört und bleibt zunächst dabei, daß das Original tatsächlich im Dresdner Archiv gelegen sei. Philipp verbannt ihn aus Hessen und Otto von Pack wird in Belgien, wo er aufgegriffen wurde, gefoltert und schließlich enthauptet.
Seine Erklärung, er habe das Original gesehen, hatte er noch zurückgenommen und schließlich zugegeben, die Fälschung selbst hergestellt zu haben. Von Philipps Bestechung war allerdings nie mehr die Rede!
Melanchton, der bei den ersten Verhören Packs schon an dessen Fälschung glaubte, meinte: »Es verzehrt mich fast, wenn ich bedenke, mit welchen Flecken unsere gute Sache behaftet wird. Nur durch Gebet weiß ich mich aufrechtzuerhalten.«
Noch einmal wurde der Bürgerkrieg vermieden. Es sollte allerdings nicht mehr lange dauern und der furchtbare Dreißigjährige Krieg brach über Deutschland herein.

6

Prinz Eugen der edle Ritter

Sinzendorfs letztes Fest

Graf Georg Ludwig Sinzendorf begann seine öffentliche Tätigkeit als Kammerherr des Kaisers Ferdinand III., wurde dann Obersthofmeister bei dessen dritter Gemahlin Leonore von Mantua. Unter Kaiser Leopold I. wurde er Hofkammer-Präsident. Er machte dann eine schwindelerregende Karriere. Im Jahre 1634 wurde er mit dem Reichs-Erb-Schatzmeister-Amte belehnt. Er war Wirklicher Geheimer Rat und Ritter des Goldenen Vlies'. Als Kammer-Präsident hatte er die Leitung des Finanzwesens in Österreich unter sich. In dieser Eigenschaft hat er durch Unterschleif aller Art sein Unwesen getrieben. Bevor er diesen Posten hatte, war er fast vermögenslos, hat sich aber mit der Zeit eine ganze Reihe wertvollster Güter ergaunert. Er besetzte alle Stellen mit seinen Kreaturen und verkaufte nach Belieben Ämter und Stellungen; er verbuchte die eingelaufenen Gelder nur zum Teil und wußte durch Bestechungen jede Revision zu vereiteln. Alte Staats- und Hofschulden brachte er um einen Spottpreis an sich und ließ sich dann diese in ihrem vollen Nennwert auszahlen. Um diesen amtlichen Mißbrauch zu vertuschen, ließ er offenbar ganze Bände der amtlichen Schuldbücher verschwinden.

Fürst Lobkowitz, der erste Minister des Kaisers, beschwor diesen, die Konsequenzen zu ziehen; er erklärte ihm offen, daß der Ruin der Finanzen, ja der Untergang des Staates erfolgen würde, wenn Sinzendorf noch länger im Amt bliebe; denn die Armee erhalte keinen Sold, was begreiflicherweise ihre Schlagkraft herabsetze.

Die öffentliche Meinung betrachtete den Grafen als Korruptionisten und Betrüger und geriet immer mehr in Erregung, so daß der Kaiser befahl, dem Gesetz freien Lauf zu lassen.

Der Graf hatte eben ein großes Fest veranstaltet, das er mit den für die Armee des Prinzen Eugen angewiesenen und unterschlagenen Summen in feenhafter Weise ausgerichtet hatte. Während dieses Fest noch im Gange war, wurde er verhaftet

und in Anklagezustand versetzt. Wegen der in der Residenz herrschenden riesigen Aufregung wurde die Untersuchungskommission nach Linz verlegt.
Im Oktober 1680 trat das Gericht zusammen. Die Anklage bezog sich auf folgende Punkte: Mißbrauch der Amtsgewalt, Meineid, Diebstahl, Korruption, Unterschleif und Erpressung. Das Urteil lautete: 1. Der Inquisit Georg Graf von Sinzendorf soll Seiner Majestät 1970000 Gulden restituieren und erlegen. 2. Aller Ämter entsetzt sein. 3. An einem Seiner Majestät beliebigen Orte privat leben und 4. soll es dem Fiscus vorbehalten sein, wegen der noch nicht genugsam erläuterten Punkte und was noch ferner Neues vorkommen möchte, wider den Inquisiten zu agieren.
Der Graf überlebte seine »Schmach« nicht lange.

Eugen von Savoyen »schmiert« die Höfe Europas

Prinz Eugen von Savoyen (1663 – 1736) wird von Ludwig XIV. abgewiesen, fast durch Zufall in den militärischen Dienst Habsburgs geraten, begründet er die Großmachtstellung der Habsburger durch seine Siege über die Osmanen. Seit 1697 war er Oberbefehlshaber, von 1703 bis zu seinem Tod Präsident des Hof-Kriegsrates. Dank seiner militärischen und politischen Fähigkeiten gelangt er zu ganz ungewöhnlicher Autorität. Er dient unter drei Kaisern aus dem Hause Habsburg – es war eine glanzvolle Epoche (Leopold I., Joseph I., Karl VI.). Der Habsburger Staat machte ihn nach der Übung seiner Zeit reich, und er machte von seinem Reichtum Gebrauch.
Als Heerführer und erster Minister Kaiser Karl VI. (Vater Maria Theresias) einer der ganz Großen der Diplomatie, muß er auch als Großer in Sachen Korruption angesehen werden.
Das 18. Jahrhundert brachte ein System hervor, in dem Korruption, Spionage und Verrat in variabler Symbiose ganz große Ausmaße annahm. Merkwürdigerweise wurden jedoch die

Korruptionisten und Verräter im allgemeinen nicht geächtet oder gegebenenfalls streng bestraft. Sie wurden auch von den Korrumpierenden kaum mißachtet; so bekamen sie meistens zusätzlich die Versicherung, bei etwaiger Aufdeckung und Verlust ihrer Stellungen abgesichert – im vorliegenden Fall in kaiserliche Dienste übernommen zu werden. Man mag dies vielleicht nicht verstehen, aber es muß als Faktum zur Kenntnis genommen werden.

Es ist recht bekannt, daß Metternich – vor allem während des Wiener Kongresses – sogenannte »Postlogen« und das »Geheime Ziffernkabinett« eingerichtet hatte; diese Institutionen hatten die Aufgabe, die ein- und ausgehende Post, vornehmlich die der ausländischen Diplomaten, zu intercepieren, d.h. zu öffnen, abzuschreiben, gegebenenfalls zu dechiffrieren, wieder zu verschließen und weiterzuleiten. Selbstverständlich wurde dies auch in anderen Ländern praktiziert, aber unter Metternich wurde dieses System zu einem wahren Kunstwerk ausgebaut. Selbst Mitglieder des kaiserlichen Hauses und die höchsten Würdenträger blieben davon nicht verschont. Man hat berechnet, daß während des Wiener Kongresses ca. 15000 Intercepte pro Jahr angefertigt wurden. Von den Betroffenen wurden oft Gegenmaßnahmen unternommen, z.B. absichtlich falsche Informationen geschrieben, um Verwirrung zu stiften.

Es läßt sich feststellen, daß diese Vorgänge sich etwa hundert Jahre früher, schon z.Z. Kaiser Karl VI. und Prinz Eugens auch schon in dieser Form abgespielt hatten. In vielen Schreiben des Kaisers an den Prinzen finden sich Hinweise auf »Intercepte« von Diplomatenkorrespondenz.

Besonders wichtig war es natürlich, die Geheimnisse der diversen europäischen Höfe zu erfahren und von deren Absichten, Aktivitäten, Befürchtungen und Hoffnungen Kenntnis zu erlangen.

Prinz Eugens Organisation des Geheimdienstes war äußerst effektiv, oft unglaublich erfolgreich. An Quellenmaterial ist wahrlich kein Mangel; das Haus-, Hof- und Staatsarchiv in

Wien und gewisse Archive von Geheim-Akteuren (z.B. Seckendorff, Harrach, Kinsky) zeigen ein dichtmaschiges Netz von Geheimagenten und den »Einkauf« auch sehr hochstehender Persönlichkeiten.
Eine ganz wichtige Rolle spielte dabei Friedrich Heinrich Graf Seckendorff, der zuerst in der sächsischen und kaiserlichen Armee diente und seit 1726 österreichischer Gesandter in Berlin war.
U.a. »kaufte« er Preußens Gesandten in London, Friedrich von Reichenbach, mit vorerst 600 und später 900 Talern jährlich. Eine ganz besondere Beziehung knüpfte Seckendorff mit dem in sächsisch-polnischen Diensten emporgekommenen Ernst von Manteuffel an. Dieser war ein vielseitig gebildeter Mann, der später zeitweise zum geistigen Mentor des preußischen Kronprinzen wurde. Er spielte in Dresden am Hofe August des Starken eine große Rolle, bis er von der mit Frankreich verbundenen Hofpartei gestürzt wurde. Als geheimer Verbündeter und Übermittler von »importanten« Nachrichten wurde er von Prinz Eugen hochgeschätzt und mit dem gleichen Jahresgehalt wie Grumbkow, der erste Minister des Soldatenkönigs, bedacht.

Auch nach seinem Sturz hat Manteuffel wertvolle Enthüllungen geliefert, z.B. geheime Berichte des polnischen Diplomaten Graf Villio und Agentenmeldungen aus St. Petersburg, Warschau und München. Durch Manteuffel ging kaiserliches Geld an Villio und einen Agenten in Bayern, der die Geheimnisse des Münchner Hofes zu enthüllen versprach. Die bevorstehende Heirat des Kronprinzen von Preußen mit der Prinzessin von Bevern führte dazu, daß man vorsorglich schon deren Oberhofmeisterin tausend Gulden aussetzte, um sie völlig in das kaiserliche Interesse zu ziehen. Von Grumbkow kamen unter anderem auch Abschriften der Relationen der preußischen Vertreter in Paris, London und Den Haag.
Fast jede Woche gingen große Pakete auf besonders gesicher-

ten Postwegen oder durch Kuriere allein nur mit den Geheimberichten von Grumbkow und Manteuffel von Berlin nach Wien. Man hatte dann auch noch Agenten in Schweden, Dänemark, Hannover und England, auch »gewann« man den holländischen Gesandten in Berlin zur Hergabe von Extrakten holländischer politischer Korrespondenzen.

Seckendorff war zwar eine der wichtigsten Stützen des diplomatischen Geheimdienstes, aber immerhin gab es auch noch andere. Friedrich Graf Harrach, welcher beim Regensburger Reichstag seinen Sitz hatte, war in dieser Hinsicht außerordentlich tätig; Originale und Entwürfe der Korrespondenz zwischen dem Prinzen und Harrach befinden sich im Familienarchiv Harrach in Wien.

Ein anderer wichtiger Mann war Philipp Graf Kinsky; dieser war in London bemüht sich Einblick in die Absichten des Hofes, der Regierung und des Parlaments zu verschaffen. Ein englischer Diplomat, der sich vor seinen politischen Gegnern auf das Festland »abgesetzt« hatte, ein gewisser Davonant, hat bis zu Eugens Tod diesem geheime Nachrichten über wichtige politische Vorgänge und Absichten zukommen lassen, wofür er etliche Male bedeutende Summen erhielt.

Der kaiserliche Gesandte in Madrid, Graf Königsegg, hatte die Aufgabe, Geheimberichte über die spanische Königsfamilie und die Regierung zu liefern; auch sollte er Vorschläge machen, welche Möglichkeiten und welche geheimen Mittel zur Einwirkung auf die spanische Politik bestünden.

Der Herzog von Bevern, dessen Wunsch auf Versorgung seiner Kinder mit kaiserlichen Absichten in Preußen, Rußland und Hannover koordiniert wurde, war für Wien außerordentlich tätig; er hat Seckendorff in Berlin und an den kleineren Höfen in Mittel- und Norddeutschland Schützenhilfe geleistet und dem Prinzen in Wien Berichte welfischer Diplomaten aus St. Petersburg und London verschafft.

Geheim bleiben mußte natürlich auch die Korrumpierung bestimmter Persönlichkeiten fremder Höfe, welche sich von den

höchsten Würdenträgern bis hinab zu den Schreibern und Kammerdienern erstreckte.
Die genannten kaiserlichen Gesandten und Geschäftsträger mußten natürlich fähig, zuverlässig und integer sein – sie waren es auch. Sie mußten außerdem auch rein arbeitsmäßig mehr als normal leisten, da sie ihre Berichte in doppelter und verschiedener Ausführung abfassen mußten: Offiziell an die kaiserliche Regierung und inoffiziell noch viel eingehender und geheimer an den Prinzen Eugen und den Kaiser. Immer wieder ermahnt Eugen zur strengsten Geheimhaltung dieser inoffiziellen Korrespondenz und versichert, daß ausschließlich der Kaiser davon unterrichtet würde.
Wenn man im Wiener Haus-, Hof- und Staatsarchiv die langen Reihen von Korrespondenzmappen sieht, so fragt man sich, wie der Kaiser, vor allem Prinz Eugen, aber auch andere es zustande brachten, diese enorme Korrespondenz zu bewältigen. Prinz Eugen beschäftigte einen Geheimsekretär, das heißt also, daß es noch einen Mitwisser gegeben hat. Nach Versuchen mit dem einen oder anderen, traf er dann eine Wahl, die besser nicht hätte sein können: Ignaz von Koch. Immer wieder betonte sein Herr dessen Treue, Zuverlässigkeit und völlige Unbestechlichkeit – Eigenschaften, welche auch vom Kaiser anerkannt wurden. Koch hatte sich einen derartigen Ruf erworben, daß ihn später Kaiserin Maria Theresia zu ihrem Geheim-Kabinettsekretär erwählte, und wir wissen, daß sein Tod der Kaiserin sehr nahe ging.
Die Aufrechterhaltung dieses mit Korrumpierung verbundenen Geheimdienst-Netzes kostete sehr viel Geld. Abgesehen von den ständigen »Pensionen« gab es immer wieder ad hoc-Bestechungen und einmalige Belohnungen; außerdem noch »Präsente« verschiedener Art, geschäftliche Transaktionen zugunsten der Konfidenten und deren Familienmitgliedern, Ausstattung von Hochzeiten etc. etc.
Anscheinend kamen diese benötigten Gelder aus der Privatschatulle des Kaisers. Die Gesamthöhe der Kosten läßt sich

auch nicht annähernd abschätzen. Rein technisch wurden die Zahlungen entweder auf Geheimwegen durch Kuriere abgeschickt, aber oft scheinen sie durch das Wiener Bankhaus Brüder Palm erfolgt zu sein.

7

Der erste Diener seines Staates

Codewort »Jupiter und Olympia«

General-Feldmarschall von Grumbkow, Erster Minister und Vertrauter des Preußenkönigs Friedrich Wilhelm I., des sogenannten »Soldatenkönigs« (reg. 1713 – 40), war durch und durch korrupt. Vorerst ließ er sich von Frankreich kaufen; der Gesandte Kaiser Karls VI., des Vaters Maria Theresias, Reichsgraf von Seckendorff, kam dahinter und hatte auch die Bestechungssumme erfahren und an den Wiener Hof gemeldet. Prinz Eugen von Savoyen gab daraufhin Seckendorff den Auftrag, den französischen Hof zu überbieten und sich Grumbkows zu »versichern«.

Dies gelang. Grumbkow lieferte die Korrespondenz seines Königs aus und berichtete bis zu den intimsten Vorgängen im königlichen Familienleben. Er tat dies nicht nur mündlich Seckendorff gegenüber, sondern lieferte auch schriftliche Berichte. Da nun bediente er sich eines allerdings nicht gerade einfallsreichen Codes: »Jupiter und Olympia.« Jupiter war der König, Olympia die Königin.

Man könnte natürlich sagen, daß diese Bestechungen führender Staatsmänner im 18. und 19. Jahrhundert nicht so selten waren; siehe z. B. den Prinzen von Talleyrand, wahrscheinlich auch Fürst Metternich und ganz sicher dessen »Rechte Hand« Freiherr von Gentz. Dies war den eigenen Herrschern oft nicht ganz unbekannt. Grumbkow trieb es allerdings besonders schlimm. Prinzessin Wilhelmine, Friedrichs Schwester, schrieb:

> »...Sein ganzer Charakter ist ein Gewebe von Lastern...«

»Jahresrenten« erhielten angeblich damals alle Minister des Soldatenkönigs, doch beschränkte man sich beim Korrumpieren keineswegs auf die höchsten Ränge, sondern ging dabei auch in die niedrigen Chargen. Auch kleinere Beamte und Angestellte am preußischen Hof wurden bestochen. Graf Seckendorff, welcher sich anscheinend zu einem Spezialisten in

Korrumpierung entwickelt hatte, nahm z.B. die vertraute Kammerfrau der Königin in kaiserliche Dienste und auch den Kastellan des Schlosses, da der König mit diesem wiederholt seine Sorgen und Pläne zu besprechen pflegte.

Der Kronprinz macht Schulden

Die Beziehung König Friedrich Wilhelms I. zu seinem Sohn war bekanntlich denkbar schlecht. Der König attackierte ihn sogar vor anderen Personen tätlich und verhöhnte ihn noch dazu. Der junge Mann hatte tatsächlich eine bittere Jugend und wollte verständlicherweise dem Bannkreis seines Vaters entfliehen. Im Alter von 18 Jahren versuchte er, mit seinem Freund Katte nach England zu entkommen, wurde jedoch festgenommen. Sein Vater setzte ein Kriegsgericht ein, um ihn als Deserteur zum Tod verurteilen zu lassen. Das Kriegsgericht weigerte sich, über den Kronprinzen ein Urteil zu fällen. Fremde Höfe – auch der kaiserliche – setzten sich für Friedrichs Leben ein. So »begnügte« sich der König damit, seinen Sohn in strenge Haft nach Küstrin zu schicken und dessen Freund Katte hinrichten zu lassen.

Unter dem 27. 2. 1976 brachte die »Zeit« einen Artikel mit der Überschrift:

> »Auch Friedrich von Preußen nahm Schmiergelder. Korruption wird in den Geschichtsbüchern fast immer verschwiegen.«

Der Sachverhalt war folgender: Der Wiener Hof hatte durch den korrupten Minister Grumbkow erfahren, daß der Kronprinz – in seiner Küstriner Zeit – Schulden u.a. bei Juwelieren und Schneidern hatte, die er nicht bezahlen konnte. Aus verständlichen Gründen durfte der gestrenge »Herr Papa« davon auf keinen Fall etwas wissen.

Karl VI., der Kaiser in Wien, sowie Prinz Eugen sahen darin sofort eine Gelegenheit, den künftigen König von Preußen

Österreich »geneigt« zu machen, indem man ihm aus dieser unangenehmen Situation »heraushalf«.
Prinz Eugen veranlaßte den schon genannten Reichsgrafen von Seckendorff, dem Kronprinzen folgendes Schreiben zukommen zu lassen:

»...Da ich befürchte, daß man während des Aufenthaltes in Küstrin nicht umhin konnte, etliche Schulden zu machen, wird es durchaus notwendig sein, dieselben zu bezahlen, bevor der König von ihrer Existenz erfährt...«

Wien bot Friedrich eine Jahreszuwendung von 2500 Golddukaten – eine sehr hohe Summe – und Friedrich nahm dankend an.
Nun hieß es allerdings, sehr vorsichtig zu sein. Welch eine Katastrophe, wenn der König von Preußen erfahren hätte, daß sich der Sohn und Kronprinz vom Kaiser bezahlen ließ! Sekkendorff ermahnte daher Friedrich, seine Schulden nur in Monatsraten abzuzahlen, da es sonst auffallen würde. Man mußte vorsichtig vorgehen, da der König seinen Sohn dauernd bespitzeln ließ durch seine Umgebung, die ihrerseits wiederum für ihre üble Tätigkeit bezahlt wurde. Es wurde daher ein Code vereinbart.
Da hieß es in Friedrichs Briefen etwa: Bücher, über die er entzückt sei und »wieder und wieder lesen möchte« (= Golddukaten) oder »ich sende Ihnen das Lied, um das Sie mich baten« (gemeint sind Quittungen für die erhaltenen Beträge).
An dieser Stelle »Auszüge aus Gesandtschafts-Rechnungen, des Grafen Seckendorffs geheime Ausgaben betreffend«, welche der kaiserliche Hof dem Kronprinzen Friedrich als Pension ausgeworfen hatte:

»Für den Kronprinzen Friedrich sind mir den 11. April 1733 durch die Gebrüder von Palm gezahlt worden 3210 Ducaten, und zwar 810 Ducaten zur Vergütigung auf dasjenige, was ich ihm auf das Jahr 1732 über die 2500 Ducaten vorgeschossen hatte, und dann nach allerhöchster Resolution 3000 Ducaten Pension pro anno 1733, darüber

die beiliegende Berechnung folgt, aus welcher erhellet, daß wirklich 400 Ducaten mehr, als für ihn empfangen, ausgegeben, welches daher kommt, daß an Baron Gotter die, dem Kronprinzen gelieferten, Recruten bezahlt worden. Es hat zwar bishero der Kronprinz sowohl bei mir selbst, als durch Grumbkow, seine Geldnoth vorgestellt und einige Beihülfe haben wollen, weil er sich aber einige Zeit her auf keine Weise so aufgeführt, daß er der kaiserlichen allerhöchsten Gnade würdig, so habe ihn zappeln und in große Noth kommen lassen wollen, ehe man ihm beispringt. Es beruht also auf Ihro kaiserliche Majestät allerhöchster Entschließung, ob auf dieses laufende Jahr 1734 die ausgesetzte Pension von 3000 Ducaten soll continuiret werden. Ein gewisses Versprechen ist von mir hierüber an den Kronprinzen nicht geschehen, folglich es keinen Verstoß geben kann, wenn solches eingestellt bliebe, hingegen, da die Geldnoth bei dem Kronprinzen groß, und er hinfüro allen Conferenzen mit beiwohnen soll, so bin der unschuldigen Meinung, man sollte es noch ein Jahr probiren. Im Fall aber Ihro kaiserliche Majestät ein anderes resolvierten, so müßte alleruntertthänigst gebeten haben, daß mir mein Vorschuß, nach Ausweis der Rechnung, welche mit authentischen Urkunden belegt habe, wieder vergütigt werde mit 400 Ducaten.
Die Erbprinzessin von Baireuth hat auf das Jahr 1733 durch mich baar den 11. April empfangen eintausend Speciesducaten. Und da der Kronprinz, ihr Herr Bruder, selbiger mehr, als jemand in der Welt, Gehör giebt, und wo eine Möglichkeit, ihm andere Prinzipia beizubringen, solches durch sie geschehen muß, so kommt es auf allerhöchste Entschließung an, ob für dieses Jahr 1734 die Erbprinzessin von Baireuth wiederum haben soll 1000 Ducaten.
Dem General Grumbkow ist seine ehedes gehabte Pension auf das Jahr 1732 mit eintausend Ducaten gezahlt wor-

> den. Wenn also selbige, ohngeachtet der nunmehr empfangenen beständigen allerhöchsten Begnadigung von 40000 Gulden, dennoch sollte continuiret werden, so gebührt ihm pro anno 1733 eintausend Ducaten. – Wenn jemand in der Welt Gnade verdient, so ist es dieser Mann.«

Für den Kaiserlichen Hof in Wien erwies sich diese teure Aktion als glatte Fehlinvestition: Denn kaum an der Macht, bekriegte Friedrich II. die Tochter und Nachfolgerin Kaiser Karls VI., die damals 23jährige Maria Theresia, wegen Schlesien.

8

HYÄNEN DER GROSSEN REVOLUTION

Voltaire, der geschäftstüchtigste aller Philosophen

Man sagt, jede Revolution frißt ihre eigenen Kinder. Damit steht es wie meistens mit solchen allgemeinen »Weisheiten«: Oft stimmt es, oft nur teilweise, oft überhaupt nicht.

Man könnte die Französische Revolution von 1789 als ein gültiges Beispiel für ersteres heranziehen: Im Jahr nach der Ermordung Ludwig XVI. bzw. Marie Antoinettes schickte Robespierre seinen Mitkämpfer Danton auf die Guillotine, bereits ein Jahr später erfuhr der »Unbestechliche« mit seinen »Schrekkensmännern« dasselbe Schicksal durch Barras, Tallien u.a. Eine lange Liste von Revolutionsmännern scheint den obigen Spruch zu bestätigen: ermordet, guillotiniert, auf todbringende Inseln deportiert – dies alles unter der revolutionären Fahne.

Am Beispiel der großen Revolution sehen wir jedoch auch, wie es passieren kann, daß die »Kinder« ihre »Mütter« auffressen, um bei diesem Bild zu bleiben, und zwar waren es die drei Männer Barras, Fouché, Talleyrand und vor allem Bonaparte mit ihren Helfershelfern.

Über Vorgeschichte, Ursache, unmittelbaren Anlaß und die verschiedenen Phasen im Ablauf der Revolution, über ihre endgültige Abwürgung durch Bonaparte, über die weltgeschichtlichen Folgen und bleibenden Errungenschaften sind ganze Bibliotheken geschrieben worden.

Es kann nicht Aufgabe dieser Betrachtung sein, der Geschichte der Französischen Revolution eine neue Darstellung hinzuzufügen – ist sie doch von hervorragenden Historikern in oft meisterhafter Weise geschildert worden. Es sollen nur ein paar Streiflichter auf gewisse Akteure und Geschehnisse geworfen werden, welche die eine oder andere wenig beachtete Episode oder Facette erhellen sollen.

Wer waren die eigentlichen Nutznießer dieser Revolution?

Es sei an dieser Stelle von den Auswirkungen auf ganz Europa abgesehen; auch davon, daß die echten Ideale teils durch die blutgierigen Schreckensmänner geschändet und später von den beutegierigen Hyänen, den paar großen und den Tausenden von kleinen besudelt wurden – und dennoch in ihrer Ausstrahlung viel Segensreiches der Menschheit schenkten.

In erster Linie war es das gehobene Bürgertum; die große Schicht der wohlhabenden Bürger war selbstbewußt geworden und drängte dahin, auch politisch zu Anerkennung und Einfluß zu gelangen. Diese Kreise waren es ja, welche mit einer Reihe von – selbstmörderischen – aristokratischen Idealisten den Sturz der alten Ordnung in die Wege geleitet hatten; den Boden vorbereitet, den Samen der Revolte in ihn versenkt hatten bereits früher Männer wie Rousseau und Voltaire u.a., und die früheren Machthaber hatten ja auch ihrerseits durch die groben Mißstände, Ungerechtigkeiten und Willkür dafür gesorgt, daß der Boden für den aufrührerischen Samen aufnahmebereit war.

Der materielle Nutzen fiel dem wohlhabenden und reichen Bürgertum zu, welches die beschlagnahmten Vermögenswerte der Kirche und teilweise auch der Aristokratie zu lächerlichen Preisen vom Staat aufkaufte, wobei Korruption und »Freunderlwirtschaft« wahre Orgien feierten.

Daß die Unmenge neugebackener großer, kleiner und kleinster Machthaber – verstreut über das ganze Land – sehr häufig den Versuchungen der ungewohnten Machtbefugnisse nicht widerstehen konnten –, ist fast immer so. Was gab es da alles zu kaufen und zu verkaufen:

Lieferungen an die Armee, Mangelware aller Art, diverse Erlaubnisse und Pässe, Streichung von der Emigrantenliste, Befreiung aus den Gefängnissen, ja im wahrsten Sinne des Wortes: Kopfgeld! Diese Machenschaften machten auch vor dem gefürchteten Revolutionstribunal nicht halt. So wollte einer der zu Gericht sitzenden belastendes Material eines Angeklagten verschwinden lassen; er wagte es nicht, das aus dem Akt entfernte Material außer Haus zu schaffen; er sah keine andere Möglichkeit, als es aufzuessen, was er auch langsam, aber sicher getan haben soll.

Nun sind wir bei dem eigentlichen Thema Korruption angelangt. Es soll nicht der Versuch unternommen werden, es als »Prokrustesbett« zu mißbrauchen, d.h. geschichtliche Vorgänge um jeden Preis mit korrupten Machenschaften erklären oder sie auf solche zurückführen zu wollen – das wäre verlockend, jedoch unseriös. Es soll auch nicht verdunkelt werden, daß – besonders im Anfang – sehr viel Idealismus und Opferbereitschaft die Fahne der Revolution hochhielten und ihre Träger wirklich an die Ideale von »Freiheit-Gleichheit-Brüderlichkeit« geglaubt haben. Den Idealisten erging es wie es ihnen so oft in der Geschichte geht: Ihre Ideale wurden verfälscht und diskreditiert durch den bei jedem großen Umsturz zu Tage kommenden Haufen von Überläufern, Opportunisten, Korruptionisten, Geschäftemachern, von Dieben, Plünderern, Räubern und Mordgesellen.
Über all die Korruptionisten vor, während der Revolution, während des Konsulates, der Kaiserzeit und der zweimaligen Restauration ließen sich Folianten füllen.
Über einen, von dem man es am allerwenigsten annehmen sollte an dieser Stelle nur einige Worte über einen der Väter der Revolution, den Herrn Voltaire. Wer weiß schon von seiner überdimensionalen Geldgier, seinen Lotterie- und Getreidespekulationen, seinen Armeelieferungen und Leibrentengeschäften, von seinen illegalen Geschäften im Bannkreis Friedrichs II., die ihn um ein Haar die Gunst des Königs gekostet hätte? Er betätigte sich auch als Industrieller und erzeugte Uhren und Damenstrümpfe. Das alles ergäbe ein recht amüsantes Bild des geschäftstüchtigsten aller Philosophen und revolutionären Millionärs. Sein Erbe betrug etwa 10 Millionen heutige Deutsche Mark, wovon die Armen von Berney, dem Sitz seiner Fabriken, mit einem Bettel abgespeist wurden!

Barras oder der Sturz des »Unbestechlichen«

Es spricht eigentlich Bände, wenn unter all den Hunderten von führenden Männern und Tausenden von kleineren Funktionären, unter all den Girondisten, Jakobinern, Konventsmitgliedern, Kommissaren etc. ein einzelner, ein einziger mit dem Beinamen »Der Unbestechliche« geehrt und herausgehoben wurde: Robespierre; ein Fanatiker, unzugänglich, starr, puritanisch und unerbittlich, über alle Maßen eitel und herrschsüchtig; für einen solchen Mann mußte z.B. ein Mensch wie Danton, dieser blutvolle Volkstribun, dieser Genußmensch, ein Greuel sein.

Daß Robespierre diesen »Mitkämpfer der ersten Stunde« auf die Guillotine schickte, war für alle Konventsmitglieder und »alten Kämpfer« ein Schock und ein Alarmzeichen höchsten Grades; nun konnte sich keiner mehr sicher fühlen, sei er ein Gemäßigter oder Radikaler; die Angst saß ihnen im Nacken vor dem Unerbittlichen, der voll Haß und Verachtung auf die Lauen, die Wendigen, die Geldgierigen und teilweise so korrupten Opportunisten und Manipulanten herabsah.

Robespierre beging außerdem den Fehler, noch am Tage vor dem Schicksalstag, dem 9. Thermidor, sich in unbestimmten Drohungen zu ergehen und Angst und Schrecken zu verbreiten.

Es gibt Schilderer dieser Zeit, auch sehr bekannte Historiographen, welche den Sturz Robespierres auf eine »Verschwörung der Korruptionisten« gegen ihn zurückführen, welche sich nach dem Gebaren des »Unbestechlichen« sagen mußten: »Er oder wir!« Dies ist eine Deutung, die einem Schilderer der Korruption recht gelegen kommen mag, aber wohl eine unzulässige Vereinfachung darstellt.

Richtig mag schon sein, daß die Todesangst der Korruptionisten den »unmittelbaren Anlaß« für diese Tat gab. Es wäre ihnen jedoch kaum gelungen, die Mehrheit der Konventsmitglieder auf ihre Seite zu reißen, den Jakobinerclub lahmzulegen und das Volk ruhigzuhalten, wenn nicht die allgemeine Stimmung dahin gegangen wäre, Schluß mit der Schreckensherrschaft zu machen. Man hatte von den Bluturteilen, der Guillotine, kurz der ganzen Terrorwirtschaft genug. So nur ist es zu erklären, daß sich kein Widerstand rührte, als Robespierre, St. Just und Genossen die von ihnen so sehr in Anspruch genommene Guillotine, das Blutgerüst, nun selbst besteigen mußten.

Ohne Zweifel war jedoch die Aktion gegen Robespierre und seine Gesinnungsgenossen ein lebensgefährliches Unternehmen. Nun trat der eigentliche Sieger des 9. Thermidor ins Rampenlicht der Geschichte: Der ehemalige Vicomte Paul Barras.

Den wenigsten ist er bekannt. Es gibt Zehntausende von Publikationen über Napoleon und Tausende über Talleyrand, auch Fouché erfuhr eine gewisse »Publicity« – nicht zuletzt durch die hervorragende Biographie Stefan Zweigs; über Barras finden wir herzlich wenig.

Und doch ist dieser Mann einer der bedeutendsten Akteure der Revolution gewesen: Mitglied, zeitweise Sekretär und dann Präsident des Konvents, »Held des 9. Thermidors« (= 27. Juli 1794), immerhin ein Mann, der einen Robespierre stürzte; anschließend Oberbefehlshaber der »Armee des Innern«, das einzige Mitglied des fünfköpfigen Direktoriums, das bis zum Staatsstreich Napoleons am 18. Brumaire (1799) regierte, der nicht turnusweise ausschied; der Mann, der dem kleinen arbeitslosen Bonaparte nicht nur seinen ersten Kommandoposten, sondern auch seine Geliebte Josephine Beauharnais übertrug; derjenige, der sich von der berühmt-berüchtigten Madame de Staël bewegen ließ, Talleyrand gegen seine widerwilligen Kollegen den ersten Ministerposten zu verschaffen, den eines Außenministers, und der einem halbverhungerten, arbeitslosen Fouché als »Herumlaufer« und Spitzel zu einer Existenz verhalf.

Aber er war keine »Heldengestalt«, wahrlich nicht und auch offenbar nicht geeignet, daß sich an ihm die Phantasie hätte entzünden können. Barras war zweifellos ein Mann von Entschlossenheit und Mut, ein heißblütiger Mann, zeitweise in sei-

nem Hang nach Luxus und allen Genüssen des Lebens in Erschlaffung verfallend, ein sogenannter »schöner Mann«, in dessen Leben die Frauenwelt eine beachtliche Rolle spielte. Solange es seinen persönlichen Interessen nicht gerade widersprach, konnte dieser Königsmörder und Terrorist der ersten Zeit sogar recht gutmütig und hilfsbereit sein.
Seine Memoiren – ca. 2000 Seiten im Großformat – zeigen ihn als einen interessanten Schilderer, nicht ohne Humor, als einen guten Freund und unerbittlichen Hasser, vor allem jedoch als einen der bedeutendsten Lügner und Verleumder, der je eine Selbstbiographie schrieb; dabei ist es unglaublich, mit welchem Geschick und Raffinement er seine Fälschungen, Verdrehungen und Vernebelungen vornimmt: Mit halben Wahrheiten, mit halben Eingeständnissen – kurz ein Cagliostro der historischen Schilderung.
Wenn man seine Memoiren liest und dabei diejenigen etwa seiner Direktoriumskollegen, z.B. Siéjès und Carnot; wenn man die Schriften der Madame de Staël oder gar die Memoiren Talleyrands danebenhält, dann könnte man oft glauben, daß es sich um ganz andere Ereignisse handelt, welche da beschrieben werden, so weichen diese Schilderungen derselben Fakten voneinander ab. »Manipuliert« haben sie alle.

Barras' Memoiren wurden von seinem Freund und Sachwalter und dessen Nachkommen nicht veröffentlicht – offenbar hätte man zu viele Interessen berührt. Erst als George Duruy sie erbte, beschloß er, sie zu veröffentlichen. Vorerst hatte er Bedenken: Barras war ein Feind Napoleons, und er, Duruy, war ein begeisterter Verehrer des Korsen. Gerade dieser Umstand macht diese Publikation sehr interessant, weil Duruy zu jedem der vier Memoirenbücher eine Einleitung schrieb und sich darin mit Barras Schilderungen auseinandersetzt.
Die Memoiren erschienen erst im Jahre 1885. Gerade dadurch, daß Duruy den von ihm nicht gerade geschätzten Barras zu korrigieren sucht und ihm sozusagen bei seinen Zweckdarstel-

lungen »auf die Finger klopft«, gibt er eine gewisse Gewähr, daß man dem effektiven Geschehen, den Tatsachen, näher kommt.

Zur Person Barras gibt Duruy folgende Beschreibung:

> »Ja, aber Barras hat sich nicht damit begnügt, in der Provence (mit furchtbarer Grausamkeit) die Ruhe herzustellen. Neben seinen revolutionären Taten übte er verdächtige Praktiken. Barras streckte nach den konfiszierten Gütern der flüchtigen Proskribierten oder der Opfer der grausamen Jakobinerreaktion, deren Vollstrecker er war, die Hand aus: eine feine und habgierige Hand, nicht gemacht, um blutige Dekrete zu zeichnen – die sie aber doch gezeichnet hat –, sondern um vor Wonne zu zittern bei der Berührung des weichen Seidenhaares schöner Mädchen und bei dem Schimmer des Goldes zwischen seinen Fingern. Er hat mit den Lieferanten spekuliert, seinen Einfluß, seine Protektion verkauft, in tausenderlei Weisen geschwindelt, wie er sein Leben lang schwindeln wird. Schon beginnt der Mann der Lust und des Geldes gelegentlich unter dem Demagogen zum Vorschein zu kommen; und aus der ganzen geschmeidigen, eleganten Person des jakobinischen Vicomte dringt der leise Duft von Verkäuflichkeit und Korruption, die stets seinen Namen in der Geschichte begleiten werden.«

Patrioten der Provence, die noch ihre revolutionären Ideale hochhielten, zeigten Barras und seine Helfershelfer in Paris an. Ohne Zweifel hatte Barras mit Recht Angst vor Robespierre. Denn

> »Robespierre liebt die Pflichtvergessenen nicht, und diejenigen, die Robespierre nicht liebt, werden nicht leicht alt«.

Lassen wir Robespierre selbst sprechen:

> »Ich kann diesen Zustand der Dinge nicht ertragen; es bricht mir das Herz, wenn ich bedenke, daß inmitten unserer Siege die Republik nie so viel Gefahr lief. Entweder

muß ich untergehen oder sie von den Spitzbuben und Verrätern befreien...« (Am 8. Therm.)

Wie Duruy den Sturz Robespierres sieht, beschreibt er folgendermaßen:

»Man begreift, daß ein Mann... (Barras) kein anderes Heil mehr für sich sieht als im Untergang Robespierres. Wenn man bedenkt, daß mehrere in gleicher Lage waren: Fouché, Tallien, Freron und andere, so liegen die tiefen Ursachen des 9. Thermidor auf einmal zu Tage. Und der Fall Robespierres erscheint uns als das, was er wirklich war: nicht das Werk der Reaktion des öffentlichen Gewissens gegen die Schreckensherrschaft, wie man so lange fälschlich gelehrt hat, sondern das Resultat eines geschickt gelenkten Hinterhalts gegen den Unbestechlichen seitens aller Korrumpierten, aller derer, die vom Raube lebten, sich von der Schreckensherrschaft nährten, gegen den enttäuschten Terroristen, der den schrecklichen Lauf der Revolution aufzuhalten suchte.«

Man sagt, mit dem Tod Robespierres, den Napoleon den »wahren Sündenbock der Revolution« nannte, hätte die heroische Zeit der Revolution – im Innern – abgeschlossen, und Duruy sagt:

»Die Gewalt gelangt in die Hände einer unreinen Koterie von Menschen, verkommen in Lastern und Verbrechen. Auf diesem Düngerhaufen kann die Korruption des Direktoriums gedeihen.«

Aus den Memoiren des ehemaligen Vicomte

Lassen wir Barras im 1. Teil seiner Memoiren selbst zu Wort kommen:

»Fouché hatte angefangen, Geld zu machen; bei seiner Mission in Lyon soll er inmitten der von ihm befohlenen Zerstörung der Stadt getan haben, was Brandstifter während des Brandes zu tun pflegen...

Als der Wagen der ›Bürgerin‹ Fouché beim Herausfahren aus der Stadt zusammengebrochen ist, zeigte sich, daß unter den Kleidern Geldkisten versteckt waren...
In seinen gesellschaftlichen Beziehungen suchte Bonaparte nicht Vergnügen und Zeitvertreib, sondern Verbindungen zu bestimmten Zwecken (Madame Tallien, de Staël etc.)...
Um ihren Lebensunterhalt in Marseille zu gewinnen, scheuten die Bonapartes vor gar nichts zurück, nicht einmal – muß man es sagen? – vor der mit den aufblühenden Reizen der Mädchen! (Gemeint sind die Schwestern Bonapartes)...
Napoleon spielte den wilden Mann, im geheimen suchte er sich mit den Aristorkaten gut zu stellen. So stand es mit der Moral und der Politik Bonapartes, als er kaum 25 Jahre alt war...«

Kritisch setzt sich sein Herausgeber Duruy mit dem 2. Teil auseinander:

»... Wenn Barras seine Bosheit an Persönlichkeiten wie Talleyrand oder Fouché ausläßt, ist es, ich gestehe es, ziemlich schwer, Entrüstung zu empfinden. Daß diese beiden Fürsten der Lüge, der Treulosigkeit und des Verrates, daß diese beiden großen Schurken von den scharfen Zähnen eines dritten Schurken zerfleischt werden, das ist etwas hervorragend Erbauliches... Es ist ein hübsches Schauspiel, wenn Barras einen Talleyrand im Namen der Sittlichkeit Peitschenhiebe erteilt. Was für eine Freude ist es für uns, diese beiden zynischen und unsauberen Persönlichkeiten sich gegenseitig der Verachtung der Nachwelt preisgeben zu sehen.«

Duruy ist empört, daß Barras behauptet, daß Bonaparte »seinen Weg durch die Frauen zu machen sucht«. Barras leugnet auch, daß Bonaparte Josephine geliebt hat, sondern daß ihn nur der Ehrgeiz getrieben hat.

Weiterhin bemerkt Duruy:

»... Dann habe ich auch die Korruption, die Käuflichkeit, die Abgeschmacktheit, den verleumderischen Hang und den Zynismus Barras' gezeigt, den Taine den ›Unverschämtesten der Verworfenen‹ nannte.«

Kommen wir auf die Memoiren selbst zurück. Ziemlich ausführlich läßt sich Barras über seine frühere Geliebte Josephine Beauharnais, die er und andere intime Freunde »Rose« nennen, in der gemeinsten Weise aus. Ein typischer Satz Barras':

»Frau Beauharnais stand im Ruf, einigen Einfluß auf mich zu haben; die einen glaubten, sie sei meine Geliebte gewesen, andere, sie sei es noch. Soviel ist sicher, daß sie früher offenkundig die Geliebte des General Hoche e di tutti quanti war.« (Stallburschen, Adjutanten u.a.)

Dann wiederum erwähnte er, daß Bonaparte sich ihrer bedient, wenn er von ihm (Barras) etwas will, und fügt feinerweise hinzu, daß er es mit ihr getan hat, während Bonaparte draußen im Vorzimmer wartete, und das alles, damit er das italienische Kommando bekommt!

»... Das Abgeordnetenmandat wird heute gesucht als ein vorteilhafter Posten, mehr um zu Vermögen als zu Ruhm zu gelangen. Je mehr die moralischen Ideen der Revolution sich verflüchtigen, desto mehr machen sie den materiellen Ideen Platz.«

Über den General Masséna, den Napoleon »das verwöhnte Kind des Sieges« nannte, sagt Barras, daß er militärisch hervorragend gewesen sei. Allerdings habe er Ströme von Blut vergossen und sich enorm bereichert. So beschuldigt er ihn, die Demolierung der Festungswerke von Mannheim nur deshalb angeordnet zu haben, um das Material zu verkaufen.

Dann taucht der (General-)Agent der Bourbonen Fauche-Borel zum erstenmal in den Memoiren auf im Zusammenhang mit einem Bestechungsangebot an den General Pichegru. Des weiteren schildert er, was Talleyrand alles anstellte, um von ihm einen Posten zu ergattern:

»... Sogar bis zum letzten meiner Dienstboten stieg er herab, dann glaubte er, er müsse jetzt bei mir die Frauen aufmarschieren lassen.«

Es folgen dann sehr gelungen die Bemühungen der Madame de Staël, um von ihm zu erreichen, daß er einen Regierungsposten bekäme.

»›Er besitzt‹, sagte mir Frau von Staël in dem Ton wirklicher Begeisterung, ›er besitzt alle Laster des alten und des neuen Regimes; er hat und wird stets einen Fuß in allen Parteien haben; sie können gar keinen geschickteren Agenten haben!‹«

Obwohl Barras Talleyrand nicht leiden konnte, so erreichte Madame de Staël, daß Talleyrand gegen den Willen der anderen Mitglieder des Direktoriums zum Außenminister bestellt wurde.
Zum 3. Teil der Memoiren von 1797 bis zum Staatsstreich Napoleons im Jahre 1799 bemerkt Duruy:

»Kunstvoll die Wahlangelegenheiten lenkend, jeden kaufend oder verbannend, der einen im Wege steht... und eine der schlimmsten Taten des Direktoriums, vielleicht die schlimmste von allen, ist es gerade, daß es mit seinen zweideutigen Praktiken die unheilvolle Ära der Politiker inauguriert hat...
Der Fisch stinkt vom Kopf... daß die Staatsbeamten klein und groß sich berechtigt halten mit ihrer Stellung Handel zu treiben, wie dieser käufliche Direktor (Barras) ihn mit der seinen treibt...« (Besonders begehrt der Posten eines Polizeiministers, schon in Hinblick auf die Spielhäuser und so viele andere Nebeneinkünfte)...
Ausstrahlung der Korruption bis in die Armee, als Beispiele Haller und Berthier, welche nicht nur wertvolle Gegenstände aus dem Vatikan verschleuderten, sondern auch gestohlen haben.

Lassen wir wieder Barras zu Wort kommen.

Die Mitglieder des Direktoriums machten sich große Sorgen vor den Ergänzungswahlen, und Talleyrand sprach die Direktoren darauf an:

> »... in England lasse man alle Mittel ins Spiel treten, welche das Geld verleihe; das Geld sei die Triebfeder der englischen Wahlen, wie es der Nerv des Krieges sei...«

Nun leistet sich Barras wieder einmal eine besondere Heuchelei, indem er schreibt:

> »... Diese Mittel sind an sich höchst unmoralisch und vor allem in einer Republik, deren Prinzip die Tugend ist... Aber die Leidenschaften nehmen es in der Praxis mit der Moral nicht so genau... und so wird errötend (!!) die Geldverteilung beschlossen; wir sollen sie, wie man im gewöhnlichen Leben sagt, für unser Geld bekommen.«

Nun folgt ein Namensverzeichnis der Beamten und Spezialagenten, welche Geld aus dem Fonds der Geheimausgaben erhalten haben, um die Wahlen des Jahres VI zu beeinflussen. Die Liste zieht sich über vier Seiten hin, nennt ungefähr hundert Namen mit genauen Angaben der Bestechungsbeträge, welche insgesamt über 185000 Francs ausmachen. Den größten Teil bekommt der Präsident des Direktoriums, dann Sekretäre, Deputierte und Kommissare in den Provinzen, der Minister des Innern etc., etc.

Dann läßt sich Barras über seinen Direktoriumskollegen Merlin aus; dieser sei wütend auf den Kriegsminister Scherer, weil er einer Frau Villars, der Geliebten Merlins, keine »Erkenntlichkeitsgeschenke« gemacht hat. Barras meint nun, daß Talleyrand von Merlin auch beauftragt wurde, der genannten Dame einiges zukommen zu lassen, dies jedoch in gewohnter Weise selbst eingesteckt habe.

> »Merlin kann diese Rücksichtslosigkeit nicht ertragen, welche ihm vorübergehend die Gunst der Frau Villars etwas entzogen hat und ihn zu persönlichen Ausgaben aller Art nötigte, um sie wieder zu versöhnen.«

(Aus Wut wollte Merlin erreichen, daß man Scherer das Kommando entziehe und es einer Kreatur der Frau Villars übergebe.)

»Treilhard (ein Mitglied des Direktoriums) beginnt einzusehen, daß die Agenten Betrügereien bei der italienischen Armee verübt haben; er beantragt, ihnen den Prozeß zu machen; man antwortet ihm, dann müßte man ihn der gesamten Armeeverwaltung machen!«

Jetzt zeigt sich Barras wieder von seiner häßlichen Seite gegenüber Josephine: Es ging das Gerücht, daß Bonaparte in Ägypten den Tod gefunden habe. Josephine habe ihre Freude darüber zum Ausdruck gebracht, weil sie ja doch nur Barras liebe. Sie habe Angst vor der Familie Bonaparte, daß sie ihr den Schmuck wegnimmt und brachte die Kassette zu Barras. Außerdem brauchte sie noch 50000 Francs für den Kauf von Malmaison; Barras schickt ihr diese am nächsten Tag mit einem Adjutanten und macht folgende feine Bemerkung: »...Er wurde ebenso wie das Geld mit der Erkenntlichkeit aufgenommen, von der nun einmal Frau Bonaparte nicht minder wie Frau Beauharnais hübschen jungen Burschen gegenüber nicht lassen konnte...« Als Frau Bonaparte Barras öfter »anpumpte«, gab er ihr u.a., wie er behauptet, eine Anweisung auf eine große Menge Zucker, welcher Mangelware war, damit sie ihn im Schleichhandel verkaufen könne.

Barras windet sich in diesem Teil seiner Memoiren um die Frage, wieso er plötzlich mit den Bourbonen in ein so gutes Verhältnis gekommen sei, nimmt man doch allgemein an, daß er von ihnen in großzügigster Weise bestochen worden ist; es erging sogar an den Bürgerdirektor ein königliches Patent, in welchem Ludwig XVIII. seinem lieben und getreuen Vicomte von Barras Grüße und eine riesige Summe übersandte.

Ganz allgemein behauptete man, Barras sei von diesem Moment an im Solde der Bourbonen gestanden, die sich nach der erfolgten Restauration sehr freundlich zu ihm verhielten, obwohl er ja auch ein »Königsmörder« war, wie man diejenigen nannte, welche für den Tod Ludwigs XVI. gestimmt hatten, und einer der Schreckensmänner gewesen ist.

Der vierte und letzte Band der Memoiren beginnt mit dem Staatsstreich vom 18. Brumaire des Jahres VIII (9.11.1799) und endet mit dem Jahr 1828.

Niemand zweifelte daran, daß Barras von Bonaparte bestochen wurde, um den Staatsstreich vom Jahre 99 zu ermöglichen und Napoleon zur Macht zu verhelfen. Natürlich leugnet er das wieder; er meint, es sei schon möglich, daß Napoleon Talleyrand mit den fraglichen zehn Millionen zu ihm geschickt habe, aber Talleyrand wird sie wieder selbst eingesteckt haben.

Allgemein ist man der Meinung, daß Barras einen Staatsstreich zugunsten der Bourbonen geplant, jedoch durch Bonaparte zeitlich überspielt wurde. Dazu Duruy:

> »... Barras war seiner Verantwortlichkeit müde; er sehnte sich nur danach, ihrer entledigt zu werden, indem er dafür die entsprechende Anzahl von Millionen in Empfang nahm. Er hat daher seinen Verrat aus den gemeinsten und niedrigsten verbrecherischen Motiven begangen. Gold und Mädchen, ein luxuriöser Tisch, das Leben eines reichen Fürsten erwartete ihn in Grosbois (seinem Landgut)... So schwindet der ›Sieger vom Thermidor‹ aus der Geschichte, wie ein Jahrmarktgaukler sich duckt und sich in einer Versenkung den Blicken entzieht.«

Im Mai 1814 berichtet Barras, daß Madame de Staël sich die größten Vorwürfe mache, seinerzeit so viel für das Emporkommen Talleyrands getan zu haben. Er zitiert sie:

> »›Er hat Euch verkauft, Ihr Herren vom Direktorium‹, sagte sie mir in ihrer lebhaften Weise, ›er hat das Konsulat verkauft, er hat den Kaiser und das Kaiserreich verkauft und er hat die Restauration verkauft; er hat alles verkauft und wird alles, was er kann oder was er auch nicht kann, bis zum letzten Tage seines Lebens verkaufen... Talleyrand hat die Bourbonen den Verbündeten verkauft, er hat die Verbündeten den Bourbonen verkauft, er hat noch in

den letzten Tagen 54 befestigte Plätze auf einen Streich verkauft...‹ und ›Siéyès (ein führendes Mitglied des Direktoriums) habe alles Geld vom Direktorium eingesteckt und sich von Bonaparte bestechen lassen...‹«

»Für Lucien (den Bruder Napoleons) und für die übrigen in hervorragender Weise bei der Verschwörung vom 18. Brumaire beteiligten Personen war der einzige Zweck gewesen, sich der Schätze der Nation zu bemächtigen. Die Familie Bonaparte spekulierte in Getreide, in Lieferungsverträgen, in das Volk belastenden Rechten und dem Spiel... die Diamanten, mit denen diese Damen und diese Herren sich schmückten, konnten nur ihren schlechten Ruf vermehren.«

Barras beklagt sich bitter, daß Fouché, den er seinerzeit sozusagen aus der Gosse aufgelesen hatte, ihn nunmehr ununterbrochen bespitzeln und ihm seine Macht fühlen läßt. Er schildert dann ganz komisch, wie er diese ihm von Fouché eingeschleusten Geheimagenten mit Essen traktiert und mit Alkohol, der ihre Zunge löste, so daß er ihnen vertrauliche Mitteilungen entlockte. Er gab ihnen auch Geld, »und dieses Metall, welches der Hauptzweck für die untergeordneten Polizeiagenten nicht minder wie für die höheren ist«, bewirkte es, daß er, Barras, die Geheimberichte über sich selbst diktierte.

Gegen Schluß der Memoiren läßt sich Barras auch noch über die Generale aus:

»Ich war der Schöpfer so vieler Generale gewesen, die mich ihren Vater genannt hatten... Sie, mit den höchsten Stellen in den republikanischen Armeen bekleidet, waren die wirklichen Kinder der Revolution gewesen, aber der Dank der Freiheit genügte ihnen nicht, sie mußten den des Despotismus haben, dem es eine Lust bereitete, ihnen Zeichen der Knechtschaft aufzudrücken, die sie ehrenvolle Auszeichnungen genannt haben...

Der durch diese Korruption in die Welt gesetzte Abfall hat das Vordringen der Feinde bis in das Innere der Hauptstadt begünstigt; die zum Sklaven des Kaiserreichs gewordenen ehemaligen Republikaner haben sich ganz und gar bereit gefunden, ihre Ergebenheit und ihren Knechtsinn den fremden Souveränen zur Verfügung zu stellen, ihren Besiegern und jeder Macht, die geneigt gewesen wäre, ihre Pensionen und Titel weiter zu gewähren.«

Barras war sicher, daß man nach seinem Tod sofort alle seine Schriftstücke beschlagnahmen würde, und hatte deshalb vierzig Mappen sorgfältig vorbereitet, auf die man sich dann auch sofort stürzte. Diese vierzig Mappen enthielten nichts als seine Wäscherechnungen der letzten Jahrzehnte.

Talleyrand, der reichste Mann Frankreichs

»Wenn man den Grundsatz Talleyrands in betreff der Notwendigkeit des Korrumpierens gelten läßt, kann man ihm nur den Vorhalt machen, daß er ihn zunächst in seiner wenig bescheidenen Weise auf sich selbst in Anwendung brachte. Bevor man die anderen besticht, schien er sich zu sagen, muß ich zunächst mich selbst bestechen.«

Man wird diese freundliche Bemerkung Barras' verstehen lernen, wenn man um seine verzweifelten Bemühungen weiß, die gegen ihn erhobenen Korruptionsbeschuldigungen zu entkräften. War es doch für jedermann offenkundig, daß er von Bonaparte bestochen wurde, um durch seinen Rücktritt als Präsident des Direktoriums den Staatsstreich vom 18. Brumaire zu ermöglichen.

Wie versuchte er dies! Er sagte, es sei schon möglich, daß Bonaparte Talleyrand mit etlichen Millionen (angeblich 10) zu ihm geschickt habe; er habe jedoch das Geld nicht bekommen, Talleyrand habe es wohl, seiner Art entsprechend, in die eigene Tasche gesteckt.

Duruy, der Herausgeber von Barras' Memoiren, schreibt dazu:

»Niemand wird glauben und Barras das Unrecht antun, anzunehmen, daß er gratis verraten habe. (!!) Wenn das der Fall wäre, würde seinem öffentlichen Leben jene schöne Einheitlichkeit der Verderbtheit fehlen, die der eigentliche Charakter desselben ist und die aus diesem Mann das vollständigste und harmonischste Beispiel des käuflichen Politikers macht.«

Kein Zeitgenosse oder Nachfahre hatte den geringsten Zweifel, daß sich Barras u.a. von Venedig bestechen ließ und später im Solde der Bourbonen stand, um die Restauration vorzubereiten und der Rückkehr Ludwigs XVIII. die Wege zu ebnen.

Zu beiden Vorwürfen behauptet unser Märchenerzähler ebenfalls, die Mittelsmänner müßten wohl die Summen in die eigenen Taschen gesteckt haben: »sein Name war Hase – er weiß von gar nichts«, offenbar auch nicht, woher sein Reichtum stammt, der ihm ein über alle Maßen luxuriöses Leben gestattete.

Barras verwendet nun den Trick »Haltet den Dieb« und veröffentlicht eine Aufstellung über die Korrumpierung Talleyrands, die ihm Frau von Staël anvertraute – angeblich aus englischer Quelle. Sie trägt den Titel: »Diplomatische Trinkgelder und Geschäfte Talleyrands, des Prinzen von Benevent.«

Es würde zu weit führen, diese Aufstellung vollständig zu zitieren, abgesehen davon, daß sie auf Vollständigkeit keinen Anspruch erhebt. Aus den 13 detailliert geschilderten Fällen seien hier einige Positionen herausgegriffen:

Vertrag mit Portugal unter dem Direktorium: Bewilligter Waffenstillstand zum Preise von 3 Millionen Franken; Talleyrand erhält davon persönlich ½ Million Franken.

Unterhandlungen mit Hamburg: Verlangt 3600000, erhalten »nur« 780000 Franken.

Zwischendurch wird geschildert, daß Talleyrand wegen schmutziger Geldmanipulationen im Zusammenhang mit Entschädigungen des Prinzen von Nassau-Oranien den Zorn des Kaisers erregte, der ihn deshalb als Außenminister entfernen wollte; er tat es nicht, erhielt jedoch in Mainz wieder neuen Grund, ihm Vorwürfe wegen seiner Habgier zu machen. Alles in allem jedoch kam Talleyrand um 17 Millionen Franken reicher nach Paris zurück.

Spanische Angelegenheiten: Der wahre Beherrscher Spaniens, Don Godai, Herzog von Alendia, der »Friedensfürst«, Freund des Königs und Geliebter der Königin, empfand die Notwendigkeit, bei Napoleon Beistand zu finden, und suchte ihn vornehmlich durch Talleyrand zu erhalten.

> »Man bezog von dem Obersatrappen Spaniens beträchtliche Summen, die zum überwiegenden Teil ihren Weg zu Herrn von Talleyrand fanden.«

Von den verausgabten 27 – 30 Millionen Franken habe Talleyrand mindestens 2/3 = 18 – 19 Millionen bekommen.

Die I. Restauration: Sie hat dem Fürsten v. T. viel eingebracht. Von den 46 Millionen Franken, die sie gekostet hat, rechnet man, daß er 28 Millionen für sich behalten habe.

Der Wiener Kongreß: Sachsen: Der König wollte Herrn v. T. darin bestärken, daß Preußen ein möglichst geringes Gebiet von Sachsen zugeteilt bekomme. Kostenpunkt: 6000000 Franken.

Neapel: Von König Murat, dem Schwager Napoleons erhalten: 840000.

Der Vertrag von Luneville: Trug Talleyrand inkl. eines Geschenkes Österreichs insgesamt 7650000 Franken ein.

Weitere »Spender«: u.a. die Könige v. Württemberg und Bayern, der Großherzog von Darmstadt, Nassau, die Hohenlohes und Lippes, der Markgraf von Baden. (Und vor allem immer der Zar, dem es allerdings späterhin zuviel wurde.)

Alles in allem, soweit es »aktenkundig» wurde, verdankt, wie es in diesem Bericht heißt:

> »Der Prinz von Benevent, Vicegroßfürst, den Ereignissen der Revolution 117690000 Franken.«

Der Biedermann Barras schrieb einleitend zu diesen »Enthüllungen«:

»Aber was bedeuten für Talleyrand alle Bemerkungen und alle Vorhalte, die man ihm über sein Verhalten machen kann. Er hat öffentlich bekannt, daß es auf der Welt außer dem Galgen nur Geld gibt. Was macht es ihm aus, daß er durch die Freiheit der Presse bloßgestellt wird? Wie könnte sie eine Wirkung auf einen Menschen ausüben, der bei der Lektüre einer gegen ihn gerichteten Schmähschrift einschläft?«

Gelegentlich versucht eine Krähe der anderen doch ein Auge auszuhacken...

Die Spielhäuser, ein politischer Bericht

Paris, den 24. Nivôse
Jahr VII der Republik

Politischer Bericht

über die Spielhäuser, über die Persönlichkeiten, welche sie halten, und über die ernstliche Gefahr, womit diese Etablissements bei dem gegenwärtigen Stand der Dinge die Regierung (des Direktoriums) bedrohen.

Barras legt hier ein Memorandum vor über ein Problem, das im wesentlichen wenig bekannt ist: über die Spielhäuser. Er erwähnt eingangs, daß von Paris alle politischen Hetzereien ausgehen und daß sich dort stets der Herd aller Intrigen befindet. Sie seien politisch gefährlich und überdies von jeher der Gegenstand heißer Begehrlichkeit gewesen.

»Die Schätze, die sie abwerfen, sind der Reihe nach den verschiedenen Ministern zugeflossen, besonders seit dem Kaiserreich. Frau Josephine Bonaparte hat durch Fouché stets einen beträchtlichen Teil derselben bezogen; man versichert sogar, daß seit der Restauration die höchstgestellten Persönlichkeiten sich nichts zu vergeben geglaubt haben, wenn sie ihren Anteil daran in Empfang nahmen.«

Barras schildert nun, daß er es für wichtiger hielte, die Hintermänner aufzudecken, nicht diejenigen, »welche sich auf der Szene befinden, sondern diejenigen, welche sich hinter den Kulissen halten«. Er will der Regierung all die Manöver zeigen, die in den Spielhäusern ausgeübt werden, die man wirkliche »Werkstätten der Konterrevolution« nennen könnte.

Barras zählt nun der Reihe nach auf:

I. Die Häuser, in denen unter der Autorisation der »Regie der Spiele« gespielt wird;

II. Die Häuser, die nur aus Duldung oder durch irgendeine Begünstigung der Regierung bestehen;

III. Versammlungshäuser;

Zur Gruppe I gehören:

Rue Ceruty, an der Ecke des Boulevards: Das Haus wird gehalten von dem vormaligen Vicomte von Castelanne; sein Geschäftsgenosse M. redet ständig von seinen Beziehungen zum Direktorium und stellt den Spielern seinen Kredit bei den Direktoren zur Verfügung.

Haus Égalité Nr. 113: Gehalten von der Exgräfin d'Albain, die vom Direktorium protegiert sein will. Angeblich sollen dort Konventikel der ausgesprochensten Royalisten stattfinden.

Haus Égalité Nr. 154: ... die Geldmittel für dieses Haus kommen aus England ...

Klub der Arkaden des Palais Égalité: Gehalten von einem der hauptsächlichsten Agenten des ehemaligen Herzog von Orléans ... das Geld stammt vermutlich aus Spanien ...

Haus Égalité Nr. 129: Das Ausland hat stets die Geldmittel für diese Bank geliefert; hier konspirierten verschiedene Abgeordnete; dort war die Kasse, aus welcher die Vorauslagen für die geplante Gegenrevolution bestritten wurden. Am Jahrestag des Todes des Königs war Trauerkleidung vorgeschrieben.

Haus Égalité Nr. 50: Gehalten von einem gewissen Asvedo. Er hatte sämtliche aus Deutschland und Italien kommenden Generale an sich gezogen und die elegantesten und geschicktesten Mädchen, »um sie zu bearbeiten«. Er lieferte an diejenigen, die ihm dafür ordentlich bezahlen konnten, Notizen über die Lage unserer Armeen.

Zur Gruppe II (von der Regie unabhängige Spielhäuser) gehören:

Rue Honoré, kleines Hotel de Noailles: Die Inhaberin behauptet, vom Direktorium protegiert zu werden.

Rue Honoré Nr. 58: Frau Raynal, die Inhaberin, sagt, sie werde von der Polizei protegiert. Sie hat Abgeordnete bei sich in Pension... das Spiel dient nur als Vorwand für Politik und Geschäftemacherei; außerdem werden den Abgeordneten dort Mädchen geliefert.

Rue Honoré, Haus Vénua: Gehalten von der Dame La Boucharderie, der Maitresse des Volksvertreters Chenier. Publikum hauptsächlich Militärpersonen und Mitglieder des diplomatischen Corps. Verschiedene Haussuchungen der Polizei blieben erfolglos, weil sie vorher schon verraten waren.

Rue de Cléry Nr. 66: Geführt von einer früheren Kammerfrau des Dauphins; verkehrt viel auf dem Direktorium, Freundin der Madame Tallien. Der Prätendent gibt ihr Geld, damit sie das Haus halten und alle Führer dieser Partei an sich heranziehen kann.

Rue Basse du Rempart Nr. 337: Gehalten von Frau La Fare, einer Nichte des Marschalls von Biron... auf ihre Bemühungen änderte der Abgeordnete Chenier, obgleich er früher für die Deportation der ehemaligen Adeligen war, seinen Ton und gab eine Schrift heraus, die im Gegensatz zu allen seinen früheren Ideen stand. Der (jetzige Kriegs-)Minister Scherer ist einer der Stammgäste dieses Hauses. Es ist ein Versammlungsort für die Freunde des Kron-Prätendenten.

Zur Gruppe III (Versammlungshäuser) gehören:

Rue Ville l'Evêzne Nr. 987: Versammlungsort der Orleanisten.

Rue Honoré Nr. 90: ...Unter den Abgeordneten, die in dieses Haus kommen, befindet sich nicht ein einziger, der nicht dafür gestimmt hätte, daß die jetzigen Direktoren nach Cayenne geschickt werden sollten.

Dann werden in diesem Bericht einige Frauen angeführt, u.a. Maitressen hochgestellter Persönlichkeiten:

»... aber es gibt eine Frau, welche ganz besondere Aufmerksamkeit verdient: es ist eine gewisse Demailly, genannt Charpentier, frühere Maitresse Barères, der, wie man sagt, ihr die Geheimnisse des Sicherheitsausschusses anvertraute, mit welchen die genannte Dame Handel mit England trieb; diese Demailly wird seit dem Beginn der Revolution von den Engländern bezahlt, damit diese durch sie die Geheimnisse der Regierung erfahren...«

Auch eine Frau Thiolon und ihre Teilhaberin will der Bericht nicht vergessen:

»... sie sind Agentinnen der Orléans gewesen und sind jetzt solche Englands. Die Frau Thiolon schleicht sich in alle Ministerbureaux ein, um zu erfahren, was dort vorgeht und zieht die Vorsteher eben dieser Bureaux zu sich heran, indem sie ihnen Diners gibt...«

Ein anderer Teil ist mit »Die Regie in Tätigkeit« überschrieben. In diesem Abschnitt des Berichts wird darüber Klage geführt, daß die Leitung der neuen Regie »zu Bankiers, Croupiers, Kartengebern und so weiter nur Persönlichkeiten bestellt, die fast alle Konterrevolutionäre sind«, und schätzt dieselben auf mehr als 300. Mit aus diesen Spielhäusern gezogenen Summen besoldete man u.a. »die hungrige Bande der Freunde des Prätendenten, um sie bis zum von ihnen geplanten Staatsstreich über Wasser zu halten«.

Barras zieht abschließend die Schlußfolgerung:

»So ist, Bürger Minister, der gegenwärtige Stand der Spielhäuser. Sie sehen, daß sich nicht eines darunter befindet, von dem man nicht mit guten Gründen annehmen könnte, daß es der Regierung freundlich sei. Dort befindet sich die Kasse sämtlicher Gegenparteien. Wenn die Regierung ohne Blutvergießen einen hervorragenden Sieg über ihre sämtlichen Feinde davontragen will, so hat sie nur diese Freistätten zu schließen. Was hilft es, die engli-

> schen Waren zu verbieten, wenn es Pitt gestattet ist, in Paris Spielhäuser zu unterhalten, die von ihren Opfern die Kosten für diese konterrevolutionären Manöver erheben...«

Zwei Gründe werden genannt, welche die Regierung vermutlich bestimmen, diese Etablissements zu dulden und dann zu autorisieren.

1. Die Geldsummen, die man monatlich davon bezieht, scheinen bei dem erschöpften Stand unserer Finanzen wertvoll. Dagegen sei zu sagen, daß es teuer bezahltes Geld ist, wenn es dem Ausland die Mittel gewährt, unseren inneren Zwiespalt aufrechtzuerhalten und die Keime der Korruption zu fördern.
2. Die Spielhäuser seien notwendig, um der Polizei die Überwachung der Spitzbuben und Konterrevolutionäre zu erleichtern. Es seien das eine Art von Vogelfallen, in welchen sich diese gefährlichen Individuen fangen sollten.

Der Berichterstatter sieht diesbezüglich schwarz:

> »...selbst wenn man annehmen will«, gibt er zu bedenken, »daß sie (die Polizeiagenten) nicht verdorben seien, werden sie doch nichts sehen, als was man will, daß sie sehen sollen.«

Es sei »daher dringend nötig, daß sich unter den Hauptbeteiligten, den Pächtern, Leitern und Verwaltern der Häuser nur der Regierung absolut ergebene Leute befinden... Es gibt vielleicht keine einzige Stelle, an die es wichtiger ist, zuverlässige Leute zu stellen«. Ohne dies würden »die Spielhäuser, weit davon entfernt, der Regierung ein leichteres Mittel zu bieten, ihre Feinde kennenzulernen und zu überraschen, nur ein Schleier sein, der über ihre Machenschaften geworfen wird; eine Freistätte, unter deren Schutz sie ungestraft konspirieren und sich der stets wieder von neuem auflebenden Hoffnung hingeben können, eines Tages ihr schuldbares Vorgehen von Erfolg gekrönt zu sehen«.

9

GENTZ, DER SEKRETÄR EUROPAS

Friedrich Gentz und das »balance of power«

Friedrich v. Gentz wurde 1764 in Breslau geboren. Während seiner Studien betätigte er sich schon publizistisch. Er kam in animierende Beziehung zu Schiller und Goethe, die er vor allem Wilhelm von Humboldt zu verdanken hatte. Von nachhaltigem Eindruck waren für ihn auch die Vorlesungen, welche er in Königsberg bei Emanuel Kant hörte. Im Jahre 1786 kehrte er nach Berlin zurück und trat in den preußischen Staatsdienst ein. Er erhielt den Titel eines Kriegsrates, aber er war nie ein wirklicher Beamter und ist es auch niemals geworden.

Auch in Berlin betätigte er sich hauptsächlich publizistisch, begrüßte anfänglich die Französische Revolution, veröffentlichte dann mit Zusätzen eine Übersetzung von Burkes »Reflections on the revolution in France« (2 Bde., 1793), die den Gegenschlag gegen die revolutionären Ideen einleitete. Gentz setzte sich publizistisch für ein Zusammengehen Österreichs und Preußens ein und machte als einer der ersten Vorschläge zur Frage der deutschen Einheit.

Gentz wurde nun zu einem entschiedenen Gegner aller revolutionären Prinzipien, wandelte sich zu einem begeisterten Bewunderer Englands und zu einem Vorkämpfer gegen die Störung des europäischen Gleichgewichtes durch Frankreich. Schon damals scheint Gentz von England Gelder erhalten zu haben.

Nach dem Thronwechsel von König Friedrich Wilhelm II. auf Friedrich Wilhelm III. scheinen seine Thesen als nicht opportun empfunden worden zu sein. Mit einem Wort: Seine Stellung in Preußen hatte sich sowohl von der politischen als auch von der persönlichen Seite als unhaltbar erwiesen. Außerdem hatten ihn seine Verschwendungssucht damals schon in finanzielle Bedrängnis gebracht.

Er machte eine Reise nach England, wurde dort hochgeehrt und auch subventioniert. Im Jahre 1802 animierte ihn der Wiener Botschafter in Preußen, Graf Stadion, nach Wien zu kommen. Stadion wurde österreichischer Außenminister und organisierte nun mit Gentz den publizistischen Widerstand gegen Napoleon. Gentz gehörte mit dem Titel eines k. k.-Rates dem Verbande der Staatskanzlei an.

Der neuernannte Rat hatte keine bestimmten Aufgaben und auch keine vorgeschriebenen Amtsstunden, arbeitete meistens zu Hause. Er führte damals schon ein derart aufwendiges Leben, daß er mit seinen offiziellen Bezügen unmöglich auskommen konnte. Er verstand es, sich andere Quellen zu erschließen, die nicht immer sauber waren. So bezog er große Summen aus England und auch für seine Berichte an die Fürsten der Wallachei wurde er bestens belohnt (vorerst 1000, später 4000 Gulden). Im Rahmen seiner Tätigkeit interessierte er sich vor allem für alle Finanzfragen und war darin seinem späteren Herrn und Meister Metternich zweifellos sehr überlegen.

Im Zuge der turbulenten Ereignisse, der Niederlage Österreichs und Preußens gegen Napoleon schien es ihm besser, das Land zu verlassen. Die aggressive Politik Stadions hatte sich nicht bewährt, er wurde als Außenminister abgesetzt. Sein Nachfolger wurde unmittelbar danach, der bis dahin als österreichischer Botschafter in Paris tätige, spätere Fürst Metternich.

Metternich zog ihn im steigenden Maß heran, in erster Linie, um auf die öffentliche Meinung einzuwirken. In zahlreichen Denkschriften, Korrespondenzen und auch persönlich in den politischen Salons machte er – wie wir heute sagen würden – Mund-zu-Mund-Propaganda. Der Wiener Kongreß (1814/15) sah ihn so recht in seinem Element.

Es ist überaus schwierig, über Gentz ein einigermaßen gerechtes und zuverlässiges Urteil abzugeben. Gentz galt und gilt als der bedeutendste Publizist deutscher Sprache, seine österreichischen Manifeste gegen Napoleon, welche er 1809 und 1813 verfaßte, gelten als ein Denkmal politischer Beredsamkeit wie es wenige gibt.

Wenn man von seiner ersten Jugend absieht, war und blieb er ein Antirevolutionär und galt immer mehr als die publizistische

Personifikation der Reaktion nach dem Wiener Kongreß und scharfer Gegner des Liberalismus.

Ohne Zweifel war Friedrich v. Gentz ungeheuer korrupt. Allerdings in einer merkwürdigen Weise. So schreibt Golo Mann in seiner Gentz-Biographie:

> »Geld hätte der Sekretär des Wiener Kongresses, in den Monaten der neuen Grenzziehungen und Reichtumsverteilungen praktisch so viel haben können, wie er wollte. Er gab sich aber keine Mühe. Er nahm in bar von den Mächten, mit deren Politik er einig ging und nur eben genug, um seinen leichtsinnigen Haushalt flott zu erhalten.«

In seinem Tagebuch finden sich z.B. folgende Notizen:

> »Abschiedsvisite des Großherzogs von Baden. Er trinkt Tee bei mir und überreicht mir 1000 Dukaten.«

Oder:

> »Visite magnifique du Duc de Campochiaro.«

Weiters:

> »Und dépêche très-agréable de Bukarest.«

Er nahm auch die Interessen der Juden wahr, und es scheint, daß sie seine Gunst »auf interessante Weise erwiderten«. Das meiste – 24000 Gulden – kam wohl von Talleyrand. Das war sehr viel Geld, aber wenn man bedenkt, daß der König von Sachsen es sich 6 Millionen Franken kosten ließ, um Talleyrand von der Notwendigkeit eines unabhängigen sächsischen Staates zu überzeugen, so überließ dieser Herrn von Gentz wirklich nicht gerade viel für seine Mitwirkung.

Gentz war unglaublich verschwenderisch, aber nicht nur für sich, er schenkte auch mit vollen Händen. Sein Dienstpersonal hatte es besonders gut bei ihm, er veranstaltete sogar Maskenbälle für sie; dann aber fuhr er wieder mit einer Equipage, die er sich aus London hatte kommen lassen, mit Charles, seinem Leibdiener, stolz umher.

Selbst sein panegyrischer Biograph Eugen Guglia schreibt:

> »Als der Hospodar der Wallachei einen verläßlichen politischen Korrespondenten in Wien suchte, gab es mehrere

Kandidaten, aber Metternich wollte eine Persönlichkeit, die mehr in seiner Hand war, und empfahl Gentz; dieser griff mit beiden Händen nach der Gelegenheit einer neuen Einnahme; sie war ihm doppelt willkommen, einmal, weil seine finanziellen Verhältnisse damals sehr schlecht waren – die außerordentlichen Hilfsquellen in England schienen versiegt –, und dann, weil er dadurch dauernd in eine feste amtliche Beziehung zu Metternich trat. Denn er mußte jeden Brief, den er abschickte, dem Minister vorlegen, ›damit alles für das österreichische Interesse Wesentliche eingeschaltet werde‹.«

»Der Kongreß tanzt«

Anläßlich des Wiener Kongresses (1814/15) ernannten die vier maßgeblichen Großmächte Gentz einstimmig zum Sekretär und geheimen Protokollführer.
Das war nun freilich eine Schlüsselstellung nach seinem Geschmack. Es bedeutete eine gewisse Macht, die Möglichkeit zu geistvollen Intrigen, der stete Umgang mit den jetzt die Welt beherrschenden Männern, eine unerhörte gesellschaftliche Stellung, vor allem in den von den bedeutendsten Frauen geführten Salons und last not least die Möglichkeiten, sich Geld für seine luxuriöse Lebensweise zu verschaffen.
Seine Biographen weisen meistens darauf hin, daß er ein Mann war, der ohne Frauen einfach nicht leben konnte. Es wäre zu langwierig, alle seine Eskapaden aufzuzählen, sie reichten von den schönsten und berühmtesten Fürstinnen bis zu den Frauen seiner Bedienten. Natürlich kostete das alles Geld, sogar sehr viel Geld. Er wollte immer in den höchsten Kreisen verkehren, und er gab z.B. doppelt so viele Trinkgelder als der Kaiser von Rußland.
Seine bekannteste Liaison war diejenige mit der berühmtesten Tänzerin dieser Zeit: Fanny Elssler. Mit ihren charakteristi-

schen National- und Charaktertänzen (Cachucha, Cracovienne, Smolenska, Russkaja), die sie in den betreffenden Nationalkostümen aufführte, wurde sie berühmt. Von 1817 – 1825 war sie am Kärntnerthor-Theater tätig; sie begründete den Ruf des Wiener Balletts. Sie war die große, vielleicht einzige Leidenschaft des um 46 Jahre älteren Mannes.
Ein Freund von Gentz, Baron Wessenberg, meint, daß die ständige Jagd nach dem Geld, nicht um es zu sparen, sondern um es mit kindischer Generosität zu vergeuden, sein Leben verbittert, ja verkürzt habe.
Doch selbst als einige der Quellen, welche während des Wiener Kongresses geflossen waren, versiegten, entdeckte er neue. Zwischen 1818 und 1822 ersetzten ihm die großen europäischen Kongresse von Aachen, Karlsbad, Troppau, Laibach und Verona mehr als reichlich, was er früher aus England erhalten hatte. Gelegentlich dieser Kongresse machte er die Bekanntschaft reicher Bankiers und gewann sie dadurch, daß er deren Interessen – es waren meistens Juden – wahrnahm. Er verschaffte Adelstitel, ließ ihnen geheime politische Nachrichten zukommen, was von diesen reichlich honoriert wurde.
Bei seinem Tode im Jahre 1832, den er im Grunde genommen einsam und unglücklich erlitt, hinterließ er nichts als Schulden.

Eugen Guglia schreibt im Jahre 1901 in seiner biographischen Studie:

> »Andererseits besinnt man sich jetzo in Wien darauf, daß hier eine historische Persönlichkeit zu ehren ist; der Stadtrat hat nach ihm eine Straße benannt und beschlossen, ihm ein Ehrengrab auf dem Zentralfriedhof zu widmen. In den Schulen werden bisweilen die Manifeste von 1809 und 1813, die er verfaßt hat, gelesen und erklärt.«

Gentz, der bedeutendste Publizist seines Jahrhunderts? Mehr ein hemmungsloser Weiberheld und korrupter Verschwender?

10

Bismarcks Reptilienfonds

Der »Eiserne Kanzler« richtet den Welfenfonds ein

> »Wenn je ein Krieg sich als nicht provozierter Angriffskrieg bezeichnen läßt, dann war es Preußens 1866 gegen Österreich und die deutschen Staaten, die sich zur Einhaltung der Deutschen Bundesakte von 1815 für verpflichtet hielten. Bismarck hatte schon am 30. September 1862 vor der Haushaltskommission des preußischen Abgeordnetenhauses offen ausgesprochen, daß die ›deutsche Frage‹ nur durch ›Blut und Eisen‹ zu lösen wäre. Zur Beseitigung des Dualismus Österreich – Preußen im Deutschen Bund sah er keine andere Möglichkeit als den Weg der Gewalt. Österreich sollte aus dem Deutschen Bund verdrängt und damit der Weg zur kleindeutschen Lösung, der Einigung der deutschen Stämme unter preußischer Führung, geöffnet werden.«
>
> (Nöll von der Nahmer)

Bei Königgrätz siegt Preußen unter Helmuth v. Moltke im Jahre 1866 über Österreich und dessen Verbündete. Die Entscheidung zu einer kleindeutschen Lösung war damit gefallen.
In seinen »Gedanken und Erinnerungen« machte Bismarck, damals noch preußischer Ministerpräsident, kein Hehl über seine Meinungsverschiedenheiten mit seinem König. Wilhelm I. von Preußen, später der erste deutsche Kaiser, hatte viel größere Annexionswünsche, während das Konzept Bismarcks diplomatischer und maßvoller war. Bismarck beschwor den König zum Verzicht auf militärische Ausnutzung des Sieges und drängte zum Vorfrieden von Nikolsburg, um der französischen Einmischung zuvorzukommen. Außerdem wollte er die mächtige österreich-ungarische Monarchie nicht zum Feind Preußens machen und stellte daher bei den Friedensverhandlungen keine Forderungen auf Gebietsabtretungen. Er dachte sich Österreich sicher schon zu dieser Zeit als Verbündeten des von ihm geplanten deutschen Kaiserreiches. Auch Bayern wurde

geschont und die Integrität Sachsens anerkannt, da dies eine unabdingbare Bedingung Österreichs darstellte.
In bezug auf die mitbesiegten norddeutschen Staaten, die mit Österreich verbündet waren, ging Bismarck viel weiter, als es sein König je beabsichtigt hat: Das Königreich Hannover, das Herzogtum Nassau, das Kurfürstentum Hessen-Kassel sowie die Freie Reichsstadt Frankfurt wurden von Preußen ohne Friedensvertrag gewaltsam annektiert. Die drei Fürsten wurden entthront, ihre Völker nicht gefragt.
Um die Verletzung des monarchischen Prinzips milder zu gestalten und auch aus Rücksicht auf die verwandtschaftlichen Verquickungen wurden mit den drei depossedierten Fürsten großzügige Abfindungsverträge geschlossen. Die hohen Abfindungssummen wurden zum Großteil nicht ausgezahlt, sondern in preußischen Staatsanleihen angelegt. Man wollte einesteils die Millionenbeträge »für alle Fälle« unter Kontrolle halten, anderesteils war den Fürsten allein durch die Verzinsung, die ihnen zufloß, ein mehr als »standesgemäßes« Leben ermöglicht worden.
König Georg V. von Hannover, einem der ältesten europäischen Fürstenhäuser, den Welfen entstammend, wollte sich um keinen Preis mit der Annexion seines Landes durch Preußen abfinden. Er protestierte bei allen Höfen, erließ Proklamationen an sein Volk und von Wien aus wurde vom »Geheimen Komitee« auch eine Untergrundbewegung organisiert. Die große Hoffnung der Deutsch-Hannoverschen Partei bestand darin, daß Preußen in einem etwaigen Waffengang mit Frankreich unterliegen würde; und so wurde in Paris auch fleißig konspiriert – zuerst in Holland, dann in der Schweiz und schließlich in Frankreich wurde die sogenannte »Welfenlegion« aufgestellt, welche als Rückgrat einer eventuellen Volkserhebung in Hannover dienen sollte.
Die bedeutsamsten Presseorgane in Hannover, aber auch in anderen vor allem süddeutschen Ländern griffen Preußen wegen seiner gewaltsamen Annexionen auf das heftigste an. Die mo-

ralische Position Preußens ließ ja einiges zu wünschen übrig, da die ganzen Aktionen seit 1866 einen offenen völkerrechtswidrigen Bruch der Deutschen Bundesakte darstellten.
Andererseits muß man, wie die Dinge sich nun einmal entwikkelt hatten, verstehen, daß Preußen nicht zusehen wollte und seinem Volk auch nicht zumuten konnte, daß die enormen Abfindungssummen dazu verwendet würden – vor allem durch Hannover –, um gegen Preußen eine Hetzkampagne zu finanzieren. Es wurde beschlossen, die Abfindungssummen zu beschlagnahmen; es sollte daraus ein Fonds gebildet werden mit dem ausschließlichen Zweck, antipreußischen Agitationen – hauptsächlich welfischen – mit allen Mitteln und überall entgegenzutreten.

Bismarck hielt am 30. Januar 1869 im Haus der Abgeordneten eine an sich sehr witzige Rede, welche sich mit den kurhessischen Umtrieben und den Welfenagenten auseinandersetzte, und schloß mit folgenden Worten:

> »Überall, wo Fäulniß ist, stellt sich ein Leben ein, welches man nicht mit reinen Glacéhandschuhen anfassen kann. Dieser Thatsache gegenüber sprechen Sie doch nicht von Spionirwesen! Ich bin nicht zum Spion geboren meiner ganzen Natur nach; aber ich glaube, wir verdienen Ihren Dank, wenn wir uns dazu hergeben, *bösartige Reptilien* zu verfolgen bis in ihre Höhlen hinein, um zu beobachten, was sie treiben. Damit ist nicht gesagt, daß wir eine halbe Million geheimer Fonds brauchen können; ich hätte keine Verwendung dafür und möchte die Verantwortung für solche Summen nicht übernehmen. Es werden sich andere Verwendungen finden, die Ihre nachträgliche Genehmigung und Zustimmung finden werden. Auf dem Hessischen Hofvermögen haften, wie man sagt, Verpflichtungen dem Lande gegenüber, Baupflichten, die übernommen worden sind. Es wird eine Ehrenpflicht der Regierung sein, wenn sie in dem Besitz der Fonds ist, solche

Schulden zu tilgen, aber machen Sie uns aus dem bedauerlichen Zwange, daß wir Gelder auch zu andern Zwecken verwenden müssen, keinen Vorwurf; probiren Sie selbst erst, ob Sie Pech anfassen können, ohne sich zu besudeln!«

(Haus der Abgeordneten. Einundvierzigste Sitzung am 30. Januar 1869)

Seither hat sich, zuerst als Witz und dann überhaupt, für diesen Fonds der beschlagnahmten Gelder der Begriff *Reptilienfonds* eingebürgert.

Bismarck hat es verstanden, sich die unumschränkte und nahezu unkontrollierte Verwendung des Reptilienfonds zu ermöglichen. Er war nur seinem König verantwortlich, was allerdings bei seiner Machtstellung mehr theoretisch als praktisch zu bewerten war.

Begreiflicherweise gab der »Eiserne Kanzler« scharfe Anordnungen, keinerlei schriftliche Aufzeichnungen zu machen oder gar Quittungen von den Empfängern zu verlangen.

Eines Tages – Bismarck war schon seit dem 18. 3. 1890 als Kanzler »gegangen worden« – tauchten 100 von den akkuraten preußischen Beamten nicht vernichtete Quittungen auf, die im »Kladderadatsch« 1892 unter dem Titel »Quittungen aus den Akten des Welfenfonds« veröffentlicht wurden. Das Erscheinen einer Züricher Broschüre mit dem Titel »Die Coulissen des Welfenfonds. Enthüllungen...« konnte gerade noch verhindert werden.

Zu guter Letzt fanden sich einige von Bismarck nicht gewünschte, ja verbotene Aufzeichnungen in einer Geheimakte in Berlin. Als im Zweiten Weltkrieg die Russen immer näher heranrückten und die Stadt auch bombardiert wurde, verlagerte man auch dieses Archiv in das Harzgebiet. Es fiel dann den vorrückenden amerikanischen Truppen in die Hände und wurde in die USA gebracht.

Was geht aus diesen Unterlagen hervor, was geschah mit den Reptilienfondsgeldern?

Ursprünglich war ausdrücklich festgelegt worden, die beschlagnahmten Gelder – wie bereits erwähnt – nur zur Überwachung und Abwehr der gegen Preußen gerichteten Unternehmungen zu bestreiten.
De facto wurden jedoch die großen Mittel der einbehaltenen Vermögen zu einem großen Teil für andere, nicht vorgesehene Zwecke verwendet. Am Anfang war es wohl nötig, größere Summen widmungsgemäß zu verwenden, nach Gründung des Deutschen Kaiserreiches reduzierten sich die preußenfeindlichen Agitationen und daher auch die Notwendigkeit ihrer Bekämpfung.
Und so wurden im steigenden Maß die Fondsmittel zweckentfremdet.

1. Verwaltungsausgaben, welche in den drei annektierten Ländern zwangsläufig anfielen; es mußten auch manche begonnene Bauten etc. fortgesetzt werden, um nicht noch böseres Blut zu machen.
2. Sogenannte »nützliche Verwendungen«, etwa für den Ausbau oder die Errichtung von Museen, gewisse Kirchenbauten etc., welche zu Bismarcks Kulturkampfprogramm paßten, Kasernen oder auch für Neuerrichtungen von Universitätsinstituten, verbunden mit dem Engagement von preußenfreundlichen Dozenten. Größere Mittel wurden auch dem Auswärtigen Amt und dem Innenministerium zusätzlich zugeteilt, meist im Verhältnis von 3/4 zu 1/4; speziell aus diesen Mitteln wurde die »Reptilienpresse« finanziert.
3. Wir kommen nun zu derjenigen Verwendungsart, welche für das vorliegende Thema den wichtigsten Beitrag stellt. Die parlamentarische und außerparlamentarische Kritik griff Bismarck an, daß er keineswegs nur die welfischen Zeitungen und die antipreußische Agitation mit den beschlagnahmten Geldern bekämpfte; man warf ihm vor, daß er die Gelder rücksichtslos einsetzte gegen

alles und alle, die gegen seine persönliche Politik waren. Die Liste der zweckentfremdeten, zum erheblichen Teil korrumpierenden Ausgaben ist außerordentlich lang; es mögen nur einige Beispiele aufgezeigt werden, wobei die ersten noch relativ harmlos sind und sich erst dann in ihrer Bedenklichkeit steigerten:

a) Eine Pension für den französischen Marschall Bazaine, welcher im Deutsch-Französischen Krieg die Festung Metz übergeben hatte. Er wurde von einem französischen Militärgericht wegen Verrats zum Tode verurteilt und dann zu 20jähriger Festungshaft begnadigt. Er konnte fliehen, war jedoch in finanzieller Bedrängnis, und wandte sich an Bismarck um eine Unterstützung, welche ihm auch bis zum Tode gewährt wurde.
b) Um die Offiziere der bereits genannten Welfenlegion zu pazifizieren, gab man ihnen Pensionen und förderte dadurch natürlich die Auflösung der Legion.
c) Eine ganze Reihe von Zuschüssen und Pensionen für Bismarck-treue Gefolgsmänner, so auch für den pressepolitischen Mitarbeiter Bismarcks, Moritz Busch. Auch den sehr schlecht bezahlten preußischen Diplomaten hat Bismarck aus Fondsmitteln geholfen und sie dadurch verbindlich gestimmt.
d) Bis in die 70er Jahre bestand beim Ministerpräsidium ein zentrales Nachrichtenbüro; dessen Aufgabe war, geheime politische Nachrichten zu beschaffen und insbesondere anarchistische und revolutionäre Kreise zu überwachen – auch dafür gab es Fondsgelder.
e) Die offizielle Dotierung des Auswärtigen Amtes und des Kriegsministeriums zum Zwecke der »Abwehr« war unzureichend, so daß auch dafür Fondsmittel eingesetzt, aber natürlich auch wunschgemäß gelenkt wurden.

Die Spionage-Zentrale, insbesondere während des Krieges 70/71, befand sich anscheinend in Bern, wohin auch die meisten Zahlungen geleistet wurden.

f) Nöll von der Nahmer bezieht sich auf die Aufzeichnungen des erwähnten Moritz Busch und läßt uns wissen, daß Bismarck für sich und seine zahlreiche Suite großen Wert auf kulinarische Genüsse legte, wofür in Versailles ebenfalls Fondsgelder herhalten mußten.

g) Um im Jahre 1866 Österreich gegebenenfalls »in die Zange« nehmen zu können, unterstützte Bismarck aus dem Fonds ungarische, antiösterreichisch-revolutionäre Kreise. Schriftliche Abmachungen, betreffend die »Ungarische Legion«, befanden sich noch in den Händen der Ungarn.
Als Preußen dann Österreich zum Verbündeten auserkoren hatte (der Vertrag wurde 1879 effektuiert), hätte es für die deutsche Regierung einigermaßen peinlich werden können, wenn diese Schriftstücke zur Kenntnis der K.u.K Regierung gelangt wären. So hieß es wieder in den Fonds greifen, um den revolutionären Ungarn dieses kompromittierende Dokument abkaufen zu können.

h) Der freisinnige Abgeordnete Eugen Richter hielt im Jahre 1891 einen Vortrag mit dem Titel »Die Geheimausgaben des Welfenfonds«. Er behauptete, daß Bismarck am Anfang die sozialdemokratische Bewegung finanziell unterstützt habe; daß der Präsident des Allgemeinen Arbeitervereines, Herr von Schweitzer, ein Kostgänger des geheimen Fonds gewesen wäre. Bismarck hätte nämlich anfangs die Sozialdemokraten als Bundesgenossen gegen die Liberalen gewinnen wollen; darin hat er sich allerdings sehr getäuscht.

Diese Liste ließe sich noch lange fortsetzen. Um nicht zu ermüden, sei nur noch folgendes erwähnt: Der umfangreiche Einsatz in der Pressepolitik! Mit Einschüchterung und Unterdrückung allein konnte man kaum die öffentliche Meinung im gewünschten Sinne lenken. Es wurden daher mit Fondsgeldern Zeitungen oder einzelne maßgebliche Redakteure sowohl im In- als auch im Ausland und auch internationale Nachrichtenbüros gekauft.

Auch bei der Durchführung der Wahlkämpfe spielten die Fondsmittel eine erhebliche Rolle.

Der König von Bayern oder was kostete die deutsche Kaiserkrone?

Der Sieg Preußens über das Frankreich Napoleons III. machte es Bismarck möglich, seinen schon lang gehegten Traum zu verwirklichen: die Gründung des Deutschen Kaiserreiches. Diese große Tat eines der bedeutendsten Staatsmänner seiner Zeit wurde von einem reichlich fragwürdigen Unternehmen begleitet, allerdings wohl auch nur dadurch ermöglicht: *durch die Bestechung König Ludwigs II. von Bayern.*

Bayern, sein König und sein Volk waren ohne Zweifel dagegen, daß ausgerechnet der König von Preußen zum Deutschen Kaiser erhoben würde. Bismarck verhandelte 1871 nach dem Sieg über Frankreich mit den Ministern der vier süddeutschen Staaten vorerst über ihren Beitritt zum Norddeutschen Bund. Das nächste Ziel war die Zustimmung zur Proklamierung des Deutschen Kaiserreiches und die Erhebung des Königs von Preußen zum Deutschen Kaiser.

Es waren harte Verhandlungen, auch hatte es Bismarck mit seinem eigenen König nicht ganz leicht. König Wilhelm I. von Preußen legte ursprünglich gar keinen besonderen Wert darauf, Deutscher Kaiser zu werden, und machte die Annahme von der Zustimmung aller deutschen Fürsten abhängig.

Der schwierigste Verhandlungspartner war das Königreich Bayern. Ein Intimus des bayerischen Königs, der Oberststallmeister Graf Holnstein, verhandelte als Vermittler mit Bismarck über die Bedingungen der Zustimmung seines Königs. Sie wurde erreicht durch eine größere Summe Geldes! Bezahlt wurde dieses natürlich aus dem Reptilienfonds, pikanterweise also mit dem Geld der früheren Verbündeten des bayerischen Königs.

Bismarck hatte erkannt, wo er bei König Ludwig ansetzen mußte: Am »nervus rerum«. Die bayerische Kronkasse litt unter chronischem Geldmangel, seitdem der König seine großen Bauvorhaben in die Tat umzusetzen begann. Obwohl das Kabinett immer wieder warnte, wurden Unsummen für die Schloßbauten wie Herrenchiemsee, Neuschwanstein und Linderhof ausgegeben. Außerdem ließ sich Ludwig sein Mäzenatentum gegenüber Richard Wagner nicht gerade wenig kosten. Untragbare Schulden brachten Bayern an den Rand des Staatsbankrotts.

Ursprünglich hatte Ludwig für seine Zustimmung Millionen Markbeträge (damalige) verlangt. Schließlich konnte ein entsprechendes Arrangement getroffen werden. Im Jahre 1871 scheint ein größerer Betrag überwiesen worden zu sein, in den Jahren 1871 – 1884 wurden jährlich 300000 damalige Mark nach München überwiesen. Von diesen 300000 Mark erreichten den König allerdings nur 270000, denn für die Vermittlertätigkeit zweigte sich Graf Holnstein jeweils 10 Prozent ab, also 30000 Mark Provision!

Begreiflich, daß die bayerischen Königstreuen laut aufschrien und protestierten, als diese Vorgänge vor einigen Jahren bekannt wurden. Auch heute will man dies verschiedenenorts nicht wahrhaben. Es hilft jedoch nichts: Der bayerische König hat sich – aus welchen Gründen auch immer – bestechen lassen, und er war ein Stipendiat von Bismarcks Gnaden.

Zwei Jahre nach dem Sturz Bismarcks im März 1890 wurde am 10. 4. 1892 die Beschlagnahme des »Welfenfonds« aufgehoben. Die beiden anderen relativ kleineren Teile des Reptilienfonds Hessen-Kassel und Nassau waren schon früher freigegeben worden.

11

Die-Zaharoff-Saga

»Europas mysteriöser Mann«

Mehr als 7 Städte Griechenlands stritten sich um die Ehre, die Geburtsstätte Homers zu sein – doch sein Name stand zumindest fest. Anders beim Helden unserer Darstellung, des Herrn Basil Zaharoff; man nannte ihn u.a. »Europas mysteriösen Mann«; ganz besonders paßt diese Bezeichnung für den ersten Abschnitt seines langen Lebens, bei welchem so ziemlich alles, was bei einem gewöhnlichen Sterblichen normalerweise feststeht, unbestimmt, verworren und widersprüchlich erscheint: Name sowie Ort und Datum der Geburt.

Die Familie soll ursprünglich Sahar oder Zohar geheißen haben, was auf eine jüdische Herkunft weisen würde; als sie sich später in Konstantinopel niederließ, assimilierte sie ihren Namen und nannte sich Zacharios oder Zacharias. Anläßlich des griechischen Aufstandes in den 20er Jahren des 19. Jahrhunderts nahmen die Türken furchtbare Rache an der Griechengemeinde in Konstantinopel; der Familie Zacharios gelang die Flucht zu ihren Glaubensbrüdern nach Rußland, wo man dann den Namen auf Zaharoff »russifizierte«. Später, wieder in der Türkei, erblickte unser kleiner Basil das Licht der Welt. Er selbst half später keineswegs, Geburt und Jugendzeit zu erhellen, sondern tat alles, um Verwirrung zu stiften, wie es ihm gerade zu den jeweiligen Lebensumständen zu passen schien.

Als junger Mann, von seinem Onkel wegen angeblicher Unterschlagung bis nach London verfolgt und dort vor Gericht gestellt, gab er sein Geburtsjahr mit 1851 an, viel später jedoch unterbreitete er den französischen Behörden ein Geburts- und Taufdokument mit dem Geburtsjahr 1849; vor Gericht erschien es wohl damals günstiger, jünger zu erscheinen.

Wir lernen im Laufe der Zeit auch 5 verschiedene Geburtsstätten kennen; allerdings wetteiferten diese nicht wie bei Homer um diese Ehre, sondern er selbst suchte sie »wiederum nach Bedarf«; so wollte er z.B. bei späterer Gelegenheit nicht im Arme-Leute-Viertel, sondern in Phanar geboren sein, dem Be-

zirk Konstantinopels, in welchem die vornehmen und reichen Griechen wohnten.
Der Leser mag sich vielleicht sagen, daß es gleichgültig sei, wann und wo unser Held zur Welt kam; er hätte an sich recht, wenn diese Methode der Täuschung und Verschleierung – man kann es auch »Assimilierung« nennen – sich nicht durch sein ganzes Leben hindurchzöge; so war er fallweise Grieche, Türke, Franzose, Engländer, sogar Russe; auch sehen wir immer wieder Dokumente auftauchen oder verschwinden, bei gesuchten Akten finden sich bestenfalls noch die Deckel – der Inhalt hat sich in Luft aufgelöst. Und je mehr unser Mann Interesse und Phantasie weckte, desto öfter taten auch Freunde und Feinde das ihrige dazu, sein Bild zu erhellen oder zu schwärzen.
Basil Zaharoff scheint ein sehr hübscher junger Mann gewesen zu sein, sehr vital und emsig, besonders sprachgewandt – angeblich beherrschte er 10 Sprachen –, aber trotzdem kam er bis zum Ende seiner 20er Jahre nicht recht vorwärts; er soll im griechischen Slumviertel in Konstantinopel u.a. Feuerwehrmann, zeitweise Fremdenführer gewesen sein, zwei »Berufe«, welche dort in übelstem Ruf standen: ersteren sagte man nach, daß sie unter dem Vorwand, Brände zu löschen, geraubt und gestohlen hätten, und »Fremdenführer« galt als Synonym für Kuppler und Mädchenhändler. Daß er auch aus seinem ansprechenden Äußeren in verschiedener Richtung Nutzen gezogen hätte, wurde kolportiert, aber in seinen Kreisen nicht verübelt. Peinlicher waren da schon die immer wieder vorgebrachten Erzählungen, er wäre ins Gefängnis gekommen und habe bei einem geglückten Ausbruchsversuch einen Posten erschossen.
Dieser vielseitige junge Mann fand jedoch – wieso, weiß man nicht – einen hochmögenden Protektor, den nachmaligen griechischen Ministerpräsidenten Skuludis, der die entscheidende Wendung in seinem Schicksal herbeiführte.
Im Jahre 1877 – Zaharoff war damals 28 Jahre alt – wandte sich die englische Rüstungsfirma Nordenfeldt an Skuludis um Vermittlung eines Mannes, der ihren bisherigen Agenten für

den Balkan ablösen könnte. Skuludis nominierte seinen Günstling, was sich in der Folge für alle Beteiligten überaus günstig auswirken sollte.

Maxim Nordenfeldt Guns & Ammunition Comp.

Vorgestellt sei an dieser Stelle die Firma, welche unseren jungen Basil Zaharoff mit einem Gehalt von 5 Pfund Sterling pro Woche engagierte. Der Chef der Firma, Torsten Nordenfeldt, war in jungen Jahren nach England gekommen und machte später eine Reihe patentfähiger technischer Erfindungen, u.a. einen mechanischen Zeitzünder und schließlich ein leichtes Schnellfeuergeschütz, das ihn berühmt und reich machte. Der Höhepunkt seiner Erfindertätigkeit war jedoch das Nordenfeldtsche Unterseeboot! Versuche in dieser Richtung waren schon bisweilen unternommen worden, doch war Nordenfeldt der erste, der ein praktisch verwendbares Boot erfand. Die Vorführung vor schwedischen Marinefachleuten war sachlich ein großer Erfolg, der Erfinder wurde gefeiert und geehrt, aber weder Schweden noch eine der großen Seemächte war bereit, es zu kaufen; man wollte es anscheinend einfach nicht wahrhaben, daß die großen, stolzen Schlachtschiffe einer solchen Gefahr ausgesetzt sein sollten.

Nunmehr vollbrachte der neue Agent sein »Gesellenstück«. Es gelang ihm tatsächlich, seinen Landsleuten, diesem armen, machtlosen Griechenland, dessen Armee nur 20000 Mann zählte, dieses Unterseeboot zu verkaufen. Nach seiner später im Großen so sehr bewährten Methode, verkaufte er dann noch an den griechischen Todfeind, die Türkei, deren zwei. Rußland, sich dadurch bedroht fühlend, fand sich auch als Käufer ein.

Dem neuen Agenten der Firma Nordenfeldt für den ganzen Balkan kamen die wirren Verhältnisse dort zugute. Die Russen wollten wieder einmal ihre »slavischen Brüder befreien« – diesmal von der türkischen Zwingherrschaft. Man könnte frei-

lich auch sagen, daß sie ihr ewiges Traumziel erreichen wollten: Konstantinopel zu erobern und sich endlich den Zugang zum Meer eröffnen. Dieses Vorhaben rief England und die Österreichisch-Ungarische Monarchie auf den Plan. In beiden Ländern wurden große Rüstungen beschlossen und mit dem Säbel gerasselt; Athen wurde zurückgepfiffen, die Russen bekamen Angst vor ihrer eigenen Courage und so kam es zum »Frieden von Berlin« vom Jahre 1878. Griechenland beschloß jedoch eine weit über seine Verhältnisse hinausgehende Aufrüstung – und unser Zaharoff steckte die ersten größeren Verdienste ein, er arbeitete zu dieser Zeit ja nicht mehr für Wochenlohn, sondern auf Kommissionsbasis.
Bald darauf ersteht der Firma Nordenfeldt ein gefährlicher Konkurrent in der Person eines Herrn Maxim. Sir Hiram Maxim entstammt einer nach USA ausgewanderten hugenottischen Familie; die Laufbahn des bereits dort geborenen jungen Hiram war buntscheckig: Aushilfskellner, Arbeiter, auch der übliche Geschirrwäscher fehlt nicht; dann versucht er sich als Boxer, doch mußte er auch diese edle Laufbahn aufgeben – sein Kopf erwies sich als zu groß! Dieser Kopf war sein Glück, nicht nur wegen des Boxens, sondern, weil er nun darauf kam, daß großartige technische Ideen sich darin fanden.
Selbst von Mäusen geplagt, erfand er als erstes eine automatische Mausefalle, es folgte ein Feuerlöschapparat und eine Dampfpumpe, bis ihm sein Meisterstück gelang – er war unterdes nach England übersiedelt –, das *die* Sensation der Waffenerzeugung war: Das Maschinengewehr!
Tatsache war, daß das berühmte Maxim-MG dem Schnellfeuergeschütz von Nordenfeldt weit überlegen war. Ebenso allerdings, daß Herr Maxim – ein reiner Techniker – in bezug auf Verkaufstüchtigkeit seinem Gegenspieler Zaharoff nicht das Wasser reichen konnte. Herr Maxim schrieb später Memoiren. Er nennt darin Zaharoff nicht mit Namen, geht überhaupt relativ glimpflich mit ihm um – er saß damals nämlich schon zusammen mit ihm im Aufsichtsrat der Firma Vickers.

Die erste Verbindung erfolgte bei einer von der italienischen Marine veranstalteten Konkurrenz in Spezia. Herr Maxim war am persönlichen Erscheinen verhindert, sandte jedoch seinen besten Mechaniker sowie einen preisgekrönten Schützen; diese beiden braven Männer hatten nur einen Fehler: Sie waren auf Alkohol ganz versessen. Trotz eindringlichsten Ermahnungen verfielen sie den Lockungen eines splenditen Fremden – Herr Zaharoff war an Ort und Stelle! – und betranken sich auf dessen Kosten derart, daß die für den nächsten Tag vorgesehene Konkurrenz abgesagt werden mußte. Aber aufgeschoben war nicht aufgehoben und das Maximgewehr ging als Sieger aus dem Wettbewerb hervor – eine Lehre für unseren Mann, sich in Zukunft nicht mit so harmlosen Mitteln zu begnügen.
Der nächste Zweikampf fand in Wien statt. Der dabei anwesende österreichische Erzherzog Feldzeugmeister Wilhelm erzählte Herrn Maxim – laut dessen Memoiren – der Agent von Nordenfeldt habe ihn im Büro aufgesucht und ihm wegen der außerordentlichen Hitze abgeraten, sich aufs Schießgelände zu begeben, mit dem Bemerken, daß dieses Maschinengewehr sowieso nichts tauge.
Herr Robert Neumann betrieb ergänzende Nachforschungen in Wien; so erfuhr er von einem General, es hätte damals einen Skandal gegeben, der Vertreter der Konkurrenz hätte einige Leute bestochen, das Maximgewehr zu sabotieren; ja selbst in der Maxim-Fabrik in England seien Arbeiter »veranlaßt« worden, bei der Herstellung des Vorführungsmodells Fehler »einzubauen«.
Als es Maxim jedoch gelang, in Anwesenheit S. M. des Kaisers Franz Josef I. dessen Initialen in die Scheibe zu schießen, wodurch er, abgesehen von der Schnelligkeit auch die Präzision unter Beweis stellten konnte, wandte Zaharoff jetzt andere Methoden an: Er hielt den begeisterten österreichischen Offizieren vor: Herr Maxim sei gewiß ein genialer Techniker, doch nur er selbst könne dieses Gewehr herstellen; er sei der einzige, der eine solche Präzisionsmaschine fabrizieren könne – wie sollte

man da eine größere Produktion erreichen? Wie abhängig wäre man von diesem einen Mann!
Noch dreister ging er vor, als er inmitten in- und ausländischer Journalisten durch den Absperrzaun blickte und ihnen als Beobachter diente. Auf deren Frage, welches Gewehr eben ausprobiert worden sei, antwortete Zaharoff – unerkannt – »Das Nordenfeldtsche! Es hat alle geschlagen!« Maxim in seinen Memoiren: »So wurde das in den Wiener Zeitungen gedruckt, in anderen zitiert und verbreitete sich über den ganzen Erdball.« (8.5.1888 in den Wiener Tageszeitungen: »Die wunderbaren Nordfeldt-Mitrailleusen«.) Maxim hatte zwar das bessere Gewehr, aber die »lästige Fliege«, von der er in seinen Erinnerungen spricht, scheint ihn irgendwie »fertiggemacht« zu haben.
Das Ergebnis spiegelt sich im Londoner Firmenregister von 1888:
Die »Nordenfeldt Guns & Ammunition Compagnie« sowie die »Maxim Guns Comp.« werden gelöscht. Neu eingetragen wird: MAXIM NORDENFELDT GUNS & AMMUNITION COMP.

Der Rubel rollt

Was bringt nun unser Waffenagent mit, außer seinen Offerten?
Er ist ein sogenannter »schöner Mann« im besten Alter; sein Ruf, Gerüchte über seine fragwürdige Vergangenheit wecken die Neugierde und steigern das Interesse – so ist es nun einmal; Affären mit Frauen – die Skala reicht von Aristokratinnen und Offiziersfrauen bis in die Bordelle der Hauptstadt – trugen ihm bald den »Ehrentitel« eines »Lady-Killers« ein. Dieser Engländer, Grieche oder Türke, oder was er sonst sein mag, hat außerdem das Plus: Er spricht blendend Russisch.

Diese Phase seines Lebens – es handelt sich um die Jahre 1888–1900 – ist von Anekdoten umrankt, von denen man, obwohl sie nicht verbürgt sind, sagen kann, – sie passen zu ihm in diesem Lebensabschnitt.
Als authentisch gilt, daß er seine »männlichen Qualitäten« in einem entscheidenden Fall mit Erfolg einsetzte. Der wichtigste Mann für ihn war natürlich der Oberste Chef der kaiserl. russischen Artillerie, der Großfürst S. Dieser Mann war als äußerst unzugänglich bekannt, man könne nicht an ihn heran, es sei denn durch seine Geliebte, die berühmte Schönheit und Ballerina K. – Es mag merkwürdig sein, daß man sich das Wohlwollen eines Mannes dadurch erwerben kann, daß man dessen Geliebte verführt – Zaharoff brachte dieses Kunststück jedenfalls zuwege. Und so verbindet er das Angenehme mit dem Nützlichen, oder sagen wir besser: das Nützliche mit dem Angenehmen – er erobert eine schöne Frau und durch sie den ersten großen Auftrag für die russische Artillerie.
Da Zaharoff auch während der »russischen Jahre« seinen Ausgangspunkt, den Balkan, nicht außer acht lassen wollte, machte er einige Abstecher dorthin; daher wechselt auch der Schauplatz der Anekdoten: Der Kriegsminister eines Balkanstaates bedeutete ihm anläßlich einer Vorsprache – es war an einem Montag –, er habe nicht das geringste Interesse an seinen Offerten, er solle sich gar nicht mehr bemühen; Zaharoff antwortete, er würde doch noch am nächsten Tag, am Donnerstag, wieder vorsprechen; der Minister erklärte ihm, daß dies ganz zwecklos sei, und übrigens sei morgen nicht Donnerstag, sondern Dienstag. Zaharoff bot eine hohe »Wette«, die natürlich der Minister gewann. Seither erwies sich dieser Staat als ein treuer Kunde der Maxim Nordenfeldt Comp.

Zurück nach Rußland: Ein sehr maßgeblicher russischer Offizier erwies sich als besonders sperrig und »widerspenstig«. Zaharoff legte einen 1000-Rubel-Schein in sein Zigarettenetui, bot dem Offizier eine Zigarette an, »schamhaft wegsehend«;

mit Genugtuung bemerkte er dann, daß sich der Offizier sowohl mit der Zigarette, als auch mit der Banknote »bedient« hatte. Ärgerlich mußte er konstatieren, daß sein Verhandlungspartner weiterhin ablehnend blieb; doch stellte sich doch noch der gewünschte Erfolg ein, nachdem er dessen Wunsch nach einer weiteren »Zigarette« nachgekommen war.
Ein anderes Mal: Unser Zaharoff kam und kam bei dem allmächtigen General K. um keinen Schritt weiter. Das einzige, was ihm gelang, war, von dessen Frau zum Tee geladen zu werden; ein Versuch, die Dame des Hauses für seine Zwecke »einzuspannen«, mißlang unserem Lady-Killer, krampfhaft suchte er nach einer Möglichkeit – und fand sie. Im Salon hing ein geschmackloser, gewöhnlicher Luster von ganz geringem Wert. Zaharoff betrachtete ihn und geriet in »Verzückung« über dieses »herrliche« Stück. Die Dame war noch so loyal, seine Begeisterung zu dämpfen; ihr Gast ließ sich jedoch nicht beirren und bezeichnete sich als Kenner und Sammler von Glaslustern. »Eine kühne Frage, gnädige Frau, wären Sie bereit, mir dieses Stück für meine Sammlung zu überlassen? Ich schätze den Wert dieses Lusters auf 100000 Rubel« – die Dame versprach, diese Frage an ihren Mann weiterzuleiten. Bereits am nächsten Tag sollte er die Antwort erhalten: »Wir lieben diesen Luster, aber mein Mann wäre bereit, sich von ihm zu trennen – für 150000 Rubel!« Das Eis war gebrochen – der Kauf erwies sich als ganz besonders preiswert!
Die nächste Geschichte führt uns wieder in einen südlich von Rußland gelegenen Staat. Eine neue Partei war dort ans Ruder gekommen, hatte sich zum Ziel gesetzt, die Mißwirtschaft und Korruption des gestürzten Regimes auszurotten.
Der neue Mann in der Admiralität empfing den Abgesandten von Maxim Nordenfeldt nicht gerade freundlich. Als dieser Seine Exzellenz fragte, ob er ihm wie seinem Vorgänger eine kleine Yacht zum persönlichen Gebrauch »überlassen« dürfe, zeigte sich der Minister empört, ja drohend: Er solle verschwinden und froh sein, wenn er ihn nicht wegen dieses Beste-

chungsversuches festnehmen lasse. Nun fuhr unser Schauspieler seinerseits empört auf; er verbitte sich eine solche Unterstellung, es sei von keinem Geschenk die Rede gewesen, er wollte sie gegen Bezahlung liefern für 10 Pfund Sterling!« »Ja, dies sei natürlich etwas anderes«, meinte Seine Exzellenz, und bestellte gleich zwei Stück zu diesem Preis, da auch sein Sohn ein begeisterter Yachtliebhaber sei.
Wir geben diese »Geschichten« mit Vorbehalt wieder. Tatsache ist allerdings, daß in den erwähnten Fällen Zaharoff zuerst auf unüberwindlich erscheinende Widerstände stieß, die sich plötzlich wie durch Zauberhand verflüchtigten, und daß der Firma Maxim Nordenfeld ein erster und gewaltiger Durchbruch mit ganz großen Lieferungen in diesen Staaten gelang.

»Großhändler des schnellen Todes«

Als Galeonsfigur stand Sir Hiram Maxim an der Spitze der Maxim Nordenfeldt Com., allerdings auch als genialer Techniker am Schalthebel der Produktion. Für die Herbeischaffung der Aufträge aus aller Welt war Zaharoff zuständig und der gegebene Mann. Die beiden Männer schienen nun nicht mehr recht zu wissen, wozu Herr Nordenfeldt noch nötig sei und hatten ihn das wohl auch fühlen lassen. Nordenfeldt fühlte sich hinausgeekelt und verkaufte seine Anteile an Zaharoff.
Zum erstenmal hatte Zaharoff nun eine ständige Wohnungsadresse – in Paris; im Jahre 1890 stand er – ebenfalls erstmalig – im Almanach »Tour Paris«, übrigens mit dem einzigen Beisatz: »Inhaber ausländischer Orden«! Jetzt beschaffte sich unser Mann ein richtiges Geburtsdokument, nach welchem er zur Abwechslung aus der anatolischen Stadt Mughla stammt.
Er feierte in Rußland seinen 40. Geburtstag, oft ein bemerkenswertes Datum im Leben eines Mannes. Ein Gewährsmann Herrn Neumanns interpretierte diesen Wandel anders: »Nicht die 40 Jahre sind der Wendepunkt im Leben eines Levantiners,

sondern die ersten 100000 Pfund! Bis dahin ist so manches erlaubt; aber hat einer einmal 100000 Pfund auf seinem Bankkonto liegen – da wird alles anders, da wird er ein staatserhaltendes Element!«
Gewiß, das Bankkonto und der Aufstieg vom Provisionsagenten zum Mitinhaber mag schon mitgespielt haben bei der Veränderung; auch bei der Abkehr von gewissen Arbeitsmethoden, die doch noch in manchem an die Praktiken eines kleinen Ganoven erinnerten, an den kleinen Dieb und Kuppler von anno dazumal. Prinzipiell mag sich unser Levantiner nicht verändert haben – wer ändert sich schon wirklich grundlegend –, aber alles erhielt ein anderes »Gesicht«. Das »Klein-Karierte« mauserte sich ins »Großformatige«, und so wurde er vom »Agenten« zum »Großhändler des schnellen Todes«. Millionen von Menschen fielen allein unter den Kugeln der »wunderbaren« Maxim-Maschinengewehre, man bedenke: 600 Schuß in der Minute!

Die Ära Vickers:

Herrn Maxim konnte keine bessere Erfindung einfallen, als sein Meisterwerk, das Maschinengewehr. Er wurde immer mehr zu einer Repräsentationsfigur und Zaharoff zur »Seele des Geschäftes«. Doch diese besagte Seele wollte sich höher erheben und bald drängte sich die Frage auf: Wozu braucht man eigentlich noch diesen Herrn Maxim?
Da war die große, mächtige, traditionsreiche Firma Vickers, gegründet 1828 bei Sheffield; der Sohn des Gründers lernte bei Krupp in Essen die Herstellung der modernen Gußstahlblöcke, in den 60er Jahren lieferten Vickers bereits solche für Geschütze, die man später selbst herzustellen begann. Das große Geschäft war die Armierung der englischen Flotte. Man konnte sich immerhin so viel »auf die hohe Kante« legen, daß man im Jahre 1897 die Herren Maxim und Zaharoff samt Zubehör um

1353000 Pfund kaufen konnte – teils mit barem Geld, teils mit Vickersaktien.
Herr Maxim wurde – bei großen Gesellschaften jederzeit üblich – in den Aufsichtsrat »abgeschoben« – er ist auch für unsere Darstellung nicht mehr interessant; wir können es uns jedoch nicht verkneifen, noch eine Episode aus dem Leben des Herrn Maxim zu schildern, welche – ginge es nicht um so ernste Dinge – der Komik nicht entbehren würde.
Es tobte der Buren-Krieg – beide Teile bedienten sich der ausgezeichneten Waffen der Firma Vickers. Ausgerechnet der Erfinder des Maschinengewehrs wurde dazu ausersehen, diesen Krieg zu beenden! Leider muß gesagt werden, daß die Initiatoren dieser Friedensmission sich keineswegs vom Mitleid mit den Opfern dieses erbitterten Kampfes leiten ließen, sondern von handfesten materiellen Erwägungen – wobei man noch dankbar registrieren muß, daß es auch finanzielle Interessen gibt, die besser im Frieden als im Krieg gedeihen.
Was war das Motiv für diese »Friedens-Offensive«? Die Goldminen in Südafrika arbeiteten infolge des Krieges kaum mehr, und die Londoner City mußte mit Schrecken einen immer stärker werdenden Verfall der Minenwerte feststellen. Mit Zustimmung des Außenministeriums fährt Herr Maxim nach Den Haag, wo sich eine Delegation der Buren aufhielt. Er hatte 100000 Pfund anzubieten für den Fall, daß die Buren Frieden schlössen und in den Goldminen wieder an die Arbeit gingen. Maxim kehrte erfolglos heim; genaugenommen wäre es ja ein »Hochverrat« gewesen, wenn ein Aktionär und Aufsichtsrat von Vickers sich einer derartigen »Geschäftsstörung« schuldig gemacht hätte!
So blieb denn alles wieder in seiner gewohnten »Ordnung«, und Vickers konnte weiterhin bis zum Friedensschluß im Jahre 1902 noch so manches Schießwerkzeug zum Burenkrieg beisteuern.

»Blutige Internationale der Rüstungsindustrie«

Diese entwickelte sich gerade durch den zunehmenden Wunsch nach *nationalen* Rüstungsproduktionen. Das mag im ersten Moment paradox erscheinen, bedenkt man jedoch, daß dieser Trend für die bestehenden Rüstungsindustrien eine Existenz bedrohende Gefahr darstellte, so wird man schon eher verstehen, daß diese nach Mitteln und Wegen suchten, dem zu begegnen.

Man versuchte Gründungen in anderen Ländern unter einem nationalen Mäntelchen, man trachtete, durch »Unterwanderungen«, durch ein »Sich-Einschleichen« in die bestehenden nationalen Firmen zum Ziel zu kommen. Dabei wurden oft komplizierte »Strohmänner-Systeme« angewandt, die verwickeltsten Finanztransaktionen vorgenommen, Tarngründungen vollzogen und höchst verwirrende »flankierende Maßnahmen« – wie man heute sagt – getroffen, kurz alle nur erdenklichen Verschleierungsmannöver exerziert. Und wenn es nicht anders ging, verbündete man sich auch mit einem oder mehreren »Raubrittern«.

Es mag an dieser Stelle passend sein, eine Art allgemeines Schema der Verkaufsmethoden der Rüstungsindustrie zu skizzieren. Wir verlassen dabei nicht den Helden unseres Berichtes, da ja gerade *er* es war, welcher der Welt vor Augen führte, wie man dieses meisterhaft handhaben kann.

Die erste Etappe ist die der »Ausspähung«: Wer sind der- oder diejenigen, welche die Kauforder erteilen können, wie sind diejenigen beschaffen, auf die es ankommt? Haben sie bestimmte Schwächen, Leidenschaften, Wünsche und Begierden? Wo kann man am besten den Hebel ansetzen und wie muß dieser beschaffen sein? Kann man direkt vorgehen oder bedarf es bestimmter Mittelspersonen oder sonstiger Umwege u.a.

Die »Haifische« à la Zaharoff gehen ja grundsätzlich davon aus, daß jeder Mensch irgendwie käuflich sei und »seinen Preis« hat, und bauen in erster Linie auf die Habsucht und

Machtgier, das Geltungsbedürfnis und die Eitelkeit. Sie spielen in die Hoffnung und Angst hinein, erstere durch Verlockungen und Versprechungen geweckt, letztere durch Drohungen von Enthüllungen und massiven Erpressungen ihren Zwecken dienstbar gemacht.
Nun erfolgt als nächster Schritt die Bestechung selbst. In den meisten Fällen ging es um bares Geld. Einen Betriebsunfall wollen wir erwähnen – es gibt sehr wenige, um nicht zu sagen zu wenige, über die es zu berichten gibt.
Man schrieb das Jahr 1910; Japan wollte sich einen neuen Panzerkreuzer bauen lassen, Offerte von Armstrong und Vickers lagen vor, letztere bekamen den Auftrag durch Konteradmiral Fujii, der sich – nicht zum erstenmal – bestechen ließ. Diese »Transaktion« wurde von einem Vickersdirektor durchgeführt, der es sich allerdings zu leicht machte: Er überwies die jeweiligen Beträge direkt an Fujii, die Sache flog auf. Für Vikkers war es ein ärgerlicher Zwischenfall, nicht mehr; für den Admiral Fujii bedeutete es das Ende seines Lebens – er wurde gehängt. Heutzutage scheint man auch in Japan milder zu sein: Der Ministerpräsident Tanaka, der Korruption überführt, mußte zwar zurücktreten, aber gehängt wurde er bis jetzt nicht!)
So etwas passiert allerdings nur einmal! Wozu, um alles in der Welt, gibt es denn Tarnadressen und Nummernkonten, wozu die Schweiz und Lichtenstein?
Italien, seit einiger Zeit geeint und selbstbewußt, wollte seine Nationalindustrie. Gut, es sollte sie haben – und schon war die »garantiert-italienische« Firma Vickers-Terni gegründet.
Bei Deutschland war es schon schwieriger, nützliche Kontakte herzustellen; Vickers hatte allerdings schon früher einen Herrn Loewe in seinen Aufsichtsrat kooptiert. Und wohl mit gutem Grund: die »Loewe-AG« in Berlin war Teilinhaberin eines der größten deutschen Rüstungskonzerne, zu welchem u.a. auch Gebrüder Boehler, Mauser, Daimler-Benz gehörten. Herr Loewe war gestorben, doch jetzt beeilte man sich – mit Erfolg –

mit seinem Teilhaber, einen Herrn von Gontard, in nähere Beziehung zu kommen; es dauert nicht lange und schon war die Firma Vickers, »The most British of British Firms« – Londoner Agent der deutschen »Waffen- und Munitionsfabriken Paul von Gontard«.
Der weitaus schwierigste Fall war Frankreich, da hieß es sehr behutsam vorzugehen. Dort wachte man ängstlich und sehr mißtrauisch über die »nationalen Belange«, außerdem herrschte die mächtige Firma Schneider-Creusot und bewaffnete weltweit in Konkurrenz mit Armstrong, Vickers und Krupp. Erfreulicherweise gab es nun eine Bank, die »Banque de l'union Parisienne«, das Finanzinstitut der französischen Schwerindustrie und u.a. auch das von Schneider-Creusot. Erst nach dem 1. Weltkrieg erfuhr die Öffentlichkeit, daß sich seinerzeit die Firma Vickers, d.h. Herr Zaharoff auf leisen Sohlen dort eingeschlichen hatte, wodurch es zu einer Vereinbarung Vickers-Schneider-Creusot kommen konnte.

Praktiken

Doch schließlich gibt es trotz mannigfaltiger Bemühungen nicht immer Krieg. Auch die Mahnung »si vis pacem, para bellum« – »wenn du den Frieden willst, rüste für den Krieg« verfängt nicht immer.
Die Firma Vickers verfügte über einen ganz hervorragenden Finanz- und Anleihespezialisten, Sir Vicent Caillard, einen persönlichen- und Parteifreund des großen, alten Chamberlain; Caillards Aufgabe ist es vor allem, durch Beschaffung von Krediten den diversen Staaten den Waffeneinkauf zu ermöglichen, natürlich unter der Bedingung, daß sie dort kaufen, wo man will.
Wir wollen an einem Beispiel zeigen – und ein zweites lediglich streifen –, wie so etwas gemacht wird, und bitten den Leser um Verständnis, wenn es etwas ausführlicher geschildert wird:

Ist es doch ein Musterbeispiel für die Praktiken, die xmal angewendet wurden und – seien Sie überzeugt – auch heute angewendet werden.

Etwa ein Jahr nachdem die Verbindung Vickers-Gontard zustande gekommen war, im Jahre 1907 – schrieb Herr v. Gontard den folgenden Brief an einen Gewährsmann nach Paris:

»Wir drahteten Ihnen soeben: ›Bitte unseren heutigen Brief in Paris abwarten.‹ Grund dieser Depesche war, daß wir die Aufnahme eines Artikels in einer der meist gelesenen französischen Zeitungen, möglichst im ›Figaro‹ durchsetzen möchten, welcher folgendermaßen lautet:

›Die französische Heeresverwaltung hat sich entschlossen, die Neubewaffnung der Armee mit Maschinengewehren erheblich zu beschleunigen und die doppelte Anzahl als zuerst beabsichtigt zu bestellen.‹

Wir bitten Sie, alles aufzubieten, um die Aufnahme eines derartigen Artikels zu erreichen.«

Deutsche Waffen- und Munitionsfabriken
gez. Gontard

Dieser recht plumpe Brief gelangte viel später zur Kenntnis des Sozialistenführers (und nachmaligen Kommunisten) Karl Liebknecht, der ihn im Deutschen Reichstag zur Verlesung brachte. Auch der Zentrumsabgeordnete und spätere Minister Erzberger klagte nachher:

»... wie oft hat man uns hier im Reichstag gesagt, wenn wir 40 Millionen Mark für Maschinengewehre in den Jahren 1908, 1909 und 1910 – also gleich nach diesem Brief – ausgegeben haben: wir brauchen diese Maschinengewehre, wir brauchen diese Neubeschaffung. Wir haben sie auch bewilligt – weil Frankreich uns soundso viel auf diesem Gebiet voran ist!«

Ein französischer Zeitungsmann, der aus guten Gründen anonym bleiben wollte, schrieb ein Buch: »Hinter den Kulissen des französischen Journalismus« und kommt darin auch auf diesen Brief zu sprechen:

»Der (von Gontard im ›Figaro‹ geforderte) Bericht wurde in dieser Form jedoch nicht aufgenommen. Die Lüge war zu offenbar und das Kriegsministerium hätte sie sofort dementiert.

Dagegen erschien einige Tage darauf – natürlich ganz zufällig im ›Figaro‹, dem ›Matin‹ und dem ›Echo de Paris‹ eine Anzahl Aufsätze über die Vorzüge der französischen Maschinengewehre und das dadurch erzielte Übergewicht der französischen Heeresbewaffnung. Mit diesen Zeitungsnummern in der Hand interpellierte der preußische Abgeordnete Schmidt, ein Verbündeter der deutschen Schwerindustrie, den Reichskanzler und stellte die Frage, was die Regierung zu tun gedenke, um diesen französischen Bedrohungen entgegenzuwirken. Verblüfft und zugleich beängstigt bewilligte der Reichstag mit großer Mehrheit und ohne Diskussion die Mittel zur Vermehrung der Maschinengewehre.«

Wenn nun auch nicht alles genauso geklappt hatte, wie man wollte, so war das Endergebnis doch recht zufriedenstellend. Die beiden damaligen »Erbfeinde« ließen beträchtliche Summen für Maschinengewehre »springen« und die Allianz »Vikkers-Schneider-Creusot-Deutsche Waffenfabriken« konnten sich die Hände reiben.

Zaharoff erkannte, daß die Presse zwar zum größten Teil »willfährig«, aber immerhin auch »widerspenstig« sein konnte. Die »Presse« schien man beeinflussen zu können, aber sicher konnte man nicht sein. Man mußte Zeitungen besitzen, wenn man auch weiterhin bestechen wollte!

Wir haben bereits darauf hingewiesen, daß die Franzosen nun einmal, wenn es um die »Grand Nation« geht, recht schwierig und sperrig sein können; nicht nur, was die Rüstungsindustrie anbelangt, sondern z.B. auch im Zeitungswesen – sie schätzen es keineswegs, wenn sich Ausländer darum bemühen. Wie wird man nun möglichst schnell Franzose?

Der »Große Philanthrop«, wie er später groteskerweise so oft

genannt wurde, begab sich 1908 – kurz nach seiner Interessenahme an Schneider-Creusot und dem geschilderten Pressefeldzug – auf bisher von ihm noch nicht betretene Pfade, nämlich auf das Gebiet der Caritas.
Er spendete ein französisches Seemannsheim! Der Marineminister im Cabinet Clemenceau war gerührt und erreichte Zaharoffs Ernennung zum »Ritter der Ehrenlegion«. Dies und diverse Verschleierungs- und Vernebelungsaktionen gestatteten unserem »Wahlfranzosen« immerhin, im Pressewesen Umschau zu halten. Sehr, sehr vorsichtig wählt er eine harmlose, unpolitische Illustrierte die »Quotidiens Ilustrés«. Diese bringt nun recht bald ihrerseits ein politisches Blatt heraus, den »Exzelsior«.
Die Methode »Angst erzeugen und dann potentielle Gegner bewaffnen« nahm bis zum Ausbruch des Krieges immer mehr zu. Einer der Direktoren des Rüstungskonzerns J. Brown spielte der englischen Regierung einen Geheimbericht zu, in dem behauptet wurde, das deutsche Flottenbauprogramm sei mindestens doppelt so groß, wie es der Admiral von Tirpitz angibt. Da die Rüstungsindustrie oft recht eng mit der Spionage verquickt war und ist, nahm man solche Berichte für bare Münze. Lord Balfour wies daher darauf hin, daß Deutschland im Jahre 1912 etwa 21 – 25 Großkampfschiffe besitzen würde. Die Nachricht erwies sich zwar später als falsch – es waren nur neun –, aber inzwischen hatte, ängstlich geworden, die Admiralität bereits 4 neue Dreadnoughts bauen lassen – ein gefundenes Fressen für die Propaganda der deutschen Rüstungsindustrie, da nun tatsächlich auch hier das Flottenprogramm eine Erweiterung erfuhr.

Der Spitzbart und die Aktien

Nach dem Debakel im Russisch-Japanischen Krieg (1905) be-

stand im Zarenreich das dringende Bedürfnis, sich besser und umfangreicher zu bewaffnen.
Vorerst war das Ziel aller »Haie«, Einfluß auf die weltbekannten nationalrussischen Putiloff-Werke zu gewinnen. Aber diesmal versammelte sich alles, was »Rang und Namen« in der Branche hatte, in Rußland: Armstrong, Vickers und Brown aus England, Schneider-Creusot aus Frankreich, Skoda aus Österreich, Krupp und Blohm & Voss aus Deutschland. Die zarten Bande zwischen Vickers und Schneider-Creusot erwiesen sich als noch zu zart und konnten es nicht verhindern, daß gerade zwischen diesen beiden Firmen der erbitterste Kampf um die Beute entbrannte. Immer wieder tauchte Zacharoff auf, wenn Schneider-Creusot schon glaubte, diesen »Zeck« bereits abgeschüttelt zu haben. Schneider-Creusot kauft um 1 Million Aktien der Putiloff-Werke, auch versuchte man es mit Neugründungen, um endlich »unter sich« zu sein; man bediente sich einer Tarnfirma, doch hinter einer anderen taucht immer wieder der Spitzbart auf.
Frankreich hatte den Vorteil, große Kapitalien einsetzen zu können, da bei der Masse der französischen Sparer russische Werte sehr populär waren.
Man hatte sich einer Werft am Schwarzen Meer bemächtigt, eine rein französische Aktiengesellschaft daraus gemacht und erwartet große Aufträge aufgrund des neuen Flottenbauprogramms – da taucht schon wieder der Spitzbart auf mit etlichen Aktien dieser Gesellschaft.
Nun wird es Schneider-Creusot und auch der französischen Regierung zuviel. Ein Trommelfeuer von Interventionen und Pressionen hagelt auf die russischen Behörden nieder – wohl auch gemischt mit »goldenen Kugeln«; auch bezichtigt man Zaharoff, mit dem Erbfeind Krupp den Erbfeind Japan aufzurüsten; das Ergebnis ist, daß alle Ausländer eliminiert werden – und natürlich auch die Franzosen; nur mit dem kleinen Unterschied, daß diese nach der »Säuberung« wieder hereingelassen werden.

Als man dann noch unerhörterweise die Zaharoffschen Kanonen zu beanstanden wagte, sinnt Zaharoff auf Rache:
Auf den Balkan kann er sich verlassen, dort gibt es wieder Krieg. Man kann die beanstandeten Kanonen auch wo anders hin verkaufen. Wir sind im Jahre 1912. Die Pariser Zeitschrift »Crapouillot« schreibt:

> »Während des Balkankrieges bewaffnete Zaharoff beide Kriegsparteien, er unterstützte Griechenland gegen die Türkei, die Türkei gegen Serbien und im Jahr darauf Serbien gegen Österreich.«

Aber Zaharoff will ja Rache nehmen! So erinnert er sich, daß er ja schließlich in der Türkei zur Welt gekommen ist, wenn man auch als Grieche ein Todfeind dieses Landes sein sollte – und später wieder wurde.
Kurz darauf erhält die Firma Vickers das Monopol auf den Bau und die Ausrüstung der gesamten türkischen Flotte!
Diese Nachricht schlug wie eine Bombe ein – in Rußland und in Frankreich. Und da geschah das Unglaubliche: Das riesige Zarenreich ging vor Zaharoff auf die Knie, aus Angst, der Erbfeind Türkei könnte durch eine starke, moderne Flotte zur Großmacht werden. Was sich weiter abspielt, können wir französischen Presseorganen entnehmen. Man richtete die schwersten Angriffe gegen Schneider-Creusot und die verfehlte Rußlandpolitik der Regierung. Als man erfuhr, daß die Firma Vikkers an der Wolga Anlagen von drei Kilometer Länge errichten werde, wie Rußland sie noch nie gesehen hatte, in welchen schwerste Geschütze, Panzerplatten und Munition erzeugt werden sollten, kannte die Empörung keine Grenzen mehr.
So schrieb die »Documents Politiques«:

> »Dieser Mißerfolg von Le Creusot sollte sich noch verschärfen, als die russische Regierung der Firma Vickers quasi ein Monopol für Geschützfabrikation verlieh, indem sie ihr Aufträge im Wert von mindestens 10 Millionen Rubel zusicherte... Die Gründe sind um so dunkler,

als die Preise von Vickers höher waren als die von Le Creusot.«

Nun wollte man der Firma Vickers zumindest in der Türkei einen Strich durch die Rechnung machen: Man gewährt ihr wieder einmal einen Kredit zum Ankauf französischer Waffen. Es war gerade noch Zeit, dem türkischen Minister die modernsten Modelle vorzuführen und ihm das Geld zukommen zu lassen, aber nicht mehr, um die Bestellungen ausführen zu können, da der 1. Weltkrieg ausbrach.

Aber immerhin konnte sich die Türkei mit dem französischen Geld noch bei Krupp und Skoda mit Geschützen eindecken, welche dann zusammen mit den Vickers-Kanonen gegen die Alliierten eingesetzt wurden.

Jetzt, da die Rechnung unseres Spitzbartes in so befriedigender Weise aufgegangen war, besann er sich wieder seiner französischen Wahlheimat und ging auf »Versöhnungs-Tour«. So konnte man plötzlich den Gazetten entnehmen, daß bei der Regelung in Rußland die französischen Interessen »durchaus gewahrt« worden seien, was in nüchterner Sprache bedeutete, daß man Schneider-Creusot mitverdienen ließ; auch als »Philanthrop« zeigte er sich wieder – diesmal war es ein »Lehrstuhl für Luftschiffahrt an der Pariser Universität«, den er stiftete, was prompt zur Rangerhöhung in der Ehrenlegion führte: Der »Ritter« von 1908 wurde zum »Offizier« befördert, diesmal unter der Regierung Poincaré.

Knapp vor Kriegsbeginn wollen wir doch wieder einmal einen Blick nach Westen, auf England werfen, wollen sehen, wie es um die Firma Vickers selbst bestellt ist, ob »The most British of British Firms« auch ihre heimatlichen »Verbindungen« mit Eifer und Nutzen gepflegt hat!

Unter ihren großen Aktionären fanden sich 4 Herzöge und Marquis, 50 Grafen und Barone, eine Reihe von Parlamentariern, 21 Offiziere und 6 Journalisten; unter den kleineren waren fast alle Berufe vertreten, nicht zuletzt auffallend viele Vertreter der Staatskirche.

Mit einer Parlamentsrede vom März 1914(!) machte sich der Viscount Snowden nicht gerade beliebt, als er u.a. ausführte:

> »Und nun – wer sind die Aktionäre? – ich konstatiere, daß die ehrenwerten Mitglieder dieses Hauses sehr stark vertreten sind! Es wäre in der Tat unmöglich, einen Stein in welche Bank auch immer dieses Hauses zu werfen, ohne Aktionäre der einen oder anderen dieser (Rüstungs-) Firmen zu treffen... ein anderer Abgeordneter erscheint tatsächlich auf jeder Aktionärsliste, wie er auch in jeder Debatte dieses Hauses sich hervortut, bei der es sich darum handelt, daß mehr Geld für Waffen und Schiffe bewilligt werden soll.«

Kurz noch ein Blick auf die Verquickung der Waffenindustrie mit Politikern, Generalen und der Presse, hier z.B. die »Société Français de Torpilles Whitehead«: Auf der Gründungsliste sehen wir unter den Aktionären u.a.: Armstrong, Vickers, die Frau des deutschen Gesandten, den englischen Gesandten, die Schwiegertochter Bismarcks, einen französischen Vizeadmiral, ein weibliches Mitglied der pangermanistischen Familie Reventlow und auch Herrn Zaharoff – ein kleiner Völkerbund, um französische Torpedos herzustellen.

Ergänzend an dieser Stelle noch einige Zitate von Viscount Snowden:

> »Der Gewinn der Firma Vickers... seit dem Erfolg der Intrige stieg der Gewinn von Jahr zu Jahr – 474000 bis 544000 bis 745000 bis 872000 Pfund Sterling«;
>
> »Lord Welly sprach vor einigen Wochen und sagte: Wir sind einer Organisation von Gaunern ausgeliefert, es sind Politiker, Generäle, Rüstungsindustrielle und Journalisten. Sie alle sehnen sich nach unbeschränktem Bedarf an Rüstungsmaterial und erfinden darum unaufhörlich Alarmnachrichten, um Publikum und Minister in Furcht zu setzen.«

Und eine Stelle aus der englischen Broschüre »The Secret International«:

»Die Kurstabellen zeigen, daß im Sommer 1914 ein fieberhafter Handel in Rüstungsaktien stattfand; in jenen Tagen hat eine große Anzahl Wohlinformierter, gewisse bekannte Bankiers und auch Herr Basil Zaharoff selbst ihren Aktienbesitz vermehrt. Unter den damaligen Aktienkäufern waren verschiedene wichtige Persönlichkeiten, die zur Regierung standen.«

Eine Panne

Um sich irgendwelche Größenvorstellungen machen zu können, seien die Ziffern allein der englischen Gesamtproduktion während des 1. Weltkrieges angeführt: 25000 Geschütze, 240000 Maschinengewehre (davon 100000 von Vickers), 4 Millionen Gewehre, 258 Millionen Granaten und Schrapnells und 10 Milliarden Patronen.

Was die maritime Ausstattung anbelangt, kennen wir nur die Lieferungen der Firma Vickers: 4 Schlachtschiffe, 3 Panzerkreuzer, 53 Unterseeboote.

Bezeichnend ist: Der englische Angriff auf die Dardanellen – das berühmt berüchtigte Gallipoli-Unternehmen unter dem Marineminister Winston Churchill – wurde von den Türken mittels ihrer qualitativ hervorragenden Artillerie abgeschlagen – made by Vickers. Auch ein englisches Kriegsschiff flog bei dieser Gelegenheit in die Luft, dank einer türkischen Mine – made by Vickers.

Die englischen Schiffe verfügten über hervorragende Zielfernrohre der deutschen Firmen Zeiss-Jena und Goerz. Diese so wichtigen Instrumente wurden nach Ausbruch des Krieges(!) über Holland an den Feind geliefert!

Einer »kleinen Panne« bei einer sonst sehr sorgfältig geplanten Machenschaft verdanken wir den folgenden Einblick:

Es dürfte nicht unbekannt sein, daß Nickel für die Munitions-Erzeugung unerläßlich ist, doch gab es in Deutschland so

gut wie keines. Die »Metallgesellschaft« in Frankfurt, an welcher u.a. Kaiser Wilhelm II. und die Firma Krupp Aktionäre waren, kaufte daher, so viel sie nur kaufen konnte – für alle Fälle. Der Lieferant im vorliegenden Fall war die neu-kaledonische Firma »Le Nickel«; Eigentümer: Rothschild, im Verwaltungsrat: Herr Zaharoff. So weit, so gut.
Im Januar 1917 erfuhr man durch eine Rede des Senators de Villaine in der französischen Kammer (dies die erwähnte Panne) folgendes:
Im Oktober 1914, also schon während des Krieges, wurde ein norwegisches Schiff aufgebracht und nach Brest gebracht, wo es als Prise beschlagnahmt wurde; es führte 2500 Tonnen Nikkel mit sich, versandt aus Neu-Kaledonien (Le Nickel), Bestimmungshafen: Hamburg, Empfänger: die Firma Krupp. Gegen den Protest der Lokalbehörden mußte das Schiff freigegeben werden auf ausdrückliche Weisung des Ministeriums – und Krupp erhielt sein Nickel!
Aufgeflogen ist die Sache dadurch, daß man einer Konkurrenzfirma, die dasselbe machte, aber über weniger gute Verbindungen in Paris verfügte, einen Strich durch die Rechnung machte und daß diese dann »bösartig« geworden ist.

Kampf um Griechenland

Es ist an der Zeit, daß wir uns wieder der Person des Herrn Zaharoff zuwenden: Er scheint während des Krieges im Wesentlichen zwischen Paris und London hin- und hergependelt zu sein; von seinen engen Beziehungen zu den großen Akteuren des Krieges, zu Lloyd George und Clemenceau werden wir noch Erstaunliches zu berichten haben.
Da Zaharoff seine ganz überwiegenden Interessen in den Ländern der Entente hatte, versteht es sich von selbst, daß er sich ganz den Regierungen dieser Staaten zur Verfügung hielt.
Inwieweit die Behauptung zutrifft, Zaharoff sei der Spiritus

rector der gesamten Waffenversorgung der Entente gewesen, oder ob dies eine Übertreibung darstellt, ist schwer zu beurteilen. Für ersteres spricht, daß er nach siegreicher Beendigung des Krieges mit Ehrungen überschüttet wurde und daß ihn sowohl Frankreich wie auch England mit den höchsten Orden auszeichneten, welche diese Länder zu vergeben hatten.

Was wir vom menschlichen Verhalten Zaharoffs nach Ausbruch des Krieges übermittelt bekommen, trägt nicht dazu bei, ein abgerundetes Bild über den Menschen Zaharoff zeichnen zu können; so heißt es, er habe einen Schock erlitten, er habe »Zeichen eines schlechten Gewissens« gezeigt, er sei deprimiert, überhaupt »anders« geworden.

Dazu würde es passen, daß Zaharoff eines Tages beim Ministerpräsidenten Briand erschienen sei, ihm wortlos ein Kuvert gab und wieder ging; Inhalt: Ein Scheck auf 1 Million Franc und ein Zettel »Für Kriegerwitwen«!

Doch zurück zu den Ereignissen.

Griechenland war von erheblicher strategischer Bedeutung, daher die Bemühungen beider Gegner, es auf ihre Seite zu ziehen.

Die Griechen haben zwar so manche Eigenschaften, die sie zu Stammvätern unserer abendländischen Kultur, Philosophie und Wissenschaft gemacht haben, im Laufe der letzten 2½ Jahrtausenden eingebüßt, jedoch nicht ihren Hang zum überspitzten Parteienhader, ihre Neigung zu politischen Eskapaden und den Haß gegen Fremdherrschaft – seinerzeit gegen die Perser, jetzt gegen die Türken.

König Konstantin I., deutscher Herkunft, wollte sein Land aus dem Krieg heraushalten, der Ministerpräsident Venizelos, ihn stürzen und sich der Entente anschließen.

Die griechische Führung wurde von beiden Seiten bedrängt; die Serben verlangten immer dringender die Einhaltung des Bündnispaktes, anderseits appellierte Kaiser Wilhelm II. massiv an seinen königlichen Schwager. Die Entente sparte nicht mit Geld und Bemühungen, wobei ihr vorerst der Erfolg versagt bleibt.

Am besten wird die damalige Situation verständlich aus einem vertraulichen Bericht des Kaiserl. Russischen Gesandten an seinen Chef, den Außenminister Sasanow:

»Abgesehen vom Kampf mit den deutschen Agenten auf dem Wege der polizeilichen Überwachung, für die von unseren Allierten ungewöhnlich große Mittel verausgabt werden(!), sind von ihnen Schritte ergriffen worden, mit der Absicht, die öffentliche Meinung durch die Presse zu beeinflussen.«

Der Gesandte meinte zwar, daß bei einer zusätzlichen Aktion durch Rußland der Erfolg in keinem Einklang zu den Kosten stehen würde, entwarf jedoch einen Kostenvoranschlag für den Fall, daß sie dennoch gewünscht würde. Und er fährt fort:

»...so mache ich eine ungefähre Aufstellung dessen, was getan werden könnte:

1. Ein Subsidium an zwei Zeitungen, die bereit wären, unseren Zielen zu dienen – 3000 Franken im Monat;

2. Ein Subsidium an die Telegraphenagentur in Athen, die sich wahrscheinlich bereit erklären würde, in ihren Bulletins Nachrichten in wünschenswertem Sinne zu bringen – 5000 Franken im Monat;

3. Eine anonyme Organisation, welche ... das bestimmte Material redigieren würde ... Nachrichten über Kriegserfolge der Alliierten, ihre Macht und Hilfsquellen ... in unserem Sinne zu verbreiten – ca. 1500 Franken im Monat;

...Bezahlung an die diversen Zeitungen, darunter auch an jene jetzt von den Deutschen bezahlten – 2–3 Fr. pro Zeile;

...Prämien für einzelne Redakteure und Mitarbeiter in Höhe von mindestens 12000 Fr. im Monat.

Das Telegramm endet mit der abschließenden Bemerkung, daß »Zeitungsbudget« würde eine Höhe von mehr als 20000 Franken pro Monat erreichen.

Auch ein weiteres Telegramm des Gesandten vom Februar 1916 ist nicht uninteressant:

> »Äußerst vertraulich teilt man mir aus zuverläßlicher Quelle mit, daß die französische Regierung Venizelos 2000000 Franken für Propaganda in der Armee zur Verfügung gestellt hat.«

Venizelos war damals schon als Ministerpräsident gestürzt und sann nach Rache. Eine Anfrage, wieviel Frankreich der Sturz des König Konstantin wert wäre, stimmte Herrn Briand doch etwas bedenklich, er überwies jedoch als Zeichen seines guten Willens Herrn Venizelos 350000 Fr. Da man jedoch noch immer nicht recht weiterkam, erinnerte sich Briand des »Balkan-Spezialisten« Zaharoff, damit man endlich der deutschen Propaganda Paroli bieten kann.

Zaharoff übernahm diese Aufgabe – und gleich kamen die Dinge in Schwung; er wollte die Sache groß aufziehen, eine Agentur von Weltgeltung finanzieren. Der Leiter dieser Agentur, der spätere Politiker Henri Turot, berichtet:

> »So entstand die Agence Radio dank der großzügigen Einsicht Briands und der hochherzigen Mitwirkung Zaharoffs. Wir gingen beherzt ans Werk und schon wenige Monate nachher überstieg der Erfolg alle unsere Erwartungen.«

Es gab da noch ein paar kleine Unebenheiten, nicht alle Zeitungen wollten parieren und nur nachbeten, was ihnen die Agence Radio sagte. Daher wurde eine neue Zeitung gegründet, eine weitere sollte aufgekauft werden – mit Zaharoffs Geld; nun meutert jedoch die »Patris«, das Leiborgan Venizelos', über diese Konkurrenz; deren Direktoren gingen sofort zum französischen Gesandten und erklärten mit schöner Offenheit, sie würden zu den Mittelmächten übergehen, falls sie nicht auch von dem Goldregen etwas abbekommen würden; mit 200000–300000 Franken wurden die Herren beschwichtigt und fühlten sich in ihrer Entente-freundlichen »Gesinnung« bestärkt.

Gewiß, die Propaganda hatte Erfolge erzielt; aber Griechenland ist immer noch neutral. Jetzt verstand die Entente keinen Spaß mehr: Eine Flotte erschien vor Athen; man forderte die

Auslieferung der in Piräus internierten feindlichen Schiffe, die Kontrolle von Post und Telegraph, außerdem drohte man mit einer Hungerblockade. Die Schiffsgeschütze von Schneider-Creusot und Vickers sprachen eine zu drohende Sprache, die griechische Regierung mußte nachgeben.
Nun ergoß sich eine Propagandaflut über das Land, ungehemmt und unbehindert. Herr Zaharoff finanzierte Agitationstrupps; die Liste umfaßte 162 Personen. Davon waren ca. die Hälfte Kriminelle: Diebe, Schmuggler, gewerbsmäßige Spieler und 20 Mädchenhändler.
Der massive Einsatz lohnte sich, aber immerhin dauert es noch beinahe ein Jahr, bis unter neuen Drohungen das Regime kapitulierte. Der König ging ins Exil, Venizelos übernahm die Macht und Griechenland schloß sich der Entente an. Die Entente hatte sich dadurch eine höchst erwünschte Operationsbasis gegen die Mittelmächte gesichert. Von hier aus wurde im September 1918 die bulgarische Front aufgerollt, es war der Anfang vom Ende.

Kampf um das Öl

Herr Zaharoff war bei den stärkeren Bataillonen gewesen, nach Ende des Krieges ein großer Mann. Wenn wir etwa »Weekly Dispatch« Glauben schenken, so war Zaharoffs Einfluß während des Krieges so stark gewesen, daß die Alliierten vor großen Aktionen sich sogar veranlaßt gesehen hatten, seine Meinung einzuholen.
Immer wieder wurde hervorgehoben, er habe mehr als 50 Millionen Franken für die Sache der Entente »geopfert« – die Aktivposten auf seinem Konto blieben sein Geheimnis.
Auf Zaharoff ergoß sich eine wahre Flut von Ehrungen »für außerordentliche Dienste für die Sache der Allierten«: Ernennung zum Kommandeur der Ehrenlegion, Großkreuz des Bath-Ordens, Ehrendoktorat der Universität Oxford – und als Krö-

nung: Das Britische Großkreuz und damit die Erhebung in den Adelsstand.

Damit war er sowohl von Frankreich als auch von England mit ihren höchsten Auszeichnungen ausgezeichnet worden.

Jetzt ist der Slum im Griechenghetto von Konstantinopel, der Dieb, Mädchenhändler und Betrüger endgültig ausgelöscht. Baronet, Inhaber der höchsten Orden, Freund der Mächtigen, der Herren Lloyd George und Clemenceau, die sich eben anschicken, die Welt neu einzurichten, ein Mann, dessen Vermögen auf etwa 100 Millionen Pfund Sterling geschätzt wird – ohne Zweifel in seiner Art ein »Eroberer« größten Formats.

Sir Basil Zaharoff war jetzt an die 70 Jahre; man möchte meinen, er wäre nach diesem aufregenden, abenteuerlichen, nicht ganz ungefährlichen Leben willens, sich »auf seinen Lorbeeren« auszuruhen. Weit gefehlt! Er begann ein unglückseliges, kostspieliges Abenteuer in Griechenland, stürzte sich in einen mörderischen Kampf um das Öl.

Zur Vorgeschichte des bis dahin größten und erbittertsten Raubkriegs der Wirtschaftsgeschichte:

Seinerzeit von den Indianern entdeckt, wurde lange Zeit das Öl nur in geringem Ausmaß als Arznei und zu primitiver Beleuchtung verwendet, bis sich etwa 300 Jahre später ein gewisser Herr Rockefeller der Sache annahm. Die Wende zu unserem 20. Jahrhundert brachte neue Funde im Osten und nun setzte ein Run auf sie ein, »ein Oil-rush«. Die Engländer und Holländer stürzten sich auf den ferneren Osten, die Russen und Franzosen auf die neuen Quellen im Kaukasus.

Ein gewisser Herr Chester, seines Zeichens USA-Konteradmiral, war ausgesandt worden, um mit seinem Geschwader gegen die Massakrierung der Armenier durch die Türken zu demonstrieren; bei dieser Gelegenheit roch er »Lunte«, d.h. Öl, zog den bunten Rock aus und begann mit dem Sultan Verhandlungen über Konzessionen; er geht gleich aufs Ganze und will solche für Öl, Bergwerke und den Bau von Eisenbahnen – in Anatolien, Mesopotamien und dem Irak.

Wir werden sehen, daß Chester ein Mann war, der nicht vom Glück begünstigt war, so auch gleich am Anfang: Ein Mr. d'Akcy hatte inzwischen im Jahre 1901 vom Schah von Persien für ein Butterbrot die Monopolkonzession für 5/6 des Landes auf 60 Jahre erhalten, gründete in London die dann sehr mächtig gewordene »Anglo-Persian« und trat des weiteren in Konstantinopel als Mitbewerber Chester's auf.
Auch erweist sich Sultan Abdul Hamid keineswegs als ein orientalischer Träumer, sondern im Gegenteil als ein höchst gerissener Verhandlungspartner, der einmal damit beginnt, daß er die fündigen Gebiete um Bagdad und Mossul aus Staatsbesitz in seinen privaten übertragen läßt. Als sich nunmehr auch noch die Deutsche Bank, als »Dritte im Bunde«, als weiterer Bewerber einstellte, betrieb der geschäftstüchtige Sultan eine massive Lizenzpolitik, bis schließlich die Deutschen die Konzession erhielten – Herr Chester ging leer aus. Die Absicht Abdul Hamids, hinterrücks auch noch ein Geschäft mit der Anglo-Persien zu machen, kam nicht mehr zum Tragen, da 1909 die »Jungtürken« unter Enver Pascha seinen Rücktritt erzwangen.
Chester wollte jedoch noch nicht aufgeben und erhielt von den Jungtürken sogar schriftliche Versprechungen, wurde aber durch eine Koalition England-Deutschland aus dem Rennen geworfen. Diese neue Koalition, welche gemeinsam die »Turkish Petroleum Comp.« gründete, erzwang im Jahre 1914 (!) die Anerkennung der Abdul Hamidschen Konzession.
Der Ausbruch des 1. Weltkrieges bereitete den gemeinsamen Plänen ein Ende. Jetzt sprachen die Waffen zwischen Türkei und England; beiderseits stand ausgezeichnetes Material zur Verfügung, geliefert von Vickers-Zaharoff.
Wie erwähnt, mißglückte der englische Angriff auf die Dardanellen. Der Feldzug der anglo-indischen Armee mit Zielrichtung Mossul endete mit einer katastrophalen Niederlage (April 1916). Nun verschenkte England etwas, was es weder im Eigentum noch im Besitz hatte – nicht zum ersten und letztenmal.

Es schloß ein Abkommen mit Frankreich: Gegen Waffenhilfe im Nahen Osten versprach man, französische Ansprüche auf Syrien und Mossul zu unterstützen. England ließ sich dabei auch nicht dadurch beirren, daß es dieses türkische Gebiet ein halbes Jahr vorher bereits den »Arabern« geschenkt hatte. (Oberst Lawrence-Hussein). Neuerliche englische militärische Vorstöße gegen Mossul führten wiederum nicht zum Ziel, da durch den Zusammenbruch des russischen Verbündeten – 1917 – die Flankendeckung ausfiel. Erst im Jahre 1918 konnten die Engländer das heißbegehrte Mossul besetzen.

Traditionsgemäß wandte sich England stets gegen die stärkste Kontinentalmacht; man nennt diese Maxime »Balance of Power«, gemeint ist damit das »Europäische Gleichgewicht«.
Nach der Niederringung Deutschlands und der Österreichisch-Ungarischen Monarchie war zweifellos Frankreich die stärkste Macht am Kontinent. Das andere Ergebnis dieser Krieger war, daß die Motorisierung der Kriegsführung, vorerst nur begonnen, in Zukunft von größter Bedeutung sein werde. Schlußfolgerung: Ein Land, das über kein Öl verfügt, ist keine Großmacht mehr! Ziel: Frankreich muß die Möglichkeit, an Öl heranzukommen, weitestgehend genommen werden, um auf diese Weise die Machtstellung des Mit-Siegers zu brechen, zumindest zu beschneiden.
Zaharoff entscheidet sich für eine politische Akrobatik. Sein »Aufmarsch« in Frankreich: Er wird Mitglied der »Bank von Frankreich»; da die französische Staatsbürgerschaft hiefür eine Vorbedingung ist, erhebt sich Widerspruch, bis der französische Finanzminister einem Interpellanten erklärt: »Herr Zaharoff ist Franzose!«
Der zweite Schritt ist der Ausbau seiner Position in der schon erwähnten Banque de l'Union Parisienne, der Bank der Schwerindustrie und von Schneider-Creusot.
Zaharoff brauchte jedoch auch ein Bankinstitut, in welchem man ihm nicht auf die Finger sehen konnte, weder die Öffent-

lichkeit noch seine schwerindustriellen Kollegen. Er bemächtigte sich daher – der nächste Schritt – einer Privatbank, die er ausbaute und Banque de la Seine nannte. Es würde zu weit führen, die Strohmänner und Compagnons anzuführen; nur der Vickersmann Walford sei genannt.
England begann seine Ölaktion gegen Frankreich damit, den Markt in diesem Land zurückzuerobern. Dieses Vorgeplänkel brachte England allerdings im Gegensatz zu den USA, d.h. die Shell Sir Deterdings zur Standard Oil des Herrn Rockefeller.
Um den französischen »nationalen Belangen« zu genügen, anderseits dabei doch der »most british of british firms« und damit auch England zu dienen, dessen höchsten Orden er bereits trug, gründete Zaharoff die »Vickers Francaise«. Da dies alles unter dem mächtigen Schutz des »Tigers« Clemenceau vor sich ging, darf es einen nicht wundern, daß Monsieur Michel Clemenceau, ein naher Verwandter, eine führende Position in dieser »nationalen« Firma erhält. Erwähnt sei noch, daß diese neue Firma keine Waffen erzeugte, man hatte ja schließlich mit Schneider-Creusot Frieden geschlossen.
Wie erwähnt, hatte England aus Gründen des balances of power den Entschluß gefaßt, Frankreich, mit dem es eben noch »Schulter an Schulter« gekämpft und gesiegt hatte, jeden Zugang zu den Ölfeldern dieser Welt zu versperren. Nun erlebte es keinen geringen Schock: Erdölfunde im französischen Algerien!
Gott sei Dank, da gab es einen britischen Baronet, der fast ein Franzose, sozusagen ein »Franzose honoris causa« war und der unverzüglich diese widerwärtige Angelegenheit in seine bewährten Hände nahm.
Hatten sich bereits verschiedene Personen erfolglos um eine algerische Konzession bemüht, Herrn Zaharoff gelang es im Handumdrehen, die Konzession für seine neugegründete Gesellschaft »Société d'etudes, de Recherches et d'Exploitation des Petroles en Algier« zu erhalten gegen die Zusage, daß 2/3 der Aufsichtsräte Franzosen sein werden – das andere dritte

Drittel wird aus England kommen. Sir Basil bleibt natürlich im Hintergrund. Wer waren nun diese Franzosen? Ein persönlicher Freund Poincarés, zwei Herren der zaharoffschen Banque de la Seine, einer davon ein intimer Freund der Herren Clemenceau und Zaharoff.

Die neue Gesellschaft national-französischen Gepräges ging mit Feuereifer daran, für ihr Heimatland das lebenswichtige Öl herbeizuschaffen. Doch leider... Die Firma hatte zwar einen langen Namen, aber nur ein kurzes Leben: Die Quellen versiegten, kaum daß sie zu sprudeln begonnen hatten! Herr Zaharoff hatte die ganze Apparatur aufgezogen, nicht um das Erdöl zu fördern, sondern um seine Förderung zu blockieren. Der französische Traum vom autarken Öl-Land war ausgeträumt!

Daß derartige Machenschaften vorkommen, ist bekannt. Aber der Fall »Algerisches Öl« war doch glatter Verrat an den lebenswichtigen Interessen des Landes!

England konnte nunmehr, der algerischen Sorge ledig, den Kampf um das Mossul-Öl beginnen.

Wie bereits oben erwähnt, hatte England Mossul sowohl den Franzosen wie auch den Arabern versprochen, als es dieses Gebiet noch gar nicht besaß. Die Araber schüchterte man vorerst ein wenig ein durch Anzweiflung der Vollmacht des seinerzeitigen Unterhändlers, und Frankreich wurde bedeutet, daß das ihnen versprochene Gebiet die Ölfelder nicht einschließe; man übergab ihm einstweilen Syrien; ein Aufstand der Drusen und eine Aktion des Emir Feisal wird von den Franzosen niedergeschlagen. Bei der darauf folgenden Konferenz von San Remo (April 1920), die u.a. über Mossul entscheiden sollte, gestand England Frankreich einen Anteil von 25% zu.

Die Franzosen, stark vergrämt, blieben nicht untätig. Als in der Türkei der Sultan gestürzt und sich der neue Staat unter Kemal Pascha zu konsolidieren trachtete, erfuhr er große französische Unterstützung mit einer gegen England gerichteten Tendenz, was um so leichter war, als englische Truppen Konstantinopel besetzt hielten. Die Griechen wiederum hatten

Smyrna besetzt und begannen mit Rüstungen gegen ihren türkischen Todfeind.
Von welchen Motiven Zaharoff sich leiten ließ, sich in diese ganzen Auseinandersetzungen einzumischen, die ihn später einen beachtlichen Teil seines Vermögens kosteten und ihn in sehr ernsthafte Mißhelligkeiten verwickelten, ist unklar.
Er gründete rasch eine Propaganda-Bank, die Banque Mediterranée, welche ihrerseits gleich eine Gesellschaft ins Leben rief, um die seinerzeit erteilte und nicht realisierte Konzession auf die Ausrüstung der türkischen Flotte zu sichern. Daraus wurde wiederum nichts, weil die griechische Armee überraschend weit vorstieß, nicht nur wegen ihrer guten Ausrüstung mit Vickers-Waffen, sondern weil Kemal Atatürk noch nicht konsolidiert war. Die Franzosen bremsten und erzwangen den »Frieden von Sevres«, der den Türken einiges nimmt und den Griechen etwas weniger gibt (1920).

Ein Blick zurück auf den Öl-Kriegsschauplatz im französischen Mutterland:
Die STANDARD OIL des Herrn Rockefeller wollte sich nicht länger von der SHELL des Herrn Deterding und seinem Kumpanen Zaharoff am französischen Markt bedrängen lassen. Man »krempelte die Ärmel auf« und begann eine Offensive. Sie gründete die »Compagnie Standard Franco Americaine« gegen die »Société pour l'Exploration« ihrer Gegner; als Widerpart zur »Banque de l'union Parisienne« (wir erinnern uns: Schwerindustrie-Schneider – Creusot-Zaharoff) sollte die von der Standard erworbene Großbank, die »Banque de Paris-Pas Bas«, dienen.
Der französische Zaharoff-Enthusiasmus unmittelbar nach dem Sieg war indessen einigermaßen gedämpft, wozu auch beigetragen hatte, daß man bei den aufständischen Drusen und den Kämpfern des Emir Feisal erstklassiges Kriegsmaterial der Firma Vickers vorgefunden hatte. Man neigte nun dazu, den Angriff der Amerikaner gegen die beiden »Sirs«, Deterding und Zaharoff nicht ohne Wohlwollen zu verfolgen.

»Ölpolitisch« gesehen erweiterte sich durch das Eingreifen der STANDARD OIL der Ölkrieg England contra Frankreich zu einem Machtkampf England contra USA.
Es ist nicht zu leugnen: Unser Spitzbart ist in die Defensive gedrängt. Der »Standard« gelingt sogar ein Einbruch in den Aktienbesitz der Zaharoffschen Hausbank, der Banque de la Seine, doch – siehe da – sie hielt nur mehr die »leere Wursthaut« in der Hand; den Inhalt hatte Zaharoff schon beiseite geschafft, die Aktien waren wertlos!

Der Hauptkampfplatz blieb natürlich der Osten, das Ziel nach wie vor das Mossul-Öl.
Vorher noch ein kurzer Blick nach Griechenland: Der Nachfolger des exilierten Königs Konstantin, sein Sohn Alexander, wurde in seinem Park von einem wildgewordenen Affen gebissen; Gerüchte besagen, dies sei nicht von »ungefähr« geschehen, das Tier sei mit Bazillen präpariert worden. Dieser Zwischenfall kostete den König das Leben und Herrn Venizelos seine Position – die monarchistische Partei hatte dadurch einen Auftrieb erhalten, Venizelos eine vernichtende Wahlniederlage – er mußte gehen –, und König Konstantin kehrte zurück.
Dieser war durchaus bereit, von Zaharoff, der seinerzeit zu seinem Sturz nicht wenig beigetragen hatte, Geld und Waffen entgegenzunehmen. Unser »griechischer« Patriot stellt alles zur Verfügung, was man so braucht für einen neuerlichen Krieg gegen die Türkei: Erstklassige, bereits motorisierte Artillerie, Flammenwerfer, Maxim-Maschinengewehre, Tanks und Bombenflugzeuge.
Man wird fragen, was das mit unserem Ölkrieg zu tun hat. Der Amerikaner Scott Nearing schreibt dazu in seinem Buch »Oil and the germs of war«:

> »Der anatolische Krieg zwischen Angoratürken und Griechen, der zugleich ein Krieg zwischen der französischen und englischen Ölpolitik war, ist im besonderen Hinblick

auf die mesopotamisch-kleinasiatische Ölfrage und daher eigentlich auf Betreiben der großen Ölkonzerne geführt worden. Hierbei hat Griechenland im Auftrage der Shell, die sich hinter der englischen Regierung versteckte, und die Türkei im Auftrag der Standard-Gruppe gefochten, deren machtpolitische Vertretung indessen nicht von den USA, sondern von Frankreich besorgt worden ist.«

Wir wissen, vielleicht noch aus eigener Erinnerung, sonst aus den Mitteilungen, daß die Griechen diesen Krieg im wahrsten Sinne des Wortes »mit Bomben und Grananten« verloren haben; der Rechenfehler lag in der falschen Einschätzung des Mannes, mit dem sie es zu tun hatten, Kemal Atatürk! Zaharoff kostete dieser Waffengang einen erheblichen Teil seines Vermögens, die Griechen viele Menschenleben. König Konstantin muß wieder ins Exil, die Venizelisten gewinnen die Oberhand (September 1922).

Nun brach ein Sturm los. Im britischen Unterhaus wurden Lloyd George und »sein« Zaharoff auf das heftigste angegriffen, die französische Presse, angeführt vom »Matin« (Standard Oil!) attackierte Zaharoff, Clemenceau und die Engländer, ein großes Kesseltreiben wurde in Gang gesetzt, u.a. Zaharoff als im Dienste des verhaßten »Intelligence Service« stehend denunziert. »Wann wird Herr Zaharoff seine Koffer pakken?« hieß es in einer Zeitung.

Herr Zaharoff schwieg – Lloyd George, von ganz anderem Temperament, redete und verteidigte seine Politik. Ergebnis: Zaharoff spendete zum Abschied seiner Wahlheimat Frankreich einen Literaturpreis, den »Prix Balzac« – und »ward für eine Weile nicht mehr gesehen«! Lloyd George wurde als Ministerpräsident samt seiner Regierung gestürzt; der »große« Mann, einer der »Väter des Sieges« tritt im wesentlichen für immer von der politischen Bühne ab.

Lord Curzons, des neuen britischen Außenministers, erster Schritt war: England überließ der Standard Oil ein Viertel des Mossul-Öls (das es noch immer nicht besaß). Ergebnis: Die

Standard, die USA, wandten sich von Frankreich ab und England zu. Der zweite Schritt zielte darauf, das Interesse Frankreichs vom Osten abzulenken und es anderwärts zu »beschäftigen«, wozu sich das Ruhrgebiet vortrefflich eignete. Nunmehr konnte man den dritten Schritt tun: Unter der Führung britischer Offiziere besetzten die Truppen des Emir Feisal – endlich! – Mossul und schufen damit ein »fait accompli«!
Jetzt konnte die »Konferenz von Lausanne« einberufen werden, welche insbesonders den Friedensvertrag mit der Türkei zu behandeln hatte. Siehe da, plötzlich tauchte unser totgeglaubter britischer Baronet Zaharoff auf und erreichte, daß unter die englischen Friedensbedingungen auch die Forderung der Firma Vickers auf die seinerzeit, vor dem Weltkrieg, ihr von der Türkei erteilten Konzessionen aufgenommen wurde – was zum einstweiligen »Platzen« der Konferenz führte.
Hand in Hand ging eine beachtliche Intrige in bezug auf die Ruhrfrage und die Deutsche Reichsmark, die zu schildern, der Raum nicht erlaubt. Die Grundkonzeption war, Aufhetzen der Franzosen und anderseits Unterstützung des deutschen Widerstandes gegen die Ruhrbesetzung und Hilfe für die Deutsche Mark; konnte es irgend jemand geeigneteren geben, als unseren Inhaber der höchsten Orden Frankreichs und Englands, bei diesem Doppelspiel seine hilfreiche Hand zu leihen?
In London kam es zu einem »geheimnisvollen« (so die Presse) – Frühstück, sozusagen zu einem Öl-Dejeuner. Als Chairman fungierte dabei Sir Charles Greenway von der Anglo-Persian Oil Comp., als Ehrengast Sir Basil, weitere Gäste waren zehn englische Finanzmagnaten und der Sohn des – bis heute – »legendären« armenischen Milliardärs Gulbenkian, genannt der »Zaharoff der Royal Dutch Schell Corp.« (Mai 1923). Es kam zur zweiten »Konferenz von Lausanne, man machte den Türken einige Zugeständnisse. Mossul wurde allerdings »ausgeklammert«, eine Kommission des Völkerbundes sollte vorerst an Ort und Stelle die ethnographischen Verhältnisse überprüfen!

Die Beendigung des Öl-Krieges war inzwischen gesichert; man konnte daher ruhig die Franzosen an der Ruhr »siegen« und die Reichsmark ins Bodenlose fallen lassen. Der Völkerbund sprach Mossul und seine Ölquellen dem Irak zu – dem neugeschaffenen britischen Mandat! Der Öl-Friede war geschlossen, die Beute verteilt (1925). Das versammelte Kapital betrug rund 1 Milliarde engl. Pfund. Auch unser Spitzbart hatte seine Ernte wieder mal in die Scheune gebracht.
Zaharoffs »Betätigung« auf der politischen Bühne war damit beendet. Sein letztes Kapitel wollte er als Besitzer eines »Herzogtums« schreiben.

Der letzte Coup

Das »Fürstentum Monaco« hatte seit Mitte des 17. Jahrhunderts einen eigenartigen Status: Monaco war ein Bestandteil Frankreichs, die monegassischen Fürsten Grimaldi besaßen lediglich eine Schein-Souveränität; immerhin genügte sie dafür, daß der Fürst einem gewissen Herrn Blanc, einem ehemaligen Kellner, der zuletzt Spielbankleiter in Bad Homburg war, eine Konzession für ein Kasino in Monte Carlo erteilen konnte. Es wurde für beide Kontrahenten eines der einträglichsten Geschäfte. Das Kasino bezahlte alles in Monaco, von der Lebenshaltung der Fürsten und sämtlichen Staatsausgaben bis zur Besoldung der »Armee«. Die Bevölkerung (damals 20000 Einwohner) zahlt keine Steuern.
Der Nachkomme des Fürsten war mit den Nachfahren des Herrn Blanc nicht mehr recht zufrieden und ziemlich früh spannen sich schon Fäden zu Herrn Zaharoff.
Seine kargen Mußestunden verbrachte er gerne an der Riviera, wo er ein zurückgezogenes Leben führte. Zaharoff interessierte das Spielkasino an sich gewiß nicht; es sei auch angemerkt, daß er selbst, der mit so vielem gespielt hat, vor allem mit Menschenleben, niemals je mit Jetons sein Glück versucht hat.

1918 schloß er einen Vorvertrag, der ihn ermächtigte, sich zu einem ihm erwünschten Zeitpunkt Monte Carlos zu bemächtigen. Was den Fürsten Grimaldi in fast 200 Jahren nicht gelang, brachte Zaharoff sofort zustande: Während der Weltkrieg noch tobte, schloß Clemenceau im Jahre 1918(!) einen Vertrag, durch welchen Frankreich sich seines Rechtes begab und das Fürstentum seine volle Souveränität erhielt. Diese staatsrechtliche Veränderung, zunächst geheimgehalten, findet sich später irgendwo im Versailler Vertrag verankert.
Wieso und warum dieser Verzicht Frankreichs – ohne Gegenleistung? Das sollte man nie erfahren, es blieb ein Geheimnis der Herren Clemenceau und Zaharoff.
Noch hatte Zaharoff keine Zeit für diesen privaten Coup, der Krieg war auch noch nicht zu Ende. Aber wenige Jahre darauf. Eine kurze Aufsichtsratssitzung – und Herr Blanc wurde gestürzt. Gleich darauf wurde in London ein Scheck präsentiert von der fürstlichen Finanzverwaltung, Aussteller: Zaharoff, Betrag: 1 Million Pfund! Wieder einige Jahre später verkaufte er das Casino mit einem Gewinn von 240%, d.i. um 3400000 Pfund Sterling, an das Bankhaus Dreyfuß!
Er verkaufte auch seine Vickers-Aktien zum günstigen Kurs und zog sich endgültig völlig zurück.

Sir Basil war gebrechlich geworden – er war die letzten Lebensjahre an den Rollstuhl gefesselt; auf alle Menschen, die ihn noch sahen, und die wenigen, die ihn noch sprachen, machte er den Eindruck eines verbitterten, menschenfeindlichen Mannes.
Zaharoff wäre jedoch nicht Zaharoff gewesen, wenn er nicht noch als »lebender Leichnam« für Aufregung und Sensation gesorgt hätte!
Mit dem Casino hatte er damals etwas für ihn sehr wertvolles mitgekauft: Das Geheimarchiv, welches Auskunft gab über Gegenwart, Vergangenheit, den Status, über Stärken und Schwächen, über die persönlichsten Details von Tausenden von

Menschen von »Rang und Namen«. Es galt als die größte und verläßlichste Informationsquelle der Welt.
Diese unschätzbare »Kartei« in Verbindung mit seinem eigenen Wissen um die Menschen erklärt den Schrecken, als bekannt wurde: Zaharoff arbeitet an seinen Memoiren!
Die Unterlagen wurden entwendet, der Dieb gefaßt, als er sie eben verkaufen wollte, sie wurden Zaharoff wiedergegeben. Bald darauf wurde von einem Zimmerbrand im Heim Zaharoffs berichtet, als Brandursache wurde bekanntgegeben, Zaharoff habe Mengen von Papier im Kamin verbrannt und hätte angeblich dabei unvorsichtig hantiert. Die mehr oder weniger Großen unserer Welt konnten aufatmen!
Im Jahre 1937 – das ist gesichert – starb der wiederholt fälschlich Totgesagte, der »Mann im Dunkeln«, der »mysteriöseste Mann Europas«.

12

Der plombierte Zug

Fahrt durch Deutschland

Im Winter 1914/15 war der Krieg im Westen zum Stellungskampf erstarrt. Um gegen die Westmächte mit stärkeren Kräften offensiv vorgehen zu können, wollte die deutsche Heeresführung mit Rußland einen Separatfrieden schließen und entschied sich dafür, die bereits aufflackernde revolutionäre Bewegung zu fördern. Wir sind heute in der Lage, anhand der zugänglichen Akten des Auswärtigen Amtes die damaligen Vorgänge genauestens zu rekonstruieren.
Ein gewisser Alexander Helphand, der schon im Jahre 1905 bei der 1. russischen Revolution seine Hand im Spiel hatte und mit Leo Trotzki zusammen im Präsidium des Petersburger Revolutionären Arbeiterrates saß, war aus Rußland geflohen und lebte seit 1910 in Konstantinopel als russischer Emigrant. Unter dem Pseudonym Parvus hatte er schon im Jahre 1900, als er in München als junger Journalist lebte, revolutionäre Artikel geschrieben und war in revolutionären Kreisen sehr geachtet. Dieser Parvus wandte sich eines Tages an den deutschen Botschafter in Konstantinopel, Freiherr von Wangenheim, mit dem Ersuchen, die deutsche Regierung möge die revolutionären Bestrebungen in Rußland unterstützen.
Wangenheim brachte Parvus in Verbindung mit deutschen offiziellen Stellen, die seinen Vorstellungen positiv gegenüberstanden. Er legte ein Memorandum vor, in welchem er zuerst den Stand der russischen revolutionären Bewegung schilderte und dann Vorschläge machte, die über Pressekampagnen bis zu Sabotageakten und Streiks reichten. Natürlich war dafür Geld nötig. Diese Zahlungen erfolgten begreiflicherweise über das neutrale Ausland und auch Schriftstücke und Vertrauensleute brachte man über Rumänien und Schweden nach Rußland. Unabhängig davon hatte der deutsche Generalstab in den skandinavischen Staaten eine Spionageorganisation gegen Rußland aufgebaut. Man stellte Flugblätter her, welche man in der russischen Armee heimlich verteilte.

Mitte 1916 versuchte auch der kaiserliche Gesandte in Bern gemeinsam mit dem österreichisch-ungarischen Militärattaché, mit Hilfe des russischen Revolutionärs Zivin die Bewegung zu fördern. Man kam dabei nicht viel weiter, wie überhaupt eine gewisse Enttäuschung darüber herrschte, daß die Voraussagen einer baldigen Revolution sich nicht erfüllt hatten. Als im März 1917 die Abdankung des Zaren Nikolaus erfolgte, kamen die Dinge wieder in Schwung. Die Übergangsregierung Lwow-Kerenskij wollte den Krieg gegen Deutschland und seine Verbündeten fortsetzen. Als man von Auflösungserscheinungen an der russischen Front hörte, wollte man nachstoßen und pumpte neuerlich 5 Millionen Mark in die revolutionäre Bewegung. Außerdem faßte man den Entschluß, die in der Schweiz im Exil lebenden führenden Bolschewiki in plombierten Waggons über Deutschland und Schweden nach Petersburg zu bringen. Nach Lenins und Trotzkis Eintreffen in Petersburg bekam die kommunistische Bewegung so starken Aufschwung, daß sie am 7./8. November (25. und 26. Oktober nach dem russischen Kalender) die Regierung stürzen und sich an die Macht bringen konnte. Da sich jedoch die Petrograder revolutionäre Regierung »in großen finanziellen Schwierigkeiten« befand, half das deutsche Reich wieder mit Millionen von Goldmark aus.
Die Hoffnungen auf einen Separatfrieden mit dem revolutionären Rußland gingen in Erfüllung. Am 3. März 1918 kam es zum Friedensschluß von Brest-Litowsk. Im Frühjahr 1918 begann in Rußland der Bürgerkrieg.
Noch im März lebte Lenin ärmlich in Zürich, der emigrierte Führer einer kleinen und extremistischen revolutionären Partei, die auch in Rußland verhältnismäßig wenig Gefolgschaft hatte. Acht Monate später übernahm er die Herrschaft über 160 Millionen Menschen, über ein Sechstel unserer Erde.
Der plombierte Zug ist die Geschichte dieser vierunddreißig unglaublichen Wochen. Dieser Zug und die seltsame Fahrt durch Deutschland, das damals im Krieg mit dem russischen Reich lag, sind wichtige und dramatische Glieder in der Kette der Er-

eignisse. Denn ohne diesen Zug wäre Lenin nicht zu einem ganz bestimmten Zeitpunkt in St. Petersburg eingetroffen, und wenn er nicht nach Rußland zurückgekehrt wäre, hätte die Weltgeschichte einen ganz anderen Verlauf genommen.

Die »Kaiser-Millionen«

Es gehört zu den großen Ironien der Geschichte, daß Lenin ohne die Hilfe des deutschen Kaisers – jenes typischen Exponenten des kapitalistischen Systems, das Lenin zerstören wollte, –, nicht hätte erreichen können, was er erreichte. Die Errichtung eines sozialistischen Staats, der, wie Lenin hoffte, die erste Stufe zu einem weltweiten kommunistischen System sein würde, war nur möglich dank deutscher Hilfe, eines deutschen Zuges und massiver finanzieller Unterstützung von deutscher Seite.

Bei dieser Vereinigung entgegengesetzter Interessen, die der plombierte Waggon verkörperte, ließen sich Lenin und Wilhelm II. auf ein ungeheures Risiko ein. Für Lenin war der Makel einer Zusammenarbeit mit dem Feind und der Ruf, in den er durch den Zug geriet, nämlich ein Mann mit »schmutzigen Händen« zu sein, politisch äußerst gefährlich.

Für den Kaiser, wenn er es auch nicht ganz glauben mochte, bestand das Risiko darin, daß Lenins Plan zur Weltrevolution sich über die Grenzen Rußlands hinaus verbreiten und ihn mit demselben Schicksal bedrohen würde, das schon seinen Vetter, den Zaren, ereilt hatte.

Und obwohl ihre Interessen so konträr waren, erreichten beide viel von dem, was sie wollten. Lenin bekam seine Revolution, die allerdings nicht gleich das weltweite Ausmaß annahm, mit dem er gerechnet hatte. Und der Kaiser bekam seinen Separatfrieden an der Ostfront und konnte nun seine Streitkräfte in Frankreich konzentrieren – und nebenbei fielen ihm noch große Gebiete des einstigen Zarenreiches zu.

An der Finanzierung der Bolschewiki durch die Deutschen kann es keinen Zweifel geben. Am 3. Dezember 1917 schickte Staatssekretär Richard von Kühlmann ein Telegramm an seinen Verbindungsoffizier bei der Obersten Heeresleitung, das dem Kaiser zur Kenntnis gebracht werden sollte. Darin hieß es, daß »die Bolschewisten, erst seitdem sie von uns einen ständigen Strom von Geldern über verschiedene Kanäle erhielten, in der Lage waren, ihr Hauptorgan Prawda aufzubauen, energische Propaganda zu betreiben und die ursprünglich schmale Basis ihrer Partei merklich zu erweitern«.
Drei Monate zuvor, im September, hatte er in einem anderen Telegramm versichert, daß »die bolschewistische Bewegung ohne unsere kontinuierliche Unterstützung nie die Größe oder den Einfluß hätte erreichen können, den sie heute hat«, und Alexander Helphand alias Parvus war fast mit Sicherheit der wichtigste, wenn auch nicht der einzige Mittelsmann, über den die Gelder liefen, die die Deutschen den Bolschewiki zur Verfügung stellten.
Die Gesamtsumme, die die Deutschen während dieser Monate in Rußland investierten, geht aus einer Analyse des Budgets des Auswärtigen Amtes für propagandistische und besondere Zwecke in anderen Ländern hervor. Sie befindet sich unter den Akten, die nach dem Zweiten Weltkrieg zugänglich wurden. Nach einer Begleitnotiz, die mit dem 5. Februar datiert ist, heißt es, es seien für Rußland Mittel in Höhe von 40580997 Goldmark zur Verfügung gestellt worden, von denen bis zum 31. Januar 1918 effektiv 26566122 Goldmark verbraucht waren.
Anderen Dokumenten zufolge gab das Schatzamt am Tag nach Lenins Machtergreifung im November 15 Millionen von diesem Teilbetrag frei. Das heißt, daß vor dem November etwa 11500000 Goldmark in Rußland investiert wurden. Diese 11500000 Goldmark würden ungefähr 460 Millionen DM entsprechen.
Die Sowjets haben die Existenz der »Kaiser-Millionen« stets

bestritten, und selbst heute noch behaupten kommunistische Historiker, all das sei eine bürgerliche Lüge. Sie haben vielleicht das Gefühl, es werfe ein ungünstiges Licht auf Lenins Integrität. Aber in Wirklichkeit war es so, daß Lenin das deutsche Geld zwar annahm, aber deswegen nicht von seinen revolutionären Idealen abließ. Es änderte sein Ziel nicht – nur die Taktik zur Erreichung dieses Ziels. Man darf behaupten, daß er es ohne die Finanzierung durch die Deutschen nicht hätte verwirklichen können.

Wieviel von den vielen Millionen Mark, welche die kaiserlich-deutsche Regierung den russischen Revolutionären zukommen ließ, zurückfloß, um die deutsche Revolution zu finanzieren, ist nicht festzustellen.

12

Das Tausendjährige Reich

Das Haus Hohenzollern muß sich arrangieren

Als Kaiser Wilhelm II. Ende 1918 abdankte und nach Doorn in den Niederlanden ins Exil ging, entstanden den Hohenzollern abgesehen von allem anderen auch finanzielle Probleme.
Der letzte Flügeladjutant Kaiser Wilhelms, Sigurd von Ilsemann, verbrachte die ganze Zeit vom Jahr 1918 bis zum Tode des Kaisers im Jahre 1941 bei ihm im Exil. Seine Tagebuchaufzeichnungen sind so seriös, daß man sie als eine ernsthafte Quelle betrachten kann. Im zweiten Band »Monarchie und Nationalsozialismus« am 16. Nov. 1926 schreibt er:

> »Es sieht überhaupt recht traurig in Berlin aus, nicht nur wegen der materiellen Schwierigkeiten (es ist sehr viel weniger Geld da, als man glaubt; die Prinzen, vor allem der Kronprinz, haben zu viel Schulden), sondern auch auf der ideellen Seite! Die Stellung der Hohenzollern hat viel verloren... Prinz Oskar wird demnächst mit Geheimrat Ziersch nach Doorn kommen, um den Kaiser über alles aufzuklären...«

Das Jahr 1933 brachte die Machtergreifung des Nationalsozialismus, vorerst in Deutschland. Dies schuf ein Dilemma innerhalb der Familie. Wie bei Hunderttausenden Familien in Deutschland und später auch in Österreich (ab 1938) wurden sie oft in zwei Lager gespalten. Es gab überzeugte Nationalsozialisten und Gegner und dazwischen alle möglichen Variationen von Opportunisten, sei es aus Charakteranlage, aus Karrieregründen oder aus Angst. Zivilcourage wurde im allgemeinen wenig aufgeboten, andererseits konnte man vielen nicht zumuten, eine Märtyrerrolle zu übernehmen. (Dies verlangt nicht einmal die katholische Moraltheologie.)
Der Kaiser selbst war strikt gegen die Nationalsozialisten und war überzeugt, daß sie bald abwirtschaften werden. Er hoffte sogar, nach einem kommunistischen Zwischenspiel wieder an die Macht zu kommen. Der Kronprinz war in Deutschland geblieben und hatte sich von Anfang an zum Nationalsozialismus

bekannt. Er gab sich der Utopie hin, Hitler werde die Monarchie wiederherstellen. Ganz radikal in dieser Hinsicht benahm sich die zweite Frau des Kaisers, seine Stiefmutter Hermine; sie spielte eine eigenartige Rolle. Auf der einen Seite war sie begeistert von Hitler und ihre zwei Söhne aus erster Ehe waren bei der Partei, andererseits hetzte sie den Kaiser immer wieder auf gegen den Teil seiner Familie, der sich auf die Seite der Nazis schlug, insbesondere gegen den Kronprinzen. Der Kronprinz selbst hatte kurz gesagt folgenden Standpunkt:

> »Wir alle müssen um die Seele Hitlers ringen, damit das Gute in ihm die Oberhand gewinne und er sich mit seinen Freunden von rechts gegen die Radikalen durchsetzen kann.«

An die Rückkehr der Monarchie glaubte der Kronprinz fest, aber vom Kaiser wollte kein Mensch mehr etwas wissen. Von Ilsemann beschreibt dann seine Versuche, den Kaiser zu einer friedlicheren Beurteilung der Situation zu bewegen. Aber immer wieder wurden dem Kaiser z.B. Bilder zugespielt, auf denen der Kronprinz im trauten Verein mit den Nazi-Größen dargestellt wird, was ihn dann besonders aufregte. Die Geschichte der Hakenkreuzbinde auf der Husarenuniform des Kronprinzen ärgerte den Kaiser bis zur Weißglut. Der Kronprinz versprach, dies nicht mehr zu tun, hielt sein Versprechen aber nicht ein.

Nach längerem Hin und Her war es im Jahre 1926 zu einem Agreement zwischen dem Land Preußen und dem Hause Hohenzollern gekommen; es handelte sich um die Einnahmen aus dem ehemaligen königlichen Besitz des Kaisers, und es gelang, einen Kompromiß zu erzielen.

Die Machtergreifung der Nazis stellte dies nun alles wieder in Frage. Göring wurde preußischer Ministerpräsident und war daher derjenige Mann, von welchem die Einhaltung des eben erwähnten Abkommens abhing. Mit der dem neuen Regime eigenen Brutalität ließ man die Hohenzollern wissen, sie müßten sich jeder Kritik am Regime enthalten oder ihr Besitz werde sequestriert und mit den Überweisungen der Revenuen sei es ein für alle mal Schluß. Eine Reihe von Historikern verurteilte den Ex-Kaiser: Er habe aus Angst davor, daß die Nazis seine Revenuen einstellen würden, sich mit ihnen arrangiert. Der amerikanische Historiker Klaus W. Jonas behauptet sogar, es sei im Jahre 1933 zu einem Abkommen zwischen Göring, dem damaligen preußischen Ministerpräsidenten, und dem Haus Hohenzollern gekommen. In seinem Buch »Der Kronprinz Wilhelm« schreibt er:

> »Von nun an erhielten der Kaiser, der Kronprinz und die übrigen preußischen Prinzen einen beträchtlichen Jahreswechsel vom preußischen Staat. Allerdings war an diese finanzielle Leistung eine schwerwiegende Bedingung geknüpft worden: das Versprechen nämlich, sich jedweder kritischen Äußerung über das nationalsozialistische Regime zu enthalten, anderenfalls die Zahlungen unverzüglich eingestellt würden.«

Die Fakten sprechen dafür, daß es zu diesem Stillhalteabkommen gekommen ist.

Görings »Hofhaltung«

Gegen Ende des Jahres 1980 hatte der Verfasser die Gelegenheit, mit einer der profiliertesten Gestalten des Dritten Reiches, Albert Speer, ein Gespräch über das vorliegende Thema zu führen. Auf die Frage, ob man versucht hat, ihn zu bestechen, antwortete er:

> »Ja, schon. Z.B. bot mir einmal eine prominente Baufirma ein wertvolles Gemälde an. Ich gab es an den SD (Sicherheitsdienst) zur weiteren ›Behandlung‹. Ich habe später gehört, daß es letzten Endes bei der SS gelandet sei. Soweit ich mich erinnern kann, war dies der einzige Versuch dieser Art.«

Von Hitler sei ihm diesbezüglich nichts bekannt. Er habe anfangs alles aus eigenen Mitteln bezahlt, etwa einen Teil der Reichskanzlei, den Berghof etc. Eine beträchtliche Steigerung seiner Einnahmequelle sei es gewesen, daß der Verkauf von »Mein Kampf«, der an sich schon sehr bedeutend war, enorm dadurch gesteigert wurde, daß jedes Brautpaar ein Exemplar bekommen mußte. (Das würde sich wohl jeder Autor wünschen!)

Reichsleiter Martin Bormann sei zusammen mit Heinrich Hoffmann, dem »Hofphotographen« Hitlers, auf folgende einträgliche Idee gekommen: Hoffmann hatte ja bekanntlich das Monopol auf sämtliche Abbildungen Hitlers gehabt – und es war ja fast auf jeder Briefmarke Hitlers Bild –, und davon behielt man eine Abgabe ein und führte diese enormen Gelder dem »Dispositionsfonds des Führers« zu (man bedenke außerdem die Riesenauflagen aller sonstigen Bilder!).

Es sei bekannt gewesen, daß die Industrie Hermann Göring immer wieder außerordentliche Mittel zur Verfügung stellte. Bormann sei es gelungen, dies zu verbieten und den Strom dieser beträchtlichen Summen ebenfalls dem genannten Dispositionsfonds zufließen zu lassen. Da Göring natürlich wütend darauf reagiert habe, hätte Bormann, der für Hitler den Fonds verwaltete, immer wieder große Beträge an den Reichsmarschall überweisen lassen, um ihn zu »pazifizieren«. Aus diesem genannten Fonds wurden unter anderem auch Häuser für Himmler, Lutze und etliche Reichsleiter gebaut.

Der weitaus korrupteste von den NS-Männern war Hermann Göring, das wußte auch Hitler und ließ darüber auch keinen Zweifel. Vom »Reichsvorstand der deutschen Industrie« bekam Göring sein »Karinhall« geschenkt. Er unterhielt dort eine geradezu fürstliche »Hofhaltung«. Der ehemalige Staatssekretär Brinkmann schilderte dem Verfasser seine Besuche in Karinhall:

> »...Galonierte Diener öffneten die Flügeltüren und Göring rauschte in einem Phantasiekostüm – jedesmal in ei-

nem anderen – mit meterlanger Schleppe herein. Göring ›sammelte‹ wertvolle Gemälde. Er soll auch z.B. Reichsleiter Rosenberg unter Druck gesetzt oder bestochen haben, damit er ihm ›billig‹ Bilder aus dem Besitz reicher Juden verschaffe; dies kam übrigens auch beim Nürnberger Prozeß zur Sprache. Eine bekannte Geschichte ist auch Görings Geschenk an seine Tochter – ein besonders wertvolles Gemälde –, um welches es vor etlichen Jahren einen aufsehenerregenden Prozeß gab. Göring war auch kein Verächter schöner Schmuckstücke. Ein berühmter Juwelier aus Hamburg ließ ihm so manches wertvolle Stück ›billig‹ zukommen...« (Diese Schmuckstücke gehören jetzt dem bayerischen Staat.)

Ganz anders – so Speer – lag die Sache bei Josef Goebbels. Er war nicht korrupt, soweit es sich um rein materielle Dinge handelte, nur »bestechlich« wie so viele Männer – nämlich durch schöne Frauen. Als Leiter des gesamten deutschen Filmschaffens gab es natürlich eine große Menge von Versuchungen.
Himmler – so sagte Speer – sei in diesem Zusammenhang uninteressant – er war nicht korrupt.

Stalins Jagdgeschenk an Ribbentrop

Von Reichsaußenminister von Ribbentrop erzählte Speer, daß Stalin ihm, seinem Verhandlungspartner, dem Außenminister des Deutschen Reiches, bei Abschluß des Nichtangriffspaktes am 23.8.1939 ein großes Jagdgebiet zum Geschenk gemacht habe. Besonders soll sich darüber der passionierteste Jäger im Großdeutschen Reich, der große Nimrod Göring, geärgert haben.
Zu diesem Sachverhalt ist folgendes zu bemerken:

Der deutsch-sowjetische Nichtangriffspakt enthielt ein geheimes Zusatzabkommen, das den eigentlichen politischen Kern dieses »Teufelspaktes« enthielt. »... für den Fall einer territorial-politischen Umgestaltung« (so umschrieb Hitler den beabsichtigten Angriff auf Polen diskret) wurden darin die Grenzen zwischen der deutschen und der sowjetischen Interessensphäre von der Ostsee bis zum Schwarzen Meer abgesteckt.
F. E. Sommer schrieb dazu in seinem kürzlich erschienenen Buch »Das Memorandum. Wie der Sowjetunion der Krieg erklärt wurde«:

> ... Am 28. September 1939 flog Ribbentrop zum zweitenmal nach Moskau, um einen deutsch-sowjetischen Grenz- und Freundschaftsvertrag zu unterzeichnen. In einem zweiten geheimen Zusatzprotokoll fiel in Abänderung des ersten gemäß dem Wunsche Stalins das Gebiet des litauischen Staates im Austausch gegen die Wojewodschaften Lublin und Warschau in die Interessensphäre der UdSSR, mit Ausnahme allerdings des an Ostpreußen angrenzenden sog. »Mariampol«-Zipfels...
> ... Daß der polnische »Suwalki-Zipfel«, der an Ostpreußen angeschlossen werden sollte, für Ribbentrop nicht nur eine Grenzkorrektur darstellte, geht aus einem Privat-Dienstschreiben des Chefs des Protokolls an Botschafter von der Schulenburg vom 19. Oktober 1939 hervor. Darin heißt es, Ribbentrop habe »bei der Festlegung der endgültigen Demarkationslinie (bei seinem zweiten Moskau-Besuch) einen besonderen Wert darauf gelegt, daß der Bezirk Suwalki an Deutschland kommt ... (er) sei hierbei davon ausgegangen, daß (dort) die sehr wertvollen Forsten von Augustowo gelegen sind, in denen angeblich kapitale Rothirsche wachsen sollten ... Stalin hatte dem Wunsch des Ministers mit der Bemerkung entsprochen, das Gebiet solle Deutschland wegen der guten Hirsche für seinen Reichsaußenminister zugesprochen werden.« Dörnberg

sei daraufhin nach Polen gereist, »um die Sicherstellung unserer Interessen in jagdlicher Hinsicht sicherzustellen«. Hierbei hätte sich allerdings ergeben, daß es im ganzen Gebiet Suwalki bzw. in den Forsten von Augustowo weder kapitale noch sonstige Hirsche gäbe, alle guten Rotwildreviere seien ausschließlich an Rußland gefallen. Darüber sei »der Herr Minister natürlich sehr enttäuscht«. Er habe daher gebeten, »entweder Herrn Molotow oder Herrn Stalin selbst zu sagen, daß es mit den Augustowo-Hirschen nichts sei, und anzuregen, ihm das eine oder andere Revier in den Karpaten pachtweise zu überlassen. Der Minister sieht in diesem Vorschlag auch gewisse politische Vorteile, da er durch Jagdbesuche in Rußland in näheren Kontakt mit russischen Persönlichkeiten kommen könne.« In einem Nachsatz erwähnt Dörnberg noch den Wunsch Ribbentrops nach weiteren Kaviarsendungen mit dem nächsten Kurier, »weil er Schwerverletzten (!), die keine andere Nahrung zu sich nehmen können, den Kaviar zukommen lassen möchte, wobei die Erhöhung um eine weitere Kaviardose hier sehr begrüßt würde«.
Hintertreppenwitze der Weltgeschichte sind stets ein begehrter Lesestoff gewesen; feudale Jagdgelüste und kulinarische Extravaganzen sind seit Neros Zeiten bekannt geworden. Daß dem Wunsch eines Ministers nach ergiebigen Jagdgründen mit Gebietsabtretungen entsprochen worden ist, gehört zu den pikanten Geheimnissen der sowjetisch-nationalsozialistischen Beziehungen. Die zynische Ironie Stalins und die Zweideutigkeit von Kaviarbestellungen auf diplomatischem Kurierwege scheint den Leiter der deutschen Außenpolitik in »einem Krieg auf Leben und Tod« nicht angefochten zu haben. Von dieser Art geheimer Abmachungen seines Außenministers dürfte selbst Hitler kaum etwas erfahren haben...

Korruption in den Konzentrationslagern?

Eines der düstersten Kapitel der Geschichte des Dritten Reichs ist das der Konzentrationslager. Bereits 1946 erschien zu diesem Thema von Eugen Kogon das auch heute noch gültigste und aufschlußreichste Buch »Der SS-Staat. Das System der deutschen Konzentrationslager«.

Eugen Kogon, selbst von 1939 bis zum Ende des Krieges im KZ Buchenwald inhaftiert, gibt darin eine genaue Analyse von Organisation und Systematik der körperlichen und geistigen Unterdrückung in den KZs.

Zum Thema Korruption in den KZs schreibt der Autor u.a.:

> *Bordelle im Konzentrationslager:* Im Sommer 1943 traf Himmler die »Reichsanordnung«, daß in den Konzentrationslagern Bordelle einzurichten seien... Das Lagerbordell wurde mit dem keuschen Namen »Sonderbau« benannt... Aus dem Frauenkonzentrationslager Ravensbrück wurden unter Führung von je zwei SS-Scharführerinnen, die sich häufig wie Flintenweiber aufführten, stets 18 – 24 Mädchen in jedes der Lager gebracht, wo ein Bordell eröffnet wurde. Die Frauen hatten sich auf das Versprechen hin, nach 6 Monaten entlassen zu werden, freiwillig gemeldet. Die mitgebrachten Krankenblätter wiesen immerhin überstandene Krankheiten von einer Art aus, die nicht gerade einen übermäßig seriösen Lebenswandel ihrer Vor-KZ-Zeit dokumentierte. Bis auf wenige Ausnahmen haben sie sich in ihr Schicksal ziemlich hemmungslos gefügt. Die Besuchszeit betrug für Leute ohne Beziehungen 20 Minuten nach vorheriger Untersuchung im Häftlingskrankenbau mit anschließender Sanierung.
> Von seiten der SS war der Zweck der Übung, die politischen Häftlinge, die den Vortritt bekamen, zu korrumpieren, zu bespitzeln und sie von der Politik abzulenken...
> Korruption aller Art bis zu Paketdiebstählen u. ä. hat der

Sonderbau genug ins Lager gebracht. Denn nicht nur die »Liebe« erzeugte das Verlangen, den Frauen im Sonderbau Geschenke zu machen, sondern auch die Möglichkeit, sich dadurch außerhalb der vorgeschriebenen Zeit Zutritt zum Bordell zu verschaffen und die gesetzte Frist von 20 Minuten zu verlängern. Leute mit guten Bezugsquellen, leistungsfähige Kapos und Vorarbeiter – mit Spitzenhemden, Büstenhaltern, Schuhen und dergl. als Geschenke – hatten jedenfalls, wenn sie es wünschten, auch Stunden für diese Art von »Freizeitgestaltung« zur Verfügung. Und neben den Tausenden von Jammergestalten, die immer auf der Grenzlinie zwischen Leben und Tod wandelten, gab es kraftstrotzende Gestalten genug, die zu allem aufreizenden Überfluß hinzu noch die Sexualprotzen spielten und tagsüber in ihren Vorzugskommandos ausführlich von dem erzählten, was sie am Abend vorher wirklich oder angeblich erlebt hatten. Freilich auch solche, die ihre letzten körperlichen Reserven daran setzten, den Pestzeitspruch des Lieben Augustin zu verwirklichen: »A Freud' muß der Mensch haben, und wenn er ka Freud' hat, muß er a Mensch haben!«...
Die beiden SS-Aufseherinnen benahmen sich schlimmer als Huren. Sie hatten nicht nur ihre Verhältnisse mit SS-Leuten. Wenn ein Häftling mit einem halben Pfund Butter oder irgend etwas anderem Eßbaren, das pikant genug war, kam, legten sie sich begeistert auch mit ihm zusammen. Ja sie verkuppelten die Frauen des Bordells, indem sie unter der SS Propaganda für den Sonderbau machten, obwohl der Besuch den SS-Leuten streng verboten war. Mit der Zeit wurden sie so korrumpiert, daß sie Häftlingen gegenüber überhaupt nicht mehr auftreten konnten. Die Lagerführung löste sie daher ab und ersetzte sie durch SS-Männer, die es selbstverständlich alsbald nicht besser trieben.

(Eugen Kogon, pg. 213/14/15)

> *Die SS-Kantinenverwaltung:* Ein Korruptionsnest ohnegleichen war die SS-Kantinenverwaltung. Sie konnte auf eine jahrelange Praxis in Schwindel und Veruntreuung zurückblicken... Lange Zeit geleitet von einem der engsten Vertrauten des SS-Standartenführers Koch, dem 18mal wegen Diebstahls und Betruges vorbestraften BVer Meiners. Er hatte sie zu einem privaten Gewinnunternehmen der »verschworenen Verbrechergemeinschaft« ausgebaut... Diese Gestalt, deren »Beziehungen« über ganz Deutschland hin reichten, unterschlug die für die Truppe bestimmte Marketenderware nach Strich und Faden... Die unersättliche Gier scheute nicht einmal vor der Erpressung der kroatischen, ungarischen und der siebenbürgischen, sogenannten volksdeutschen Wachmannschaften zurück, die gegen Ablieferung von Speck, Fett und Würsten Sonderurlaub und Diensterleichterung bekamen...
>
> (Eugen Kogon, pg. 317/18)

Die Finanzierung der SS-Wirtschaft erfolgte auf die verschiedenste Weise: Preisschwindel via Häftlingskantinen (wahrscheinlich rund zwei Millionen RM) und Privatgeschenke an die SS-Führerschaft. Die »schwarze Kasse« des Lagerkommandanten Koch machte Hunderttausende aus. Frau Koch wurde mit einem Brillantring beehrt, ein Adjutant bekam ein neues Auto, Koch ein Motorboot; der Kostentzug für die Häftlinge erbrachte jedesmal ca. 10000 RM, dann gab es noch »freiwillige Sammlungen«, Erpressungen verschiedenster Art etc.
Eine gute Geldquelle für die SS-Verwaltung boten die Rüstungsbetriebe. Die Einnahmen aus dem Häftlingsverleihgeschäft haben allein in Buchenwald monatlich 1,5 – 2 Millionen RM gebracht. Viele SS-Führer hatten Direktionsstellen in solchen Werken; z.B. war der SS-Oberführer Pister nicht nur zeitweise Kommandant von Buchenwald, sondern gleichzeitig auch Direktor der Deutschen Ausrüstungs-Werke mit Gehalt und Tantiemen etc.

Eine andere Art der Korruption war die Ausnützung von Häftlingen für alle möglichen Privatzwecke, wodurch sich mancher schwere Arbeit ersparen konnte. So hatte sich z. B. ein SS-Arzt von zwei Häftlingen seine Doktor-Dissertation schreiben lassen, lernte sie dann auswendig und bestand das Examen an der Universität Freiburg i. Br. mit Auszeichnung.

Prof. Kogon vermittelte dem Autor die persönliche Bekanntschaft mit Herrn Hermann Langbein, dem Sekretär des »Commité International des Camps«. Herr Langbein mußte selbst mehr als vier Jahre in verschiedenen Konzentrationslagern verbringen und schrieb ein ungemein instruktives Buch über das Vernichtungslager Auschwitz. Durch wiederholte Fragen, speziell der jüngeren Generation, warum man sich »wie die Schafe zur Schlachtbank« hätte führen lassen, veranlaßt, schrieb Hermann Langbein ein weiteres Buch: »... nicht wie die Schafe zur Schlachtbank«. Es schildert die Aktionen des Widerstandes, welche unter Todesgefahr unternommen wurden und auch vielen Häftlingen qualvolle Vernichtung brachten. Beide Bücher Langbeins mit zusätzlichen Details durch ein persönliches Gespräch mögen nun zum Abschluß dieses Kapitels noch ergänzende Vorkommnisse zu den Schilderungen Prof. Kogons beitragen. Menschen, die zu ihrem Glück nie mit diesen Lagern in Berührung gekommen sind, wissen unter vielem anderen kaum, welche »Rangunterschiede« es unter den Häftlingen gab. Abgesehen natürlich von den grundsätzlichen: die Politischen (rote Winkel), die Kriminellen (grüne Winkel), die Asozialen (schwarze Winkel), die Juden (gelber Stern), die Zigeuner; und dann nach dem Herkunftsland: insbesondere die Polen, Ungarn, Franzosen, Holländer etc., und dann vor allem die Deutschen, zu denen auch die Österreicher gezählt wurden. Innerhalb jedes »Wohnblocks« gab es den Blockältesten, welcher mit Verantwortung nach oben und diktatorischen Vollmachten nach unten den Mithäftlingen gegenüber ausgestattet war. Bei jeder Arbeitsgruppe gab es einen sogenannten Capo, der ähnliche Befugnisse besaß, und ferner ein Spitzelsystem sondergleichen. Dies sei nur beiläufig erwähnt, damit man das Korruptionssystem verstehen kann, das ja ohne eine Kooperation zwischen SS und privilegierten Häftlingen gar nicht hätte zustandekommen können.

Bei Langbein lesen wir darüber:

> In allen Lagern steigerte sich die Korruption bis ins Groteske. SS-Angehörige ließen in Lagerwerkstätten Häftlinge für sich arbeiten. Je höher der Rang und je größer der Einfluß, um so umfangreicher waren die Bestellungen. Rohstoffe, die als Mangelware nur für die Rüstungsindustrie freigegeben waren, wurden ungeniert dazu verwendet. Auch ein Häftling, der sein Leben bewahren wollte, mußte »organisieren«, wie der allgemeinübliche Ausdruck für das Aneignen von Gütern aus Vorratsräumen, Magazinen oder Küchen lautete, denn die offiziell verteilten Rationen waren zu gering. Man unterschied zwischen Diebstahl oder »Organisation«. Vergriff sich jemand am Eigentum eines Mithäftlings, so wurde er von seinen Kameraden hart bestraft. »Organisieren« galt hingegen als ehrenhaft und anerkennenswert. Wer gut »organisieren« konnte, ohne damit »aufzufallen« und zu »platzen« – wie man sagte –, war allgemein geachtet.

Bei den nun folgenden Ausführungen H. Langbeins muß man sich vergegenwärtigen, daß Auschwitz das Haupt-Vernichtungslager war.

> In Auschwitz waren die Möglichkeiten so einer »Organisation« unvergleichlich größer als in gewöhnlichen Konzentrationslagern; denn den ins Vernichtungslager deportierten Juden wurde gesagt, sie würden umgesiedelt. Man forderte sie auf, alles mitzunehmen, was zum Aufbau einer neuen Existenz im Osten von Nutzen sein könnte. Bei der Ankunft in Auschwitz wurde ihnen alles abgenom-

men, die Effekten von einem Häftlingskommando sortiert und nach verborgenen Wertgegenständen durchsucht. Alles war da zu finden: nicht nur Lebensmittel, Arzneien, Alkoholika und Kleidungsstücke, sondern auch Schmuck, Diamanten, Gold und Geld in allen möglichen Währungen, vor allem Dollars. Die Baracken, in denen die Effekten durchsucht, sortiert und gelagert wurden, sind von den polnischen Häftlingen »Kanada« genannt worden, für sie wohl ein Synonym für sagenhaften Reichtum. Dieser Ausdruck wurde allgemein übernommen, auch von der SS. Das Kommando, das dort zu arbeiten und daher die günstigste Möglichkeit zu »organisieren« hatte, wurde Kanada-Kommando genannt...

Solange das Gepäck nicht sortiert und registriert war, konnte sich jeder unkontrolliert aneignen, was ihm gefiel, Häftling ebenso wie SS-Angehöriger. Er mußte sich nur Zugang zu »Kanada« verschaffen und einen Weg ausfindig machen, um die angeeigneten Güter wegzubringen. Dabei waren SS-Angehörige und Häftlinge aufeinander angewiesen: Der »organisierende« Häftling mußte den SS-Mann bestechen, um vor seiner Kontrolle sicher zu sein, der SSler, der sich in »Kanada« etwas aneignen wollte, benötigte dazu Gefangene, denn er konnte nicht selbst unbemerkt in den Bergen von Gütern wühlen und auswählen...

Einen Häftling, der »organisierte«, erkannte man auf den ersten Blick. Er war besser gekleidet und besser ernährt. Das allerdings nutzten die SS-Leute und die Häftlingsvorgesetzten aus. Sie verfolgten solche »Organisatoren«, kontrollierten und erpreßten sie. So bildete sich ein regelrechtes Bestechungssystem aufgrund des Faustrechts. In ihren Arbeitskommandos hielten sich die Capos ganze Gruppen von Häftlingen, die für sie »organisieren« mußten...

Die SS ging mit strenger Miene von Block zu Block und

nahm zum Schein Durchsuchungen vor. Der einzige und ausschließliche Zweck ihrer Besuche war die Erpressung der Blockältesten, die ihnen alles liefern mußten, was sie wünschten. Wollte der Blockälteste diesen Wünschen nachkommen, mußte er auf jene Häftlinge Druck ausüben, die die Sachen für die SS-Leute beschaffen konnten; dafür gab er ihnen einen vorteilhaften Platz im Block, teilte ihnen mehr Essen zu und ging mit ihnen besser um. Drohte einem Häftling Gefahr, daß über ihn Meldung erstattet würde, konnte er sich durch seine Beziehungen retten. Die SS hatte unter den Häftlingen Vertrauensleute, die gegen eine Bestechung vermittelten, daß eine Meldung unterblieb. Diese Korruption ging soweit, daß eine Meldung aufgehalten werden konnte, wenn sie schon beim Lagerkommandanten angelangt war, falls man über genug Gold und Geld verfügte.

Zum Abschluß der Darstellungen über diese ungeheuerlichen Vorgänge soll noch der Kommandant dieses satanischen Vernichtungslagers Auschwitz zu Wort kommen. SS-Obersturmbannführer Höss sagte vor seinen Richtern u.a. folgendes aus:

> Für das Lager entstanden durch die Judenwertsachen nicht abzustellende, ungeheure Schwierigkeiten. Demoralisierend für die SS-Angehörigen, die nicht immer so stark waren, um sich den Verlockungen der leicht zu erreichenden jüdischen Wertsachen zu entziehen. Auch die Todesstrafe und schwerste Freiheitsstrafen konnten nicht genug abschrecken. Den Häftlingen eröffneten sich durch die Judenwertsachen ungeahnte Möglichkeiten. Die meisten Fluchten sind wohl damit in Verbindung zu bringen. Durch das leicht zu erlangende Geld oder Uhren, Ringe usw. wurde mit SS-Angehörigen und Zivilarbeitern alles eingehandelt. Alkohol, Rauchwaren, Lebensmittel, falsche Papiere, Waffen und Munition waren das Alltägliche. In Birkenau verschafften sich die männlichen Häft-

linge nachts Zugang ins Frauenlager, sie erkauften sich sogar einige Aufseherinnen. Dadurch litt natürlich auch die allgemeine Lagerdisziplin. Die im Besitz von Wertsachen waren, konnten sich bessere Arbeitsplätze, konnten sich die Zuneigung der Capos und Blockältesten erkaufen, ja sogar Daueraufenthalt im Revier mit bester Versorgung. Trotz schärfster Kontrolle konnten diese Zustände nicht abgestellt werden. Das Judengold wurde dem Lager zum Verhängnis.

In dieser anschaulichen Schilderung fehlt nur der Hinweis darauf, daß die allgemeine Korruption deshalb nicht eingedämmt werden konnte, weil auch der Kommandant mit beiden Händen zugegriffen hat. Zum Tode verurteilt, wurde Höss in Auschwitz gehenkt.

14

Die Faust im Nacken

Die größte Gewerkschaft der Welt

Vor etlichen Jahren zeigte uns ein Film unter diesem Titel den verbrecherischen Terror und die schamlose Korruption gewisser sogenannter amerikanischer Gewerkschaften, deren Führung in den Händen von Gangstern lag. Die geschilderten Verhältnisse und Vorkommnisse erschienen uns abenteuerlich und kaum glaubhaft. Die Ergebnisse von Untersuchungen in den 50er- und 60er Jahren stellten diese im Film gezeigten Unglaublichkeiten jedoch noch weit in den Schatten.

Eine gewisse Erklärung dafür, wieso es dazu kommen konnte, mag im folgenden liegen:

Bis vor gar nicht langer Zeit konnte jeder Amerikaner eine Gewerkschaft gründen, auch wenn er ein noch so langes Strafregister aufzuweisen hatte. Er mußte auch keine Mitglieder nachweisen, ja nicht einmal ein Büro haben. Diesen eigenartigen Umstand benützte die Unterwelt, um Terror-»Gewerkschaften« zu gründen und sich durch Erpressung und Gewalttätigkeiten Geld, sehr viel Geld, von den Unternehmungen zu verschaffen.

Der zweite Weg, den diese Herrschaften beschritten, war etwas diffiziler und umständlicher, dafür jedoch noch ungleich »erfolgreicher«: Sie gingen daran, bestehende, bewährte Gewerkschaften zu »unterwandern«, d.h. sie in möglichst vielen und hohen Graden der Hierarchie mit ihren verbrecherischen Elementen zu durchsetzen.

Bereits im Jahre 1955 war der Ständige Ausschuß des Senats auf Fälle von Korruption gestoßen, bei welchen Lieferanten und Beamte sich bei Lieferungen an die Streitkräfte in Bestechungs-Affären verwickelt hatten; führende Gangster der Westküste, darunter der weithin »berühmten« Anastasia, waren in diese »Geschäfte« verwickelt und hatten mit Bestechung, Erpressung und Gewaltanwendung ihre schmutzigen Finger im Spiel.

Als die Zustände begannen, »zum Himmel zu stinken«, sah

sich der Ausschuß veranlaßt, allgemeine Erhebungen anzustellen. Sehr bald stellte sich heraus, daß seine Mittel sich als unzulänglich erwiesen, so daß man sich entschloß, einen Sonder-Untersuchungsausschuß einzusetzen. Dieser war von 1956–1959 tätig. Er widmete sich der Untersuchung von:

> »Unzulässigen Tätigkeiten auf dem Gebiet von Arbeitnehmern und Arbeitgebern«,

wie es relativ harmlos hieß.

Sein Vorsitzender war Senator MacClellan, sein parlamentarischer Anwalt Robert Kennedy, der Bruder des späteren Präsidenten und selbst nachmaliger Justizminister.

Dieser Sonderausschuß stellte sich die Aufgabe, bis dahin nur geahnte, jedoch nicht bewiesene Unterwelt-Praktiken mancher Gewerkschaftsfunktionäre und das Paktieren mancher Unternehmer und Anwälte mit ihnen aufzudecken.

Erst im Verlaufe seiner Arbeit im McClellan-Ausschuß wurde es Robert Kennedy Ende der 50er Jahre klar, in welchem Maß gewisse Gewerkschaftsbosse mit der Unterwelt kooperierten. Mit geradezu missionarischem Eifer ging Kennedy daran, den Einfluß der Racketeers und Gangster auf die Gewerkschaften bloßzulegen und den Mißbrauch von Gewerkschaftsgeldern, speziell der Pensions- und Wohlfahrts-Fonds aufzudecken.

Natürlich gab es genug »Interessierte«, denen die Tätigkeit dieses Ausschusses und besonders das Vorgehen Kennedys – gelinde gesagt – nicht paßte. Man warf ihm Gewerkschaftsfeindlichkeit vor. Es sei an dieser Stelle mit allem Nachdruck festgestellt, daß das Gegenteil richtig ist. Die Kennedys waren immer gewerkschaftsfreundlich eingestellt; gerade *deshalb* war Robert Kennedy so erbittert gegen diejenigen, welche durch ihre Machenschaften die Gewerkschaftsbewegung diskreditierten und der Gewerkschaftsidee Abbruch taten.

Kennedy war eines Sinnes mit George Meany, dem Vorsitzenden der AFL-CIO = American Federation of Labor Congress of Industrial Organisation, einer der mächtigsten gewerkschaftlichen Dachorganisationen, welche mehr als hundert verschiedene Gewerkschaften vereinte. Auch Meany und seine Organisation sahen in gewissen Gewerkschaften und deren Führern Schädlinge und schlossen sie aus der Dachorganisaton aus.

Um Aufgabe und Macht eines solchen parlamentarischen Untersuchungsausschusses zu verstehen, müssen wir uns mit einem einmaligen Faktum der amerikanischen Verfassung vertraut machen:

Die Gesetzgebung, d. h. also der Kongreß, der sich aus dem Repräsentantenhaus und dem Senat zusammensetzt, hat das Recht, jedes Gebiet des öffentlichen Lebens, sei es staatlich-exekutiv, sei es sozial oder wirtschaftlich, einer Untersuchung zu unterziehen und zu diesem Zweck Untersuchungsausschüsse zu konstituieren; diese haben die Aufgabe, etwaige Mißstände aufzudecken und abzustellen sowie darauf zu dringen, daß durch zusätzliche Reformgesetze solche Unzulänglichkeiten in Hinkunft unmöglich gemacht würden.

Die treibende Kraft eines solchen Ausschusses ist meist der hauptamtlich bestellte Counsel, der Rechtsberater – im vorliegenden Fall Robert Kennedy, der sich dieser Aufgabe mit fast fanatischer Hingabe widmete. Ein solcher Ausschuß hat außerordentlich weitgehende Befugnisse. Er hat u. a. das Recht, Akten oder sonstige Belege und Unterlagen anzufordern und gegebenenfalls zu beschlagnahmen; ferner, jedermann unter Strafandrohung zur Einvernahme unter Eid (»Hearings«) vor den Ausschuß zu zitieren. Letzteres Recht wurde allerdings dadurch abgewertet, daß jedem Bürger mit Berufung auf den Zusatz-Artikel Nr. 5 der Verfassung das Recht zusteht, Aussagen zu verweigern, mit denen er sich selbst belasten könnte. Wir werden noch sehen, in welch unglaublichem Ausmaß davon Gebrauch gemacht worden ist.

Der unerbittlichste Kampf Kennedys richtete sich gegen die größte Gewerkschaft, die der Chauffeure. In ihr sah der Ausschuß den »Staatsfeind Nr. 1«.

Bevor wir diesen, vom amerikanischen Standpunkt aus fast

»historisch« zu nennenden Krieg schildern wollen, seien noch Untersuchungs-Ergebnisse von anderen Gewerkschaften kurz skizziert, da sich natürlich der Ausschuß nicht nur mit der »Nummer 1« beschäftigen konnte, sondern seine Recherchen auf breiter Front vornahm.

Einige Beispiele im Telegrammstil:

James Cross, der Vorsitzende der Gewerkschaft der (angestellten) Bäcker und Konditoren, veruntreute zusammen mit seinem Stellvertreter Gelder seiner Gewerkschaft, hatte sein Gehalt von 17000$ eigenmächtig auf 30000$, de facto auf 40000$ erhöht, machte auf »Regiments-Unkosten« Vergnügungsreisen mit seiner Familie nach Miami, Paris und London. Die Spesen für seine – polizeibekannte – Freundin kostete seine Gewerkschaft ca. 10000$; Cross gab vor, sie sei »Werberin der Gewerkschaft« – die »Konferenzen« mit ihr »unter vier Augen« fanden in den verschiedensten Luxushotels im ganzen Land statt. Die AFL-CIO schloß die Bäcker mitsamt ihrem Vorsitzenden aus.

Bei der Gewerkschaft der Maschinisten waren es der Vorsitzende Maloney und der Gangster J. Fay. Letzterer terrorisierte die Ortsgruppe Philadelphia und kam später nach Sing-Sing wegen Erpressung – man konnte ihm nachweisen, daß er von Unternehmern mehr als 700000 $ (!) als »Beruhigungsgelder« eingestrichen hatte – unter anderem.

Ein Funktionär, der gegen seine Machenschaften aufgestanden war, wurde terrorisiert und derart niedergeknüppelt, daß er Selbstmord beging; seinem Sohn hatte er noch den Rat gegeben: »Laß dich nur ja nicht in einen Kampf mit den Gangstern ein!« Während Fay im Zuchthaus war, zahlte die Gewerkschaft seiner Frau in den Jahren 1947–1956 67000 $, ferner auch die Anwalts- und Gerichtskosten in der Höhe von 63000 $. Aus Sing-Sing entlassen, war er nun doch offiziell nicht mehr tragbar und so pensionierte seine Gewerkschaft diesen »verdienten« Mitbürger mit einem lebenslänglichen »Ruhegenuß« von 12600 $ pro Jahr.

Maloney selbst, der Vorsitzende, bezog innerhalb von 6 Jahren als Gehalt und »Aufwendungsentschädigung« nicht weniger als 742000 $; er hatte sich an ein recht aufwendiges Leben gewöhnt, so standen ihm auch vier Cadillacs und eine Yacht zur Verfügung. Er mußte dann auch zurücktreten; seinem »Rang« entsprechend erhielt er eine Pension von 50000 $ per Jahr zugebilligt!
Auch bei den Metzgerei-Arbeitern, den Zimmerleuten, den Metallarbeitern und bei etlichen anderen Gewerkschaften »stank« es erheblich.
Als einen der »bösesten Feinde im Innern« empfand der Ausschuß und Kennedy die Gewerkschaft der Lastwagenfahrer, Lagerarbeiter und Hilfskräfte. Aus traditionellen Gründen bezeichneten sich diese Transportarbeitergewerkschaftler als Teamsters (=Kutscher), und wir wollen sie auch der Kürze wegen im folgenden so nennen.
Wenn Kennedy sagte, »die Gewerkschaft der Chauffeure ist die machtvollste Organisation der USA außer der Bundesregierung«, so hatte ich fürs erste das Gefühl einer argen Übertreibung, und ich denke, daß es den Lesern, die keine Amerikaner sind, ähnlich ergehen wird. Bei näherem Befassen mit der Materie schwindet dann dieser erste Eindruck immer mehr und macht einem steigendem Erstaunen Platz.
Diese Gewerkschaft hat über 2 Millionen Mitglieder und ist damit die stärkste gewerkschaftliche Organisation der USA; als Einzelgewerkschaft auf freiwilliger Basis wahrscheinlich die größte auf der Welt. An sich zentral geleitet, ist sie in Regional-Organisationen geteilt und überspannt wie ein Netz mit ihren Ortsgruppen das ganze Land.
Eine solche Riesenorganisation hat die Macht, das tägliche Leben im Staat stillzulegen dadurch, daß es das ganze Transportsystem lahmzulegen imstande ist. Sie könnte die Bevölkerung – zumindest in den Städten – von den Lebensmittelzufuhren abschneiden und »im Müll« ersticken lassen. Wenn man dann noch bedenkt, daß allein an Mitgliedsbeiträgen jährlich gegen

100 Millionen Dollar eingehoben werden, kann man dann schon verstehen, daß die Leitung der »Teamsters«, besonders deren Vorsitzender, als einer der größten Machtfaktoren in den USA gelten.

Vorerst geriet Dave Beck ins Schußfeld des Untersuchungsausschusses, als man sich die »Region West« vornahm; Beck war lange Zeit der Boß dieser Region und hatte, als er zum Herrscher der Gesamtorganisation aufgerückt war, seinen Schatzmeister Brewster als Nachfolger bestellt. Beck hatte sich seinerzeit einen ausgezeichneten Ruf als Arbeiterführer erworben; er hatte in seinem Bereich – dem Westen – für seine Leute beispielgebende Bedingungen ausgehandelt. Er gibt eines der vielen Beispiele ab, wie sehr Macht imstande ist, Menschen zu korrumpieren.

Folgendes wurde festgestellt:

Beck ließ sich aus Geldern der »Region West« ein Haus bauen – später auch eines für seinen Sohn. Dann verkaufte er dieses Haus zu Wucherpreisen an seine eigene Organisation, die ihm außerdem eine lebenslängliches Wohnrecht, mietfrei, einräumte. – Beck unterhielt auch merkwürdige Beziehungen zur Unternehmerseite, speziell zu einem Mr. Shefferman, dem »Berater für Personalfragen und Verträge« gewisser Gruppen von Unternehmen. – Beck bekam von Shefferman im Laufe der Zeit 24000 $; »aus Dankbarkeit«, wie er sagte. – Außerdem hatte Beck 370000 $ aus der Gewerkschaftskasse für sich persönlich verwendet; für 85000 $ davon verschaffte ihm Shefferman zu Großhandelspreisen Möbel, Teppiche, Tiefkühlanlagen, Aluminium-Boote und dergleichen für sich und seine Familie. Gebucht wurde dies alles bei der Gewerkschaft unter »Für Öffentlichkeitsarbeit«!

Becks damaliger »Schatzmeister« und späterer Nachfolger übernahm von seinem Chef auch den Hang zum Luxus. Brewster hatte es zur Abwechslung mit den Pferden; seine Trainer und Jockeys wurden aus der Gewerkschaftskasse bezahlt (inkl. Maßanzüge für sie), ebenso die Instandhaltungs- und Reparaturkosten für die Pferde-Transportwagen usw. – Brewster hatte auch sehr einträgliche Abmachungen mit den Versicherungs-Agenten der Westregion und bezog – wie auch Beck – ganz schöne Summen aus diesen Quellen. Als oberster Chef hatte Beck später auch beim Kauf des Geländes für das neue »Headquarters« der Teamsters in Washington allerhand in die eigene Tasche fließen lassen, außerdem ließ er sich am Top des neuen »Regierungssitzes« ein luxuriöses »Penthouse« errichten. Alle diese Enthüllungen erschütterten zwar seine Position, brachten ihn jedoch noch nicht zu Fall.

Diese Untersuchung war eine Sisyphus-Arbeit: Man vernichtete Akten, Belege verschwanden spurlos, irreführende und falsche Angaben wurden veranlaßt, alles mögliche verschleiert und zuletzt auch Terror ausgeübt. Bei den Verhören vor dem Untersuchungs-Ausschuß wurde geleugnet und verdreht; wenn die Fragen allzu peinlich wurden, verschanzte man sich hinter dem bereits erwähnten Verfassungsartikel und verweigerte die Aussage. Beck selbst nahm diesen Ausweg mehr als 200mal in Anspruch! Als später noch bewiesen wurde, daß er die Witwe seines besten Freundes bestohlen hatte, konnte dies die Gewerkschafts-Hierarchie doch nicht mehr verdauen.

Der Ausschuß selbst urteilte über diesen Mann folgendermaßen:

> »Dave Becks Sturz aus einer bedeutenden Machtstellung in der Gewerkschaftsbewegung ist nicht ohne Tragik. Als man ihn an die Spitze einer an Macht und Geldmittel reichen Gewerkschaft stellte, hätte er die Chance gehabt, für einen großen Teil der Arbeiter und Arbeiterinnen Amerikas Gutes zu bewirken. Aber angesichts der Versuchung strauchelte er. Letzten Endes wurden seine Diebereien so kleinkariert, daß der Ausschuß über die Knauserigkeit dieses Mannes nur den Kopf schütteln kann.
>
> Wie kann ein Mann solchen Formats der Versuchung erliegen, in die Gewerkschaftskasse zu greifen, um sechs Kniehosen für 27,54 $ oder einen Querbinder für 3,50 $ zu

> kaufen? Der Ausschuß kann nur annehmen, daß Beck von unersättlicher Habgier dazu getrieben wurde.«

Beck war in jeder Beziehung erledigt. Den letzten Anstoß erhielt er jedoch durch einen Mann aus seinen eigenen Reihen, welcher seine Position anstrebte und ihn an Format, Gewissenlosigkeit und Brutalität weitaus übertraf:

James Riddle Hoffa.

Hoffa wuchs in einer Atmosphäre der Armut und Gewalttätigkeit auf. Kaum der Schule entwachsen, ging er als Arbeiter, erwarb sich einen »Namen« als Streikführer und kam bald zu den Teamsters; es gab für ihn, seinen eigenen Worten nach, nur eine Möglichkeit, am Leben zu bleiben, nämlich: zurückschlagen! Mit der ihm eigenen Schlauheit, Zähigkeit und Brutalität kämpfte er sich bei den Teamsters von einer Sprosse zur nächsthöheren, zielstrebig und weder sich noch andere schonend. Er kannte nur ein Ziel, nur eine Leidenschaft: Die Macht! Er rauchte nicht, trank nicht, kümmerte sich wenig um Frauen, sondern setzte all seine Fähigkeiten, seine Energien ein, um Macht um der Macht willen zu erreichen.

Hoffa war ein hervorragender Organisator und ein Meister der Verhandlungstechnik. Und da er den Mitgliedern seiner Gewerkschaft ganz bedeutende wirtschaftliche Vorteile verschaffte, die Gewerkschaft immer mehr vergrößerte durch Hereinnahme von Randgebieten, sie immer mächtiger machte, so übersahen sie es allzu lange, in welchem Maße er dabei verbrecherische Methoden anwandte, wie er sich immer mehr in die Abhängigkeit seiner Gangsterfreunde begab; wenn sich die leiseste Opposition rührte, wurden die Betreffenden bestochen oder niedergeknüppelt. Lassen wir wieder den Ausschuß sprechen:

> »Über 40 Namen wurden registriert von ›Gangstern und Racketeers‹, welche bezeugtermaßen mit Teamster-Funktionären unter einer Decke stecken. Hoffa betreibt ein Ganoven-Empire... Hoffa hatte und hat nie die Absicht, gegen seine Gaunerfreunde vorzugehen... sie behalten

> nach wie vor ihre Posten (in der Gewerkschaft), beziehen Gehalt und sogar Weihnachtsgratifikationen, während sie hinter Gitter sitzen«.

Der bereits genannte Vorsitzende der AFL-CIO, George Meany, nannte Hoffa den gefährlichsten Feind der Gewerkschaftbewegung und Robert Kennedy faßte seine Meinung in dem lapidaren Satz zusammen:

> »Wie Hoffa die Gewerkschaft führt, ist sie eine verbrecherische Organisation.«

»Gangster drängen zur Macht«

In seiner »Anfängerzeit« bewegte sich Hoffas Korruption in relativ bescheidenen Grenzen: So erhielt er vom Verein der Wäschereibesitzer in Detroit im Jahre 1949 eine »Abstandssumme« gegen das Versprechen, die betreffenden Firmen in Ruhe zu lassen.

Zwei Jahre später gab es einen Konflikt mit der Gewerkschaft, welche die Einführung der 5-Tage-Woche verlangte. Die Wäschereibesitzer wandten sich an Hoffa, der gegen den Willen der lokalen Gewerkschaft den Unternehmern die Beibehaltung der 6-Tage-Woche verschaffte. Durch Mittelsmänner forderte er dafür 25000 $, welche dann im Verhandlungsweg auf 17500 $, zahlbar in 3 Jahresraten, reduziert wurden.

Schon in den Jahren 1953 und 1954 waren die damaligen Ausschüsse nahe daran, größere Bestechungsaffären aufzudecken. Immer wieder gelang es Hoffa, durch Korruption und politischen Druck die Einstellung der Verfahren zu erreichen. Da damals der Senator aus Kansas Vorsitzender des »Ständigen Ausschusses« war, engagierte Hoffa den früheren Gouverneur von Kansas, Rattner, zur Verteidigung; dieser »ehrenwerte« Mann hatte schon früher vom Vorsitzenden der Gewerkschaft der Heizungsmonteure 10000 $ erhalten, als dieser wegen Verstoßes gegen das »Anti-Verbrecher-Ring-Gesetz« angeklagt wor-

den war. Die Verbindung Hoffa-Rattner wurde liebenswürdigerweise von einem von Hoffas Terroristen, einem ehemaligen Zuchthäusler hergestellt.
Hierzu eine bemerkenswerte Behauptung Robert Kennedys:

> »War es 1953 ein ehemaliger Gouverneur, den die Teamsters gekauft hatten, so war der plötzliche Abbruch der Untersuchungen im Jahre 1954 der Tatsache zuzuschreiben, daß der damalige Ausschuß-Vorsitzende selbst sich von Hoffa und seinen Leuten hatte ›schmieren‹ lassen.«

Die Teamsters hatten jedoch noch einen weiteren »Vertrauensmann« im damaligen Ausschuß: Georg Bender. Um dessentwillen ließen sie sogar ihren bisherigen »Kandidaten« für den Senat fallen, um Benders Wahlkampf für den Senat zu unterstützen. 109000$ wurden bei diesen Wahlen im Jahre 1954 über das Bendersche Wahlkampfkonto geführt.
Es wurde später auch festgestellt, daß 40000 $ Gewerkschaftsgelder verwendet wurden, »um damit an gewissen Drähten zu ziehen, damit man Anklagen fallenlasse«.

Mit der Konstituierung des MacClellan-Ausschusses mit seinem Anwalt Kennedy begann nun ein anderer Wind zu wehen. Hoffa war damals Teamster-Chef der Region mit dem Sitz in Chicago. Natürlich sah er das heraufkommende Gewitter. Er versuchte, einen Anwalt aus New York, John Cheasty, für seine Zwecke anzuheuern. Er bot ihm 2000 $ monatlich, falls es diesem gelänge, eine Anstellung im Untersuchungsausschuß zu erhalten, und wenn er ihm dann als Spion dienen würde.
Besagter Mann berichtete jedoch Mr. Kennedy die ganze Sache, wodurch er sich nicht nur um finanzielle Vorteile, sondern auch in eine sehr gefährliche Situation brachte: Kennedy bewog ihn nämlich, zum Schein auf die Vorschläge Hoffas einzugehen.
Hoffa, der darauf schwor, daß jedermann »seinen Preis« habe, machte damals – laut Kennedy – den Fehler, die Existenz eines ehrlichen Mannes für unmöglich zu halten.

Man versorgte Cheasty mit für die Untersuchung ungefährlichen Informationen zur Weitergabe an Hoffa; im übrigen wurde Cheasty der Obhut Mr. Hoovers, sprich: des FBI übergeben. Das FBI machte, als Hoffa und Cheasty sich an einer vereinbarten Stelle trafen, insgeheim Photoaufnahmen.

Bei einem – schon vorher vereinbart gewesenen – Zusammentreffen Kennedys mit Hoffa (man kannte sich noch nicht persönlich) spielte sich Hoffa als starker Mann auf. Er täte anderen nur das, was diese ihm antäten, nur sei er viel gefährlicher als die anderen – und immer noch habe er gewonnen.

Drei Wochen später wurde Hoffa verhaftet, weil man bei ihm Dokumente des Ausschusses fand, wobei es sich um die ihm in die Hand gespielten handelte. Der Prozeß des Jahres 1957 wegen »Bestechungsversuches« eines Ausschußmitgliedes endete mit einem Freispruch!

Unglaubliche Machenschaften, die Geschicklichkeit seines Verteidigers und die mangelhafte Vorbereitung der Anklage führte dazu; außerdem holte er sich als zweiten Anwalt den Sozius des Bruders des amtierenden Richters.

Im Jahre 1958 hatte der McClellan-Ausschuß allerhand Unzulässigkeiten bei den Teamsters aufgedeckt. Man forderte von Hoffa, endlich für Sauberkeit zu sorgen; Hoffa war immer mehr zu der Überzeugung gekommen, daß er sich mit Geld, Beziehungen, politischen Druck und Terror einfach alles leisten kann. So erlaubte er sich auch den Scherz, zum Vorsitzenden des »Sonderausschusses gegen die Korruption« innerhalb der Gewerkschaft ausgerechnet den schon oben erwähnten Mr. Bender, diese üble Figur, zu bestellen! Für acht Monate erhielt dieser gegen 60000 $ für die »Säuberung der Gewerkschaft« – für eine Säuberung, die niemals vorgenommen wurde.

Schon bis jetzt praktisch der Beherrscher seiner Gewerkschaft, erreichte Hoffa im Herbst 1959 sein ersehntes Ziel – er wurde der allmächtige Vorsitzende der gesamten Chauffeurgewerkschaft.

Die Opposition war gekauft oder terrorisiert worden.
Einerseits bediente er sich der Unterwelt, um die Gewerkschaft immer fester in den Griff zu bekommen, anderseits geriet er immer mehr in die Abhängigkeit von Gangstern und ehemaligen und zukünftigen Zuchthäuslern seiner unmittelbaren Umgebung.
Es würde zu weit führen, alle diese »Ehrenwerten« dem Leser vorzustellen, aber einige mögen doch herausgegriffen werden, damit sich das Bild abrundet:
Sam Goldstein: Ortsgruppenleiter, zweimal wegen Erpressung vorbestraft, Gefolgschaftsmitglied des berüchtigten Gangsters Corallo. 1959 war er noch immer Leiter seiner Ortsgruppe, bezog wöchentlich 350 $ und Aufwandsentschädigung von 25 $ und das alles, während er im Gefängnis saß!
John Dioguardi, genannt Johnny Dio, Geschäftsführer einer Ortsgruppe in New York, verurteilt wegen Nötigung, Erpressung, Betrug und Anstiftung eines Säureattentates, welches das Opfer das Augenlicht kostete, langjähriger Insasse von Sing-Sing. Dio war auch einer von denen, die »zweispurig« fuhren, d.h. sowohl auf seiten der Gewerkschaft als auch der Unternehmer. Dios Frau war mit Frau Hoffa eng befreundet. Beide nahmen an verschiedenen Coups teil, teils wurden sie vorgeschoben.
Owen Brennan war Hoffas engster persönlicher Freund; auch dieser Mann war wegen ähnlicher Delikte mehrfach vorbestraft.
Paul Dorfman hatte die Schlüsselstellung für den mittleren Westen inne, er war ein Capo der Chicagoer Unterwelt. (Im Jahre 1957 stieß ihn die AFL-CIO wegen Korruption aus.)
Aber Hoffa, mit ihm ein Herz und eine Seele, schloß einen Vertrag: Dorfman sollte Hoffa die volle Unterstützung der Unterwelt bringen, dafür sollte die Familie Dorfman kräftig an den enormen Wohlfahrts- und Versicherungs-Fonds »naschen« dürfen. Sie kassierte im Laufe von 8 Jahren an Kommissionsgebühren, Provisionen und Honoraren mehr als 1600000 $ – praktisch zu Lasten der einfachen Gewerkschaftsmitglieder.

Vincent Squillante war auch ein »Zweigleisiger« und auch sonst ein ganz besonderes Stück. Prominenter Rauschgifthändler, ein bekannter Mietmörder. Trotzdem man das wußte, hatte er ein Amt in der Gewerkschaft inne, fungierte als »gewerkschaftlicher Fachberater des Unternehmerverbandes der Fuhrwerker«, was ihm zusätzlich 10000 $ pro Jahr eintrug. Er beherrschte sehr bald den »Müll-Sektor« in Groß-New-York.
Der MacClellan-Ausschuß formulierte seine Meinung darüber wie folgt:

> »So sehr es bei der Müllabfuhr in Los Angeles auch gestunken haben mag, im Vergleich zu dem, was sich bei der New Yorker Müllabfuhr abspielte, war es das reinste Parfum.«

Und zum Abschluß dieser »Ehrengalerie« seien noch zwei Zierden des Hoffa'schen Ensembles vorgestellt:
Joey Glimco: Vorsitzender der Teamster-Ortsgruppe Chicago, 36 mal verhaftet, darunter wegen Überfall und Mordverdacht. Ein Terrorist reinsten Wassers. So hatten z. B. die Händler eines Marktes in Chicago einige Jahre vorher vor einem Schwurgericht ausgesagt, sie hätten ihre Stände nur aufbauen können, wenn sie Glimco Schmiergerlder – oder wie dies so schön heißt: Schutzgelder – gezahlt hätten. Erst 3 Jahre später (!) wurde Anklage erhoben – und jetzt sagten sie – man kann sich denken, warum! – sie hätten wohl an Glimco gezahlt, aber nur, um ihm ein Weihnachtsgeschenk zu machen. Als man ihnen erwiderte, dies sei doch im Juni gewesen, war die Antwort, sie hätten ihn eben so gern!! Für die Verteidigung in dieser Sache, die mit den Teamsters überhaupt nichts zu tun hatte, mußte dennoch die Gewerkschaftskasse mit 124000 $ herhalten; auch Glimcos privaten Rechnungen sowie die seiner Freundinnen wurden von dort bezahlt.
Robert »Barney« Baker: Dieser Mensch war wohl eine der übelsten Figuren, einer von Hoffas »Botschaftern des Schreckens.« Baker war fast drei Zentner schwer, ehemals Berufsboxer, Gangsterfreund und Terrorist; als Stinkbombenwerfer

und Rausschmeißer sich zu betätigen, waren noch seine harmlosesten Spielereien. Oft, so wird berichtet, hatte er die Aufgabe, Widerstand gegen Hoffa zu brechen, ja oft genügte bereits der bloße Hinweis auf seine Anwesenheit, um Oppositionelle verstummen zu lassen. Vor dem Untersuchungsausschuß gab er seine Bekanntschaft mit Mördern, Gangstern, Spielern und Rauschgift- und Mädchenhändlern ohne weiteres zu. Sein Chef Hoffa, von Kennedy befragt, ob er sich nicht an Bakers Ruf gestoßen habe, antwortete mit schöner Offenheit, dies störe ihn nicht im geringsten. Eine langjährige Geliebte Bakers, die aus dem Gefängnis dem Ausschuß vorgeführt wurde – sie hatte 15 Jahre wegen Beteiligung an einem Unterwelt-Mord abzusitzen – gab an: Baker sei immer großzügig zu ihr gewesen, worunter sie verstand: Häuser mit Schwimmbecken, Hotelsuiten, ein Taschengeld von 100 $ pro Tag etc. – Es sei richtig, sagte sie, daß Baker öfters vor ihr damit geprahlt habe, gewisse Leute »erledigt« zu haben.

Der Ausschuß und insbesondere auch Robert Kennedy hatte, wie bereits angedeutet, auch die Aufgabe, das Paktieren von Unternehmen mit diesen Elementen aufzuspüren und anzuprangern; natürlich beriefen sich diese Unternehmungen – es waren Zehntausende – darauf, daß sie ja den erpresserischen Drohungen schutzlos ausgeliefert waren. Im Laufe der Untersuchungen ergab sich, daß auch zwischen Hoffa und vielen Unternehmen recht innige Beziehungen auf der Basis, »eine Hand wäscht die andere«, bestanden; so legte z. B. Hoffa Streiks gegen den Willen von Mitgliedern bei, wofür er an gewinnbringenden Geschäften beteiligt wurde.

Ein Auszug aus der Liste seiner persönlichen Beteiligungen – es wird dabei keinerlei Anspruch auf Vollständigkeit erhoben: 4 Speditionsfirmen, 1 Investment-Gesellschaft, 1 Kolonial-Großhandelsfirma, 1 Ölgesellschaft, 1 Bergbau-Unternehmen, 1 Rennbahn, 1 Brauerei, 1 Taxi-Ring.

Auf eine Frage Kennedys bei einem Hearing sagte Hoffa, er

fände nichts dabei, wenn ein Gewerkschaftsführer oder dessen Familie ein Geschäft in demselben Zweig besitzt, dem diese Gewerkschaft angehört. Hoffa fand halt bei vielem »nichts dabei«. Er gab an seine Freunde Anleihen aus der Gewerkschaftskasse, verwendete Unsummen in Landentwicklungsprojekte bedenklicher Art und investierte in Spielkasinos und ähnlichen Unternehmungen seiner Verbrecher-Freunde, vielfach in Nevada.

Er unterlag der zweifellos großen Versuchung, die Unsummen, die praktisch zu seiner Disposition standen, mißbräuchlich zu verwenden. Alles in allem verfiel dieser ohne Zweifel hochbegabte Mann dem Machtrausch, der ihn zum gewissenlosen und brutalen Verbrecher werden ließ.

> »Um an die Spitze der Gewerkschaft zu gelangen und sich dann dort zu halten, wandte er Terror und Bestechung an.«

So der Ausschuß.

Eine Zeitung brachte als Überschrift: »Hoffa bestraft seine Feinde und belohnt seine Freunde!« Rebellen wurden niedergeknüppelt; oder man erpreßte ihre Entlassung durch die Unternehmungen, bei denen sie in Arbeit waren. Es wird berichtet, daß es nur wenige Funktionäre und Teamsters wagten, offen gegen Hoffa aufzutreten; begreiflich, da sie ja tatsächlich zumindest ihre Existenz, wenn nicht ihre persönliche Sicherheit, ja ihr Leben riskierten.

Ein kleines Beispiel soll zeigen, was Hoffa alles einfiel: Man veranlaßte z. B. eine Frau, gegen einen rebellischen Funktionär eine Anzeige wegen Vergewaltigung zu erstatten. Sie gab dann vor dem Untersuchungsausschuß zu, eine falsche Anschuldigung erhoben zu haben. Man habe ihr Geld gegeben und ihr noch mehr versprochen für den Fall, daß dieser Mann verurteilt werden würde. Ein gewisser Luken soll der einzige Funktionär gewesen sein, der sich laut Kennedy gegen Hoffa wandte und es trotzdem überlebte.

Robert Kennedy, ein toter Mann

Der Ort, an dem diese Untersuchungen stattfanden, war der Große Saal des Senatsgebäudes, der sehr feierlich und eindrucksvoll wirkt. Zum erstenmal wurde er im Jahre 1912 benützt, als ein Ausschuß, welcher den Untergang der Titanic zu untersuchen hatte, dort Verhöre anstellte. Hier wurde auch Albert Fall, der Innenminister Präsident Hardings, der Korruption überführt. Ebenfalls hier ging der Stern des Senators Joseph Mc. Carthys auf und unter. In diesem Saal tagte nun der »Sonderausschuß des Senats zur Untersuchung unsauberer Machenschaften bei Arbeitgebern und Gewerkschaften«, der sogenannte McClellan-Ausschuß.

Im Laufe von 2½ Jahren wurden 500 öffentliche Verhöre durchgeführt; 1500 vereidigte Zeugen vernommen, von denen rund 350 die Aussage verweigerten mit Berufung auf den genannten Zusatzartikel zur Verfassung. Die Protokolle der Aussagen sind in mehr als 50 Bänden gesammelt und umfassen mehr als 14 Millionen Worte. Innerhalb von nicht ganz 3 Jahren haben die Untersuchungsbeamten inkl. Mr. Kennedy an die 3 Millionen Kilometer zurückgelegt. Bei der Konstituierung des Ausschusses waren lediglich 6 Beamte des »Ständigen Senatsausschusses« dem Sonderausschuß zur Verfügung gestellt worden. Als dann jedoch täglich durchschnittlich 600 Briefe einliefen, in denen Untersuchungen von Mißständen gefordert wurden, erfuhr der Stab dann sehr bald eine mächtige Erweiterung. Zuletzt arbeitete in diesem Ausschuß das größte Team, das jemals im Kapitol tätig war – über 100 Beschäftigte, davon 35 Untersuchungsbeamte, 45 Buch- und Wirtschaftsprüfer usw. Das Untersuchungsnetz breitete sich rasch über das ganze Land aus, außerdem wurden 8 fixe »Nebenstellen« errichtet.

Natürlich gab es Bestechungsversuche, Interventionen und politischen Druck bis zu Morddrohungen; Robert Kennedy wollte man beeinflussen, daß man ihm »in Aussicht stellte« die Wahl seines Bruders zum Präsidenten zu fördern oder zu verhindern!

Die Männer dieses Untersuchungs-Ausschusses konnten bei Beendigung ihrer Tätigkeit doch auf eine ganze Menge von Erfolgen hinweisen. Vielen üblen Machenschaften wurde ein Ende gesetzt, so manchen Gaunern und Verbrechern das Handwerk gelegt und Reformgesetze veranlaßt, welche sich günstig auswirken sollten. Eines gelang Robert Kennedy während dieser Zeit nicht: Hoffa zur Strecke zu bringen!
Aber Kennedy war ein hartnäckiger und unerbittlicher Gegner. Er wurde in Januar 1961 unter der Präsidentschaft seines Bruders Justizminister. Kaum im Amt, richtete er im Ministerium eine Spezial-Abteilung ein, die keine andere Aufgabe hatte, als Hoffa endlich dorthin zu bringen, wohin er nach der Meinung Kennedys und vieler seiner Mitbürger gehörte: Hinter Gitter! Es gab gewiß auch Leute, welche darin eine persönliche Rache sahen und Kennedy sogar vorwarfen, er bediene sich eigenartiger Methoden dabei. Der überwiegende Teil der »Öffentlichen Meinung« scheint es jedoch mit großer Genugtuung aufgenommen zu haben, daß Kennedys jahrelangen Bemühungen letzten Endes doch Erfolg beschieden war. Im Jahre 1962 wurde Hoffa der Prozeß gemacht. Der Vorwurf, eine Firma erpreßt zu haben, schien nicht allen Geschworenen genügend bewiesen (nach amerikanischem Recht müssen Sprüche der Geschworenen einstimmig erfolgen). Als jedoch Hoffa wegen eines Bestechungsversuches bei einem Geschworenen gleich wieder daran anschließend vor Gericht kam, wurde er das erste Mal verurteilt: Zu 8 Jahren Gefängnis! Im Jahre 1964 wurde er während seiner Haft zu weiteren 5 Jahren verdonnert, weil er aus dem Pensionsfonds der Teamsters eine Anleihe unrechtmäßig vergeben und davon außerdem 1700000 $ für seine Zwecke eingesteckt hatte. Nachdem Hoffa sämtliche Berufungsinstanzen vergebens bemüht hatte, wurde er im März 1967 ins Bundesgefängnis in Pennsylvania eingeliefert, aber vorzeitig aus dem Gefängnis entlassen. Seither ist er »verschollen«.
Am 5. Juni 1968 starb Robert Kennedy eines unnatürlichen Todes. Er wurde ermordet.

Lanskys Imperium in der Karibik

Diese britische Inselgruppe (690 Inseln) vor der Südostküste Nordamerikas im Atlantischen Ozean hat eine bewegte Geschichte, seitdem sie das zweifelhafte Glück hatte, als erstes Eiland von Columbus (1492) entdeckt zu werden und ihm sozusagen den Weg zur Neuen Welt zu weisen.

Die Geschichte, welche zu erzählen wir uns jetzt anschicken, hat wenig mit der großen Politik zu tun und berichtet von einer »Eroberung« der Bahamas ohne Waffen-Geklirr. Ganz unheldisch wurde dabei nur mit »Goldenen Kugeln« geschossen, korrumpiert, manipuliert und illegal Geld hin- und hergeschoben.

Wir kommen um eine kurze Vorgeschichte nicht herum und werfen ein Streiflicht auf Robert Kennedys Kampf gegen das organisierte Verbrechertum.

Das von ihm geleitete Justizministerium stand sich nicht gut mit dem von Mr. Hoover geführten FBI, der lange Zeit von einem organisierten Gangstertum nichts wissen wollte; später dann wurde Hoover zwar in dieser Hinsicht eines »Schlechteren« belehrt, lenkte jedoch – Kennedy war schon aus dem Justizressort ausgeschieden und später ermordet worden – seine ganze Aufmerksamkeit auf das sogenannte »Syndikat«, auf die »Ehrenwerte Gesellschaft« und deren Spitzenfunktionäre, welche fast durchwegs immer Italo-Amerikaner waren und sind. Bestärkt wurde das FBI noch durch die mörderischen Machtkämpfe der »Ehrenwerten« untereinander in den sechziger Jahren.

Das FBI war derart fixiert auf die »italienische« Führungsgruppe, daß es einen der einflußreichsten Männer, einen hervorragenden Top-Manager und Organisator, ziemlich ungeschoren ließ. Man war fälschlich der Meinung, daß ein Nicht-Italiener, der noch dazu Jude ist, unmöglich in La Cosa Nostra eine wirklich bedeutungsvolle Rolle spielen könnte.

Meyer Lansky, so ist sein Name, hatte viel Erfahrungen in Las Vegas gewonnen und konnte dann ziemlich unangefochten sei-

ne Glückspiel-Organisation ausbauen. So war insbesondere Kuba unter seinem Präsidenten Batista, der auch einigen Wert auf Geld legte, eine höchst brauchbare Gegend hierfür. Als jedoch Fidel Castro mit seinen Getreuen aus dem »Untergrund in den Bergen« auftauchte und binnen kurzem siegreich das ganze Land in seine Hand brachte – Anfang 1959 – hieß es »Rette sich, wer kann!«. Der Herr Präsident tat noch einen letzten Griff in die Staatskasse und verschwand. Auch Lansky und seinen Syndikatsgenossen gelang es natürlich, sich rechtzeitig »abzusetzen«, aber die illegale Glücksspielindustrie in den USA, verfolgt von Kennedys Jägern, war ins Wanken geraten. Nun zeigte Lansky, was in ihm steckte. Unser moderner Conquistador machte sich auf – und die Bahamas erlebten eine Invasion und Okkupation ganz eigener Art. Nahe von Kuba und Miami und unweit von New York waren sie sehr verlockend für Lansky und Konsorten. Aber unglückseligerweise gab es dort ein gesetzliches Verbot für jede Art von Glücksspiel.
Doch Lansky hatte »Glück im Unglück«, in der Person des Rechtsanwaltes, des »strong man« dieser Territorien, des Gouverneurs und gleichzeitigen Finanzministers, Sir Stafford Sands. Diesen in jeder Hinsicht gewichtigen Mann (3 Zentner) machte sich Lansky überraschend schnell gefügig.
Sands gab später zu, daß sein neuer Freund ihm anbot, 2 Millionen Dollar auf ein Schweizer Nummernkonto zu seiner werten persönlichen Verfügung zu erlegen, wenn man nur etwas vorurteilsloser wäre und das Glücksspiel zuließe. Die Entscheidung wurde ihm erleichtert, als ihn nicht nur Lansky, sondern noch zwei weitere »Ehrenwerte« bedrängten. Der eine war ein amerikanischer Finanz-Jobber, Wallace Groves, der nach einem Zuchthausaufenthalt auf den Bahamas Erholung suchte und sich mit Sands befreundet hatte; ein seinerzeit von Sands durchgebrachtes Gesetz ermöglichte es, daß Groves weite Gebiete auf Grand Bahama-Island zu $ 2,80 per Acre zur Erschließung übergeben werden konnten (später wurden Teile davon für $ 2000,– per Acre weiterverkauft!). Der andere war

ebenfalls ein »unternehmungslustiger« Mann, ein enger Freund Lanskys, der Kanadier Louis A. Chesler. Die Herrschaften gründeten die »Bahamas Amusements Ltd.«

Es wurde einiges aufgeboten, um zahlungskräftiges Publikum in jeder Hinsicht zu »amüsieren«. Auch das neu errichtete luxuriöse »Lucayan Beach Hotel« mit seinen 250 Zimmern hatte alles zu bieten, was das Herz erfreut. »Vorsorglich« hatte Sir Stafford bereits im Jahre 1939 für ein Gesetz gesorgt, das dem Finanzminister das Recht einräumte, Ausnahmegenehmigungen vom Spielverbot zu gewähren. Die »Amusements Ltd.« engagierte Sands als ihren Rechtsberater, und diesem »gelang« es, von Sands, dem Finanzminister, eine solche Ausnahmegenehmigung zu erlangen. Für diese schwierige Verhandlung mit sich selbst kassierte Sands 1,8 Millionen Dollar.

Grand Bahama war jedoch nur ein »Neben-Kriegsschauplatz«, noch mehr sollte in der Hauptstadt Nassau zu holen sein. Die Insel Hog Island im Hafen von Nassau, von den neuen Eigentümern sinnigerweise in »Paradise-Island« umbenannt, sollte eine Brücke nach der Stadt kriegen und ebenfalls eine Ausnahmegenehmigung erhalten.

Die neuen Eigentümer waren diesmal zwei Frauen: Die Frau des obengenannten Groves und eine gewisse Mary Carter. Bei letzterer stoßen wir wieder ein wenig ins Politische, da einer der Hauptaktionäre ihrer Firma Thomas Dewey war, ehemaliger Gouverneur von New York und zweimal durchgefallener Präsidentschaftskandidat. Dewey war Teilhaber eines der angesehensten Wall-Street-Anwaltsbüros. Der rührige Sir Stafford Sands spielte dasselbe Spielchen noch einmal, einigte sich mit dem Anwalt der neuen Firma, Sands, unschwer und bewilligte sich selbst das Gewünschte.

Reporter des »Wall Street Journals« verdienten sich den Pullitzer-Preis, als sie diese widerliche Korruptionsaffäre hochgehen ließen. Unter dem Druck der allgemeinen Empörung kam es zu Neuwahlen und zur ersten Regierung durch Schwarze unter dem Premierminister Pinding. Der von dem neuen Herrn

einberufene Untersuchungsausschuß brachte haarsträubende Dinge politischer Korrumpierung ans Licht.
Unserem Mister Lansky kann man nun wirklich keinerlei Vorurteile gegen seine schwarzen Mitbürger vorwerfen. Es dauerte nicht lange, und die Firma Mary Carter – neuerdings »Resorts International« – besaß nicht nur wie bisher ein Casino, sondern deren zwei: Den »Nassau-Bay-Club« und das »Paradise Island Casino«, beide »umhegt« von verläßlichen Lansky-Mannen. Mit großem Pomp und in Anwesenheit der Welt-Jet-Set-Prominenz wurde das neue Eldorado in der Karibischen See »eingeweiht«.
Lanskys Voraussicht hatte sich wieder einmal gelohnt: Rechtzeitig hatte er beim Wahlkampf die neuen schwarzen Herren unterstützt; u.a. sorgte er auch durch die Bereitstellung eines Hubschraubers, daß sich Mister Pinding möglichst vielen Wählern präsentieren konnte. Lanskys »Imperium«, seinerzeit ausgehend von den Casinos des Syndikats in Las Vegas, erstreckte sich nunmehr über den Großteil der Karibik, bezog u.a. auch Haiti ein und reichte zeitweise sogar bis England.
Wohin nun mit den riesigen Gewinnen? Soviel als möglich wurde »entrahmt«, das heißt, den Steuereinnehmern entzogen. Es gab auch sonst verschiedene Möglichkeiten; die »Bank of Miami Beach«, welche Lansky kontrollierte, oder die »Miami National Bank«, welche zeitweise vom Pension Fund der uns auch schon sehr bekannten Teamster-Gewerkschaft beherrscht wurde, bis sie auf Lanskys Busenfreund Sam Cohen überging. Ein Großteil dieser enormen Beträge ging dann den Weg so vieler Gelder – in die Schweiz. Man wagt es kaum zu sagen: Aber in der Schweiz soll es auch eine Bank geben, die – natürlich getarnt – vom Syndikat beherrscht wird und außerdem ein Finanzunternehmen, das sozusagen Lanskys Privat-Institut ist. Das Geld verzweigt sich von der Schweiz aus in verschiedene Kanäle. Manches findet »heim in die USA«, Kredite und Investitionen werden in verschiedensten Ländern untergebracht, in Dutzenden von syndikatseigenen Unternehmungen oder solchen, die es erst werden sollen.

15

Die Lateinamerikanische Tragödie

Ein brisantes Buch

Im Jahre 1970 erschien die deutsche Ausgabe eines hochbrisanten Buches mit dem Titel »Korruption in der UNO«. Per Zufall gelang es mir, den Autor des Buches kennenzulernen und in einer Reihe von Gesprächen über den Inhalt hinausgehende Hinweise, Erklärungen und Details in Erfahrung zu bringen.
Dr. Iriniz Casas, uruguayischer Diplomat, war Generalsekretär der Delegation seines Landes bei den Vereinten Nationen; kaum 30jährig, leitete er die uruguayische Gesandtschaft in Wien, später in Prag und Kopenhagen, promovierte an der Wiener Universität zum Doktor der Philosophie und war später Generalkonsul in Hongkong; er nahm an verschiedenen diplomatischen Missionen teil und war Delegationsmitglied bei Beratungen verschiedener UNO-Organisationen, u. a. auch Vizepräsident solcher Konferenzen und außerdem auch bei der Atomenergie-Behörde.
Aus der Fülle von Informationen von verschiedensten Seiten und ausführlichem seriösen Material konnte im Rahmen dieser Arbeit wiederum nur ein Teilstück herausgegriffen werden. Ich wählte Lateinamerika, weil die unendliche Tragik und die davon ausgehende Gefahr den Völkern der Vereinigten Staaten und schon gar denen Europas viel zu wenig bewußt zu sein scheint.
Nicht nur die USA, sondern auch Europa sollten sich darüber klar sein, daß eine der größten Revolten der Weltgeschichte sich in Lateinamerika zu formieren beginnt: 300 Millionen Menschen geraten in Bewegung! Wieso ist es dazu gekommen? In fast allen lateinamerikanischen Staaten herrschen heute Zivil- oder Militärdiktaturen; es gibt noch eine Abart, sogenannte Einparteien-Regierungen und Pseudo-Demokratien, wie etwa in Kolumbien, Mexiko oder Costa Rica. All diesen Staaten ist, bei graduellen Unterschieden das Wesentliche gemeinsam: eine hauchdünne Schicht, welche brutal, egoistisch und größtenteils durch und durch korrupt ist und ihre Länder von

Jahr zu Jahr immer mehr herunterwirtschaftet. (Wirtschaftlich gesehen bietet Venezuela wegen seines Ölreichtums ein positiveres Bild.) Ferner die Knebelung der studentischen Jugend und ihrer Professoren – etwa 900000 in ganz Lateinamerika; dies wiederum führte zur Emigration hochqualifizierter Wissenschaftler, ohne welche heutzutage keine Volkswirtschaft mehr reüssieren kann. Grund und Boden sind in einem Maße fehlverteilt, wie es vielleicht etwa in Frankreich vor der Revolution gewesen ist; riesige Großgrundbesitze befinden sich in den Händen relativ weniger Familien. Von Landreformen wird zwar unausgesetzt gesprochen, jedoch werden sie entweder überhaupt nicht durchgeführt oder nur formale Veränderungen vorgenommen; mag sein, daß Peru, jedoch nur relativ gesehen, einige Anstrengungen in dieser Hinsicht macht.
Wir sehen auf der einen Seite einen uns Menschen in Europa heutzutage unvorstellbaren Luxus und ungeheure Vermögen, auf der anderen Seite Unterernährung und Hunger in ausgedehnten Gebieten; hohe Arbeitslosenziffern, keinerlei gesundheitliche Vorsorge, so daß der Gesundheitszustand ein erschreckender ist. An die 80% der Bevölkerung können sich Medikamente, da nur am Schwarzen Markt erhältlich, überhaupt nicht leisten.
Diese recht allgemeinen Behauptungen mögen nun durch wenige, aber alarmierende Ziffern gestützt werden.
Landverteilung:
In ganz Lateinamerika besitzt etwa ein Prozent der Bevölkerung 60% des verfügbaren Landes! Dazu ein paar Beispiele:

Paraguay:	1,5% besitzen 43% des Grund und Bodens; (davon ⅓ die Militärs, der Präsident und seine Familie).
Kolumbien:	3% besitzen 55% des Grund und Bodens;
Argentinien:	7,5% besitzen 49,9% des Grund und Bodens;
Brasilien:	(ca. 100 Millionen Einwohner): 1500 Facendeiros besitzen 47% des kultivierbaren Bodens;
Venezuela:	eines der reichsten Ölländer, hat bis jetzt nur 2% seines reichen Bodens kultiviert. Momentan liegt

ein Plan vor, von dem jeder Fachkundige weiß, daß er eine Utopie darstellt; mag sein, eine beabsichtigte Fata Morgana.

Man nimmt an, daß mehr als die Hälfte aller Menschen in Lateinamerika unterernährt sind; so etwa in Chile mindestens 50%, in Uruguay 60%, in Kolumbien 66%, in Ecuador 72% und in Peru sogar 83%. Dies und der bereits erwähnte mangelhafte Gesundheitsdienst und daher der schlechte Gesundheitszustand der Bevölkerung ergibt eine Lebenserwartung von durchschnittlich 30 bis allerhöchstens 55 Jahren. Beispielsweise erreichen in Brasilien die Hälfte aller Kinder nicht einmal ihr 5. Lebensjahr.

MacNamara, ehemals Verteidigungsminister der USA und jetziger Präsident der Weltbank und der IDA (International Development Association), sagte am 24. September 1974 in Nairobi:

> »Die Hälfte der zwei Milliarden Menschen in den unterentwickelten Ländern leidet unter Hunger oder Unterernährung. 20 bis 25% ihrer Kinder sterben, bevor sie das 5. Lebensjahr erreicht haben. Von denen, die überleben, sind Tausende zu einem Leben als Krüppel verurteilt, weil ihr Gehirn geschädigt, ihr physisches Wachstum behindert und ihre Vitalität durch Unterernährung geschwächt ist.
>
> 800 Millionen unter ihnen sind Analphabeten. Trotz tatsächlicher Fortschritte auf dem Gebiet der Erziehung muß man annehmen, daß der Analphabetismus unter ihren Kindern noch verbreiteter sein wird... Die Lebenserwartung der Menschen in den unterentwickelten Ländern liegt rund zwanzig Jahre unter derjenigen in den Industrienationen.
>
> Ein Drittel der Weltbevölkerung (jene der Industrieländer) verfügt über 7/8 der Weltproduktion, die anderen 2/3 der Menschheit müssen sich mit dem verbleibenden Achtel begnügen.«

Korrupte Währungsmanipulationen

In wenigen Jahren gab es, unter der Ägide des Internationalen Währungsfonds der Vereinten Nationen (IWF) z.B. in Brasilien 13, in Chile 11, in Uruguay 8 Abwertungen; im Jahr 1976 haben sie derart rasant zugenommen, daß in einzelnen Ländern beinahe jeden Monat solche Abwertungen erfolgten; sie belaufen sich auf 15 bis 100%.
Für die »Eingeweihten« und ihre Freunde waren dies glänzende Gelegenheiten, ihren Reichtum wesentlich zu erhöhen. Die Masse der Bevölkerung mußte jeweils den Gürtel enger schnallen, wohingegen die herrschenden Schichten im Inland und ihre ausländischen Verbündeten um viele Millionen Dollar reicher wurden.

Statt vieler Zeugnisse sei nunmehr ein »offener Brief« vom 29.7. 1968 zitiert, den der Direktor der Banco de la Republica (Uruguay), Herrera Vargas, publizierte:

> »Die Abwertung vom 29. April war ein Schwindel, ein im voraus gut arrangiertes Manöver... Wenn alle Leute, welche so wie ich Unterlagen für Prozeßverfahren haben und von Absprachen wissen, wenn diese der Rechtsprechung behilflich wären, würde die Gerechtigkeit siegen und eine Bresche der Hoffnung in die granitene Mauer der Korruption schlagen, welche die gesamte Bevölkerung bedrückt, ängstigt und das ganze Leben des Landes lähmt.«

(Bemerkenswerterweise richteten sich diese Anschuldigungen gegen Mitglieder seiner eigenen, der Colorado-Partei, die damals Regierungspartei war.)

Diese Veröffentlichung bewirkte eine derartige Reaktion im Volk gegen die Machthaber, daß Regierung und Generalität versuchten, durch Zensur und Verhängung des Ausnahmezustandes ihre korrupten Machenschaften abzusichern. General Oganda, ein Gesinnungsgenosse, sandte zur Unterstützung einen argentinischen Panzerkreuzer vor die uruguayische Hauptstadt.

Um beim Beispiel Uruguay, der sogenannten Renommier-Demokratie Lateinamerikas, zu bleiben: 1929 war der uruguayische Peso eine ganz harte Währung, mit höherer Golddeckung als der US-Dollar zu dieser Zeit; vierzig Jahre später war er nur mehr einen halben nordamerikanischen Cent wert, und heute muß man davor noch zwei Nullen setzen.

Wie die Oligarchie in Uruguay mit ihren Geld-Manipulationen umging, dafür wieder nur ein kleines Beispiel: am 6. November 1967 erfolgte eine Abwertung des Peso um 102%. Die Banco de la Republica verkaufte an ihre Günstlinge den Dollar um 98 Pesos und kaufte ihn tags darauf von denselben Leuten um 200 Pesos zurück.

Die armen Bauern, durch die Inflation und den Großgrundbesitz zugrunde gerichtet, mußten ihr Land verlassen und bevölkern heute die Elendsviertel und Hüttensiedlungen, welche sich vielfach wie Armutsgürtel um die Städte schlingen. Da hatten diese, von ihrer Scholle gerissenen Menschen immer noch eines zu verkaufen, das damals Wert hatte: Ihre Wahlstimme; wer jedoch hat in einer Diktatur Interesse, solche Menschen zu »gewinnen«, sie durch Brot und Spiele willfährig zu machen? Für sie genügt die Peitsche – ohne Zuckerbrot. Bis jetzt noch – aber wie lange?

Und die Unfreien im Lande? Die Großgrundbesitzer unterstützten »ihre« Kandidaten finanziell bei den Wahlen und zwangen praktisch ihre Taglöhner, Landarbeiter und ihr Gesinde (meist Analphabeten), diese ihre Kandidaten »zu wählen«. Waren dann diese Politiker gewählt, so fühlten sie sich ihren Geldgebern verpflichtet und revanchierten sich – im vorliegenden Fall – mit den niedersten Steuern auf Landbesitz und Vermögen. Diesen Circulus vitiosus, den Teufelskreis, finden wir in vielen lateinamerikanischen Ländern.

Internationale Konzerne und Auslandsschulden

Bei Gründung der Vereinten Nationen war Lateinamerika ein recht mächtiger Faktor, hatte genügend Goldreserven und vertrat ca. 40% der Gesamtstimmen; für viele Jahre war Latein-Amerika vielleicht der geschlossenste Block innerhalb der UNO.

Die Revolution in Kuba unter Fidel Castro im Jahre 1958 löste in Lateinamerika eine breite und tiefe Wirkung aus; damit war auch der lateinamerikanische Block in der UNO gesprengt; die offiziellen Sitzungen des Blocks wurden eingestellt, zumindest ein kleiner Trost für die USA. Die Opposition in Lateinamerika machte und macht die UNO und insbesondere die USA mit ihren Geheimdiensten und vor allem die allmächtigen Trusts dafür verantwortlich, daß Lateinamerika 24 Jahre später zu einer einzigen unterentwickelten Zone innerhalb der westlichen Welt herabsank.

Präsident Kennedys Antwort auf die Ereignisse in Kuba war die Konstituierung der »Allianz des Fortschrittes«, deren Grundstein 1961 in der Charta von Punta del Este gelegt wurde. Die Mitglieder der OAS, der »Organisaton der amerikanischen Staaten«, übernahmen mit Hilfe dieses Instrumentes die Aufgabe, in ihren Ländern die notwendigen Reformen durchzusetzen, um die wirtschaftlichen und sozialen Mißstände auf friedliche Weise zu verbessern.

Dieser möglicherweise wirklich gut gemeinte Plan scheiterte an den realen Gegebenheiten, welche gekennzeichnet waren und sind durch die großen nordamerikanischen und auch anderen, z. B. Schweizer Trusts, und den in ihrer Mehrheit korrupten und mit ihnen kooperierenden herrschenden Cliquen in den einzelnen lateinamerikanischen Ländern.

So erhielt z. B. Lateinamerika zwischen 1945 und 1961 amerikanisches Kapital in der Höhe von 9100 Millionen Dollar zur Verfügung; dafür mußten an Gewinnen, Zinsen und Amortisationen 15 900 Millionen transferiert werden. In weiterer Folge kann man feststellen, daß die nordamerikanischen Firmen den lateinamerikanischen Ländern ungefähr fünfmal soviel Kapital entnehmen, als sie einbringen. Etwa zwischen 1956 und 1965 beliefen sich die direkten nordamerikanischen Investitionen auf ca. 2900 Millionen Dollar, die Gewinne auf ca. 7500 Millionen Dollar.

Alles in allem gesprochen haben die USA, aber auch eine Reihe europäischer Länder nicht nach den wirklichen Bedürfnissen der einzelnen Länder, sondern nach denen der Trusts investiert, wobei in steigendem Maße die nordamerikanischen Banken »Staaten im Staate« darstellen und immer mehr die nordamerikanische Vorherrschaft in Lateinamerika zementiert wurde; dieselbe Macht, welche den europäischen Kolonialismus so energisch bekämpfte, schuf einen modernen Neo-Kolonialismus in vielen Staaten der Welt.

Anno 1967 kam es in Punta del Este zu einer Konferenz der Staatsoberhäupter Lateinamerikas in Anwesenheit des Präsidenten Johnson (natürlich ohne Fidel Castro), welche beschloß, daß der lateinamerikanische Wirtschaftsmarkt noch vor 1985 gebildet werden solle.

Da die Investitionen der Vereinigten Staaten jedoch im wesentlichen nach Brasilien, Argentinien und Mexiko gehen, die zusammen etwa 65% der lateinamerikanischen Industrie besitzen, kommt es zu einer Spaltung zwischen den »Großen Drei« und den kleinen Ländern, welche nicht konkurrieren können.

> »Jegliche Integration Lateinamerikas wird durch die Untergrundregierung der amerikanischen Trusts unmöglich gemacht. Der lateinamerikanische Kontinent, eine riesige Kolonie der USA und bis zu einem gewissen Grad auch europäischer Staaten ist sich heute der schmerzlichen Tatsache bewußt, daß er in der zweiten Hälfte des 20. Jahrhunderts unentwickelter ist, als er es in der ersten Hälfte war.«

Es würde den Rahmen dieses Buches sprengen, wollte man näher auf die Tätigkeit der sogenannten »Multis« eingehen; das sind natürlich die großen Ölkonzerne und bei unserer speziellen Betrachtung besonders die United Steel Corporation, die Bethlehem Steel Corporation usw.

Um nur einen nordamerikanischen Trust zu charakterisieren, ein paar Sätze über die United Fruit Company. Dieser Konzern besitzt oder kontrolliert weitgehend das kultivierte Land in Guatemala, Honduras, Ecuador, Costa Rica, Panama und Kolumbien. Im erstgenannten Land ist ihr Bodeneigentum am größten, u. zw. ca. 80% des nutzbaren Bodens. Die United Fruit zieht riesige Gewinne aus dieser Situation; für einen Teil davon kauft sie sich Regierungschefs, Militärs und Politiker. Sie besitzt außerdem vier eigene Häfen und die größte karibische Handelsflotte; sie ist durchaus in der Lage, die Import- und Exportpreise in Zentralamerika zu regulieren. Mit einer Politik des Druckes, der Drohung, Korruption und Erpressung oder mit einer wohldurchdachten Mischung dieser Mittel hat sie ihre Macht gestärkt und die wirtschaftliche Entwicklung der genannten Länder außerordentlich erschwert.

Da nun diese eklatante Machtfülle doch da und dort Anstoß erregte, half und hilft man sich damit, daß man in den verschiedenen Ländern unter verschiedenen Namen operiert, was allerdings nur eine Tarnung darstellt.

Am 9. April 1975 veröffentlichte »Le Monde« folgende Notiz:

> »Am Dienstag, 8. April, sind in Wallstreet sämtliche Börsengeschäfte mit Aktien der United-Brands (besser bekannt unter ihrem früheren Namen United-Fruit) eingestellt worden, nachdem diese zugegeben hatte, zwecks Erlangung kommerzieller Vorteile Bestechungssummen in der Höhe von 1250000 Dollar an hochgestellte Personen in Honduras bezahlt zu haben.« Die Zeitschrift »Time« schrieb dazu am 4. April 1975: »General Osvaldo Lopez Arellans hat einen Teil dieses Geldes auf dem Umweg über ein Nummernkonto in der Schweiz erhalten.«

An dieser Stelle müssen ein paar Worte über die Schweizer Konzerne gesagt werden: Die Oberfläche der Schweiz beträgt

41 300 km², d.h. 0,15% der bewohnbaren Gebiete der Erde. Ihre Bevölkerung beträgt gegen 6,5 Millionen, das ist etwas weniger als 0,03% der Weltbevölkerung. Die Schweiz ist der erste Geldmarkt der Welt, der erste Markt für Gold, der erste Markt für Rückversicherungen; sie ist die drittstärkste Finanzmacht der Erde, die elfwichtigste Industriemacht. Die Schweizer sind das zweitreichste Volk der Erde (Schweiz, OECD, Études economiques, Paris 1975).

An dieser Stelle seien einige Konzerne genannt, welche auch im Zusammenhang mit unserem Thema von Interesse sind:

Nestlé: Umsatz 16 Milliarden Franken
127 000 Beschäftigte
81 Fabriken in 28 Entwicklungsländern, davon 66 in 14 Ländern in Lateinamerika.
Nestlé ist der zweitgrößte Nahrungsmittelkonzern der Welt, 98% der Produktion im Ausland.

Ciba-Geigy: Umsatz 8,1 Milliarden Franken
73 300 Beschäftigte
29 Fabriken in 21 Entwicklungsländern, davon 14 in 9 Ländern in Lateinamerika.

Hoffmann-La-Roche: Umsatz 4,6 Milliarden Franken
35 000 Beschäftigte
16 Fabriken in 12 Entwicklungsländern, davon 12 in 8 Ländern in Lateinamerika.

Sandoz: Umsatz 3,6 Milliarden Franken
33 600 Beschäftigte
29 Fabriken in 21 Entwicklungsländern, davon 16 in Lateinamerika.

Verschiedene Schweizer Firmen, die in der Dritten Welt tätig sind, haben es verstanden, ihre Investitionsprogramme unter Zuhilfenahme von Weltbankgeldern zu finanzieren.

Der Konzern Adela (Atlantic Community Development Group for Latin America) unter Leitung einer Koalition schweizerischer und anderer ausländischer Großbanken, arbeitet sehr aggressiv in Lateinamerika. Sie hat beispielsweise die Capsa

(Compagnia alcodonera Paraguaya SA) aufgekauft. Adela-Capsa beherrschen heute über 80% des Sojamarktes in Paraguay. Adela besitzt praktisch das Monopol für die Ausfuhr von Soja, Pflanzenöl und Nebenprodukte und beherrscht praktisch den ganzen Markt. (Die multinationale Gesellschaft Liebig [englisch] besitzt etwa 15% des paraguayischen Bodens.)
Die Vereinigten Staaten können vielfach aus innerpolitisch-taktischen und weltpolitischen Gründen nicht unmittelbar offen eingreifen. Es würde zu weit führen zu schildern, in welchen Fällen die USA andere Länder, insbesonders die Schweiz veranlaßt, offiziell einzugreifen. (Ein Musterbeispiel hierfür gibt Chile.)
Die Auslandsschulden, sowohl staatliche wie auch private, betrugen in den lateinamerikanischen Ländern:

1960: 6,1 Milliarden Dollar
1968: 16 Milliarden Dollar
1976: 90 Milliarden Dollar.

Dazu nun zwei Aussprüche von Dr. Iriniz Casas:

> »Die Hypothek, die auf Lateinamerika lastet, vereitelt unter dem herrschenden System jede Entwicklungsmöglichkeit.« »Unter allen Korruptionsformen ist die politische Korruption am weitesten verbreitet.«

Den Rücken gestärkt durch die offiziellen und inoffiziellen Machtgruppen und vor allem durch die Trusts können die Machthaber tun, was ihnen paßt und frommt; außenpolitisch abgedeckt und innerpolitisch gestützt auf Militär und Polizei steht der Korruption nichts im Wege. Wieder mögen ein paar Streiflichter die Zustände beleuchten, diesmal an Beispielen aus Uruguay:

> Ein Auto, das ein Senator oder Abgeordneter für 3000 Dollar importierte, konnte er kurz darauf um 20000 Dollar verkaufen, da dieselben Herrschaften, die dies praktizierten, eine Einfuhrsperre für Autos verhängt hatten, obgleich Uruguay keine Autos produziert;

Die Abgeordneten bekamen nach zwei bis drei Jahren Pensionen, die zehnmal so hoch waren als diejenigen der Staatsbeamten, Universitätsprofessoren u. a. nach 30 bis 40 Dienstjahren;

Tausende »wichtige« Posten wurden in der Verwaltung geschaffen, damit die Machthaber sie an ihre Verwandten und Wahlhelfer verteilen konnten;

90% der Wahlkandidaten entnahmen für die Wahlkampagne die nötigen Gelder bestimmten Fonds, die aus Abwertungen und schmutzigen Geschäften stammten;

Ein uruguayischer Senator erhielt etwa 2200 Dollars im Jahr, aber die Herren Söhne, Brüder und Freunde in den diplomatischen Positionen im Ausland zwischen 12000 und 120000 Dollar jährlich plus Spesen. (90% der Verwaltungsbeamten und Staatsangestellten verdienten ca. 600 Dollar im Jahr, aber beispielsweise der Botschafter in Washington 100000 Dollar im Jahr.)

Die Politiker gewannen die Wahlen, wenn sie vorher Tausende von Staatsposten »verschenkt« hatten.

Übrigens wurden die Anklagen betreffend Behördenkorruption nicht nur von oppositionellen Kreisen erhoben, sondern auch vom Chef des uruguayischen Geheimdienstes.

Die geschilderten Zustände herrschten bis zum Jahre 1973. Dann übernahm durch einen Putsch das Militär die Macht; es gilt ziemlich das Gleiche für all die Länder, in welchen das Militär zur Macht gelangte: da die Militärs die Politiker insbesondere der Korruption beschuldigten, so fanden sie bei der Bevölkerung im großen und ganzen keinen Widerstand, im Gegenteil, man erwartete von ihnen die Befreiung von den Mißständen. Diese Hoffnung wurde fast immer enttäuscht. Die neuen Machthaber, entweder die Militärs allein oder Militärs plus kooperierenden Politikern lernten, sobald sie ihre Diktatur gefestigt hatten, ihre Macht »zu genießen«. Das heißt: die Korrumpierenden blieben die gleichen, die Korruption auch, lediglich die Korrumpierten waren nunmehr andere.

Kommunistisches Spiel?

Dr. Iriniz Casas:

> »Es ist bedauerlich, daß die Menschen in den entwickelten Ländern nicht erfahren, daß die *Korruption* in unseren Regierungen die Ursache des lateinamerikanischen Dramas ist.«

Man darf nicht vergessen, daß die sozialen Verhältnisse katastrophal sind und daß zu deren Verbesserungen anscheinend nichts wirklich geschehen ist. Beteuerungen, Resolutionen, Pläne und Versprechungen können den unterprivilegierten Schichten nichts mehr bedeuten.

Der Druck der diktatorischen Regime erbittert vor allem die »Intelligenzia«. Die Studenten und Professoren, ungefähr 900000 in ganz Lateinamerika, bilden, wie so oft in der Geschichte, die Vorhut der Revolution. Schon seit zwanzig Jahren tobt dieser Kampf auf den Universitäten. Durch Proteste, polizeiliche Unterbrechungen und Schließungen von Universitäten gehen oft ganze Studienjahre verloren.

Prosowjetisch war höchstens ein Teil der Gewerkschaftsführer. Heute im Zeichen der Koexistenz erwartet nur mehr eine ganz geringe Anzahl etwas von den Kommunisten. Der überwiegende Teil neigt zu einem militanten, anti-imperialistischen Katholizismus, zu gewissen linksgerichteten revolutionären Gruppen und zu dem sogenannten »Guevarismus«. Die auf eine Umwälzung drängenden Teile der Bevölkerung werden wider besseres Wissen als sowjethörige Kommunisten denunziert, um das Fehlschlagen bzw. das Fehlen der evolutionären Versuche zu verschleiern; es darf nicht aufkommen, daß die Machthaber im Verein mit ihren ausländischen Gönnern von ihrer Politik der Ausbeutung und Korruption nicht ablassen wollen. Zur selben Zeit als die Universitäten unter dem schärfsten Druck der Polizei standen, forderte der stellvertretende uruguayische Außenminister von der hohen Tribüne der Vereinten Nationen energisch die Beachtung der Menschenrechte auf der ganzen Welt; auf der gleichzeitig stattfindenden Konferenz der UNESCO in Paris kam es zu ähnlichen heuchlerischen Erklärungen.

An dieser Stelle einige Auszüge aus einem Offenen Brief des brasilianischen Bischofs Camara:

> »Kommunistisches Spiel? Man hat wiederholt behauptet, daß die Bischöfe, besonders der Erzbischof Recife ein kommunistisches Spiel trieben... Es ist wirklich lächerlich, daß ein katholischer Bischof öffentlich verkünden muß, daß er kein Kommunist ist... Ich bekämpfe den Kommunismus auf meine Weise, und zwar indem ich für die Entwicklung arbeite, da ich überzeugt bin, daß das Elend nicht nur eine Schmähung des Schöpfers ist, sondern auch eine Mißachtung der menschlichen Kreatur... Und auch weil es dem Kommunismus als Nährboden dient; indem ich den Marxismus nicht mit Worten, sondern mit Taten widerlege, und weder ein übertriebenes noch entfremdetes Christentum verbreite, eine lebendige Religion ohne ›Opium‹ für das Volk.
>
> Es gibt einen engstirnigen, verzerrten und verzerrenden Antikommunismus, den die kommunistische Propaganda eifrig aufgreift... Man bezeichnet jeden, der sich nach Wahrheit, Gerechtigkeit, menschlichem und sozialem Fortschritt sehnt, als Kommunist, auch wenn er nicht die entfernteste Verbindung zur kommunistischen Partei oder Ideologie hat...«

Abschließend sei nochmals Dr. Iriniz Casas zitiert:

> »Das Wort Gauner hat in London und Washington, Paris und Bonn, Montevideo und Mexico City die gleiche Bedeutung. Der einzige Unterschied besteht darin, daß in einigen europäischen Ländern – nicht in allen – diese Gauner, ob Politiker oder Militärs, ins Gefängnis wandern; in Lateinamerika hingegen werden sie Staatspräsidenten, Minister, Botschafter oder Delegierte ihrer Länder bei den Vereinten Nationen.«

16

LOCKHEED, DIE MULTIS UND KEIN ENDE

Black oder der Sprung aus dem Fenster

Könnte und wollte man all das, was seit Jahren und heute noch über die Korruptions-Skandale der Multis etc. geredet, geschrieben, in Bild und Ton weltweit verbreitet wird, auch nur auszugsweise wiedergeben, würde man hierfür ganze Reihen von Büchern benötigen. Der Leser möge es bitte daher akzeptieren, wenn dieser Bericht sich auf die wichtigsten Fakten und Hinweise beschränkt.

»Lockheed« gilt heute fast als Synonym für die größte Korruptions-Affäre, welche es jemals in der Welt gegeben hat. Die in diesem Buch gebrachten Fakten aus ein paar Jahrtausenden lassen diesbezüglich gewisse Zweifel aufkommen. Sicher ist allerdings, daß Lockheed, das zu den größten Rüstungsunternehmen der Vereinigten Staaten gehört, Konkurrenten und Nachahmer sich Bestechungen von bisher unvorstellbarem Ausmaß geleistet haben.

Den makaberen Auftakt der offiziellen Enthüllungen gaben zwei Selbstmorde im Jahre 1975. Eli Black, der Vorsitzende des Verwaltungsrates der UNITED BRANDS, stürzte sich aus dem 44. Stock seines Bürohauses aus dem Fenster. (United Brands ist ein gigantischer Fleisch- und Fruchtkonzern und setzt ca. 2 Milliarden Dollar im Jahr um.)

Als nun der Sturm losbrach, waren es drei Organisationen, welche sich in kritischer Weise dieser Mißstände »annahmen« und es auch weiterhin tun: SEC, der Senatsuntersuchungsausschuß unter seinem Vorsitzenden Church und die Finanzbehörde.

Die SEC (Securities and exchange commission) repräsentiert die amtliche Börsenaufsicht und hat die Aufgabe, die Interessen der amerikanischen Aktionäre zu wahren und gegenüber der Öffentlichkeit zu vertreten. Sie fand heraus, daß die UNITED BRANDS 1,25 Millionen Dollar Schmiergelder nach Honduras und 750000 Dollar nach Italien »fließen« ließ. Bei der großen Summe handelte es sich um die Ciquita Bananen. Die Firma war in Honduras groß im Bananengeschäft und es bestand die Gefahr, daß die Abgaben erhöht werden sollten. Man berechnete im Bananenhandel diese zusätzlichen Spesen mit 7,5 Millionen Dollar und fand es immerhin noch für wesentlich billiger, dem damaligen Präsidenten der Republik, General Lopez, auf dessen Schweizer Privatkonto die obgenannten 1,25 Millionen Dollar zu überweisen und damit die Angelegenheit zu »erledigen«.

Den zweiten Selbstmord beging ein gewisser Mr. Gingery, ein leitender Beamter des CIVIL AERONAUTICS BOARD. Er hatte, wie er in seinem Abschiedsbrief schrieb, seine Aufgabe, die Legalität der Geschäfte der Flugzeuggesellschaften zu überwachen, so »grotesk schlecht« erfüllt, daß er die Konsequenzen daraus ziehen mußte. Die AMERICAN AIRLINES, unter anderem BRANIFF (International Airways), hatten 1,2 Millionen Dollar international bestochen. Diese Summe floß reichlich zurück dadurch, daß sie in Südamerika, vor allem in Panama, jahrelang unverbuchte Tickets über den Schalter verkauft hatten – Braniff allein für etwa eine Million Dollar.

Natürlich handelte es sich nicht um Einzelfälle. Eine ganze Reihe von Großunternehmungen hatte »Dreck am Stecken«. Die Behörden ließen durchblicken, daß man die Angelegenheiten milder beurteilen würde, wenn diese Firmen unaufgefordert von sich aus »beichten« gehen würden. Der Erfolg war verblüffend. Es dauerte nicht lange und gegen 200 Firmen verstanden diesen Wink.

Der nächste, der vor dem Senatsausschuß »auspackte«, war Bob Dorsey, der Präsident von der »GULF OIL«. Er gab an, 10 Millionen Dollar an Politiker der Dritten Welt »geschmiert« zu haben; drei Millionen davon gingen nach Süd-Korea als Wahlkampfspende. Die »GULF OIL« hat in Süd-Korea ein Investment in Raffinerien und petro chemischen Anlagen in der Höhe von 300 Millionen Dollar und sah sich durch die Drohung mit der Verstaatlichung erpreßt. Nun wurde Präsident Dorsey vor dem Ausschuß gefragt, warum er dem State-Department nicht mitgeteilt hätte, daß er in Süd-Korea erpreßt werde. Antwort: »Aus der lebenslangen Erfahrung, daß wir sehr wenig Hilfe von der Regierung und vom State Department erhalten haben.« Die Firma zahlte auch z.B. 400000 Dollar nach Bolivien, darunter einen Helikopter für den Präsidenten Barrientos, um auch dort die Verstaatlichung der GULF-Interessen zu verhindern.

Die riesige Flugzeug- und Elektronik-Firma NORTHROP bekannte, sie habe zwei Saudi-Arabische Generale mit 450000 Dollar bestochen, um Militärflugzeuge dorthin liefern zu können. Northrop beschäftigte 4 – 5000 Agenten, »Berater« und Lobbyisten, um den Verkauf ihrer teuren Kampfflugzeuge zu fördern. So habe sie unter anderen auch den früheren Stabschef der französischen Luftwaffe durch ein »Beraterhonorar« gewonnen, worauf dieser die Vorzüge der amerikanischen Northrop-Maschinen gegenüber den französischen Produkten hervorhob.

Alles in allem habe die Firma ca. 30 Millionen Dollar Schmiergelder ausgegeben, vor allem im Iran, in Indonesien und in Libyen.

Die gigantische Firma EXXON zahlte in den Jahren 1963 – 1972 allein in Italien an die 30 Millionen Dollar für politische Spenden.

Die Firma OGDEN berichtete, daß von den 35 Millionen Dollar, welche eine ihrer europäischen Niederlassungen einer Firma für die Lieferung von zwei Nordsee-Ölbohranlagen gezahlt hatte, 1 – 3 Millionen Dollar auf das Privatkonto des Generaldirektors überwiesen worden waren.

Aktiv bestochen haben im wesentlichen die Firmen der Rüstungs- und Flugzeugindustrie, Öl- und Gummifirmen und sonstige Rohstoffindustrien, Textilfirmen und solche der Arzneimittelbranche etc. etc. Die Zeitschrift Fortune will herausgefunden haben, daß bisher von den 500 größten Industrieunternehmungen der USA mehr als 80 in diese Affären involviert sind. Die Gelder gingen – grob gesprochen – zum weitaus größten Teil in die Entwicklungsländer, besondere Schwer-

punkte: Lateinamerika und der Mittlere Osten, allerdings steht der Ferne Osten und Afrika dem nicht viel nach.
Als Entschuldigungsgründe werden wiederholt erpresserische Forderungen angegeben. Es kann sich um die Androhung von Steuererhöhungen, um Schwierigkeiten bei der Konzessionierung, um das Verbot der Gewinnrückführung und vor allem um die Drohung mit der Verstaatlichung handeln. Dies mag für das Ausland zutreffen. Die Untersuchungen haben aber auch Fälle ergeben, bei denen diese Beweggründe wegfallen. Es wurde zu oft auch innerhalb der USA korrumpiert.
Die NEW YORK TIMES, und nicht nur sie, haben bei ihren Berichten auch die Frage aufgeworfen, ob man denn glauben könne, daß alle amerikanischen Behörden, vor allem das Verteidigungsministerium, das Außenministerium und so manche amerikanischen diplomatischen Vertretungen im Ausland denn wirklich jahrelang so gar nichts davon gewußt haben.
Nach Bekanntwerden dieses riesigen Korruptionsnetzes, das die Multinationalen über den größten Teil des ihnen zugänglichen Erdkreises geworfen hatten und das mehr und mehr um sich griff, sann man nach einer radikalen Abschaffung dieser Zustände. Das führt zu einem echten Dilemma: Sollte man die Firmen zwingen, in ihren Bilanzen die Bestechungsbeträge und deren Empfänger zu deklarieren? Sind doch die Empfänger dieser Korruptionsgelder mächtige Männer, die darüber zu befinden haben, ob, was, wo und bei wem gekauft werden soll. Es handelt sich um Präsidenten, Minister, Generale samt Anhang bis zu manchen Gewerkschaftsführern.
Griffen die USA zu solchen drastischen Mitteln, würden sie nicht der amerikanischen Industrie und deren Beschäftigten üblen Dienst erweisen und der ausländischen Konkurrenz Tür und Tor öffnen? Trotzdem: Unter dem Eindruck dieser Geschehnisse wurde von der Regierung Carter das Antikorruptionsgesetz verschräft. Da, wie vielfach befürchtet, die Geschäftsmöglichkeiten litten, soll nunmehr unter Reagan das Gesetz wieder gelockert werden.

»Beraterhonorare« und »Rückvergütungen«

Wir wenden uns nun der Firma zu, durch deren Machenschaften all diese ungeheuerlichen Zustände aufgeflogen sind, dem LOCKHEED-KONZERN.
Die Firma war schon seit einiger Zeit in gewissen Schwierigkeiten und je prekärer die Situation wurde, desto aggressiver und rücksichtsloser wurde ihr Verkaufs-»Stil«. Ob sie nun Nigeria, Mexiko, Columbien, Südafrika, Japan oder auch etliche Länder West-Europas in ihr Interesse gezogen haben, auf alle Fälle ging es nicht mit rechten Mitteln zu. Allein im Jahre 1970 zahlten sie mehr als 24 Millionen Dollar an Bestechungsgeldern. Davon gingen allein nach Japan ungefähr die Hälfte; man leistete sich dort als inoffiziellen Lobbyisten den sehr fragwürdigen Mr. Kodama, der allein 7 Millionen Dollar zur Verfügung gestellt bekam und auch später noch pro Flugzeug 60000 Dollar Provision erhielt; seine Aufgabe war, laut Aussage des Präsidenten von Lockheed, »ein günstiges Klima« zu schaffen. Ca. 18 maßgebliche Leute in Japan wurden verhaftet, der japanische Ministerpräsident Tanaka mußte zurücktreten.
Ebenfalls »ins Vertrauen gezogen« wurde ein mächtiger Mann namens Hiroshi Itoh, Direktor des großen Marubeni-Konzerns. Er wurde im Jahre 1976 verhaftet.

Wenn man die Niederlande einigermaßen kennt, so weiß man, wie sehr die Bevölkerung sich mit dem Hause Oranien verbunden fühlt. Prinz Bernhard, der anfangs als Deutscher auf einiges Mißtrauen stieß, hatte sich bei den Holländern inzwischen in zweierlei Hinsicht legitimiert.
Als nun der Lockheed-Skandal aufflog, sagte der ehemalige Präsident dieser Gesellschaft Kotschian vor dem Untersuchungsausschuß aus: Unter den Empfängern der 22 Millionen Dollar, mit welchen Politiker, Parteien, Beamte und Offiziere in sieben Staaten bestochen wurden, hätte sich auch Prinz Bernhard befunden.

Diese Lockheed-Affäre war für dieses Land eine sehr brisante Angelegenheit. Natürlich mußte irgend etwas geschehen. Man scheute sich offensichtlich, das Schicksal des Prinzgemahls einer parlamentarischen Untersuchungskommission zu überantworten. Die Regierung beauftragte drei prominente Persönlichkeiten von größtem Ansehen, die amerikanischen Beschuldigungen gegen den Prinzen zu untersuchen. Im August 1976 mußte Prinz Bernhard praktisch alle seine Ämter in der Landesverteidigung und in der Wirtschaft niederlegen. Die Regierungskommission war zu dem Schluß gekommen, daß der Prinz »nicht vertretbare« Beziehungen zu Lockheed unterhalten habe.

Der Kuriosität halber noch folgender Fall: Ein amerikanischer Konzern, der einem afrikanischen Staat eine Düngemittelanlage verkaufen wollte, hatte offensichtlich noch puritanische Ansichten. Wie das »Wall Street Journal« recherchierte, flogen die Konzernherren den maßgeblichen afrikanischen Politiker im Company-Jet ein. Der schwarze Käufer wurde mit Farbdias, Statistiken und Besichtigungen trakiert – man hatte ihm auch einen Abstecher nach Disney-Land ermöglicht –, bis der Geschäftspartner ungeduldig wurde und rief: »Schluß damit! Geben Sie mir 100000 Dollar bar und Sie haben den Auftrag.« Man kann daher auch verstehen, daß ein Mitglied des Senatsuntersuchungsausschusses sichtlich einmal das Bedürfnis hatte, einen Moment lang dem tierischen Ernst dieser Sache zu entfliehen; und so sagte er in einer Pause zu seinem Vorsitzenden Mr. Church:

> »Senator, in zwei Stunden haben Sie mehr Regierungen gestürzt, als Lenin in seinem ganzen Leben!«

Die Firma Lockheed bekannte sich dazu, zwischen 1970 und 1975 202 Millionen Dollar an ›Berater-Honoraren‹ und ›Provisionen‹ bezahlt zu haben, von denen mindestens 22 Millionen zu Bestechungen dienten, wofür Lockheed jedoch Ausdrücke wie ›Rückvergütung‹, ›Ausgleichszahlung‹ oder auch schlicht

›unklare Zahlungen‹ vorzog. Im Mai 1977 gab Lockheed zu, daß man sich bei der Summe von 22 Millionen grob verrechnet hatte, und daß es sich bei den ›unklaren Zahlungen‹ um mehr als 30, eher aber um 38 Millionen Dollar handelte. Selbst in dieser Summe waren Millionenbeträge, die in den fünfziger und sechziger Jahren gezahlt worden waren, noch nicht enthalten.

Eine Serie: »Der gekaufte Kongreß«

Es versteht sich, daß es unendlich viele Interessen gibt, welche so oder so verfolgt werden. Selbstverständlich kulminieren sie alle in erster Linie bei den gesetzgebenden Körperschaften. Interessiert könnte auch ein einzelner Mensch sein, aber normalerweise handelt es sich um Firmen, ja sogar um mehr oder weniger große und mächtige Gruppen. In relativ ruhigen Zeiten mag man nur darauf achten, das Wohlwollen der potentiellen Gesetzgeber zu erwerben und zu erhalten; wenn es sich jedoch um den aktuellen Fall eines neuen Gesetzes bzw. einer Gesetzesänderung handelt, so werden diese geballten Interessentengruppen alles einsetzen, damit die Gesetzgebung ihnen keinen Schaden, sondern womöglich Nutzen bringt.
Aufzuzählen, welche Interessen in Frage kämen, wäre ein müßiges Beginnen. Es mag sich um steuerliche Dinge drehen, um In- und Exportfragen, resp. um Ein- oder Ausfuhrzölle, oder gar um die Entscheidung, ob ein bestimmtes Embargo verhängt werden soll oder nicht; aber selbst die Frage, ob eine neue Straße gebaut werden soll oder nicht und welchen Verlauf sie nehmen soll, kann schon sehr potente Interessen berühren.
Die Institution der Lobbyisten ist an sich legal, ja sogar durch die Verfassung gedeckt, solange diese sich nicht verbotener Mittel bedienen. Mit einem Wort: es ist ihr gutes Recht – schließlich ihre Aufgabe –, die Abgeordneten von ihrem Standpunkt überzeugen zu wollen, vielleicht auch noch, sie zu überreden, aber natürlich nicht, sie zu bestechen.

Ein Kenner der Verhältnisse hat es folgendermaßen geschildert: Das »Hauptquartier« der Interessenten bombardiert quasi als Artillerie mit dem Einsatz großer Mittel die Stellungen der Gesetzgeber, während das Heer der Lobbyisten sozusagen die Infanterie verkörpert.
Man schätzt, daß es in Washington rund 5000 hauptberufliche Lobbyisten gibt. Dadurch allein würden auf jeden Kongreßabgeordneten etwa 10 solcher »Spezialisten« kommen. Es wird angenommen, daß ca. 80% der 1000 bedeutendsten Firmen in den USA derartige Repräsentanten in der Hauptstadt tätig sein lassen. Wie bereits erwähnt, ist diese Einrichtung sogar durch die Verfassung garantiert, aber sicherlich wird man nicht geahnt haben, daß diese »Institution« einen derartigen Umfang annehmen und eine solche Bedeutung gewinnen wird.
Gewiß ist jede Verallgemeinerung zu simpel und auch ungerecht; es ist aber nicht zu leugnen, daß sich in Teilen der Bevölkerung die Meinung herausgebildet hat, der Lobbyismus habe sich zu einem Synonym für Korruption entwickelt.

»Parkinson'sches Gesetz«

Die 32jährige Paula Parkinson hat als Lobbyistin einer Versicherungsfirma für die Interessen ihres Unternehmens wahrlich keine Mühe gescheut. Man wußte von drei Abgeordneten, Thomas Evans, Dan Quayle und Tom Railsback, daß sie die Absicht hatten, im Kongreß für ein Ernte-Versicherungsgesetz zu stimmen, das für Paulas Firma Nachteile enthalten würde. Sie machte sich mit Erfolg an diese drei Abgeordneten heran, lud sie in ihre Villa nach Florida ein und machte mit ihnen eine Woche lang Fischerfahrten vor der Küste. Eine Zeitung schreibt dazu: »Was immer dabei auch gezappelt haben mag, Paula fischte für ihre Firma einen großen Fisch an Land.«
Endergebnis: Die drei Abgeordneten wurden von der blonden Paula »bekehrt« und stimmten plötzlich gegen das Gesetz.

Das FBI (das amerikanische Bundeskriminalamt) hat eine Reihe seiner Agenten in einer Weise ausgestattet und instruiert, daß sie sich glaubhaft als Vertreter eines arabischen Ölscheichs ausgeben konnten. Sie hatten die Order, zu versuchen, Kongreßleute mit entsprechend hohen Summen zu bestechen. Nun ging tatsächlich eine Reihe von Abgeordneten in diese Falle. Beim Prozeß wurden die Geschworenen mit Kopfhörern versehen und der Gerichtssaal mit Fernsehschirmen ausgestattet. Nun sah man schwarz auf weiß, wie diesen Abgeordneten von den »Arabern« Briefumschläge zugesteckt wurden. Diese ganze Operation des Bundeskriminalamtes lief unter der Bezeichnung »Abscam«; es ist dies die Abkürzung für »Arabisch Scam«.
Die Aktion war elektronisch registriert worden, nämlich mittels »Wanzen« und Kameras, welche in den Hotelräumen versteckt angebracht waren. Diese Gespräche, resp. die ganzen Szenen sind tatsächlich alarmierend gewesen. Bündel von Banknoten wechselten ihren Besitzer, Versprechungen wurden gemacht, zum Beispiel folgender Art: Man wolle einem Hotelbau in Philadelphia durch einen arabischen Scheich keine Hindernisse in den Weg legen. Oder, ein Kongreßmann sollte einen Einwanderungsbeschluß durchbringen. Auch wurde unter anderem versprochen, arabische Gelder mit Hilfe der Mafia in die Spielcasinos von Atlantic City zu leiten. Etc., etc.
Eine Reihe von Leuten, etwa ein Stadtrat, ein Rechtsanwalt und ein Bürgermeister sowie der entsprechende Kongreßmann sind bereits wegen »Bestechung und Verschwörung« verurteilt worden. So manche andere »Honoratioren« werden ohne Zweifel diesem Schicksal ebenfalls nicht entgehen können.
Nach kontinentalem Recht wäre die Anstiftung zu einer strafbaren Handlung ebenfalls strafbar – was allerdings den Angeklagten nicht exkulpieren würde. Die Verteidigung hat in diesem Falle auch versucht, damit zu operieren. Dies wurde jedoch vom Berufungsrichter abgewiesen, da eine solche Aktion nach amerikanischem Recht erlaubt ist.

»Jeder, der verführt werden soll, kann ja Nein sagen.«

17

APARTHEID IN SÜDAFRIKA

Ein Staatssekretär packt aus

Seit 1910 gehörte die Südafrikanische Union als Dominion zum Britischen Commonwealth.
Durch ihre Politik der Apartheid geriet die Union in immer größeren Gegensatz zu Großbritannien und den übrigen Commonwealthländern. Sie schied Ende 1961 als unabhängige Republik Südafrika aus dem Verband des Commonwealth aus.
Die Politik der Apartheid löste seit jeher weltweite Kritik aus. Ja, Regierungen und internationale Organisationen fordern oder erwägen immer wieder Sanktionsmaßnahmen, um Südafrika zu zwingen, von dieser Politik abzurücken.
In der holländischen Zeitung »Elseviers« gab der frühere Staatssekretär im südafrikanischen Informations-Ministerium *Eschel Rhoodie* Details der geheimen Propagandaaktionen preis, mit welchen die südafrikanische Regierung das Ansehen ihres Landes aufzupolieren trachtete.
Ein 5-Jahres-Plan sah vor, ca. 200 Millionen Gulden hierfür aufzuwenden. Rhoodie erwähnte, daß die Liste der »Hilfsorganisationen« 40000(!) Namen der wichtigsten Personen Europas und der USA und Japans enthielt.
An dieser Stelle einige Beispiele für deren »Aktivitäten«:
Ein ehemaliger Prokurist der deutschen Presse-Agentur erhielt eine Million DM; dafür lancierte er zahlreiche Berichte über Südafrika im gewünschten Sinne; außerdem organisierte er fast jedes Jahr den Besuch von etwa 15 deutschen Journalisten. Der eigene Presseagent H. hat zur selben Zeit den Besuch wichtiger Politiker aller deutschen Parteien nach Südafrika und auch den Besuch Südafrikanischer Parlamentarier in Deutschland zustandegebracht – nur für das Jahr 1978 kostete das ca. eine halbe Million DM.
In Deutschland zahlte Rhoodie nach seiner Angabe bis 1979 mehr als 900000 Gulden allein an die Deutsch-Südafrikanische Gesellschaft. Ein Public-Relation-Programm lief parallel dazu, das Millionen Gulden kostete.

In der Schweiz wurde eine Gruppe »Freunde der Demokratie und Menschenrechte« gegründet, um anti-südafrikanische Elemente zu bekämpfen.
Dem »Beniew Zentrum« in Den Haag wurden 140000 Gulden zugeteilt, um z.B. die »Boykott Outspan Gruppe« zu unterwandern.
Rhoodie gelang es, zwei Labour-Abgeordnete, deren Namen er nicht nennen wollte, zu veranlassen, ihm die Adressenlisten und die Pläne der Anti-Apartheid-Gruppen zu verschaffen.

> »In den Niederlanden, in England und in anderen europäischen Ländern wurden derartige Treffen der Anti-Apartheid-Gruppen auf geheimnisvolle Weise annulliert und Verwirrung unter den Mitgliedern gestiftet.« (Zitat Rhoodies)!

Nun zu einer anderen »Propaganda-Betätigung«: den Medien. 1974/75 verhandelte er und Minister Mulder mit Servan-Schreiber in Paris über den Ankauf eines Aktienpaketes von »L'express«; da es mit den gewünschten 51% nicht klappte, wurde über ein Paket Aktien von »Hachette« (inkl. »Paris Match«) verhandelt. Da der Verkäufer 50 Mill. Gulden verlangte, zerschlug sich auch diese Aktion.
Erfolgreicher war man in anderen Fällen: »United Press International Television« wurde gekauft, 1976 wurden mehrere Millionen zum Ankauf einer großen britischen Verlegergruppe (Morgan-Grampian) verwendet. Diese Gruppe hat ungefähr 30 große Fachzeitschriften und den Reiseführer-Verlag Fedor sowie einen Buch-Verlag in den USA. Diese Transaktion sollte auch die Übernahme anderer britischer Verlagshäuser und einer Fernsehkette einleiten; sie ermöglichte auch die Übernahme von Zeitschriften in Frankreich und Afrika (u.a. die internationale Zeitschrift »Drum«, die in Ost- und Südafrika und Nigeria erscheint).
Über die »Aktivitäten« im afrikanischen Kontinent selbst, berichtet Rhoodie, daß Rhodesien betreffend nicht nur Südafrika, sondern z.B. auch eine Gruppe großer amerikanischer

Chromerz-Importeure das größte Interesse hatten, daß sich eine – wenn schon schwarze – wenigstens gemäßigte Regierung etablieren kann. Das diesbezügliche »Unternehmen« lief unter »Operation Chicken« nach dem Nationalistenführer Chikerema. Dieser empfing über eine Schweizer Bank Geld zum Kauf von Kraftwagen, von Lautsprechern, einer kleinen Druckpresse sowie dem Ausbau von Chikeremas Wochenblatt. Ein Rechnungsprüfer des Büros für Staatssicherheit kontrollierte in Salisbury die Bücher, vor allem auch die Gelder, die Chikerema erhielt, um andere Politiker zu bestechen.
Da Rhoodie sicher sein wollte, daß die Versprechungen Chikeremas eingehalten werden, wurden sie auf Band festgehalten. Als bereits 800000 Gulden an Chikerema ausgezahlt worden waren, erschien Bischof Muzorewa beim damaligen Ministerpräsidenten Vorster und bat um finanzielle Unterstützung; er war unangenehm berührt, als er von Vorster hörte, daß Chikerema bereits Geld erhalten hat. Sithora, auch ein schwarzer Nationalistenführer, hatte vorsichtshalber vom Büro für Staatssicherheit auch bereits 100000 Gulden bekommen. Letzterer Aufwand erwies sich später als eine ziemliche Fehlinvestition.
Rhoodie berichtet auch über gewisse Aktionen in Moçambique und vom positiven Verlauf von Zusammenkünften Präsident Vorsters mit den Staatspräsidenten des Senegal und der Elfenbeinküste. Es wurden geheime Bandaufnahmen von den Gesprächen gemacht und außerdem Fotos aufgenommen. Senghor, der Präsident von Senegal, war aber fotoscheu und bestand darauf, aus den Aufnahmen herausgeschnitten zu werden.
Ende 1975 gelang es Rhoodie, den Ministerpräsidenten der Seychellen, Mancham, zu treffen. Bei einer Zusammenkunft mit Minister Mulder wurde ein Tauschgeschäft vereinbart: Finanzielle Unterstützung gegen Landerechte für südafrikanische Flugzeuge. Minister Mulder, der damalige Chef des Geheimdienstes Van den Bergh und Rhoodie flogen nach Mahé, um

Mancham zu treffen. (Mahé ist die größte Insel der Seychellen.) Rhoodie schildert diese Zusammenkunft:

»Mancham erschien im Hotel mit einem blumenfarbigen offenen Hemd, mit goldenen Ketten um den Hals und mit weißen Schuhen. Er nahm unsere 50000 Gulden und deutete an, daß er gerne alljährlich solch einen Betrag entgegennehmen würde, um seine Minister, vor allem Herrn René, seine Nummer zwei, zu befriedigen.« (Rhoodie)

Ein anderes Mal erfolgte wieder eine Übergabe von 50000 Gulden, im »Mahé Beach«, einem der Regierung gehörenden Hotel. Um das Geld zu verbergen, wickelte Mancham es in einen Polsterbezug ein. Die Gespräche wurden alle auf Band aufgenommen, wobei das Gerät das eine Mal in einer Zigarettendose, das andere Mal in einem Samsonite-Koffer versteckt war. Als Mikrofonversteck diente der Griff des Koffers. Tags darauf brachte man die Herren vom Mahé Beach Hotel in einem silbernen Mercedes zu Manchams Amtssitz. Die genannten zweiten 50000 Gulden waren für René bestimmt, der mit seiner Frau auch an dem Essen teilnahm. René bat bei dieser Gelegenheit, für ihn einen geheimen Besuch in Südafrika zu organisieren. Er hätte die Absicht, jedem Südafrikaner, der zu einer Investition von 200000 Dollar auf den Seychellen bereit wäre, einen Seychellenpaß zu geben.

Van den Bergh seinerseits hatte Zaire, Gabun, Tansania und die Zentralafrikanische Republik besucht, um die Kontakte auszubauen. Zu diesem Zweck hatte Südafrika insgeheim landwirtschaftliche und technische Hilfe geleistet. In Zaire und Gabun wurden mit südafrikanischem Geld zwei große landwirtschaftliche Betriebe errichtet, einer davon auf dem persönlichen Grundbesitz von Mobutu Sese Seko.

Rhoodie führt weiter aus, daß man sich bei all diesen Operationen in Afrika ganz anderer Mittel bedienen müsse, als etwa in Europa oder den USA. Einesteils sei es in Afrika leichter, weil es meist genügt, Einzelpersonen zu gewinnen, andererseits riskanter, weil diese äußerst sprunghaft sind und gelegentlich von

einer Woche auf die andere vom westlichen ins andere Lager wechselten und umgekehrt. Damit müsse man rechnen.
Rhoodie kommt dann auf die Tätigkeit in Südamerika zu sprechen. Im Jahre 1977 hätte er mit einem Werbeexperten in Buenos Aires ausgemacht, daß dieser während eines Jahres in neun der wichtigsten südamerikanischen Länder Zeitungsartikel über Südafrika lancieren solle. Tatsächlich war es diesem Mann gelungen, an die 800 Berichte in Zeitungen unterzubringen. Kostenpunkt: 280000 Gulden.

10000 Dollar für eine Vorlesung

Die geheimen Aktionen in den Vereinigten Staaten von Amerika zielten vor allem auf den amerikanischen Kongreß und die Massenmedien. Aber auch die Industrie, die großen Banken und Universitäten wie Yale, Harvard und Princeton wurden Zielscheiben unserer Aktionsgruppen.
Der Hauptbeauftragte in Washington, Don de Kieffer, arrangierte für Minister Mulder, Staatssekretär Rhoodie und dessen Stellvertreter Zusammenkünfte mit vielen bekannten amerikanischen Politikern, wie etwa den Senatoren Kennedy, Byrd, Muskie und Tower. De Kieffer gelang es sicherzustellen, daß keine für Südafrika ungünstigen Gesetze den Kongreß passieren konnten, ohne daß die südafrikanische Botschaft davon erfuhr.
Am 1. April 1976 wurde mit der amerikanischen Public-Relations-Firma Sydney Baron in New York ein Vertrag abgeschlossen. Der Vertrag sah für die nächsten zwei Jahre Zahlungen in der Höhe von fast 1 Million Gulden pro Jahr vor. Für diese Firma arbeitete auch Andrew Hatcher, der schwarze Pressevize Präsident Kennedys. Hatcher verschaffte vor allem Kontakte zu den amerikanischen Gewerkschaften, insbesondere zu George Meany, dem Präsidenten der AFL-CIO = american federation of labor congress of industrial organisation.
Für ein Symposium in Houston gelang es, als Vortragsredner

den früheren amerikanischen Präsidenten Ford zu gewinnen; dieser ahnte wohl nicht, daß die 10000 Dollar für seine Vorlesung von Südafrika gekommen waren.
Mr. Baron teilte auch mit, daß er etwa 20000 Dollar an das Wahlkampfbüro Jimmy Carters weitergegeben habe; dafür wurde Public-Relations-Arbeit während Carters Wahl-Kampagne in New York geleistet.
Begreiflicherweise konnte man nicht mit allen Politikern Kontakte aufnehmen, welche vielleicht einmal in interessante Positionen kommen würden. Doch mußte man potentiellen Führern Aufmerksamkeit schenken, um sich rechtzeitig mit ihnen anfreunden zu können. So stand auf der Liste für Amerika unter anderem der Name Jimmy Carter, und man nahm schon im Jahre 1975 zu ihm Kontakte in Georgia auf.
Damals äußerte sich Carter den Beamten des südafrikanischen Informationsministeriums gegenüber allerdings wesentlich anders, als er es später als Präsident tat.
Senator Dick Clark, der Vorsitzende des Unterausschusses für afrikanische Angelegenheiten des amerikanischen Senats, war den Südafrikanern ein Dorn im Auge. Baron hatte angedeutet, daß mit 250000 Dollar Clarks Wiederwahl verhindert werden könnte. Entgegen jeder Prognose ist es tatsächlich gelungen, daß Clark geschlagen wurde. Rhoodie wurde dahingehend informiert, daß Außenminister Roelof Botha den Vertrag mit Sydney Baron bis 1980 verlängert hat.

Gary Player und Christiaan Barnard

Die Rolle des berühmten südafrikanischen Golfspielers Gary Player: Als Südafrika in den Jahren 1974/75 und 76 sich sehr schwer damit auseinandersetzen mußte, daß die USA keine Investitionen mehr in Südafrika vornehmen wollten – als Sanktionsmaßnahme –, konnte Player helfen. Er veranlaßte prominente amerikanische Geschäftsleute, eine Woche lang mit

ihm in Südafrika Golf zu spielen. Piet Liebenberg, der Präsident der Finanzbank in Joahnnesburg, überwies Player beträchtliche Summen, da er sich bereiterklärt hatte, die Kosten für Überfahrt, Wohnung und Aufenthalt dieser Gäste zu übernehmen. Diese Geschäftsleute spielten eine ganze Woche lang untertags mit Player Golf und verbrachten dann die Abende unter anderem mit prominenten Persönlichkeiten, unter anderem auch mit Ministerpräsident Forster.
Der Herzchirurg Dr. Christiaan Barnard: Obwohl er kein Freund der Apartheid ist, hat er aus patriotischen Gründen seine großen persönlichen Verbindungen seinem Land zur Verfügung gestellt: z.B. seine Beziehungen zum König von Marokko, zum König von Saudi-Arabien oder zu Nyerere, dem Staatschef von Tansania. Seine Hilfe beim Ausbau von Kontakten mit dem Nahen und Fernen Osten war unschätzbar; er mußte gezwungen werden, Geld für seine Reise- und Bewirtungskosten anzunehmen, da er lange Zeit das alles selbst finanzierte.
Eine sehr große Gefahr für Südafrika war die feindliche Haltung der großen amerikanischen Gewerkschaften. Es wurde wiederholt versucht, die AFL-CIO von George Meany und auch die »Seafarers International Union« von Paul Hall davon zu überzeugen, daß ein weltweiter Boykott von See- und Luftverbindungen nach Südafrika – wie ihn der Internationale Bund Freier Gewerkschaften geplant hatte – in erster Linie die nichtweiße Bevölkerung treffen würde.
Dr. Barnard war bekannt als Kämpfer für die Menschenrechte in Südafrika und hatte bei der Annahme seiner Patienten niemals nach der Hautfarbe unterschieden. Seine Reputation bei den Apartheid-Gegnern war dementsprechend hoch. Ihm gelang es auch, Meany dazu zu bringen, keine übereilten Aktionen zu unterstützen, sondern lieber Männer seines Vertrauens nach Südafrika zu schicken, die sich dort an Ort und Stelle über die tatsächlichen Verhältnisse erst einmal informieren sollten. Barnard hat nach Ansicht Rhoodies dadurch seinem Land Millionen erspart.

18

QUO VADIS UNO?

Auswüchse und Mißstände

Selbst scharfe Kritiker der UNO, wie auch der bereits erwähnte Dr. Iriniz Casas bekämpfen keineswegs die Institution der Vereinten Nationen an sich, die sie auch für notwendig halten, sondern Teile ihrer Verfassung, ihre Auswüchse und Mißstände, die sich eingeschlichen haben. Die Hauptvorwürfe sind:
Die UNO ist ein Instrument der Supermächte.
Die USA und die Sowjet-Union beherrschen in erheblichem Maß, sei es durch Korrumpierung oder Druck verschiedenster Art, die kleinen Staaten, insbesondere die sogenannten unterentwickelten Länder, vor allem die neu entstandenen Staaten in Asien und Afrika; diese Staaten, befreit vom Kolonialismus alter Prägung, sind in die Abhängigkeit der mächtigen Staaten geraten, ohne daß diese – zum Unterschied der alten Kolonialmächte – irgendeine Verantwortung trügen.
Korrumpiert werden die meist diktatorischen Regierungen dieser zahlreichen Länder; deren Delegierte bei den Vereinten Nationen sind zum großen Teil Verwandte, Freunde und Spießgesellen dieser hauchdünnen Schichten, dieser korrupten Cliquen in ihren Heimatländern. Wenn die Großen dieser Welt es für nützlich halten, so trachten sie, diese Leute auch ad personam einzukaufen, wobei es zahlreiche Variationsmöglichkeiten gibt.
Die Beamtenschaft, die administrative Apparatur der UNO, ist seit ihrer Gründung von den USA und zeitweise von England beherrscht worden. Zum Beispiel hatten die USA 43% aller Schlüsselpositionen inne und die Mehrheit aller geringeren Positionen.
Durch die Unterorganisationen wie UNIDO, UNESCO etc. etc. setzt sich dieser ganze Zustand in mannigfacher und verderblicher Weise fort.
Zur Illustration dieser Behauptungen einige charakteristische Beispiele:
Anfangs erhielten z.B. die lateinamerikanischen Delegierten

bei der UNO stets die Weisung ihrer Regierungen: »Stimmt mit den Vereinigten Staaten!« Später, als jemand die Kopien dieser Telegramme sammelte und der Öffentlichkeit bekanntgab und dadurch eine gewisse antiamerikanische Kampagne einsetzte, wurde die Formel geändert in folgender Weise: »Stimmt mit der lateinamerikanischen Mehrheit!« Und dafür, daß diese Mehrheit mit den USA stimmt, war bereits bestens vorgesorgt. Selbstverständlich hat sich im Laufe der Jahrzehnte manches geändert; die Zahl der Mitgliedstaaten hat sich enorm vermehrt (momentan 153 Staaten); die Apparatur hat sich entsprechend erweitert; National-China wurde ausgebootet und das kommunistische China aufgenommen.
In der Administration nimmt nunmehr die Sowjet-Union einen größeren Platz ein – dies begann bereits zur Zeit der Affären um den Generalsekretär Hammarskjöld; in den letzten Jahren hat die Entwicklung zur sogenannten »friedlichen Koexistenz« die Sowjets veranlaßt, zu oft mehr als fragwürdigen UNO-Praktiken zu schweigen. Dies wurde natürlich entsprechend belohnt durch wichtige Verwaltungsposten, auch in den Unterabteilungen der UNO, besonders bei der Internationalen Atomenergie-Organisation. Letzteres ist wieder für die Sowjets deshalb besonders wertvoll, weil sie dadurch gewisse inoffizielle Kontakte zum Westen bekommen, besonders zu jenen Ländern, mit denen sie keine diplomatischen Beziehungen unterhalten.

Polit-Sex um die Vereinten Nationen

Gewiß, auch in einer Zeit, in welcher sich »Hostessen« der verschiedensten Schattierungen und deren männliche Gegenstücke in öffentlichen Tageszeitungen anpreisen, wäre es trotzdem völlig unangebracht, in der Intimsphäre der Menschen herumzuschnüffeln. Anders steht es, wenn diese menschlichen, vielleicht allzu menschlichen Dinge vorsätzlich in die Politik gebracht und damit in korrupter Weise manipuliert werden, wenn also der Sex als eines der vielen Instrumente politischer Korruption eingesetzt wird. Hierbei muß festgestellt werden, daß auch die UNO von solchen Machenschaften anscheinend nicht verschont bleibt.

Man verrät wahrlich kein Geheimnis, wenn man feststellt, daß es einen Generalsekretär der Vereinten Nationen gegeben hat, der »anders als die andern« war. Dazu schreibt »Observer« in London einen Artikel (1969), in welchem es u.a. heißt: »Das Bild, das O'Brian von seinem ehemaligen Chef, dem Generalsekretär der UNO entwirft, der bei einem mysteriösen Flugzeugunglück über Nordrhodesien umkam, zeigt einen ›heimlichen Homosexuellen‹...«

Diese Veranlagung ist natürlich Hammarskjölds Privatsache. Es stellte sich jedoch heraus, daß auch dies politisch ausgenützt wurde. So wird ganz öffentlich behauptet, daß einige Länder, welche Einfluß auf den Generalsekretär gewinnen wollten, entweder homosexuelle Delegierte ernannten oder solche Männer den Vereinten Nationen empfahlen, »denn sie wußten sehr wohl, daß diese Veranlagung die beste Empfehlung für den Kandidaten war«.

Die Herrentoiletten der UNO sollen zu dieser Zeit von zweifelhaften Beamten und Delegierten frequentiert worden sein. Das sei soweit gegangen, daß sich z.B. die lateinamerikanischen Delegierten bemüßigt fühlten, die Toiletten nur noch in Gruppen zu betreten. Nur so sei es möglich gewesen, gewisse Leute schließlich zu entmutigen.

Einmal wurde ein Delegierter, einer der besten Redner der UNO, der dafür bekannt war, daß er die Toiletten aufsuchte, um »Anschluß« zu finden, derart verprügelt, daß ein UNO-Sicherheitsbeamter nach Rücksprache mit Hammarskjölds Sekretär den blutenden bewußtlosen Delegierten ins Spital abtransportieren lassen mußte.

Die russischen Agenten nutzten damals diese Situation besonders aus, da sie genau wußten, welcher der Delegierten homosexuell war und zu hohen Beamten des Generalsekretariats entsprechende Beziehungen hatte – auch nach dessen Tod.

> »Man darf nicht vergessen, daß nicht alle intimen Freunde und Bekannten bei dem Flugzeugunglück ums Leben gekommen sind – und die kommunistischen Agenten wissen das genau.« (Iriniz-Casas)

Die »grandes horizontales« – so nannte sie Baudelaire – spielen auch, wie schon früher in der Geschichte, immer noch in Diplomatie und in den Geheimdiensten eine wichtige Rolle. Auf den internationalen Konferenzen ebenso wie bei Besuchen von Staatschefs oder einflußreichen Persönlichkeiten. Man weiß ziemlich genau, daß die Geheimdienste, aber auch die Botschaften, ja auch Regierungen vieler Länder sie benützen, um in der Gelöstheit der Schlafzimmer ihnen wichtig erscheinende Informationen zu erhalten.

Bei einer der wichtigsten Konferenzen, welche die OAS (Organisation der amerikanischen Staaten) abhielt, um Kuba als »unvereinbar mit dem interamerikanischen System« zu erklären, hatte der Staatspräsident von Uruguay den originellen Einfall, sich etwa 50 argentinische Prostituierte vertraglich zu sichern. Sie wurden per Schiff von Buenos Aires nach Colonia und von dort per Omnibus nach dem Tagungsort nach Punta del Este gebracht.

Aber auch im Hauptquartier der Vereinten Nationen »verleihen die Kurtisanen dem diplomatischen Treiben mit ihrem verfeinerten Benehmen und ihrer kultivierten Sprache eine feminine Ergänzung«. Von wem immer sie auch angeheuert werden mochten, sie verstehen es, sich mancher Delegierten zu bedienen, die Einfluß ausüben; sie sind äußerst geschickte Fragenstellerinnen, die mit allen ihnen zur Verfügung stehenden Mitteln sehr oft mit Erfolg versuchen, sich an höchstgestellte Männer der Weltpolitik heranzumachen.

In seinem Buch »Soldiering for Peace« (London 1966) schreibt General von Horn:

»... ich habe das bei so vielen Gelegenheiten beobachtet – ein weißes Mädchen allein, von lächelnden schwarzen Gesichtern umringt, daß ich nur schwer die Gerüchte über unternehmungslustige Staaten vergessen kann, die sich die Sympathie dieser Delegierten mit Hilfe der Machenschaften dieser politisch gesteuerten Call-Girls erschlichen... Es war offensichtlich, daß diese Mädchen für einige Staaten ein nützliches Instrument waren.«

Das State Department begann dieses Spiel, und der CIA setzte es fort.

»Die Idee war, Kurtisanen zu benützen, die ohne Risiko und unter günstigsten Bedingungen Mittel und Wege fanden, um von den Delegierten geheime Informationen aus Wirtschaft, Diplomatie, Politik und Strategie der Mitgliedsstaaten zu erhalten. Man darf nicht vergessen, daß die Delegierten bei der UNO gewöhnlich Leute sind, die am engsten an die Beherrscher ihrer Länder gebunden sind. Ob man es glaubt oder nicht, diese Mädchen verstanden es, ihre besonderen Reize zu gebrauchen, um besonders neuere Delegierte zu verführen und ihre Widerspenstigkeit während der ersten Monate in der UNO zu zähmen.«

Schließlich sei nun von einem originellen Interview berichtet, welches Mr. Wise und Mr. Ross in »The invisible Government« ausführen: »Allen Dulles (damals Chef des amerikanischen Geheimdienstes) kann man als Aurorität auf dem Gebiet des Sex und der Spionage zitieren. Als er im Fernsehprogramm der ABC ›Questions and Answers‹ mitwirkte, entspann sich auf dem Bildschirm folgender Dialog:

Frage:	Benützt der CIA Sex manchmal als Köder, um Informationen zu erhalten?
Antwort:	Über diese Dinge diskutiere ich nicht.
Frage:	Benutzen wir ihn wenigstens so wie die Sowjets?
Antwort:	Nein, sicher nicht. Aber wir geben zu, daß der Sex und seine Anziehungskraft existieren.«

»Hilfe« für Kambodscha

Eines schönen Tages, Ende September 1980, erschienen Beamte des FBI (Bundeskriminalamt) in einem Hotel in Washington und verhafteten den Beauftragten für die Beschaffung der Kambodscha-Hilfe George C. Warner.

Monatelang hatte das dem State-Department angeschlossene »Amt für internationale Entwicklung« den in Thailand arbeitenden Warner überwachen lassen. Über Video-Kameras beobachteten Mitarbeiter der Hilfsorganisationen, Beamte des Justizministeriums und des FBI Warner in seinem Hotelzimmer und stellten fest, daß ihm dort 9000 Dollar in Hundertdollar-Noten übergeben wurden. Es stellte sich dann heraus, daß ein Beauftragter einer in Thailand ansässigen Reishandelsfirma der Geber war. Warner hatte diese Firma mit der Drohung erpreßt, er werde eine andere Firma zur Lieferung heranziehen, falls ihm nicht 7 Dollar pro Tonne Reissaatgut als Provision gezahlt würden; auf diese Art habe Warner in den vergangenen 5 Monaten schätzungsweise 135000 Dollar erpreßt.

Man kann Äußerungen aus dem State Department entnehmen, daß der amerikanische Botschafter in Thailand die Hilfsorganisation als erster auf die unsauberen Geschäfte ihres Beauftragten in Thailand aufmerksam gemacht hatte. (Die Hilfsleistungen für Kambodscha wurden von Thailand aus organisiert und durchgeführt).

Abgesehen von diesem Fall munkelte man schon seit längerer Zeit, daß sich die in Kambodscha stationierten vietnamesischen Truppen besondere Gaunereien leisteten. Sie nahmen und nehmen vermutlich noch immer Reis und Saatgut, das ebenfalls im Zuge des Hilfsprogramms geliefert werden, den Flüchtlingen einfach mit Gewalt weg und verhökern es zu weit überhöhten Preisen an die kambodschanischen Bauern.

Der geschilderte Fall Warner ist der erste, von dem bekannt geworden ist, daß ein – noch dazu höheres – Mitglied einer Hilfsorganisation sich bestechen ließ.

Sumpfblüten

»Kannibalen-Kaiser« und Präsident

Jean-Bedel Bokassa, der »Kannibalen-Kaiser« von Zentralafrika, wie ihn das Magazin »Jeune Afrique« nannte, war der höchstdekorierte schwarze Soldat der französischen Armee. Er diente in drei Kontinenten General De Gaulle, den er abgöttisch als seinen »Papa« liebte. Später – im Jahre 1960 – hatte er seinen Abschied genommen; er gewann an politischer Bedeutung in seiner Zentralafrikanischen Heimat und auch durch seine frankophile Haltung. Als diktatorischer Präsident und als er sich Ende 1977 aus eigener Machtvollkommenheit zum Kaiser hatte krönen lassen, wurde er von seiner Schutzmacht großzügig unterstützt. Das »Drum und Dran« für die Krönung wurde ebenfalls von Frankreich beigesteuert – aus Mitteln der Entwicklungshilfe: der Adler, der Thron, der Achtspänner etc. Die »Hofhaltung« war pompös und verschwenderisch und auch dafür kam Frankreich auf.
Allerdings wurde das alles nicht nur aus der traditionellen Freundschaft und als Honorierung der Frankreichtreue Bokassas geleistet. Dieser räumte den Franzosen wichtige Rechte in seinem Land ein, vor allem die Ausbeutung der Uran-Minen. Im September 1979 kam es zum Umsturz; Präsident wurde wieder David Dacko, der 1965 von Bokassa gestürzt worden war. Die Franzosen machten gar kein Hehl daraus, daß sie an dem Putsch nicht unbeteiligt waren; sie teilten offiziell mit, daß französisches Militär entsandt wurde, um die neue Regierung »unter seinen Schutz zu nehmen«.
Im Oktober 1979 veröffentlichte das satirische Wochenblatt »Canard Enchaîné«, das stets auf »Enthüllungen« aus ist, das Faksimile einer angeblichen internen Anweisung des damaligen (1973) Präsidenten von Zentralafrika, Bokassa, zur Überreichung einer Diamanten-Plakette von 30 Karat an den damaligen Finanzminister De Gaulles, den damaligen Präsidenten Frankreichs, Giscard d'Estaing, Schätzwert 1979 ca. 439000 DM. Giscard ist es nicht gewohnt, die Presse nicht in der Hand zu

haben. Er hat überall seine Vertrauensleute eingesetzt, bei Zeitungen, Rundfunk und Fernsehen, bei der »Agence France Press« (AFP). Jetzt löcken zwei Presseorgane wider den Stachel. Es dürfte kein Zufall sein, daß der »Canard Enchaîné« auf ausdrückliche Anordnung des Budgetministers eine strenge Steuerprüfung am Hals hat.

Der Präsident reagierte vorerst überhaupt nicht. Ob diese »Anweisung« echt ist oder nicht, weiß man offenbar bis heute nicht. Das ist jedoch unerheblich geworden; als nämlich Jacques Fauvet, Direktor der Zeitung »Le Monde«, Giscard aufgefordert hatte, und zwar in aller Form auf der ersten Seite, die Erklärung abzugeben, »daß dieses königliche Geschenk dem Absender zurückgegeben wurde«, entschloß sich der »Elysée-Palast«, sein Schweigen zu brechen. Der Pressechef des Präsidenten erklärte, das fragliche Geschenk sei »nicht annähernd so wertvoll, wie es von gewissen Presseorganen dargestellt wird. Das Ganze sei die Aufregung überhaupt nicht wert.« Es wird berichtet, daß Giscard Monsieur Fauvet angerufen und ihn in beleidigender Form abgekanzelt hätte. Er habe sich besonders darüber geärgert, daß »Le Monde« diese Diamantengeschichte gebracht hat, weil diese Zeitung auch im Ausland sehr viel gelesen wird.

Man nimmt in Paris an, daß es kein Zufall ist, daß jetzt der Justizminister den Direktor von »Le Monde« und einen Redakteur wegen Verunglimpfung der Justiz angezeigt hat. Am meisten dürfte ein Artikel über den Fall Delpey diese Aktion ausgelöst haben. Delpey war ein Vertrauensmann Bokassas. Seit Mai 1980 sitzt Delpey unter der Beschuldigung der »Spionage für eine fremde Macht« (Libyen) in Untersuchungshaft. »Le Monde« hat die Vermutung ausgesprochen, daß ihm sein Wissen über die Diamantenangelegenheit zum Verhängnis geworden sei. Bei der Hausdurchsuchung wurden nämlich unter anderem Listen beschlagnahmt, welche von Bokassa über die Diamantengeschenke an die Familie Giscard aufgestellt worden waren. Diese Listen sind seither verschwunden.

Man muß allerdings einräumen, daß der Präsident das Präsent wirklich als geringfügig angesehen habe – vergleichsweise mit dem Vermögen des Hauses Giscard. Der Clan kontrollierte ein großes Industrie- und Bankenimperium im frankophonen West- und Zentralafrika. Der Cousin des Präsidenten ist Chef der »Société africaine forestière et agricole«. Diese »SAFA« verfügte (in den 60er Jahren) über ca. eine viertel Million Hektar Kaffee- und Kautschukplantagen. Ein anderer Vetter hat beste Beziehungen zur westafrikanischen Regierung als ehemaliger Überseechef der »Zentralkasse für wirtschaftliche Zusammenarbeit«. Giscards Vater ist Ehrenpräsident der »Société financière pour la France et les pays d'outre-mer«. Bei der »SOFFO« handelt es sich um einen multinationalen Konzern mit Industrie- und Plantagenanteilen in Äquatorialafrika und Fernost...

Daß sich der sozialistische Gegenspieler Mitterrand auf diese ganze Geschichte stürzte und alles tat und tut, um daraus Kapital zu schlagen, ist verständlich. Sofort greift Mitterrand die Frage auf: warum die französischen Fallschirmjäger, die den Putsch gegen Bokassa unterstützten, nichts Eiligeres zu tun hatten, als dessen Geheimarchiv in Kisten zu verpacken und per Hubschrauber in die französische Botschaft zu verfrachten. Mitterrand forderte den Botschafter auf, das Archiv herauszugeben; dieser lehnte das Ansinnen mit der Begründung ab, daß er diesbezüglich keinen Befehl des Präsidenten habe.

Die Presse ließ nicht locker: Unter dem Titel »Bokassa packt weiter aus. War seine Frau Giscards Geliebte?« ergaben sich neue Gesichtspunkte.

Die Diamantengeschenke an den französischen Staatspräsidenten und dessen Familie waren erst der Anfang.

Bokassa behauptete nun in mehreren Briefen, daß Giscard mehrmals in Zentralafrika zur Jagd eingeladen gewesen wäre und »mindestens sechs« Elefanten geschossen habe. Außerdem sei die Exfrau Bokassas, Catharine, die Geliebte des französischen Staatschefs gewesen.

Im Elysée-Palast zeigte man sich gelassen: Ein Sprecher erklärte trocken:

> »Der Präsident hat niemals bestritten, von Bokassa Geschenke erhalten zu haben. Doch diese seien keine solche Aufregung wert.«

Die regierungsfreundliche Pariser Zeitung »Figaro« berichtete über die Untaten des Exherrschers. So habe er Kinder massakriert und Gefangene in ein Schwimmbecken geworfen, in dem Krokodile gezüchtet wurden. Laut »Figaro« sind die Briefe des »Kannibalen« Bokassa ein Racheakt gegen den Präsidenten. Ungeklärt ist hingegen, wieso der Präsident Kopien der Bokassa-Briefe erhielt, die exklusiv an das Wochenmagazin »Le Canard« gerichtet waren...

Aber nicht genug damit: Ende 1980 begann »Le Monde« mit dem Abdruck eines Buches, das ein ehemaliger französischer Geheimagent, Marcel Le Roi, geschrieben hat.

Giscard habe als Finanzminister De Gaulles in den 60er Jahren dem Geheimdienst befohlen, während einer Konferenz beim amerikanischen Vertreter einzubrechen und dessen Unterlagen zu stehlen; Le Roi beschreibt in allen Einzelheiten diese Aktion gegen den damaligen Chef der US-Delegation Ball während der »Kennedy-Runde« im Jahre 1964. Die Unterredungen Balls, die er mit seinen Mitarbeitern im Hotel »Majestic« hatte, wurden befehlsgemäß mit »Wanzen« abgehört.

Le Roi erzählt auch, daß der Geheimdienst auf persönlichen Befehl De Gaulles im Jahre 1965 einen US-Atomsprengstoff in Frankfurt stehlen sollte; die Aktion wurde allerdings ohne Ergebnis abgebrochen...

Der neueste Stand der Bokassa-Affäre: Bokassa wurde angeklagt (Ende Dezember 1980) wegen Mordes und Menschenfresserei. Kurz darauf wurde er in Abwesenheit als Kannibale und Massenmörder zum Tod verurteilt.

Und als der französische Präsident erstmalig im Fernsehen erklärte, er habe Bokassas Diamanten für wohltätige Zwecke verkauft und den Erlös dem Roten Kreuz Zentralafrikas und anderen Wohltätigkeitseinrichtungen zukommen lassen, telegrafierte die Rotkreuz-Präsidentin,

sie habe nie vom Elysée einen Scheck erhalten. Die Leitung des einzigen Kindergartens habe auch keinen Geldbetrag bekommen und auch der Erzbischof von Bangui ließ hören, daß keine zentralafrikanische Mission auch nur den geringsten Betrag erhalten habe.

Ob dies alles stimmt oder eine Wahlkampfblüte ist, können wir nicht entscheiden.

(Neue Zeit, 20. März 1981)

Expräsidentin Isabel

Eine berechtigte Frage, die man auch noch anderen Personen stellen könnte:

»Was wurde eigentlich aus Isabel Peron?«

In der Nähe von Buenos Aires steht an einem wunderschönen See ein »Märchenschloß«, eine Imitation eines mittelalterlichen Bauwerkes, genannt El Mesidor. Die Gegend gilt als ganz besonders schön und ist ein beliebtes Ziel für Hochzeitsreisen. Dieses Schloß berherbergt eine besonders prominente Gefangene, die frühere Präsidentin Argentiniens Isabel Peron. Nach dem Tod ihres Mannes, des Generals Juan Peron, dessen dritte Frau sie war, übernahm sie dessen Nachfolgeschaft.

Isabel, ehemalige Bartänzerin, versuchte ohne Erfolg ihre Vorgängerin Evita zu kopieren. Man sagte ihr Unfähigkeit nach, dieses Land zu regieren und eine besondere Schwäche des Charakters. Soweit es sich um halbwegs Wohlmeinende handelt, nimmt man dies als einen Milderungsgrund dafür, daß unter ihrer Präsidentschaft die Verhältnisse im Land ruinös geworden sind.

Cirka zwei Jahre nach ihrem Amtsantritt, Ende März 1976, wurde sie durch einen Militärputsch gestürzt und sofort in das »Märchenschloß« gebracht, wo sie seither als Gefangene konfiniert lebt. Sie ist isoliert, hat nur Kontakt mit dem Dienstpersonal, mit ihren Wächtern und fallweise mit Bevollmächtigten der Militärregierung und ist unter Anklage gestellt.

Bei einer Vernehmung durch den Staatsanwalt soll sie sich ganz »ahnungslos« gegeben haben, als von illegalen Abhebungen von einem Staatskonto die Rede war. »Madame«, habe der Staatsanwalt gesagt, »in weniger als einem Jahr sind über 750000 Dollar abgezogen worden!« »Wie schrecklich«, soll sie erwidert haben, »das hätte ich nie gedacht.« Neuerdings hörte man, daß vier getrennte Gerichtsverfahren gegen sie wegen Korruption, Unterschlagung u.a. in Vorbereitung waren. Zur Verlesung des Urteils wurde Isabel in das Gerichtsgebäude der

Hauptstadt gebracht, wo Sie eine bittere Überraschung erlebte: Das Bundesgericht verurteilte sie wegen Veruntreuung öffentlicher Gelder zu acht Jahren Gefängnis. Es liegt nun in den Händen der Regierung, ob sie vorzeitig begnadigt wird.
Isabel Peron hatte gehofft, sofort in Freiheit gesetzt zu werden. Angeblich war in Panama schon ein Exilsitz vorbereitet worden, wohin sich die frühere Präsidentin zurückziehen wollte.
Nach neuesten Meldungen hat sich die Militärjunta entschlossen, die ehemalige Präsidentin nach 5jähriger Haft freizulassen. Als Exil wurde ihr Spanien angeboten.
Von den Peronisten wurde sie in Madrid stürmisch empfangen. Wie zu erfahren war, will sich Frau Peron weiter politisch betätigen, übt sich allerdings momentan in Bescheidenheit und bittet die 28 Millionen Argentinier, ihr die »vielen Fehler« zu verzeihen...

Ein Religionsminister

Menachem Begins Regierung ist, um die nötige Mehrheit in der Knesseth zu haben, genötigt, einen Koalitionspartner zu haben. Dieser, die national-religiöse Partei, geriet in schwersten Korruptionsverdacht. Ausgerechnet im israelischen Religionsministerium wurde ein Schmiergeld- und Steuerskandal großen Ausmaßes aufgedeckt. Die bisherigen Ermittlungen sollen folgendes ergeben haben:

Das Religionsministerium habe als Umschlagstelle für Schmiergelder und illegal abgezweigte Steuern gedient. Belastet erscheint nicht nur der Religionsminister selbst, Aharon Abu-Hatzera, der selbst Schmiergelder genommen haben soll, sondern auch seine engsten Mitarbeiter. Der ebenfalls der national-religiösen Partei angehörende Innenminister Joseph Burg, dem natürlich auch die Polizei untersteht, muß nun die massiven Vorwürfe gegen die eigenen Parteigenossen untersuchen lassen. Schon vor etlichen Wochen entdeckte die Polizei, daß Staats- und Steuergelder vom Religionsministerium an nicht existierende Seminare und Studenten überwiesen wurden. (Tote Seelen!)

Der Religionsminister hatte nämlich seinen langjährigen Generaldirektor entlassen und seinen Schwager auf dessen Posten gesetzt. Es wurde nun sehr schnell der Verdacht laut, Abu-Hatzera habe den als integer geltenden früheren Generaldirektor deswegen entlassen, um zusammen mit seinem Verwandten ohne Aufsicht der Korruption frönen zu können. Um zu vermeiden, die gesamte Regierung in Schwierigkeiten zu bringen, habe das Justizministerium bereits seit Monaten Abu-Hatzera nahegelegt, zurückzutreten.

Einer Reihe unmittelbarer Mitarbeiter des Ministers wurde verboten, das Land zu verlassen, sein engster persönlicher Assistent Gabai in Haft genommen. Gabai war für die Verteilung von Fonds, Anleihen und Beihilfen für religiöse Lehranstalten verantwortlich. Er wird beschuldigt, Bestechungsgelder dafür

angenommen zu haben, um die eine oder andere Institution besonders großzügig zu bedenken.
Ein aus Amerika stammender Rabbiner verließ fluchtartig das Land. Er besitzt eine Reihe von Religionsschulen in Israel und wird beschuldigt, sich durch gefälschte Studentenlisten große Summen für seine Institutionen verschafft zu haben.
Schon im Jahre 1978 wurden verschiedene »Unregelmäßigkeiten« festgestellt: Eine Religionsschule namens »Wahrheit und Frieden« erhalte regelmäßig eine Subvention in der Höhe von 46500 Pfund für 31 Studenten; bei einer Überprüfung wurden lediglich 17 alte Männer vorgefunden, die nicht mehr als zwei Stunden täglich studierten. Es gab auch drei andere Institutionen, in denen kein einziger Student angetroffen wurde. Der Clou jedoch war, daß für ein Seminar regelmäßig Unterstützungen geleistet wurden, das nie existiert hat.

> »Wie ein israelischer Parlamentsausschuß am Montag entschied, soll die Aufhebung der Immunität des unter Korruptionsverdacht stehenden Religionsministers Aharon Abu-Hatzera beantragt werden. Ein gleichlautender Beschluß des israelischen Parlaments wird für Dienstag erwartet. Dem Religionsminister wird vorgeworfen, im Jahre 1979 mehr als 110000 Schilling an Bestechungsgeldern kassiert zu haben. Als Gegenleistung soll Hatzera die Finanzierung religiöser Einrichtungen mit staatlichen Mitteln genehmigt haben.« (Kurier, Wien)

Das französische Nachrichtenmagazin »L'Express« hatte die Behauptung aufgestellt, daß sich der ehemalige Chef der israelischen Regierung und jetzige Oppositionspolitiker Jitzhak Rabin sich eine Gerichtsstrafe in der Höhe von umgerechnet ca. 60000 DM von einem fragwürdigen jüdischen Geschäftsmann hat zahlen lassen.
Rabin war im Jahre 1976 gezwungen, als Regierungschef zurückzutreten, nachdem illegale Banknoten seiner Familie in Amerika aufgeflogen waren.
Seit einiger Zeit versucht Rabin nun ein politisches Comeback;

er ließ jetzt den Verdacht durchblicken, daß sein größter Rivale, der Parteichef (der Arbeiterpartei) Peres, diese Presseveröffentlichung vermutlich lanciert hat.
Rabin verlangt nunmehr von »L'Express« einen Schadenersatz in der Höhe von umgerechnet 700000 DM!

Neue Moral in Polen

Die grundlegende Unzufriedenheit im ganzen Land, ganz besonders in der Arbeiterschaft, führte in der letzten Zeit zu Erscheinungen, welche man noch vor kurzem nicht für möglich gehalten hätte: zur Zulassung »Freier Gewerkschaften«, zum Zurückweichen vor Streiks und Streikdrohungen und zur Abhalfterung des Regimes Gierek.

Was sich in den letzten zehn Jahren an Korruption, Mißwirtschaft und unrechtmäßiger Bereicherung breitgemacht hatte, überstieg anscheinend jedes erträgliche Maß.

Es seien nur einige Berichte zitiert, vor allem Zeitungsnotizen und Inserate; daß diese überhaupt in dieser Form erscheinen konnten, zeigt schon den Wandel der Dinge. Etwa: »Der moralische Verfall unserer Gesellschaft begann von oben«. (Zycle Warszawy, freie Lesertribüne)

> »Alle Luxusvillen und Sommerhäuser, die durch Machtmißbrauch oder Korruption illegal gekauft oder gebaut wurden, sollen sozialen Institutionen übergeben und in Kindergärten oder Urlaubsheime umgewandelt werden.« (Literatura.)
>
> »Der außergewöhnlich hohe Lebensstandard... weist allein schon auf eine Einkommensquelle außerhalb der Legalität hin«, schrieb, gemünzt auf einen prominenten Mann der staatlichen Wirtschaft, die Wochenschrift »Poltyka«.

Die gesamte Stimmung im Lande macht u.a. den politischen Korruptionisten allerhand Sorgen; statt vieler Worte dürfte es wohl genügen, wenn man etwa in einer Zeitung liest: »Gebe mein Wochenendhaus als Kindergarten ab«, oder wenn man hört, daß so manche Funktionäre eilends am Markt für Gebrauchtwagen in Warschau ihre ausländischen Autos zu Schleuderpreisen an den Mann zu bringen suchen.

Das polnische Volk ist wahrlich geduldig und an Leiden gewöhnt. Nun hofft es, daß mit der Trockenlegung des Korrup-

tionssumpfes Ernst gemacht wird und daß man sich dabei nicht auf die gestürzte Gierek-Clique beschränkt.
Die Wirtschaftslage ist außerordentlich schlecht; um so aufreizender wirken Korruptions- und Bereicherungsfälle (der Bonzen und der engagierten Parteimitglieder), welche immer mehr ans Tageslicht kommen. Zum Beispiel: Der frühere polnische Minister für Bauwesen hatte immer von seinem kleinen Ferienhäuschen gesprochen. Tatsächlich erwies sich das »Häuschen« als ein viergeschoßiges Gebäude, luxuriös ausgestattet und von der Versicherung mit 3 Millionen Sloti bewertet. Nur 10% der Baukosten hat der Minister selbst getragen, den Rest mußten staatliche Baufirmen aufbringen, wobei sie über ministeriellen Auftrag die Bilanzen fälschen mußten.
Der Zentralsekretär Kurowski gab an, daß seit Juli immerhin 30000 Parteimitglieder ausgeschlossen wurden. Eine ganze Reihe von »Jagdhütten« Giereks und seines Stabes wurden inzwischen dem Parlament übergeben. Die Korruption reichte von den obersten bis zu den untersten Rängen, besonders beliebt bei der Zuweisung städtischer Wohnungen und im Steuerwesen. Außerdem: Eine ganze Reihe von Parteifunktionären erhielt ihre Hochschuldiplome nach maximal zwei, statt der vorgeschriebenen fünf Studienjahren, darunter z.B. der Ex-Parteichef Gierek, ein Politbüromitglied und der ehemalige Innenminister.
Ende Mai 1981 erreichte uns die Meldung, daß der ehemalige Außenhandelsminister Jerzy Olszewski und der Ex-Bauminister Edward Barszcz Selbstmord begangen haben.
Gegen Olszewski waren schwere Anwürfe gerichtet worden wegen Korruption in seiner Amtszeit, doch nimmt man an, daß der unmittelbare Anlaß für seinen Selbstmord der bevorstehende Prozeß gegen ihn war. Er soll als Minister durch illegale Finanztransaktionen sich Unsummen an Devisen abgezweigt haben.
Dem zweiten Selbstmörder, Barszcz, wurde vorgeworfen, er habe sich in seinem Amt persönlich bereichert; unter anderem

besaß er eine Luxusvilla in der Nähe von Krakau mit in Silber gefaßten Bodenfliesen, die er um einen Spottpreis von einer staatlichen Gesellschaft bezogen hatte, die im Volksmund schon immer »Gesellschaft für Privatvillen« genannt wurde.

Hochverrat in der Eidgenossenschaft

Am 17.8.1976 teilte das Eidgenössische Justiz- und Polizeidepartement mit:

> »Auf Anordnung des Bundesanwaltes ist der frühere Instruktionsoffizier und Chef der Abteilung für Luftschutztruppen, Brigadier Jean-Louis Jeanmaire, verhaftet worden. Brigadier Jeanmaire, der seit dem 1. Januar 1976 im Ruhestand lebt, wird beschuldigt, Angehörigen der Botschaft der UdSSR in Bern militärische Informationen und Unterlagen geliefert zu haben. Im Interesse des laufenden gerichtspolizeilichen Ermittlungsverfahrens können zur Zeit keine weiteren Angaben gemacht werden.«

Am 17.6.1976 fand in Lausanne der Prozeß gegen Jean-Louis Jeanmaire vor dem Divisionsgericht II statt. Der Ankläger Dinichert unterstrich die außerordentliche Schwere der Verfehlungen des Brigadiers. Er war in die Fänge des offensichtlich überaus intelligenten sowjetrussischen Militärattachés geraten und die Anklage war der Meinung, daß er bei seinem hohen Rang nicht hatte übersehen können, daß Denissenko auch Geheimagent war. Jeanmaire gab zu Papier, er hätte einen Umschlag mit Banknoten, den ihm Denissenko geben wollte, zurückgewiesen, worauf ihn der Ankläger fragte: »Wie konnten Sie die Freundschaft mit einem Mann aufrechterhalten, der Sie zu kaufen versucht hatte?«

Frau Jeanmaire wurde der moralischen Mitverantwortung beschuldigt. Sie habe gewußt und geduldet, daß ihr Mann Denissenko geheime Aktenstöße übergab. Abschließend beantragte der Ankläger zusätzlich zu den Strafanträgen die Beschlagnahme der erhaltenen Geschenke.

Der Verteidiger wies darauf hin, daß sein Mandant – ein ausgezeichneter Offizier – ein ganz einsamer Mann sei; hier hätte dann der raffinierte Denissenko eingehackt. Jeanmaire wollte dem Sowjetrussen beweisen, daß die schweizerische Landesverteidigung stark und wirksam sei. Den Pressionen der Nachfolger Denissenkos sei er erlegen, weil er unter Drohungen befürchten mußte, entdeckt zu werden.

Das Urteil des Divisionsgerichtes: 18 Jahre Zuchthaus.

Lausanne, 17. Juni (sda). Eine unerwartet hohe Strafe für Brigadier Jean-Louis Jeanmaire fällte das Divisionsgericht II in Lausanne: Es verurteilte ihn am Freitag wegen Verräterei zu 18 Jahren Zuchthaus. Es sprach ihn schuldig, fortgesetzt militärische Geheimnisse verletzt und militärischen Nachrichtendienst betrieben zu haben. Wie Großrichter Oberst Bertrand Houriet in der Urteilsverkündigung weiter bekanntgab, wird der 67jährige Jeanmaire degradiert und aus der Armee ausgeschlossen. Er muß zudem die Verfahrenskosten übernehmen. Seine Frau Marie-Louise wurde freigesprochen.

Kurz nachdem der frühere Luftschutzchef Jeanmaire wegen Verrats zugunsten der UdSSR verurteilt worden ist, hat das Eidgenössische Justiz- und Polizeidepartement über einen Fall von militärischem Nachrichtendienst zugunsten der UdSSR orientiert: Ein fünfzigjähriger Genfer wurde beschuldigt, von Ende 1968 bis wahrscheinlich zum Sommer 1973 für sowjetische UNO-Funktionäre spioniert zu haben.

Der Bundesrat hat diesen Fall den Behörden des Kantons Genf zur weiteren Untersuchung und Beurteilung übertragen.

Über 100 Spionagefälle seit 1945

Seit dem Zweiten Weltkrieg hat die Schweiz insgesamt 30 Diplomaten, die in über hundert Spionagefälle verwickelt waren, die Ausreise nahe gelegt. Aufgrund der letzten derartigen Affäre verließen zwei polnische Diplomaten unser Land. Sie sollen den Zeitzünder der M-109-Panzerhaubitzen-Munition ausgeforscht und sich schweizerische amtliche Ausweise beschafft haben. Seit 1970 sind sechs weitere Diplomaten zur Persona non grata erklärt worden: 1970 waren es drei Sowjets. 1973 drei Tschechoslowaken.

»3 Übel und 5 Gifte«

Im November 1951 rief Mao Tse-tung zur Steigerung der Produktion auf und ließ eine entsprechende Massenbewegung in Gang setzen. Dabei erwiesen sich die *drei Übel:* Korruption, Verschwendung und Bürokratismus in staatlichen Organen und öffentlichen Einrichtungen als Haupthindernis auf dem Weg zu diesen Zielen.
Auf Empfehlung der politischen Konsultativkonferenz wurden dann im März darauf eine Kampagne gegen diese drei Übel und mit allen Mitteln die sogenannte *Drei-Anti-Bewegung* organisiert und in Schwung gebracht.
Im April 1952 wurde eine »Vorschrift zur Bestrafung von Korruptionsfällen in der Volksrepublik China« erlassen: dabei wurden Diebstahl von Staatseigentum, Plündern von Privateigentum, Annahme von Bestechungsgeldern sowie persönliche Bereicherung auf Kosten der Öffentlichkeit unter Strafe gestellt. Das Ausmaß der Strafen bewegte sich von Maßregelungen bis zur Todesstrafe.
Die Kommunistische Partei Chinas glaubte die Ursache der drei Übel in den sogenannten fünf Giften zu sehen: Bestechung, Steuerhinterziehung, Diebstahl von Staatseigentum, Betrug und Diebstahl von staatlichen Wirtschaftsinformationen. Und so folgte die Fünf-Anti-Bewegung, welcher die Bekämpfung dieser fünf Gifte oblag, unmittelbar auf die *Drei-Anti-Bewegung*. Auf Hunderten von Versammlungen waren die Firmenangestellten instruiert worden, sie sollten die Leiter der Unternehmungen illegaler Transaktionen beschuldigen. Den Unternehmern wurde vorgeworfen, in den zwei Jahren seit 1950 eine Summe von umgerechnet 180000 US-Dollar an Bestechungsgeldern ausgegeben zu haben (JMJP 10. Mai 1952). Von den 450000 kapitalistischen Industrie- und Handelsunternehmen der acht großen chinesischen Städte hätten sich nach offiziellen Agaben 76% in irgendeiner Form im Sinne der fünf Gifte bereichert.

Die Geschäftsmetropole Chinas, Shanghai, wurde von den brutalen Methoden der *Fünf-Anti-Bewegung* besonders arg betroffen, Selbstmorde der zur Verzweiflung getriebenen Unternehmer und Kaufleute waren an der Tagesordnung.

Innerhalb der Betriebe und staatlichen Abteilungen, welche der *Fünf-Anti-Bewegung* unterworfen wurden, machte man es den Mitarbeitern zur Pflicht etwaige Vergehen ihrer Vorgesetzten im Sinne der *fünf Gifte* aufzuzeigen; in den Familien wurden die Kinder zur Aufdeckung der Fehler ihrer Eltern aufgefordert, ein Verfahren, das die Zerstörung der traditionellen Familien-Loyalitäten in gewünschtem Maße beschleunigte.

Als Ergebnis der *Fünf-Anti-Bewegung* bemerkte man eine Stärkung der Autorität der Arbeiter gegenüber den Unternehmungsleitungen, eine deutliche Betonung der sozialistischen Wirtschaft und die mit Nachdruck betriebene Verschmelzung von privaten Unternehmungen mit Staatsbetrieben zu sogenannt gemischten staatlich-privaten Unternehmen (kung-ssu ho-ying). Als Zwischenstationen auf dem Weg zur völligen Verstaatlichung. 1952, am Ende der Kampagne, wickelten in Shanghai 80% der privaten Unternehmen ihre Geschäfte als Gemischte Gesellschaften ab.

Unter den Parteifunktionären in den Wirtschafts- und Finanzabteilungen, die bei den Anti-Korruptions-Kampagnen ebenfalls schwer in Mitleidenschaft gezogen wurden, bereitete sich ein Gefühl der Unsicherheit aus. Nach Abschluß der Kampagnen vermieden es die kritisierten und der Säuberung unterworfenen Kader, wieder im Wirtschafts- und Finanzbetrieb mitzuarbeiten. Eine verstärkte Pressepropaganda versuchte, die verständliche Verantwortungsscheu abzubauen und die Betroffenen dazu zu ermutigen, in ihre Fachbereiche zurückzukehren.

Zweifellos hat diese Unruhe in diesem riesigen Reich zugenommen und führte schließlich zur sogenannten großen Kultur-Revolution, die sich schon im Jahre 1965 bemerkbar machte.

Im Land der unbegrenzten Möglichkeiten

Unter dem 1.10.73 berichtete das Nachrichtenmagazin »Der Spiegel«:

> »Agnew: Sie müßten ihn aus dem Amt bomben«
> Tritt er zurück? Bleibt er im Amt? Vizepräsident Spiro Agnew, der Korruption, der Bestechung, der Steuerhinterziehung beschuldigt, wird zur Belastung für die Regierung Nixon. Anfangs hatte der Präsident noch gehofft, der Fall Agnew werde von seiner eigenen Watergate-Misere ablenken, nun möchte er den Vize so schnell wie möglich loswerden. Aber Agnew weigert sich. Wird er der prominenteste Angeklagte der Nixon-Mannschaft?«

Zum erstenmal in der Geschichte der Vereinigten Staaten wurde ein amtierender Vizepräsident gerichtlich verurteilt.

Spiro Agnew wurde der Steuerhinterziehung, Bestechung und Erpressung beschuldigt. Im Gerichtssaal III von Baltimore rief der Gerichtsdiener nach Jahrhunderte altem Zeremoniell vor Beginn der Verhandlung: »Oyez, oyez, oyez!« und »Gott schütze die Vereinigten Staaten«!

Agnew bekannte sich nur der Steuerhinterziehung schuldig und wurde zu 10000 Dollar Geldstrafe und drei Jahren Haft auf Bewährung verurteilt. Der Richter fügte hinzu, daß andere Angeklagte für derartige Straftaten ins Gefängnis müßten.

Was nach kontinentaler Rechtsauffassung ziemlich grotesk erscheint, ist in den Vereinigten Staaten keineswegs unüblich. In einem Hotel in der Vorstadt von Washington hatten sich die Prozeßparteien in Anwesenheit des Richters zuvor folgendes ausgehandelt: Der Angeklagte solle sich in dem harmlosesten Punkt der Anklage schuldig bekennen; dies garantiere ihm ein schnelles Urteil, eine geringe Strafe und die Niederschlagung der übrigen Anklagepunkte.

Der Präsident, der Außenminister und die zuständigen Stellen des Kongresses erhielten Schreiben des Vizepräsidenten, mit welchen er seinen Rücktritt erklärte – an sich selbstverständlich.

Präsident Nixon forcierte dann als Agnew-Nachfolger den späteren Präsidenten Gerald Ford.

Auch eine andere Präsidentschaft wurde schwer belastet, die des Präsidenten Carter. Man schätzt, daß Billy Carter durch Ausnützung seines Verwandtschaftsverhältnisses mit dem amtierenden Präsidenten ungefähr eine Million Mark im Jahr »verdiente«.
Es würde zu weit führen, alle seine Eskapaden aufzuzählen, die Klatschspalten wurden von ihm dauernd mit Stoff versorgt. Als bekannt wurde, daß er sich von Gaddafi, dem Präsidenten von Libyen, hat bestechen lassen, gab es eine große Aufregung. Er hatte Geld und Geschenke angenommen und konnte sich nur dadurch einer Verhaftung entziehen, daß er sich nunmehr ganz offiziell als Vertreter und Agent Libyens registrieren ließ. Das Gericht verzichtete auf eine Anklageerhebung, aber die Amerikaner fanden es ungeheuerlich, daß der Bruder des Präsidenten sich als offizieller Vertreter Gaddafis etablierte, welcher in ihren Augen als Massenmörder betrachtet wird.
Billy hatte auch die väterliche Erdnußfarm verwaltet. Diese Position mußte er nun aufgeben, da man ihm Steuerhinterziehung und unreelle Geschäfte vorwarf.

Die vorläufig letzte Nachricht von Korruption oder Korruptionsverdacht aus dem Weißen Haus betrifft den früheren Präsidenten Lyndon B. Johnson.
Nach Angaben des früheren Pulitzer-Preis-Gewinners und Johnson-Biographen Robert Caro in der Zeitschrift Atlantic Monthly hat der frühere Präsident bereits während seiner Zeit als Vizepräsident unter John F. Kennedy versiegelte Umschläge, die mit Dollarnoten vollgestopft waren, entgegengenommen. Einmal sei sogar ein Repräsentant einer Ölgesellschaft gekommen und habe 50000 Dollar gebracht, in versiegelten Umschlägen und in 100-Dollar-Noten...

Das süße Leben des Babaijew

Nach dem Krieg wurde in der Sowjetunion die Todesstrafe abgeschafft, nach kurzer Zeit aber wieder eingeführt für Verbrechen wie Verrat, Spionage, für vorbedachten Mord und für Vergewaltigung. Seit 1961 auch für gewisse Wirtschaftsverbrechen, wie schweren Diebstahl an Volkseigentum, Korruption und Währungsspekulationen.

Statistiken über die diversen Verbrechen werden geheimgehalten. Die Zeitungen berichten nur »gezielt« über einen Teil der Todesurteile; sie sollen dann der Abschreckung dienen oder beweisen, wie die Justiz das Volk vor Schädlingen schützt.

Uns interessieren vom Thema her vor allem die Wirtschaftsvergehen, die unverhältnismäßig hart bestraft werden. Praktisch handelt es sich dabei um Korruption der verschiedensten Art und korrupte Machenschaften. Darüber berichten die Zeitungen sehr oft. Ein paar Beispiele:

Ein Schuldirektor hat Geld für gute Zeugnisse genommen – 8 Jahre Arbeitslager. Die Angestellte eines Lebensmittelgeschäftes zweigte sich Fleisch ab – 2½ Jahre Arbeitslager. Tausend Rubel Schmiergeld für einen Friedhofsplatz; ein Gewerkschaftssekretär verschob vom Staat subventionierte Urlaubsscheine.

Es ist verständlich, daß sich der Sowjetbürger durch die immer wiederkehrenden Versorgungslücken irgendwie »hinüberretten« muß, was nur auf illegalem Weg möglich ist. Durch das System der Planwirtschaft werden all diese unliebsamen Erscheinungen erheblich gefördert und so herrscht im »Paradies der Bauern und Arbeiter« vielfach die Kleptokratie.

Die Welt vom 16.6.1980 berichtete unter der Überschrift:

> In der Todeszelle endete das süße Leben des Staatsanwalts Babaijew
>
> Moskau: Härte gegen Wirtschaftsverbrecher / Planwirtschaft führte zur »Kleptokratie«

Wie zu erfahren war, wurde der Staatsanwalt Babaijew mit ein paar Leuten seines Kreises zum Tode verurteilt und kurz danach erschossen. Er hatte, heißt es, sein Amt mißbraucht und das Volksvermögen innerhalb von drei Jahren um ca. 6 Millionen DM zu seinen Gunsten geschädigt. Er führte ein flottes Leben: Datscha, luxuriöse Wohnung, fünf Freundinnen und drei Privatautos...

Im März des Jahres 1982 wurde bekannt, daß der KGB und das Innenministerium gegen die Kinder des KP-Chefs Leonid Breschnews ermittelten. Schon seit Monaten läuft eine Kampagne in der Sowjetunion gegen die Korruption, im Laufe derer das Innenministerium und der Geheimdienst bis in die oberen Etagen vorgedrungen ist.

»Korruptions-Affären rütteln am Sessel des Kremlchefs«, schreibt der Kurier vom 9. März und weiter:

»...Die Lawine wurde losgetreten, als im Dezember die gesamte Belegschaft des Moskauer Juwelierladens »Samoswety« verhaftet wurde – sie hatte mit Diamanten und Westdevisen einen schwunghaften Schwarzhandel betrieben...

Eine Hausdurchsuchung bei Zirkuschef Kolewatow förderte einiges zutage: weitere Brillanten, Westdevisen im Wert von 1,5 Millionen Dollar, die offenbar durch falsche Abrechnungen von Auslandsgastspielen des Zirkus abgezweigt worden waren, sowie rund 1 Million Rubel in bar. Und die Saubermänner des KGB und Innenministeriums begannen sich im Zirkusmilieu umzuhören – und wurden erneut fündig: Kolewatows Stellvertreter Viktor Gorsky war ebenfalls in die Unregelmäßigkeiten mitverwickelt, beide hatten unter anderem Bestechungsgelder und Geschenke von den Artisten verlangt, die unbedingt ins westliche Ausland auf Tournee gehen wollten, usw....

Die Dossiers des Innenministeriums etwa über Breschnew-Sohn Jurij, Vizeaußenhandelsminister, wurden immer dicker. Der inzwischen auch zum ZK-Mitglied aufgestiegene Breschnew-Sohn hatte ja schon öfter seine dienstlichen Reisen in den Westen zu Vergnügungen genützt, war im Striplokal »Crazy Horse« an der Seine gesichtet worden und erst im Februar im Casino Chaudfontaine in der Nähe von Liège (Belgien) beim Jetonsetzen und Verspielen stattlicher (und staatlicher) Summen gesichtet worden.

Günstlingswirtschaft, Korruption und Nepotismus...«

Die Loge »Propaganda 2«

In den letzten Maitagen 1981 trat die italienische Regierung unter dem Ministerpräsidenten Forlani zurück. Das wäre ja nun an sich gerade keine Sensation, da Italien seit dem Jahre 1945 schon 40 verschiedene Regierungen gehabt hat.

Unter der Überschrift:

> Würze im Spiel
>
> »Zum erstenmal stürzte eine Regierung über einen Freimaurer-Skandal: Die Loge ›Propaganda 2‹, der prominente Politiker und Generäle angehören, war angeblich ein Zentrum von Spionage und Korruption.«

berichtete Der Spiegel über diesen Vorgang.

Anläßlich der Untersuchung eines der größten Finanzskandale führte eine Spur auch zu einem gewissen Lucio Gelli. Man fand in seiner Villa unter anderem »streng vertrauliche« Berichte von Geheimdiensten und sonst allerhand verdächtiges Material. Auch fand sich ein Mitgliederverzeichnis einer sogenannten geheimen Freimaurer-Loge, dessen Großmeister besagter Gelli war. Diese P 2 besteht seit 1971 und war so organisiert, daß sich nicht einmal ihre Mitglieder mit Namen kannten. Die Mitgliederliste galt bisher als best gehütetes Geheimnis Italiens. (P für Propaganda, 2 soll darauf hinweisen, daß es eine Neugründung sei, nachdem unter Mussolini die Freimaurerei verboten worden war).

Zwei Untersuchungsrichter aus Mailand sandten an den Ministerpräsidenten Forlani und dem Staatspräsidenten Pertini einen Bericht, in welchem die Freimaurer-Loge P 2 als »okkultes Machtzentrum« und als »verfassungsfeindlicher Geheimbund« bezeichnet wurden.

Forlani sah sich genötigt, die ihm zugespielte Mitgliederliste der Öffentlichkeit bekanntzugeben. Die Namen schlugen wie eine Bombe ein. Darunter waren zwei amtierende Minister sowie drei Staatssekretäre; 43 Parlamentarier von Sozialisten, Sozialdemokraten (Parteichef Pietro Longo) über Christdemo-

kraten, bis zu den Neofaschisten. Ferner eine große Anzahl von Industriellen, Journalisten, hohen Justizbeamten, mehr als 40 Generäle und eine Anzahl anderer Offiziere, die als Mitglieder geführt wurden. Als Pikanterie sei noch erwähnt, daß auf der Liste auch der Chef des Generalstabes und sinnigerweise auch die beiden Chefs des Geheimdienstes zu finden waren. Diese drei Herren wurden veranlaßt, sich vorläufig einmal ins Privatleben zurückzuziehen.
Großmeister Gelli verfügte über ein ausgedehntes Spionagesystem, das ihm erlaubte, Erpressungen der verschiedensten Art – auch zum Eintritt in die Loge – anzuwenden. Daß Gelli, der verschiedensten Wirtschaftsverbrechen und auch der Spionage bezichtigt, sich bereits im Ausland befindet, ist wohl nicht überraschend. Ein Intimus von ihm innerhalb der P 2, der Bankier Calvi, wurde verhaftet; man beschuldigt ihn, außergewöhnlich hohe Geldsummen illegal in die Schweiz verschoben zu haben.
Wenn es nun heißt, daß die offiziellen Freimaurer-Logen Italiens die P 2 nie anerkannt haben, so spricht dies und vieles andere dafür, daß Gelli seine Organisation fälschlich als Freimaurer-Loge deklarierte. Die Freimaurerei ist in Italien nicht verboten. Der »Große Orient Italiens«, zu welchem ca. 400 Logen mit mehr als 20000 Mitglieder gehören, steht ganz offiziell im römischen Telefonbuch.
Die Öffentlichkeit wirft der P 2 vor, mit undurchsichtigen Machenschaften aus dem dunkeln heraus das Leben Italiens planmäßig zu beeinflussen. Tatsächlich scheinen schon die ersten Untersuchungen eine immer stärker hervortretende Verflechtung der Loge und ihres Großmeisters mit Wirtschaftsverbrechen und ganz großen Korruptionsskandalen zu zeigen.
Es ist für den Beobachter dieser Szenerie noch nicht möglich, sich ein genaues Bild von diesem Skandal zu machen, aber de facto sind bis jetzt einige Minister zurückgetreten und auch innerhalb der Parteien ist eine solche Unruhe ausgebrochen, so daß die Regierungskoalition auseinandergebrochen ist.

Es ist anzunehmen, daß noch einiges ans Tageslicht kommen wird. Vorderhand heißt es nur:

> Freimaurer-Skandal oder KP-Intrige stürzte die Regierung
> Italien: Dunkle Macht steht im Rampenlicht
> (Kurier 27. Mai 1981)

Teuere »Heimat«

Wohl der größte Korruptionsskandal in Europa ereignete sich in allerletzter Zeit.
Mit 6,5 Milliarden Mark Jahresumsatz ist die »Neue Heimat« der größte Baukonzern Europas. Der Konzern gehört dem Deutschen Gewerkschaftsbund. Dieser hat 7,8 Millionen Mitglieder und ist nicht nur die größte Arbeitnehmerorganisation der Bundesrepublik, sondern auch Arbeitgeber für mehr als 100000 Beschäftigte in seinen Wirtschaftsbetrieben mit einer Bilanzsumme von 125 Milliarden Mark. Herr Rudolf Augstein schreibt im »Spiegel« Nr. 7 vom 15.2.1982:

> »...desto schwerer fällt ins Gewicht, daß in der Bundesrepublik kaum ein kapitalistischer Konzern dieser Größenordnung vorstellbar ist, in dem die Aufsichtsorgane so gravierend versagt haben.«

Der Spitzen-Gewerkschafter Albert Vietor sagte selbst:

> »Ich besitze in Hamburg 24 Wohnungen und eine halbe; außerdem bin ich in Berlin an 217 Wohnungen beteiligt.«

Zusätzlich gab er zu, bei einem Jahresgehalt von 524000 Mark, Einkünfte aus zahlreichen Nebengeschäften nicht eingerechnet, nur etwa 100000 Mark Steuern gezahlt zu haben.
Unter dem Titel »Der König und die Strohmänner« schrieb der Stern:

> »Neunzehn Jahre lang kommandierte ›König‹ Albert Vietor den gewerkschaftseigenen Baukonzern ›Neue Heimat‹. Er überstand zahlreiche Skandale. Vergangene Woche stolperte er über seine gewinnträchtigen Privatgeschäfte, die er über Strohmänner abwickelte. Doch der Fall ›Neue Heimat‹ ist kein Einzelfall. Auch in anderen Gewerkschaftsfirmen herrscht der Kollege Filz.«

Am Rande sei bemerkt, daß die »Neue Heimat« auch in Wien gebaut hat und daß Wohnungswerber angaben, dem verhafteten Prokuristen dieser Firma 400000 Schilling Schmiergelder gegeben zu haben.

> Bestechungsskandal: Bonns schwere Krise
> Die Bonner Kolaition ist seit Freitag auf das schwerste erschüttert: Wegen dringenden Verdachtes der passiven Bestechung verlangt der Staatsanwalt die Vernehmung der Minister Matthöfer (SPD) und Lambsdorff (FDP). Im Zusammenhang mit der Parteispendenaffäre ist zuvor bereits Flick-Konzern-Chef von Brauchitsch als Industriellenpräsident zurückgetreten. (Kurier)

Artikel dieser Art alarmierten Ende Februar die Öffentlichkeit. Es wurde bekannt, daß die Bonner Staatsanwaltschaft beim Bundestag beantragt hat, die Abgeordneten-Immunität der Minister Lambsdorff (FDP), Matthöfer (SPD) und des FDP-Abgeordneten Riemer (Ex-Wirtschaftsminister von NRW) aufzuheben. Grund: Die Staatsanwaltschaft prüft, ob die genannten Politiker vom Flick-Konzern bestochen wurden. Im Zusammenhang damit ist der Flick-Manager, Herr von Brauchitsch, als Vize-Präsident des Bundesverbandes der Deutschen Industrie (BDI) zurückgetreten, da gegen ihn wegen Verdachtes der Bestechung ermittelt wird.

»Was wir brauchen, ist mehr Moral«

In Österreich hat es in den letzten Jahren etliche Korruptionsskandale gegeben, es sei jedoch nur auf einen hingewiesen, den sogenannten AKH-Skandal, da er dem Umfang nach, der weiten Streuung und der ungeheuren Korruption der ärgste diesbezügliche Fall war und ist, der in der zweiten Republik vorgekommen ist.

Man hatte beschlossen, an Stelle des unter Kaiser Joseph II. seinerzeit erbauten Allgemeinen Krankenhauses ein neues, modernes Krankenhaus größten Stils zu errichten. Bald sprach man von Fehlplanungen und munkelte von Durchstechereien und korrupten Manipulationen. Die Kosten dieses Baues haben heute schon alle Schätzungen übertroffen und werden angeblich 40 – 50 Milliarden Schilling (ca. 7 Milliarden DM) betragen. Man kann sich daher leicht vorstellen, daß Aufträge in der Höhe von Hunderten von Millionen, ja Milliarden vergeben werden. Das ganze Jahr 1981 hindurch war das »AKH« Gegenstand größter Publizität sowie von politischen Auseinandersetzungen.

Nur einige Headlines seien hier angeführt:

»Korruption in Österreich: AKH-Symptom oder Einzelfall?«

»Das Neueste aus dem Kontrollamtsbericht. AKH-Sumpfblüten
Jetzt täglich in der ›Kronen-Zeitung‹.«

Unter dem Druck der öffentlichen Meinung wurde ein parlamentarischer Untersuchungsausschuß eingesetzt und gerichtliche Voruntersuchungen vorgenommen. Eine Reihe von Personen wurde in Untersuchungshaft genommen, und es dauerte lange, bis es zum Prozeß kommen konnte. Das Zusammenspiel der Geber und Nehmer erschwerte die Wahrheitsfindung, Geheimkonten im Ausland, diverse Verquickungen und Vernebelungen, geheime Absprachen etc. machten den Untersuchenden eine wahre Sisyphusarbeit. Der Hauptangeklagte erklärte z.B. mit »schöner Offenheit«, er werde seine Hintermänner nicht preisgeben, da er schließlich an seine Zukunft denken müsse.

Ende November 1981 ergingen die Urteile der »ersten Tranche«. Alle 12 Angeklagten wurden vom Schöffensenat für schuldig befunden, Strafen von 1 – 9 Jahren verhängt.

In verschiedenen Variationen ergingen die Schuldsprüche aus folgenden Gründen: Geschenkannahme durch Beamte; Untreue; schwerer Betrug; Verletzung zu Pflichtwidrigkeit; Urkundenunterdrückung; Devisenvergehen etc. etc. Da der größte Teil der Verurteilten Berufung bzw. Nichtigkeitsbeschwerde eingelegt hat, und außerdem noch mehrere Prozesse in der AKH-Affäre vorbereitet werden, wird dieser enorme Korruptionsskandal nicht so bald aus dem Interesse der Allgemeinheit verschwinden. Inzwischen sind noch mehrere andere Korruptionsfälle aufgeflogen.

Herbert Krejci, der Generalsekretär der Vereinigung österreichischer Industrieller, hat in der Zeitschrift des Österreichischen Akademikerbundes zu diesen Affären Stellung genommen; ein Auszug aus diesem Artikel sei zitiert:

> »An der Spitze steht die Einsicht, daß ›solches‹ nicht auf Österreich beschränkt ist. Es trifft nicht zu, daß das Land ein einziger Schweinekoben ist, voll von Korruption, Durchstechereien und moralischer Verkommenheit. Noch immer überwiegt das Anständige, Ehrliche und Saubere... Wer nur provinziell um sich blickt, dem geht nicht auf, daß andere Staaten von nicht minder großen Skandalen erschüttert werden, ja bis hinauf in die höchste Ebene, in die Staatsspitzen. Das entschuldigt nichts, rückt aber die Proportion zurecht.«

»Ein Sumpf, der nie austrocknen wird?« Dazu Bundespräsident Kirchschläger:

»Was wir brauchen, ist mehr Moral«, das war der Kernsatz seiner ernsten Mahnung an das ganze Volk.

»All das, was jetzt die täglichen Nachrichten erfüllt und

bis zur vollständigen und absoluten Klarstellung erfüllen muß, kann zu einer heilsamen Kur für unsere Republik und für unser Volk werden, wenn wir bereit sind, uns nicht nur daran zu ergötzen, daß eine Anzahl von Menschen eingesperrt oder an den Pranger gestellt wird, sondern wenn wir auch für uns persönlich die Art unserer Pflichterfüllung und die Gewohnheiten unseres täglichen Lebens vom Gesichtspunkt der Ehrlichkeit, der Aufrichtigkeit, der Treue gegen die übernommenen Pflichten, kurz gesagt, vom Standpunkt der Moral überdenken...«

»Meine Lebenserfahrung geht eben dahin, daß Sumpfblüten unauffällig nur in einem Sumpf wachsen können. Beginnen wir also mit dem Trockenlegen...«

Und schließlich sollten die Österreicher es sich abgewöhnen, vor manche Delikte das Prädikat »Kavalier« zu setzen. Das gelte für zu schnelles oder alkoholisiertes Autofahren ebenso wie für Zollvergehen, wie eben für das Geben und Nehmen von Bestechungsgeldern, schloß Kirchschläger.

Noch ist der AKH-Skandal nicht ausgestanden, schon berichten die Zeitungen von neuen Bestechungsskandalen.

»Urplötzlich brechen in Österreich die Korruptionsblasen auf: Milliardenskandal beim AKH, Millionenskandal bei der WBO«,

schreibt der Kurier im Februar 1982.

»Wohnbau-Ost-Skandal weitet sich aus: Schon die achte Verhaftung.

Donnerstag abend schlug die ›WBO-Truppe‹ bereits zum achtenmal zu: Der 34jährige Diplomingenieur Otto Kriegler aus Sigleß im Burgenland wurde wegen Verdachts der Mittäterschaft und Untreue verhaftet. Damit wurde erstmals ein Verwandter des inhaftierten Landtagsabgeordneten Dr. Ernst Rauchwarter zum Untersuchungshäftling.«

So berichtete weiter der KURIER über den neuen Skandal im östlichsten Bundesland, der anscheinend auch auf das Bundesland Niederösterreich übergegriffen hat. Auch in diesem Fall wurde ein parlamentarischer Untersuchungsausschuß eingesetzt. Es wurden bereits einige Verhaftungen vorgenommen, der ganze Fall ist jedoch noch ziemlich undurchsichtig.

Auch im Bundesland Steiermark gab es Verhaftungen im Zusammenhang mit Baugenossenschaften; in beiden Fällen wurde die Immunität von Abgeordneten aufgehoben. Unter verschiedenen Verdachtsmomenten geht es natürlich auch um aktive und passive Bestechung.

Eine Zeitungsstimme (Die Presse) von Ende Februar dazu:

> »Was wunder, daß unter solchen Umständen nun auch das Nadererturn fröhliche Urständ' feiert? Unterstellungen sind wohlfeil, Verleumdungen gar gratis zu haben und in der Politik herrscht nun einmal die vermaledeite Umkehr der Beweislast: Nicht der Verdächtiger, sondern der Verdächtigte muß nachweisen, daß er recht hat.«

Daß in Wien doch schon der Balkan beginnt, zeigt ein anderer Fall. Der BGV-Skandal. Wie zu erfahren ist, wollen 47 Beamte der Bundesgebäudeverwaltung bestochen worden sein. Die Inhaberin einer Fußbodenverlegungsfirma hat über die Zahlungen an die Beamten jahrelang Buch geführt. Gute Aufträge wurden mit schönen Aufwendungen »honoriert«. Bei einer Steuerfahndung flog der Skandal auf.

> »BGV-Skandal: Zweite Verurteilung in der Massenbestechung!«

schrieb die Kronenzeitung und weiter u.a.

> »...Im Justizministerium gab Margarethe Keziersky die Massenbestechung noch offen zu. Erst als sie vom Gericht die erste Zeugenladung erhielt, ging sie ins Spital.«

In den zehn begonnenen BGV-Prozessen wurden erst 2 Verurteilungen ausgesprochen.

»Tu Felix Austria... Ist denn gar kein Ende abzusehen?«

Literatur- und Quellenverzeichnis

Allgemeines

BAUER, Wilhelm, Der Krieg und die öffentliche Meinung, Tübingen 1915.
BRECHT, Bertolt, Über Politik auf dem Theater, Frankfurt/Main 1971.
BÜCHMANN, Georg, Geflügelte Worte, 27. Auflage, Berlin 1967.
CHILDS, Harwood, An Introduction to public opinion, New York, Wiley 1940.
DAUMIER, Honoré, Daumier und die Politik, herausgeg. U. H. Rothe, Leipzig 1925.
DOLBERG, Richard, Die Theorie der Macht, Wien 1934.
DURGULIN, Historischer Bilderatlas.
ELLINGER, Georg, Verhältnis der öffentlichen Meinung zu Wahrheit und Lüge, Diss. Berlin 1884.
EVERT, Erich, Politik und Öffentlichkeit, 1. Bd., Jena 1936.
FRIEDRICH, Carl Joachim, The new belief in the common man, Vermont 1945. Pathologie der Politik, Die Funktion der Mißstände: Gewalt, Verrat, Korruption, Geheimhaltung, Propaganda, Frankfurt/New York 1972.
FUCHS, Eduard, Die Karikatur der europäischen Völker vom Altertum bis zur Neuzeit, Berlin 1902. Die Karikatur der europäischen Völker vom Jahre 1848 bis zur Gegenwart, Berlin 1903.
GOTTINGER, F., Geheimwirkungen der Presse, Graz 1924.
GREENTAN, John T., Everyday problems of American Democracy, Cambridge 1948.
GREGOR, Joseph, Weltgeschichte des Theaters, Wien 1933.
HAGEN, Walter, Die geheime Front, Organisation, Personen und Aktionen des deutschen Geheimdienstes, Linz/Wien 1950.
HEUER, Rolv, Genie und Reichtum, Reinbek 1973.
HOFMANN, Werner, Die Karikatur von Leonardo bis Picasso, Wien: Rosenbaum 1956.
HOFSTÄTTER, Peter, Die Psychologie der öffentlichen Meinung, Wien, Braumüller 1949.
HOLZENDORF, Franz v., Wert und Wesen der öffentlichen Meinung, 2. Auflage, München 1880.
HOMBOURGER, René, Goebbels, Chef de Publicité due 3'é Reich, Paris 1939.
HOUBEN, H. H., Verbotene Literatur von der klass. Zeit bis zur Gegenwart, 1. Bd., Berlin 1924, 2. Bd., Bremen 1928.
HRUSAK, Hans, Einfluß von Theater und Film auf die öffentliche Meinung, Wien, Diss. 1951.
IRINIZ-CASAS, Dr. Nelson, Korruption in der UNO, Düsseldorf 1970.
JENSEN, Hans, Die Schrift in Vergangenheit und Gegenwart, Berlin 1958.
KINCK, Hans E., Machiavelli, Basel 1938.
KURTH, Karl, Vom Wesen und Wirken der Nachricht, Wien 1942.

LANDENDORF, Otto, Historisches Schlagwörterbuch, Strassburg 1906.
LEJEUNE, Robert, Honoré Daumier, Lausanne 1953.
LE BON, Gustave, La psychologie des foules, Paris 1895.
MACHIAVELLI, Niccolò, Il Principe, Mit einem Nachdruck der 1745 erschienenen deutschen Übersetzung.
MALAPARTE, Curzio, Die Technik des Staatsstreiches, Essener Verlagsanstalt 1948.
MANHEIM, Ernst, Die Träger der öffentlichen Meinung, Brünn/Prag, Rohrer Verlag 1933.
MANN, Golo, Friedrich von Gentz, Zürich/Wien 1947.
MERRIMAN, Charles, Systematic Politics, Chicago 1945.
MILLER, Alfred, Demokratie und Korruption, Leipzig 1928.
MÜNSTERBERG, Hugo, Psychotechnik, Leipzig 1928.
ORTEGA Y GASSET, Der Aufstand der Massen, Deutsche Verlagsanstalt Stuttgart 1957.
PACKARD, Vance, The hidden persuaders, David McKay, New York 1957.
PAHLE, Heinz, Der Rundfunk als Instrument der Politik, Hamburg 1955.
PANOFKA, Theodor, Parodien und Karikaturen auf Werke der klassischen Kunst, Berlin 1851.
PAUPIE, Kurt, Öffentlichkeit, Meinungsbildung und Nachrichtenwesen, Braumüller, Wien 1957.
RATTNER, Josef, Tiefenpsychologie und Politik, Freiburg i. B.
REILE, Oscar, Geheime Ostfront, München/Wels 1963
REILE, Oscar, Geheime Westfront, München/Wels 1962
SCHÄFER, Wilhelm, Bestechung und Korruption als Machtmittel der Politik, Hannover 1931.
SCHLAMM, William S., Zorn und Gelächter, München 1977.
SCHMEER, Karlheinz, Die Regie des öffentlichen Lebens im Dritten Reich, Pohl, Müchen 1956.
SCHOECK, Helmut, Was heißt politisch unmöglich?
SCHWARZ, Urs, Die Angst in der Politik, Düsseldorf/Wien 1967
SILONE, Ignazio, Die Schule der Diktatoren, Zürich 1938.
SINCLAIR, Upton, Money writes, London 1931
STURMINGER, Alfred, 3000 Jahre Politische Propaganda, Wien/München 1960
TOYNBEE, A. J., A study of History, New York 1947.
TROTTER, The herd instinct.

Antike

Allgemeines

Alle in Betracht kommenden römischen und griechischen Schriftsteller

BÖHME, Martin, Die Zeitung. Ihre Entwicklung vom Altertum bis zur Gegenwart, eine Einführung, Hamburg 1922.

CHIERA, Eduard, Sie schrieben auf Ton, was die babylonischen Schrifttafeln erzählen, Zürich/Leipzig 1938.
DARENBERG-SAGILO, Dictiounarie des Antiquités, Paris 1904.
FLOHERTY, John, Sieg über den Raum. Von der Urwaldtrommel zum Radar, Die Geschichte der Nachrichtentechnik, Wien 1958.
KLAUSNER, Theodor, Reallexikon für Antike und Christentum, Leipzig 1941.
LAMER, Hans, Wörterbuch der Antike mit Berücksichtigung ihres Fortwirkens, Stuttgart 1952.
LANGE, Kurt, Herrscherköpfe des Altertums in Münzbildnissen ihrer Zeit, Berlin/Zürich 1938.
MEYER, Eduard, Geschichte des Altertums, Basel 1954.
MÜHL, Max, Die Antike Menschheitsidee in ihrer geschichtlichen Entwicklung, Leipzig 1928.
NESTLE, Wilhelm, Politik und Moral im Altertum. Illbergs neue Jahrbücher 1901.
OSTROGORSKY, Georg, Geschichte des byzantinischen Staates, München 1940.
OXFORD, Classical Dictionary, Oxford 1949.
PANOFKA, Theodor, Parodien und Karikaturen auf Werken der klassischen Kunst, Berlin 1851.
PAULY-WISSOWA, Realencyclopädie der klass. Altertumswissenschaft. Alle einschlägigen Artikel insbesondere: Acta diurna (Kubitschek), Apotheose (Hiller von Gaertringen), Aspasia (Judeich), Alkibiades (Toepffer), Agones (P. J. Meier), Caesar (Klotz), Cicero (Gelzer), Kleopatra (Stähelin), Komödie (Körte), Augustus (Seeck), Kaiserkult (Herzog-Hauser, Suppl. IV), Consecratio (Wissowa), Laren (Boehm), Perikles (Miltner), Sallust (Stein), Triumph (Ehlers), Triumphbogen (Kähler), Ostrakismos (Reinmuth)
PFISTER, Friedrich, Die Religion der Griechen und Römer, Leipzig 1930.
PILZ, Hermann, Das Buch- und Zeitungsgewerbe im Altertum, Deutsche Buchhändler-Akademie, 2. Bd., Weimar 1885.
POEHLMANN, Robert, Geschichte der sozialen Frage und des Sozialismus in der antiken Welt, 3. Auflage, München 1925.
RIEPL, Wolfgang, Das Nachrichtenwesen des Altertums mit bes. Berücksichtigung der Römer, Leipzig 1913.
ROSCHER, Wilhelm, Lexikon der griechischen und römischen Mythologie, Leipzig 1884.
ROSTOVTZEFF, Michael, Geschichte der alten Welt, Berlin/Darmstadt/Wien 1961.
SCHRÖTTER, Friedrich Freiherr von, Wörterbuch der Münzkunde, Leipzig 1930.
THOMSON, Oliver, History of Ancient Geography, Cambridge 1948.
WALTERS, H. B., A Guide to the Exhibition Illustrating Greek and Roman Life, London 1929.

Der erste Angriff aus dem Osten

ADAMS, C. D., Demosthenes and his Influence, London 1927.
ANDREADES, A., Geschichte der griechischen Staatswirtschaft, München 1931.
BELOCH, Karl, Griechische Geschichte I – IV, 2. Auflage, Berlin und Leipzig 1912 – 1927.
BERVE, Helmut, Griechische Geschichte, Freiburg i. Br. 1951 und 1953.
BETHE, Erich, Tausend Jahre altgriechischen Lebens, München 1933.
BUSCHOR, Erich, Griechische Vasen, München 1940.
CHRIST, Wilhelm, Geschichte der griechischen Literatur, 6. Auflage, München 1912.
EDMONDS, John Maxwell, The Fragments of Attic Comedy, Leipzig 1957.
GOMPERZ, Theodor, Griechische Denker I – III, 3. Auflage 1911.
GROSSMANN, Gustav, Politische Schlagwörter aus der Zeit des Peloponnesischen Krieges, Zürich 1950.
HASERBROEK, Johannes, Griechische Wirtschafts- und Gesellschaftsgeschichte, Tübingen 1931.
HILLER VON GAERTRINGEN, Friedrich, Historische griechische Epigramme, Lietzmann, kleine Texte, Bonn 1926.
HÖNN, Karl, Solon, Staatsmann und Weiser, Wien 1948.
KAIBEL und KIESSLING, A., Aristoteles' Schrift vom Staatswesen der Athener, Straßburg 1891.
KALINKA, Ernst, Die pseudoxenophontische Schrift vom Staat der Athener, Leipzig 1913.
KENNER, Hedwig, Das Theater und der Realismus in der griechischen Kunst, Wien 1954.
LESKY, Albin, Geschichte der griechischen Literatur, Bern 1957/58.
LUKIAN, Die Hetärengespräche des Lukian, Leipzig 1907.
RADEMACHER, Ludwig, Mythos und Sage bei den Griechen, Wien 1942.
SCHMID, Wilhelm, Geschichte der griechischen Literatur, Handbuch der Altertumswissenschften, 1924 – 1934.
WILAMOWITZ-MOELLENDORF, Ulrich von, Aristoteles und Athen, Berlin 1893.
WILCKEN, Ulrich, Griechische Geschichte im Rahmen der Altertumsgeschichte, München 1958.
ZUNTZ, Günther, The Political Plays of Euripides, Manchester 1955.

Rom, der Nabel der Welt

BEER, Cavin de, Hannibal, München 1970.
BERNHART, Max, Handbuch zur Münzkunde der römischen Kaiserzeit, 1926.
CARCOPINO, Jérôme, Das Alltagsleben im antiken Rom, Innsbruck/Wien 1950. Les secrets de la correspondence de Cicéron, Paris 1942.
DZUR, E. A. P., Die Trajanssäule, Voorburg bei Den Haag 1941.
FRIEDLÄNDER, Ludwig, Sittengeschichte Roms, Phaidon Verlag.

GELZER, Matthias, Caesar, Politiker und Staatsmann, Wiesbaden 1960.
HEINZE, Richard, Von den Ursachen der Größe Roms, Rektoratsrede, Leipzig 1921.
HÖNN, Karl, Augustus und seine Zeit, Wien 1952.
JOLLIFFE, P. O., Phrases of Corruption in Roman Administration in the Last Half-Century of the Roman Republic, Chicago 1919.
JUVENALIS, D. J., Satiren, München 1958. Römisches Alltagsleben im 1. und 2. Jahrhundert, Zürich 1963.
KAHRSTEDT, Ulrich, Kulturgeschichte der römischen Kaiserzeit, Bern 1958.
KROLL, Wilhelm, Die Kultur der ciceronischen Zeit, Leipzig 1933.
MAINZER, Ferdinand, Der Kampf um Caesars Erbe, Leipzig/Wien 1934.
MARTIALIS, M. V., Epigramme, Zürich/Stuttgart 1957.
MATT, Leonhard von, Römische Bildwerke, Wien 1958.
MAU, August, Pompeji in Leben und Kunst, Leipzig 1908 – 1913.
MOMMSEN, Theodor, Römische Geschichte, 1885 – 1889.
MOSTAR, G. H., Martialis, Frech und frivol nach Römersitte, München 1966.
ORTEGA Y GASSET, José, Del Imperio Romano, Madrid 1942.
ROSTOVTZEFF, Michael, Geschichte der alten Welt, Berlin 1961. Gesellschaft und Wirtschaft im römischen Kaiserreich, Heidelberg um 1953.
SCHMIDT, O. E., Flugschriften aus der Zeit des ersten Triumvirats, Ilbergs neue Jahrbücher 1901.
SCHUR, Werner, Das Zeitalter des Marius und Sulla, Leipzig 1942.
SIEBER, Heinrich, Römisches Verfassungsrecht, Schauenburg 1952.
STEIN, Ernst, Geschichte des spätrömischen Reiches I, Wien 1928.
STÜCKELBERG, E. A., Die römischen Kaisermünzen als Geschichtsquelle, Basel 1915.
VOGT, Josef, Römische Geschichte I. Die römische Republik, 1932.
VOLKMANN, Hans, Kleopatra, München 1953.
VOLLENWEIDER, Marie Louise, Die Porträtgemmen der römischen Republik, Mainz 1972.
WAHL, R., Kleopatra eine Historie, Düsseldorf 1956.

Ostrom, die Stadt am Goldenen Horn

GIBBON, Das Leben des Attila, Königs der Hunnen, (aus dem Englischen, Lüneburg 1797).
HAAGE, Geschichte Attilas, Celle 1862.
KLEMM, Attila nach Geschichte, Sage und Legende, Leipzig 1827.
MÜLLER, Johannes von, Attila, der Held des 5. Jahrhunderts, Wien 1806.
PRISCOS und MENANDER PROTEKTOR, (übersetzt, eingeleitet und erklärt von Ernst Doblhofer). Byzantinische Diplomaten und östliche Barbaren, Aus den »excerpta de legationibus« des Konstantinos Porphyrogenetos, Graz/Wien/Köln 1955.
SCHREIBER, Hermann, Die Hunnen, Düsseldorf/Wien 1978.
THIERRY, Historie d'Attila, 4. Auflage, Paris 1873, (deutsch Leipzig 1865). Attila und seine Nachfolger, (deutsch 1874).

Theodora

BARKER, John W., Instiniom and the Later Roman Empire, Medison, Milwaukee and London 1966.

BECK, Hans Georg, Senat und Volk von Konstantinopel, München 1966. Theoderich und Justinian, München 1953. Das Zeitalter Justinians, Berlin 1960. Großstadtprobleme, Konstantinopel 4. – 6. Jh.

BREHIER, Louis, Les Institutions de L'empire Byzantin, Paris 1949.

BRÜCKNER, Zur Beurteilung des Geschichtsschreibers Prokopios, Ansbach 1896.

BURCKHARDT, Jacob, Die Zeit Constantins des Großen, Wien 1935.

DAHN, Felix, Prokopios von Caesarea, Berlin 1865.

DIEHL, Ch., Théodora Impératrice de Byzance, Paris 1937. Kaiserinnen von Byzanz, Stuttgart 1956.

HALM, Wolfgang, Moneta Imperii Byzantini von Anastasius I bis Justinian I, Wien 1973.

HAUSSIG, Hans Wilhelm, Kulturgeschichte von Byzanz, Stuttgart, A. Krömer Verlag 1959.

HUNGER, Herbert, Die hochsprachliche profane Literatur der Byzantiner, München 1978.

KOLIAS, Georg, Ämter- und Würdenkauf im Früh- und Mittelbyzantinischen Reich, Athen 1939.

LAMB, Harald, Theodora und der Kaiser, Darmstadt 1955.

LUDWIG, Johann P., Theodora Kaiserin, Biographie Vita Justiniani atgue Theodorae, Halae 1731.

MÄDLER, Heinrich, Theodora, Kaiserin, Planen 1894.

PROKOPIOS, Anekdota aus dem Griechischen übersetzt von Emil Fuchs, Wien 1945.

REINHARD, Prokopios' Geheimgeschichte, Erlangen 1753.

RUBIN, Berthold, Zur Kaiserkritik Ostroms, Das Zeitalter Justinians, 2. Bd., 1962.

SCHUBART, Wilhelm, Justinian und Theodora, München 1943.

SEAR, David R., Byzantine Coins and their values, London, Seaby 1974.

Der Blick in die Zukunft

ARADI, Zsolt, Wunder, Visionen und Magie, Salzburg 1959.

BOETTCHER, Helmuth M., Sterne, Schicksal und Propheten, 30000 Jahre Astrologie, München 1965.

BOLL, Franz, Kleine Schriften zur Sternkunde des Altertums, Leipzig 1950.

CICERO, De divinatione II 24,51. De Natura deorum I 26,71.

CLAVIER, Mémoire sur les oracles des auciens, Paris 1819.

DEMPSEY, Thomas, The Delphic Oracle, its early history and fall, N. J. 1972.

»DIE ZUKUNFT«, Wissenschaftliches Revuefachblatt für Astrologie, Okkultismus und verwandte Gebiete, Graz 1932/33.

DÖHLER, Die Orakel, Berlin 1862.
EITREM, Samson, Orakel und Mysterien am Ausgang der Antike, Zürich 1947.
FOUILLES de DELPHES, Seit 1902.
FREI, Bruno, Okkultisten (Hanussen, Wunderrabbi des 3. Reiches), Kopenhagen 1975.
FRIEDLÄNDER, Ludwig, Sittengeschichte Roms, Leipzig 1919 – 1921.
GEFECKEN, Johannes, Kompositionen und Entstehungszeit der Oracula Sibyllina, Leipzig 1902.
GENDTNER, Otto, Die Seelenlehre der chaldäischen Orakel, Meisenheim am Glau 1971.
GÖTTE, Das delphische Orakel, Leipzig 1839.
GÜNDEL, Wilhelm, Sternglaube, Sternreligion und Sternorakel, Heidelberg 1959. Astrologumena. Die astrologische Literatur in der Antike und ihre Geschichte. Wiesbaden 1966.
HOYLE, Peter, Delphi und sein Orakel, Frankfurt/M. 1968.
HÜLLMANN, Würdigung des delphischen Orakels, Bonn 1837.
HUNGER, Babylonische Tieromina, 1909.
JAEGER, Werner, Demosthenes, 1939.
KLEES, Hans, Die Eigenart des griechischen Glaubens an Orakel und Seher, Stuttgart 1965.
KOCH, Walter, Astrologische Münzen der römischen Republik, Düsseldorf 1938.
KÖNIG, Über das Orakelwesen im Alterthum, Krefeld 1871.
LEWY, Hans, Chaldaean Oracles and Theurgy. Mysticism, magic and Platonism in the later Poamn Empire, 1956.
MANTO-MAGAZIN, mit Beiträgen zur Chiromantik, Astrologie und Graphologie, Wien 1932.
METMAN, Philipp, Les Astres et la destinée, Paris 1941.
ORACULA, Sibyllina, Auszug griechischer und deutscher Urtext und Übersetzung, München 1951.
PARKE, H. W. und WORMELL D. E. W., The Delphic Oracle, Oxford 1956.
PEUCHERT, Will-Erich, Astrologie – Geschichte der Geheimwissenschaften, Stuttgart 1960.
SAENGER, Emil, Der gestirnte Himmel und seine Geheimnisse, Berlin 1926.
SCHAEFER, Arnold, Demosthenes und seine Zeit, 3 Bde., 1856.
SCHEFFER, Tassilo, Hellenische Mysterien und Orakel, Stuttgart 1940.
STEGEMANN, V., Beiträge zur Geschichte der Astrologie, Heidelberg 1935.
STEMPLINGER, Antiker Aberglaube in seinen modernen Ausstrahlungen, (Erbe d. A. II 7).
STRUNZ, Franz, Astrologie, Alchemie, Mystik, München-Planegg 1928.
VOLKMANN, Hans, Germanische Seherinnen in römischen Diensten, Krefeld 1964.
WISKEMANN, De variis oracularum feueribus, Marburg 1835.
WISSOWA, Georg, Religion und Kultur der Römer, 1912.

ZWERENZ, Gerhard, Magie, Sternenglaube, Spiritismus, Streifzüge durch den Aberglauben, Leipzig/Jena 1956.

Das Reich, in dem die Sonne nicht unterging

BALDASS, Ludwig, Der Künstlerkreis Kaiser Maximilians, Wien 1923.
BINDER, Wilhelm, Kunst der deutschen Kaiserzeit, Leipzig 1937.
BRÜCKMEIER, Eduard, Die provenzalischen Troubadours als lyrische und politische Dichter, Göttingen 1882.
DÜRER, Albrecht, Klassiker der Kunst, Stuttgart und Leipzig 1904.
DÜVEL, Thea, Die Güterwerbung Jakob Fugger des Reichen 1494 – 1525 und seine Standeserhöhung, München/Leipzig 1913.
EHRENBERG, Richard, Das Zeitalter der Fugger. Geldkapital und Creditverkehr im 16. Jahrhundert, Jena 1912.
HABSBURG, Otto von, Karl V., 1967.
HERING, Ernst, Die Fugger, 1935.
KALKOFF, Paul, Die Kaiserwahl, 1925.
KEMETER, Kaspar, Die wirtschaftliche Berichterstattung in den sogenannten Fuggerzeitungen, München 1936.
KÖRNER, Ph. Max, Historische Volkslieder aus dem 16. und 17. Jh. nach den in der kaiserlichen Hof- und Staatsbibliothek zu München vorhandenen Fliegenden Blättern, Stuttgart 1840.
LACHNER, Johann, Die Wirtschaftstätigkeit der Welser, München 1942.
OGGER, Günther, Kauf dir einen Kaiser. Die Geschichte der Fugger, München/Zürich 1978.
OPITZ, Wilhelm, Die Fugger und Welser, Zwei Handelsfürstenhäuser der Reformationszeit, Berlin 1906.
ORTNER, Eugen, Glück und Macht der Fugger (Geschichte der Fugger 1.), Das Weltreich der Fugger (Geschichte der Fugger 2.), 1943.
PÖLNITZ, Götz Freiherr von, Jakob Fugger, Tübingen 1949/1951. Die Fugger, Frankfurt 1960.
SCHADE, Werner, Die Maler-Familie Cranach, Dresden 1974.
SCHICK, Léon, Un grand homme d'affaires au début du XVI siécle, Jacob Fugger, Paris 1957.
SEEHMANN, Theo, Jakob Fugger, der König der mittelalterlichen Kaufherren, Stuttgart 1909.
VOIGT, Johannes, Über Pasquilles, Spottlieder und Schmähschriften aus der ersten Hälfte des 16. Jh., historisches Tagebuch herausgegeben von V. v. Raumer, 9. Bd., 1838.

Prinz Eugen der edle Ritter

BRAUBACH, Max, Die Geheimdiplomatie des Prinzen Eugen von Savoyen, Köln 1962.
BRAUBACH, Max, Prinz Eugen von Savoyen. Eine Biographie, Wien 1965.

WURZBACH, C. v., Biographisches Lexikon des Kaiserthums Österreich, Wien 1856.

Der erste Diener seines Staates

FÖRSTER, Dr. Friedrich, Friedrich Wilhelm I. König von Preußen, 3. Bd., Potsdam 1835.

Hyänen der großen Revolution

ARETZ, Paul, Josef Fouché, Stuttgart 1920.
AUBRY, Octave, La Revolution Française, Paris: Flammarion, Paris.
BARRAS, Paul Conte de, Mémories herausgegeben von Georg Duruy, Paris 1895 – 1896.
BLANC, Louis, Histoire de la Revolution Française, Paris 1847 – 1862.
BLUM, André, La caricature revolutionnaire.
BOURRIENNE, Louis de, Mémoires dur Napoléon, Paris 1899.
CARLYLE, Thomas, The French Revolution, 1837.
DAYOT, Armand, Napoleon I in Bild und Wort, Leipzig 1897.
FOUCHE, Joseph, Mémoires, Paris 1824.
FOURNIER, August, Napoleon I, 3 Bde., Prag 1886 – 1889.
GENTZ, Friedrich von, Ausgewählte Schriften, herausgegeben von W. Wieck, Stuttgart und Leipzig 1836 – 1838. Briefe von und an; herausgegeben v. F. C. Wittichen und 9. Salzer, 1. und 2. Teil, München und Berlin, Verlag von R. Oldenbourg 1913.
HARDENBERG, C. A. von, Denkwürdigkeiten des Fürsten von Hardenberg, herausgegeben von L. von Ranke, Leipzig 1877.
JUNG, Th., Bonaparte et son temps 1769 – 1799, d'après les documents inédits, Paris 1880.
KIRCHEISEN, Friedrich und ARETZ, Paul, Bibliographie des Napoleonischen Zeitalters, 2 Bde., Berlin: Mittler u. Sohn 1912. Napoleon, sein Leben und seine Zeit, 2 Bde., München: Georg Müller 1911 – 1913.
METTERNICH, Aus Metternichs nachgelassenen Papieren, herausgegeben v. A. v. Klinkowstroem, 1880 – 1889.
MICHELET, Historie de la Revolution française, Paris 1847 – 1853. Les Femmes de la Revolution, Paris 1854.
NAPOLEON I. Mein Leben und Werk. Aus dem Gesamtwerk des Kaisers ausgewählt und herausgegeben von Paul und Gertrude Aretz, Wien/Leipzig 1936.
ORIEUX, Jean, Talleyrand, 1972.
POWELL, Burt E., Die Memoiren v. Barras über den 9. Thermidor, Bonn 1899.
PRESSER, J., Napoleon. Histoire en Legende, Amsterdam 1950.
TALLEYRAND, Prince, Memoires du Prince de Talleyrand, Paris 1832.

THIERS, Louis Adolphe, Histoire de la Revolution Française, Paris 1832. Histoire du Consulat et de l'Empire, Paris 1884.

Gentz, der Sekretär Europas

BOURGOING, Jean De, Vom Wiener Kongress, Wien 1964.
FOURNIER, August, Die Geheimpolizei auf dem Wiener Kongress, Wien/ Leipzig 1913
GÖCKEN, Günther, Friedrich von Gentz, Dissertation/Bonn 1962.
GUGLIA, Eugen, Friedrich von Gentz, Wien 1901.
LA GARDE, Graf De, Gemälde des Wiener Kongresses, München 1912
MANN, Golo, Friedrich von Gentz, Zürich/Wien 1947.
MAYR, Josef Karl, Metternichs geheimer Briefdienst, Postlogen und Postkurse, Wien 1935.
VALLOTTON, Henry, Metternich, München 1976.

Bismarcks Reptilienfonds

BISMARCK, Otto Fürst von, Gedanken und Erinnerungen, 1898.
BÖHM, Gottfried von, Ludwig II. König von Bayern, 1922 – 1924.
BUSCH, Moritz, Tagebuchblätter, 1899.
HACKER, Rupert, Ludwig II. von Bayern in Augenzeugenberichten, 2. Aufl., Düsseldorf 1966.
HERRE, Paul, Kronprinz Wilhelm – seine Rolle in der deutschen Politik, München 1954.
NÖLL von der NAHMER, R., Bismarck's Reptilienfonds. Aus den Geheimakten Preußens und des deutschen Reiches, Mainz 1968.

Die Zaharoff Saga

ANONYMUS, Hinter den Kulissen des französischen Journalismus, Hamburg 1921.
BUTLER, J.P.T., ROHAN, Lambert, BURY, M.E., Documents on British Foreign Policy 1919 – 1939, First Series, Vol. XIII H.M.S.O., London 1963.
GREEK, White Book, Diplomatika Engrapha, published by the Greek Government, 1920.
LEWINSOHN, Richard, Der Mann im Dunkeln, (Zaharoff) 1929.
MAC CORMICK, Donald, Pedler of death. The life of Sir B.Z., London 1965.
MANCHESTER, William, Krupp (the Arms of Krupp) 12 Generationen, München 1968.
MAXIM, Hiram, Sir, Monte Carlo, Facts and Fallacies, London 1904.
NEUMANN, Robert, Sir Basil Zaharoff, der König der Waffen, Zürich 1934.

NORDENFELDT, Th., Schnellfeuerkanonen und Mitrailleusen im Landkriege, Wien 1888.
SCOTT, J.D., Vickers A History, 1962.
THOMSON, Sir Basil Home, The Allied Secret Service in Greece, London 1931.
TOURGOUD, Denir Assim, Die Mossulfrage, Wien 1931.

Der plombierte Zug

FISCHER, Fritz, Griff nach der Weltmacht. Die Kriegszielpolitik des kaiserlichen Deutschlands, Düsseldorf 1964.
PEARSON, Michael, Der plombierte Waggon, Berlin 1977.

Das tausendjährige Reich

HUBMANN, Hanns, Augenzeuge 1933 – 1945, München 1980.
KOGON, Eugen, Der SS-Staat. Das System der deutschen Konzentrationslager, München 1980.
LANGBEIN, Hermann, Menschen in Auschwitz, Frankfurt 1980.
LANGBEIN, Hermann, ... nicht wie die Schafe zur Schlachtbank. Widerstand in den nationalsozialistischen Konzentrationslagern, Frankfurt 1980.
PICKER, Henry u. HOFFMANN, Heinrich, Hitlers Tischgespräche. Herausgeber J. v. Lang, überarbeitete Ausgabe 1980 bei Herbig, Verlagsbuchhandlung München.
SPEER, Albert, Erinnerungen, Frankfurt/Berlin/Wien 1969.
SPEER, Albert, Spandauer Tagebücher, Frankfurt/Berlin/Wien 1975.
ILSEMANN, Sigurd von, Der Kaiser in Holland – Aufzeichnungen aus den Jahren 1918 – 1941, München 1971.

Die Faust im Nacken

KENNEDY, Robert, Gangster drängen zur Macht, Bern/München 1964
Besonders aufschlußreich waren begreiflicherweise die Vorgänge bei den Hearings des Senats-Untersuchungsausschusses, in welche mir auch verschiedentlich Einblick gewährt wurde.

Lockheed, die Multis und kein Ende

BOULTON, David, Die Lockheed Papiere, Oldenburg/München/Hamburg 1979.

Personenverzeichnis

INHALT